Anastasi · Differentielle Psychologie
Band 1

Helmut Forbert
31. 1. 79

Anne Anastasi

Differentielle Psychologie

Unterschiede im Verhalten von Individuen und Gruppen

Band 1

Aus dem Amerikanischen übersetzt
von Wiebke Putz-Osterloh

Beltz Verlag · Weinheim und Basel 1976

Titel der Originalausgabe:
Differential Psychology, Third Edition

CIP-Kurztitelaufnahme der Deutschen Bibliothek

Anastasi, Anne
Differentielle Psychologie : Unterschiede im Verhalten von Individuen u. Gruppen. – Weinheim, Basel : Beltz.
Einheitssacht. : Differential psychology <dt.>.
Bd. 1. – 1976.
(Beltz-Studienbuch)
ISBN 3-407-51101-9

Gesamtherstellung: Beltz, Offsetdruck, 6944 Hemsbach über Weinheim
Printed in Germany

ISBN 3 407 51101 9

Vorwort

Es ist eine aufregende Erfahrung, ein Buch zu überarbeiten, das zwei Jahrzehnte zuvor das erste Mal erschienen ist. Dabei bemerkt man sehr deutlich den erfolgten Fortschritt in bestimmten Bereichen, in dem Gebiet insgesamt und sogar – in gewissem Maße – in der zeitgenössischen Kultur. Die Entwicklung wirksamerer Forschungsmethoden, die riesige Anhäufung neuer Daten und das Erscheinen neuer Theorien repräsentieren nur den mehr oberflächlichen Wandel. Genauso bemerkenswert sind die feinen Veränderungen in dem Engagement für verschiedene Themen und in den Ausdrucksformen innerhalb eines Gebietes. Sozialpsychologen, Anthropologen oder Linguisten dürften hier lohnende Daten für Inhaltsanalysen finden. Selbst eine vergleichende Studie der Phrasen und des Kauderwelsches, das jeweils benutzt wird, um genau dieselben Dinge auszudrücken, dürfte von Interesse sein.
Bei einer Neubearbeitung wird sich der Autor, der ein Auge für die Entwicklungen in seiner Umgebung hat, bald dabei ertappen, ein vollständig neues Buch zu schreiben.
Die Psychologie als Wissenschaft entwickelt sich zu schnell, als daß eine Umarbeitung eines Lehrbuches lediglich mit Hilfe von Hinzufügungen möglich wäre. Sowie der Inhalt anwächst, werden Auswahl, Angleichung und Organisation dringend notwendig. So ist dieses Buch – obwohl etwa die Hälfte des in diesem Buch vorgelegten Materials neu ist – nicht umfangreicher geworden. In der Tat ist die Zahl der Kapitel von 24 in der zweiten Ausgabe, auf 18 in der vorliegenden Revision vermindert worden. Dabei wurde das Buch insgesamt gestrafft. Der Hauptzweck dieser Verdichtung war, die Aufmerksamkeit stärker auf bedeutsame Konzepte, grundlegende methodologische Probleme und wichtige Ergebnisse zu lenken. Die vorliegende Länge des Buches ist also geeigneter für einsemestrige Übungen.
Genau gesagt: Die historische Einleitung und die Diskussion über psychologische Tests sind zusammengefaßt worden; biologische und psychologische Faktoren bei der einfachen Verhaltensentwicklung sind in einem umfassenden Kapitel über die Methoden der Erbe-Umwelt-Forschung zusammengetragen worden (Kap. 4); das Material über die Effekte von Übungen wurde mit dem über Schulung und Intelligenz zu einem einzigen Kapitel über Training und individuelle Unterschiede zusammengebracht; alle Studien über Familien-

ähnlichkeiten, einschließlich der über Zwillinge und Pflegekinder, werden in einem Kapitel behandelt; die zwei Kapitel über Geschlechtsunterschiede sind in einem Kapitel zusammengefaßt; und die Zahl der Kapitel über Rassenunterschiede wurde von drei auf zwei vermindert.

Das Kapitel über Physis und Verhalten wurde im Buch wegen seiner grundlegenden Bedeutung für jede Betrachtung der Ethologie von Verhaltensunterschieden vorverlegt. Aus ähnlichen Gründen steht das Kapitel über soziale Klassenunterschiede vor denen über Rassenunterschiede. Unter den Themen, die deutlich erweitert oder das erste Mal in die vorliegende Ausgabe eingeführt wurden, seien folgende genannt: Effekte vergangener Erfahrung auf nachfolgendes Verhalten, die Rolle physiologischer Faktoren für das Verhalten, Längsschnittstudien über Populationsveränderungen, Längsschnittuntersuchungen an Kindern und Erwachsenen, intellektuelle Funktionen in der Reifezeit und im Alter, Altersunterschiede in Persönlichkeitseigenschaften, Anwendungen der Faktorenanalyse, Entwicklung von Leistungstestbatterien und des Profilansatzes zur Messung individueller Unterschiede, die Beziehung zwischen Wahrnehmung und Persönlichkeit, das Wesen der Kreativität und Forschung über Kultur und Persönlichkeit in den Untersuchungen nationaler und ethnischer Gruppen. Die vorliegende Ausgabe stützt sich wieder stark auf neuere Ergebnisse der Biologie, Anthropologie und Soziologie. Verstärkt wurde auch die Forschung in Europa herangezogen.

Wenn auch die vielen Veränderungen in dem Gesamtgebiet berücksichtigt werden, so behält die vorliegende Bearbeitung doch die grundsätzlichen Meinungen der beiden früheren Ausgaben bei. Als erstes wird Differentielle Psychologie nicht als ein abgegrenztes Gebiet der Psychologie verstanden, sondern als ein möglicher Zugang zum Verständnis von Verhalten. Die grundlegenden Fragen hier unterscheiden sich nicht von denen in der Allgemeinen Psychologie. Es ist klar, daß wir durch die Erklärung, warum Individuen unterschiedlich reagieren, dem Verständnis darüber sehr nahe kommen, warum jedes Individuum so reagiert, wie es das tut. Die Ergebnisse der Differentiellen Psychologie sollten somit zur Erklärung der Grundmechanismen des Verhaltens beitragen. Von diesem Standpunkt aus werden im vorliegenden Text die Probleme von Gruppen und individuellen Unterschieden behandelt.

Ein zweites Ziel dieses Buches ist es, die verschiedenen Themen zu koordinieren, die gewöhnlich nur locker unter der Überschrift „Individuelle Differenzen“ miteinander verbunden werden. Das rasche Wachstum der Differentiellen Psychologie hat zu einer anwachsenden Spezialisierung der Interessen von Forschern geführt und zu einer häufigen Mißachtung der allgemeineren Implikationen der Daten. Die gegenseitigen Beziehungen zwischen den verschiedenen Problemen wurden oft verschüttet durch das Anhäufen von Daten in einer solchen Geschwindigkeit, daß sie nicht mehr angemessen eingeordnet werden konnten. Aus diesem Grund hat sich die Autorin bemüht, durchgehend die Wechselbeziehungen zwischen den verschiedenen Untersuchungsansätzen zu beachten. Sie hat versucht eine systematische Organisation und Integration des Materials zu leisten. Kein Kapitel steht für sich allein. Jedes steht in Beziehung zu Vorangegangenem und Folgendem.

Das dritte Ziel der Autorin war es, die wichtigsten Probleme der Differentiellen Psychologie in einer für Studenten verständlichen Form darzustellen. Das Material sollte klar und einfach geschildert werden, wobei die bedeutsamen Auslassungen und Ungenauigkeiten, die häufig Veröffentlichungen charakterisieren, vermieden werden sollten. Ein Verständnis der Grundlagen und wichtigsten Ergebnisse in einem Gebiet braucht nicht auf jene beschränkt zu sein, die spezialisierte Techniken bereits beherrschen. Gleichzeitig soll das vorliegende Buch keinen literarischen Überblick bieten. Zuerst und hauptsächlich ist es ein Lehrbuch, das den Studenten mit den intellektuellen Fähigkeiten ausstatten will, die er zum Verständnis und zur Bewertung von Daten aus der Differentiellen Psychologie benötigt. Überall im Buch wird besonderes Gewicht auf die Untersuchung häufiger Irrtümer und Fehlerquellen bei der Interpretation von Ergebnissen gelegt. Der Student wird so mit bestimmten Techniken vertraut gemacht, mit deren Hilfe er selbständig die Daten, mit denen er konfrontiert wird, bewerten kann. Das dürfte sehr viel wichtiger sein als die reine Darstellung eines Faktenpaketes. Die Entwicklung einer Kritikfähigkeit und leidenschaftslosen objektiven Haltung menschlichem Verhalten gegenüber wird heute weit dringender als früher benötigt.

Es ist ein Vergnügen, die Zusammenarbeit mit einigen Kollegen und Mitarbeitern bei der Vorbereitung dieses Buches bekanntzugeben. Dr. John P. FOLEY, Jr., dem Mitautor der zweiten Auflage, war es unmöglich, in gleichem Umfang an der vorliegenden Revision mitzuarbeiten, da er anderen beruflichen Verpflichtungen nachkommen mußte. Seine Mitarbeit an der früheren Ausgabe stellt dennoch einen fortdauernden Beitrag für dieses Buch dar. Zusätzlich hat er auch Zeit gefunden, wenigstens die Hälfte des vorliegenden Manuskriptes kritisch zu lesen. Aufrichtiger Dank gebührt den Lehrenden in den Übungen zur Differentiellen Psychologie, die freundlicherweise auf eine Anfrage zu wünschenswerten Revisionen im Text geantwortet haben. Einige der Antwortenden schickten wertvolles zusätzliches Material in Form von studentischen Wünschen, Berichten über unveröffentlichte Forschungsergebnisse und eigenen Veröffentlichungen. Alle Antworten zeigten sich als sehr hilfreich für die Vorbereitung der vorliegenden Revision. Die Autorin ist ebenso zu Dank verpflichtet für viele wertvolle Vorschläge Frau Professor Dorothea MCCARTHY vom Institut für Psychologie der Fordham Universität. Dank gebührt Dr. Norman L. MUNN und der HOUGHTON MIFFLIN Gesellschaft dafür, daß sie einen Abdruck der Abbildung 24 B ermöglichten, die auf Material basiert, das ursprünglich in einem Artikel von D.C. PEASE und R.F. BAKER in der Zeitschrift Science veröffentlicht worden, aber in reproduzierbarer Form nicht mehr zu erhalten war. Schließlich sollen in Dankbarkeit die folgenden Mitglieder der Fordham Universitätsbibliothek für ihre wirkungsvolle und großzügige Hilfe in bibliographischen Angelegenheiten genannt werden: Miss Elisabeth RUMICS, Leiterin des Leserdienstes, Miss Adelaide RODRIGUEZ, Bibliothekarin beim Autorenregister und Miss Margaret TIGHE, Assistentin für das Autorenregister und die Ausleihe.

Vorwort zur deutschen Ausgabe

Dem sehr klaren Vorwort der Autorin ist eigentlich nichts hinzuzufügen. Sie gibt einen Überblick über Aufbau, Inhalt Grundkonzept und Ziel des Buches.

Mit der hier vorgelegten deutschen Übersetzung ist nun auch allen nicht Englisch sprechenden Lesern das wohl bis heute umfassendste Lehrbuch zur Differentiellen Psychologie zugänglich. In keinem anderen Lehrbuch zu diesem Thema findet man so viele Probleme aus so vielen verschiedenen Teilbereichen dieses Faches abgehandelt. Somit ist dieses Buch, das in seiner dritten Neubearbeitung schon 1958 erschienen ist, auch heute noch konkurrenzlos und aktuell.

Sicherlich wird man in diesem Buch nicht die allerneuesten Forschungsergebnisse finden. Doch das tut der Nützlichkeit und Brauchbarkeit dieses Standardlehrbuches keinen Abbruch. Werden hier doch nicht so sehr Fakten aneinandergereiht, die mehr oder weniger schnell veraltet sein können, als vielmehr die Grundprobleme und methodischen Schwierigkeiten bei der Beantwortung von Fragen aus der Differentiellen Psychologie angesprochen und diskutiert. Noch heute sind die meisten der an vielen Beispielen klar herausgearbeiteten Probleme weitgehend ungelöst und bedürfen weiterer Forschungsbemühungen.

Wer dieses Buch gelesen hat, hat das Gefühl, an das bedeutsame Grundwissen der Differentiellen Psychologie herangeführt worden zu sein. Andererseits hat er auch die wichtigsten Leerstellen und unbeantworteten oder bis heute nicht beantwortbaren Fragen kennengelernt.

Lehrenden und Lernenden, die einen Überblick über das weit gefächerte Gebiet der „Psychologie individueller Differenzen" gewinnen möchten, sei dieses wichtige Lehrbuch als Pflichtlektüre empfohlen.

Wiebke Putz-Osterloh

Inhaltsverzeichnis

Inhaltsverzeichnis zu Band 2

Kapitel 1
Die Anfänge der Differentiellen Psychologie

Der Mensch war sich schon immer der Unterschiede zwischen seinen Mitmenschen bewußt. So hat er verschiedene Theorien, Glaubenssätze oder Aberglauben hinsichtlich der Gründe für solche Unterschiede aufgestellt. Und entsprechend seinem jeweiligen Traditionshintergrund hat er sie unterschiedlich interpretiert. Aber zu jeder Zeit scheint er die Tatsache ihrer Existenz akzeptiert zu haben. Unter den frühesten Belegen menschlicher Aktivität gibt es Hinweise darüber, daß individuelle Unterschiede erkannt und genutzt wurden. In vorschriftlichen Kulturen sind der Künstler, der Medizinmann und der Stammeshäuptling Beispiele für Personen, die spezielle Talente oder Persönlichkeitscharakteristika zeigten. Auf jeder Stufe kultureller Entwicklung impliziert die Spezialisierung der Arbeit selbst die stillschweigende Annahme von Unterschieden zwischen Menschen.
Doch das Erkennen individueller Unterschiede ist nicht auf die menschliche Spezies beschränkt. Beispiele aus tierischem Verhalten lassen sich leicht beibringen. Daß Elefantenherden, Büffel und ähnlich große Tiere bestimmte Individuen als „Führer" akzeptieren, hat man in Sachbüchern und in Romanen ausführlich diskutiert. Die häufig beschriebene „Hackordnung" der Hühner ist ein weiterer Beleg dafür. Oft findet man bei Hühnern auf dem Hühnerhof eine eindeutige Beziehungshierarchie sozialer Dominanz. Dieses Kampf- oder Hackverhalten dreht sich gewöhnlich um Futter. Dabei wird A den B angreifen – wobei das Gegenteil nicht eintreten wird. Schwere Konflikte ergeben sich, wenn die Autorität des „Chefhackers" in der Gruppe in Frage gestellt wird. Diese und viele andere Beispiele illustrieren, wie weit verbreitet differentielle Antworten auf Individuen der eigenen Gruppe sind.

Die objektive und quantitative Untersuchung individueller Differenzen im Verhalten ist die Domäne der Differentiellen Psychologie. Was ist die Natur und das Ausmaß solcher Unterschiede? Was kann über ihre Ursachen aufgedeckt werden? Wie werden diese Unterschiede durch Übung, Heranwachsen oder physische Bedingungen modifiziert? In welcher Art sind die Unterschiede in den verschiedenen Persönlichkeitseigenschaften aufeinander bezogen oder organisiert?
Das sind einige der grundlegenden Fragen, die von der Differentiellen Psy-

chologie aufgeworfen werden und die wir im ersten Teil dieses Buches behandeln wollen.

Die Differentielle Psychologie beschäftigt sich auch mit der Analyse der Beschaffenheit und der Merkmale großer traditioneller Gruppierungen, wie es z.B. die Minderbegabten oder die Genies, die Geschlechts-, Rassen-, nationalen- und kulturellen Gruppen sind. Das soll das Thema der letzten sieben Kapitel sein. Das Studium solcher Gruppenunterschiede dient einem dreifachen Zweck. Erstens, werden in der zeitgenössischen Gesellschaft bestimmte Gruppen unterschieden und es wird dementsprechend auf sie reagiert. Es ist deshalb von praktischer Bedeutung, so viel wie möglich über die Beschaffenheit dieser Gruppen zu lernen. Information dieser Art kann umgekehrt das gängige Bild dieser Gruppen verändern und kann schließlich einen Beitrag zur Verbesserung der Beziehungen zwischen den Gruppen leisten.

Zweitens, sollte die vergleichende Untersuchung verschiedener Gruppen die fundamentalen Probleme von individuellen Unterschieden ganz allgemein zu klären helfen. In solchen Gruppen kann man die Prinzipien individueller Differenzen in Aktion sehen und ihre Effekte registrieren. Wenn man Gruppendifferenzen im Verhalten im Zusammenhang betrachtet mit den anderen sie begleitenden Unterschieden zwischen den Gruppen, so dient das als ein sehr gut erreichbarer Weg zur Analyse der Gründe für menschliche Variabilität.

Drittens, kann der Vergleich eines psychologischen Phänomens, wie es in verschiedenen Gruppen auftritt, zu einem klaren Verständnis des Phänomens selbst beitragen. Die Ergebnisse der Allgemeinen Psychologie erweisen sich manchmal als gar nicht so allgemein wie angenommen, wenn man sie in sehr unterschiedlichen Gruppen überprüft. Indem man ein Phänomen in allen seinen veränderten Manifestationen studiert, gewinnt man einen besseren Einblick in seine eigentliche Natur.

Abgesehen von dem frühen und weitverbreiteten Wissen um die individuellen Unterschiede bei den praktischen Anpassungsleistungen des Alltages, ist die systematische Untersuchung solcher Unterschiede eine relativ junge Entwicklung in der Psychologie. Deshalb wollen wir damit beginnen, daß wir die Bedingungen betrachten, die zur modernen Differentiellen Psychologie geführt haben.

Individuelle Unterschiede in frühen psychologischen Theorien[1]

Eines der frühesten Beispiele für das ausdrückliche Erkennen individueller Unterschiede läßt sich in dem *Staat* von PLATON finden. Ein fundamentales Ziel des idealen Staates bei PLATON war in der Tat die Zuweisung von Individuen zu denjenigen speziellen Aufgaben, für die sie geeignet waren. In dem II. Buch des *Staates* erscheint die folgende Bemerkung: „... keine zwei Personen werden genau gleich geboren, sondern jede unterscheidet sich von jeder in ihren angeborenen Begabungen, indem die eine für die eine Beschäftigung und die andere für eine andere geeignet ist" (11, S. 60). PLATON schlug weiterhin eine Reihe von „abzuleistenden Aktionen" als Tests für die militärische Eignung vor, um die Soldaten seines Idealstaates auszuwählen. Zusammengestellt, um die verschiedenen Eigenschaften, die für militärische Tapferkeit als wichtig erachtet wurden, abzudecken, stellen diese „Aktionen" den ersten systematisch beschriebenen Leistungstest in der Geschichte dar.

Doch auch das vielseitige Genie ARISTOTELES übersah individuelle Variation nicht. Seine Schriften räumen Gruppenunterschieden einen bedeutsamen Platz ein, Unterschieden der Spezies, der Rasse, der Gesellschaft und des Geschlechts in Bezug auf geistige und moralische Eigenschaften. In vielen seiner Werke werden auch implizit individuelle Unterschiede angenommen, obwohl ARISTOTELES nicht ausführlich diese Unterschiede als solche abhandelt. Man gewinnt den Eindruck, er habe die Existenz individueller Unterschiedlichkeit als zu offensichtlich angesehen, als daß sie besonderer Bemerkung bedurft hätte. Daß er diese Unterschiede wenigstens zum Teil angeborenen Faktoren zuschrieb, scheint sich durch eine Anzahl von Bemerkungen, wie z. B. der folgenden, anzudeuten:

„Vielleicht mag dann irgendeiner sagen: ‚Da es in meiner Macht liegt, gerecht und gut zu sein, kann ich, wenn ich will, der beste Mensch sein'. Das ist natürlich nicht möglich... Denn derjenige, der der beste sein will, wird es nicht sein, es sei denn, die Natur habe es vorausbestimmt" (29, Magna Moralia, 1187b).

Überall in den verschiedenen *Ethiken* des ARISTOTELES gibt es Passagen, die individuelle Variation implizieren. Die folgende Bemerkung z. B. läßt wenig Zweifel an ARISTOTELES' Position in diesem Punkt:

---

1 Um den kurzen historischen Exkurs über das Studium individueller Unterschiede zu vervollständigen, der hier und in den folgenden Abschnitten gegeben wird, sei der Leser auf die Standardwerke über die Geschichte der Psychologie verwiesen, z. B. das Buch von BORING (7), MURPHY (23) und RAND (28). Die Nummern in den Klammern hier und im ganzen Buch beziehen sich auf die numerierten Literaturangaben am Ende des jeweiligen Kapitels.

„Nach diesen Unterscheidungen müssen wir bemerken, daß es in jedem Kontinuum und Teilbaren ein Übermaß, einen Mangel und einen Mittelbereich gibt. Sie stehen in Relation zueinander oder in Relation zu uns, d.h. zu den gymnastischen oder medizinischen Künsten und zu denen des Bauens und der Navigation und zu jeder Art der Aktion, und zwar so, wie wissenschaftlich zu unwissenschaftlich, befähigt zu unbefähigt“ (29, Ethica Eudemia, 1220b).

ARISTOTELES fährt dann fort, indem er die Charakteristika von Menschen beschreibt, die ein Übermaß oder einen Mangel in der Ausprägung verschiedener Merkmale besitzen, z.B. im Jähzorn, in der Unverschämtheit oder in der Schamlosigkeit und anderen.

In der Scholastik des Mittelalters wurde individuellen Unterschieden relativ wenig Beachtung geschenkt.

Philosophische Verallgemeinerungen über die Beschaffenheit des Geistes formuliert man hauptsächlich auf theoretischem und nicht empirischem Wege. Bei der Entwicklung dieser Lehrsätze spielte deshalb die Beobachtung von Individuen nur eine geringe oder gar keine Rolle. Von besonderem Interesse für die Differentielle Psychologie ist die „Vermögenspsychologie“ die von AUGUSTINUS und THOMAS VON AQUIN entwickelt wurde. „Vermögen“ wie „Gedächtnis“, „Vorstellung“ und „Wille“ haben einige als die Vorläufer der Eigenschaften und Faktoren angesehen, die man in unserer Zeit durch statistische Analysen von Testwerten identifiziert hat. Diese vor kurzer Zeit berechneten Faktoren unterscheiden sich jedoch in mehreren wichtigen Merkmalen von den aufgrund von Überlegungen abgeleiteten „Vermögen“ der scholastischen Philosophie.

Die vielen Spielarten des Assoziationismus, die vom 17. bis zum 19. Jahrhundert blühten, haben auch nur wenig über individuelle Unterschiede zu sagen.

Die Assoziationisten waren primär mit den ausgefeilten Mechanismen beschäftigt, durch die Ideen so miteinander assoziiert werden, daß sie den Grundstein zu komplexen geistigen Prozessen legen. Ihre Feststellungen waren allgemeine Prinzipien, die keine individuelle Variation erlaubten. BAIN, der letzte der sogenannten reinen Assoziationisten, beschäftigte sich dennoch in seinen Schriften mit individuellen Unterschieden. Die folgende Passage stammt aus seinem Buch *The Senses and the Intellect* (1855): „Es gibt eine natürliche Kraft der Adhäsion, die für jede Konstitution spezifisch ist und damit ein Individuum vom anderen unterscheidet. Diese Eigenschaft ist, wie fast jede bestimmbare Eigenschaft der menschlichen Natur, meiner Meinung nach ungleich verteilt“ (3, S. 237).

Eine ähnliche Entwicklung in pädagogischen Theorien sollte wohl an diesem Punkt mit einbezogen werden. In den Schriften und Taten einer Gruppe von „Natur“-Erziehern des späten 18. und frühen 19. Jahrhunderts, ROUSSEAU, PESTALOZZI, HERBART und FROEBEL, gibt es Anzeichen für einen entscheidenen Wechsel des Interesses zum individuellen Kind. Erziehungsverfahren und Methoden sollten nicht durch äußere Kriterien, sondern durch direkte Beobachtung des Kindes und seiner Fähigkeiten bestimmt werden. Besondere Bedeutung maß man dennoch der Beobachtung des Individuums als eines Repräsentanten der Individuen ganz allgemein bei und nicht so sehr als eines Wesens, das sich von anderen Individuen unterscheidet. Trotzdem kann man Bemerkungen in den Schriften dieser Erzieher über die Wirkung individueller Unterschiede finden. Die Erziehung sollte diesen Unterschieden angepaßt werden, wobei mehr als den individuellen Unterschieden selbst der freien „natürlichen" Erziehung Beachtung geschenkt wurde, die im Gegensatz stand zu den extern bestimmten Vorgehensweisen. Der Ausdruck „individuell" wurde oft gebraucht, wenn einfach „menschliche Natur" gemeint wurde.

Die Persönliche Gleichung in der Astronomie

So seltsam es ist, die ersten systematischen Messungen individueller Unterschiede wurden nicht von der Psychologie, sondern von der viel älteren Wissenschaft der Astronomie vorgenommen. 1796 entließ der königliche Astronome am Greenwich Observatorium, MASKELYNE seinen Assistenten KINNEBROOK, weil dieser die Zeiten von Sternbewegungen fast eine Sekunde später beobachtete als er selbst. Die Methode, um zu jener Zeit solche Beobachtungen zu machen, war die „Auge- und Ohrmethode". Diese Methode forderte nicht nur Koordination von visuellen und auditiven Eindrücken, sondern auch recht komplexe Raumurteile. Der Beobachter las Sekunden genau die Uhrzeit ab, zählte dann die Sekunden aufgrund der gehörten Uhrschläge und beobachtete gleichzeitig, wie der Stern das Feld des Teleskops passierte. Er notierte die Position des Sterns beim letzten Schlag der Uhr, genau bevor er die „kritische" Linie im Feld erreichte. Dann – in ähnlichem Verfahren – notierte er dessen Position mit dem ersten Schlag, unmittelbar nachdem der Stern die Linie passiert hatte. Von diesen Beobachtungen wurde eine Schätzung der exakten Zeit, in der der Stern die kritische Linie passierte, in Zehnteln einer Sekunde berechnet. Das war das allgemein akzeptierte Verfahren, von dem man annahm, es sei bis auf 1 oder 2 Zehntel einer Sekunde genau. 1816 las BESSEL, ein Astronome in Königsberg, von diesem Vorfall mit KINNEBROOK in einer Geschichte des Astronomischen Observatoriums in Greenwich. Er interessierte sich dann für die Messung dessen, was später als die „persönliche Gleichung" von verschiedenen Beobachtern bekannt wurde. Ursprünglich bezog sich die persönliche Gleichung auf die Differenz in Sekunden zwischen den Schätzungen von zwei Beobachtern. BESSEL sammelte und veröffentlichte Daten von mehreren geübten Beobachtern. Er stellte nicht nur das Vorhandensein einer solchen persönlichen Gleichung oder eines Fehlers heraus, wann immer man zwei Beobachter miteinander verglich. Er berichtete auch über die Variabilität dieser Gleichung von einem Zeitpunkt zum nächsten. Dies stellt den ersten veröffentlichten Bericht quantitativer Daten über individuelle Unterschiede dar.

Viele Astronomen vervollständigten BESSELs Messungen. In der zweiten Hälfte des 19. Jahrhunderts wurde es mit der Einführung von Chronographen und Chronoskopen möglich, die persönliche Gleichung eines einzelnen Beobachters ohne vergleichende Einbeziehung eines anderen Beobachters aufzustellen. Man versuchte alle Beobachtungen auf ihre objektiv korrekten Werte zurückzuführen, ohne Bezug auf ein Zeitsystem zu nehmen, das auf einem Beobachter als Standard basierte. Astronomen unternahmen auch eine Analyse der verschiedenen Bedingungen, die die Größe der persönlichen Gleichung beeinflussen. Dieses letzte Problem und nicht die Messung individueller Differenzen wurde von den frühen Experimentalpsychologen in ihren Studien über Reaktionszeiten aufgegriffen.

Die Entstehung der Experimentellen Psychologie

Während der zweiten Hälfte des 19. Jahrhunderts wagte sich die Psychologie vom grünen Tisch weg und betrat das Laboratorium. Die meisten frühen Experimentalpsychologen waren Physiologen, deren Experimente allmählich einen psychologischen Anstrich gewannen. Dadurch wurden häufig sowohl die Blickpunkte als auch die Methoden der Physiologie direkt in die junge Wissenschaft der Psychologie übernommen. 1879 begründete Wilhelm WUNDT das erste Laboratorium für experimentelle Psychologie in Leipzig. Schon vorher waren Experimente psychologischer Art von WEBER, FECHNER, HELMHOLTZ und anderen durchgeführt worden. Aber WUNDTs Laboratorium war das erste, das ausschließlich der Psychologie vorbehalten war und die Möglichkeit anbot, Studenten in den Methoden der neuen Wissenschaft zu unterrichten. Daraus folgend entwickelte sich ein sehr starker Einfluß auf die Entwicklung der frühen Experimentalpsychologie. Studenten aus sehr vielen Nationen wurden von WUNDTs Laboratorium angezogen und errichteten nach ihrer Heimkehr ähnliche Laboratorien in ihren eigenen Ländern.

Die Probleme, die in diesen frühen Laboratorien untersucht wurden, belegen die enge Beziehung zwischen experimenteller Psychologie und Physiologie. Das Studium der visuellen und auditiven Wahrnehmung, der Reaktionszeiten, der Psychophysik und der Assoziationen machten da fast das ganze Feld der Experimente aus. Charakteristisch für die frühe experimentelle Psychologie war es, entweder individuelle Unterschiede zu ignorieren oder sie ein-

fach als „Zufallsfehler“ anzusehen. Je größer die individuelle Variation bei einem Phänomen war, desto ungenauer mußten die Verallgemeinerungen über dessen Beschaffenheit ausfallen. Das Ausmaß individueller Unterschiede entsprach also dem Wahrscheinlichkeitsfehler, den man bei der Anwendung allgemeiner Gesetze der Psychologie zu erwarten hatte.
Offenbar führte die Entstehung der experimentellen Psychologie eher zu einer Abwendung als zu einer Hinwendung des Interesses zu individuellen Unterschieden. Der große Beitrag der experimentellen Psychologie zur Entwicklung der Differentiellen Psychologie liegt darin, daß sie gezeigt hat, daß psychologische Phänomene objektiver und sogar quantitativer Forschung zugänglich und daß psychologische Theorien mit aktuellen Daten überprüfbar sind, daß – kurzgesagt – Psychologie eine empirische Wissenschaft werden könnte. Solch ein Schritt war notwendig, bevor Theorien über das Individuum durch Untersuchungen individueller Unterschiede ersetzt werden konnten.

Beiträge der Biologie

Ende des 19. Jahrhunderts machte die Biologie riesige Fortschritte unter dem Anstoß von Charles DARWINs Evolutionstheorie. Ein Nebenprodukt dieser Theorie war die neu entstandene große Bedeutung von Vergleichsstudien. Sie beinhalteten die Beobachtung ähnlicher Phänomene bei unterschiedlichen Spezies. Um einige der Folgerungen aus der Evolutionstheorie zu überprüfen, sammelten DARWIN und einige seiner Zeitgenossen das erste große Datenpaket über tierisches Verhalten. Beginnend mit anekdotischem Material und Feldbeobachtungen, führte diese Forschung zu den exakt kontrollierten Tierexperimenten des 20. Jahrhunderts.
Die Differentielle Psychologie hat vielfältig von diesen Untersuchungen des Tierverhaltens profitiert. Beispiele relevanter Forschungsansätze werden im Kapitel 4 ausführlicher behandelt. Sie beinhalten das Studium von Entwicklungsabfolgen mit dem Ziel, die Gesetze der Verhaltensentwicklung zu entdecken; die Untersuchung anatomischer und anderer organischer Veränderungen, die mit den Veränderungen im Verhalten einhergehen; schließlich die vielen Experimente über die Wirkung kontrollierter Umweltfaktoren auf das nachfolgende Verhalten.
Von besonderer Bedeutung für die Differentielle Psychologie ist die Arbeit des englischen Biologen Francis GALTON, einem der berühmtesten Nachfolger DARWINs. GALTON war es, der als erster versuchte, die Evolutionsgesetze der Variation, Selektion und Anpassung auf das Studium menschlicher Individuen zu übertragen. GALTONs wissenschaftliche Arbeiten sind zahlreich und

mannigfaltig. Doch allen liegt einheitlich sein Interesse an dem Studium der Vererbung zugrunde. 1869 veröffentlichte er das Buch *Hereditary Genius.* Hier versuchte er durch Anwendung der heute bekannten Untersuchung von Familiengeschichten die Vererbung spezifischer Talente auf den verschiedensten Gebieten zu demonstrieren (im Kapitel 9 wird darauf näher eingegangen). Zwei ähnliche Bücher folgten diesem ersten: *English Men of Science* (1874) und *Natural Inheritance* (1889).

In Verbindung mit seinen Untersuchungen über menschliche Vererbung wurde es GALTON bald klar, daß verwandte und nicht miteinander verwandte Individuen objektiv und in großer Zahl gemessen werden mußten. Nur so ließ sich der Grad der Ähnlichkeit zwischen ihnen bestimmen. Zu diesem Zweck entwickelte er zahlreiche Tests und Meßinstrumente und richtete 1882 das berühmte anthropometrische Laboratorium im South Kensington Museum in London ein. Dort konnten sich gegen ein geringes Entgeld Besucher hinsichtlich ihrer sensorischen Differenzierungsfähigkeit, ihrer motorischen Fähigkeiten und anderer Leistungen testen lassen.

Durch die Messung sensorischer Prozesse hoffte GALTON zu einer Schätzung des intellektuellen Niveaus der Probanden (Pbn) zu gelangen. In einer Sammlung hervorragender Essays, die 1883 unter dem Titel *Inquiries into Human Faculty* veröffentlicht wurde, schreibt er:

> „Die einzige Information über die Außenwelt, die uns erreicht, scheint über die Straße unserer Sinne zu laufen; und je empfindlicher die Sinne für Unterschiede sind, desto größer ist der Bereich, den wir mit unserem Urteil und Intellekt bearbeiten können" (13, S. 27).

Ausgehend von Befunden über die verminderte Sensitivität von Minderbegabten beobachtete er weiter, daß die sensorische Diskriminationsfähigkeit „insgesamt am höchsten bei den intellektuell Fähigsten war" (13, S. 29). Aus diesem Grund nahmen unter den Tests, die GALTON konstruierte und anwandte, Messungen der Wahrnehmungsfähigkeit z.B. des Sehens und Hörens, einen relativ großen Platz ein. Unter diesen Tests waren z.B. das GALTON-Lineal für visuelle Diskrimination von Längen, die GALTON-Pfeife zur Bestimmung des höchsten noch hörbaren Tons, kinästhetische Diskriminationstests, die auf der Anordnung einer Serie von Gewichten basierten, oder Tests der Bewegungsstärke, der Geschwindigkeit einfacher Reaktionen und viele andere Tests ähnlicher Art. GALTON verwendete auch als Erster Tests der freien Assoziationen, eine Technik die von WUNDT übernommen und weiterentwickelt wurde. GALTONs Untersuchung von individuellen und von Gruppenunterschieden in bildhafter Vorstellungsfähigkeit stellt eine weitere Pioniertat dar. Sie repräsentiert die erste ausgedehnte Anwendung von Fragebogenverfahren in der Psychologie.

Einen anderen wichtigen Einfluß auf die Ausformung der Differentiellen Psychologie hat die Entwicklung der modernen genetischen Wissenschaft ausgeübt. Die Wiederentdeckung von MENDELs Vererbungsgesetzen um 1900 setzte verstärkte experimentelle Forschungen über die Mechanismen der Vererbung in Gang. Die sehr erfolgreichen Arbeiten über die Vererbung physischer Merkmale bei Tieren, von denen die Arbeit über die Taufliege Drosophila das wichtigste Beispiel ist, spiegeln sich in der Differentiellen Psychologie sehr vielfältig wider. Erstens, trugen sie zur Klärung und Verfeinerung des Konzeptes der Vererbung bei. Zweitens, stellten sie eine Anzahl genetischer Modelle mit einem Begriffsinventar zur Verfügung, mit dem man auch Verhaltensdaten überprüfen konnte. Drittens, führten sie direkt zu Tierexperimenten mit selektiven Züchtungen und Kreuzungen von psychischen Merkmalen (siehe Kapitel 4). Und schließlich wurden in der Entwicklung der Humangenetik Methoden zur statistischen Analyse von Familienähnlichkeiten und -unterschieden erarbeitet, die man in großem Umfang auf psychologische Daten angewendet hat (siehe hierzu Kapitel 9).

Entwicklung statistischer Methoden

Eine der wichtigsten Forschungsmethoden in der Differentiellen Psychologie ist die statistische Analyse. Schon GALTON war sich der Notwendigkeit statistischer Techniken zur Bearbeitung der von ihm gesammelten Daten über individuelle Unterschiede bewußt. Demzufolge bemühte er sich darum, mehrere mathematische Verfahren diesem Zwecke anzupassen. Eines der statistischen Hauptprobleme, mit denen sich GALTON beschäftigte, war das Problem der Normalverteilung (s. Kap. 2) und das der Korrelation.

Zum letztgenannten Problem leistete er einen großen Beitrag in der Grundlagenarbeit. Er bestimmte einen Index, der möglicherweise später als der Korrelationskoeffizient bekannt geworden ist. Doch war es sein Schüler, Karl PEARSON, der später die mathematischen Details der Korrelationstheorie ausgearbeitet hat. PEARSON war auch verantwortlich für die Entwicklung und Systematisierung all dessen, was bis dahin das gesamte statistische Arbeitsgebiet ausgemacht hatte.

Noch ein anderer britischer Statistiker, nämlich R.A. FISHER, beeinflußte durch seine Beiträge bedeutsam den folgenden Entwicklungsverlauf der Statistik. Primär in der landwirtschaftlichen Forschung tätig, leitete er eine große Zahl neuer statistischer Verfahren ab, die sich auch für andere Wissenschaften z.B. die Psychologie, als sehr nützlich erwiesen haben. Er hatte damit ungeheure neue Möglichkeiten der Datenanalyse eröffnet. Am engsten ist sein Name mit der Varianzanalyse verknüpft, einer Technik, die gleichzeitig die Untersuchung der Effekte mehrerer Variablen in einem einzigen Experiment erlaubt.

Eine einsichtige Interpretation fast jeder Studie in der Differentiellen Psychologie setzt das Verständnis bestimmter grundlegender statistischer Konzepte voraus. Es geht über den Rahmen dieses Buches hinaus, Rechenverfahren zu beschreiben, noch können die statistischen Konzepte ausführlich diskutiert werden. Es gibt viele hervorragende Bücher über psychologische Statistik, die der Student zur Vervollständigung seines Wissens lesen sollte[2].

Es mag aber an diesem Punkt ganz nützlich sein, wenigstens die grundlegende Bedeutung von zwei statistischen Konzepten zusammenfassend darzustellen. Diese beiden Konzepte, statistische Signifikanz und Korrelation, sind von herausragender Bedeutung für die Differentielle Psychologie.

Statistische Signifikanz

Die Frage nach statistischer Signifikanz bezieht sich zunächst einmal auf das Ausmaß, in dem man ähnliche Ergebnisse erwarten kann, wenn eine Untersuchung wiederholt wird. Wie wahrscheinlich ist es, daß in einer anderen Untersuchung über dasselbe Problem die ursprüngliche Folgerung in das Gegenteil gekehrt werden könnte? Dies ist offensichtlich eine grundsätzliche Frage, die man bei jeder Studie stellen muß. Ein Grund dafür, daß man mit einem gewissen Wechsel in den Ergebnissen rechnen muß, liegt im Stichprobenfehler begründet. Dieser „Zufallsfehler“, die Quelle für unkontrollierte Datenfluktuationen, läßt sich darauf zurückführen, daß es jeder Untersucher nur mit einer *Stichprobe* der insgesamt möglichen *Population*, mit der er sich beschäftigt, zu tun hat.

Wenn z.B. ein Untersucher die durchschnittliche Länge 8jähriger amerikanischer Jungen feststellen will, kann er 500 achtjährige Jungen aus allen Landesgebieten messen. Theoretisch sollte er versuchen, eine echte Zufallsstichprobe für diesen Zweck zu erhalten. Wenn er also die Namen aller 8jährigen Jungen hätte, könnte er so viele Lose ziehen, bis er 500 Namen zusammen hätte. Oder er könnte die Namen alphabetisch ordnen und jeden zehnten auswählen. Eine Zufallsstichprobe ist dann gegeben, wenn jedes Individuum die gleiche Chance hat, gewählt zu werden. Diese Bedingung bedeutet, daß jede Wahl unabhängig von jeder anderen sein muß. Wenn z.B. eine Stichprobenwahl so vor sich geht, daß die Wahl eines Individuums die Wahl irgendeines

2 Einige kurze Einführungen in die Grundlagen psychologischer Statistik sind erschienen, eines davon stammt von Garrett (14). Um mehr Details und fortgeschrittenere Verfahren kennenzulernen, sollte der Leser Standardbücher wie die von Garrett (15), Guilford (18) und McNemar (21) heranziehen.

anderen behindert, dann handelt es sich am Schluß nicht um eine echte Zufallsstichprobe.

In der Praxis würde ein Untersucher wahrscheinlich eine repräsentative Stichprobe auswählen, bei der sichergestellt ist, daß sie sich genau so verteilt, wie die gesamte Population 8jähriger amerikanischer Jungen. Und zwar werden bei dieser Verteilung Faktoren berücksichtigt wie: Verhältnis von Stadt- zur Landbevölkerung, Einteilung des Landes, sozioökonomisches Niveau des Wohnbezirkes, Schultypen und ähnliches. In jedem Fall würde dann die durchschnittliche Länge der Stichprobe als die beste Annäherung an den Bevölkerungsmittelwert gelten. Dennoch wären die beiden Maße nicht identisch. Man würde auch nicht denselben Mittelwert bei einer anderen Zufallsstichprobe von 500 achtjährigen amerikanischen Jungen erhalten. Diese Zufallsfluktuationen von einer Zufallsstichprobe zur nächsten machen das aus, was als „Stichprobenfehler" bekannt ist.

Es gibt noch eine andere Art, in der Zufallsfehler unsere Ergebnisse beeinflussen können. Wenn wir die Laufgeschwindigkeit einer Kindergruppe messen und diese Messungen an derselben Gruppe an einem anderen Tag wiederholen, werden wir wahrscheinlich etwas unterschiedliche Durchschnittswerte für die Geschwindigkeit bei beiden Gelegenheiten erhalten. Möglicherweise waren einige Kinder bei der Messung am ersten Tag müde, aber in bester Verfassung am zweiten Tag. Bei wiederholten Messungen über viele Gelegenheiten hinweg würden sich diese Zufallsfehler gegenseitig aufheben. Doch können die Ergebnisse einer einzigen Tagesbeobachtung zu hoch oder zu niedrig sein. Man kann also die Ergebnisse eines Tages als eine Stichprobe aus der gesamten „Population" von Messungen, die man von derselben Gruppe erhalten könnte, auffassen.

Beide Arten des Zufallsfehlers lassen sich durch Anwendung statistischer Maße für die *Reliabilität* schätzen. Es gibt Formeln für die Berechnung der Reliabilität von Mittelwerten, von Unterschieden zwischen Mittelwerten, von Streuungsmaßen, von Korrelationen und vielen anderen Indizes. Durch diese Verfahren lassen sich die Wahrscheinlichkeitsgrenzen vorhersagen, innerhalb derer unsere Ergebnisse aufgrund des Zufallsfehlers variieren können. Wie sich vermuten läßt, ist ein wichtiger Bestandteil in all diesen Formeln die Anzahl der Fälle in einer Stichprobe. Bleiben andere Faktoren konstant, dann werden die Ergebnisse umso stabiler sein, je größer die Stichprobe ist. Denn in großen Stichproben gleichen sich die Zufallsfehler allmählich aus.

In der Differentiellen Psychologie betrifft eine häufige Anwendung dieser Reliabilitätsmaße die Signifikanz von Unterschieden zwischen zwei Datenreihen. Ist die gefundene Differenz groß genug, um außerhalb der Wahrscheinlichkeitsgrenzen für die Zufallsvariation zu liegen? Ist die Antwort ja, so schließen wir daraus, daß die Differenz statistisch signifikant ist.

Angenommen, eine Frauengruppe erreicht in einem verbalen Verständnistest durchschnittlich 8 Punkte mehr als eine Männergruppe. Um die Signifikanz dieser Differenz zu bestimmen, berechnen wir den sogenannten t-Wert[3]. Aus einer Tabelle mit t-Werten lassen sich die Wahrscheinlichkeiten ablesen, mit denen eine Differenz, die genauso groß oder größer als die erhaltene Differenz von 8 Punkten ist, durch Zufall entstanden sein kann. Angenommen, wir lesen eine Wahrscheinlichkeit (oder einen p-Wert) von 1 zu 100 ab ($p = 0.01$). Das bedeutet: Wenn es in der Gesamtpopulation keine Geschlechtsunterschiede im verbalen Verständnis gäbe und wir 100 Zufallsstichproben von Männern und Frauen aus der Population auslosten, dann würden wir nur ein einziges Mal eine durchschnittliche Differenz von 8 finden. Deshalb sagen wir, der gefundene Geschlechtsunterschied ist „signifikant auf dem 1%-Niveau". Solch eine Feststellung ist der Ausdruck des Vertrauens, das man in unser Ergebnis haben kann. Wenn also der Untersucher folgert, daß diese Ergebnisse einen Geschlechtsunterschied aufzeigen, hat er nur in einem von 100 Fällen Unrecht. Umgekehrt ist er der Wahrscheinlichkeit nach in 99 von 100 Fällen im Recht. Ein anderes oft berichtetes Signifikanzniveau ist $p = 0{,}05$. Das besagt, es gibt in 100 Fällen 5 Möglichkeiten im Irrtum zu sein, oder 95 Fälle von 100 sind richtig.

Es gibt eine andere Art von Problemen, bei denen wir den t-Wert mit seinem p-Wert benötigen. Hier handelt es sich um die Prüfung von Effekten irgendeiner experimentellen Bedingung, z.B. die Wirkung von Vitamintabletten auf eine Testleistung. Arbeitet eine Gruppe nach Erhalt von Vitamintabletten besser als eine Kontrollgruppe (Kg), die Placebos oder Kontrolltabletten erhalten hat? Ist die durchschnittliche Differenz zwischen den beiden Gruppen groß genug, um das 1%-Niveau der Signifikanz zu erreichen? Oder könnte sich ein solcher Unterschied per Zufall in mehr als einem von 100 Fällen ergeben?

Ein anderes Beispiel wäre das wiederholte Testen derselben Personen vor und nach bestimmten, dazwischenliegenden Erfahrungen, z.B. einem speziellen Trainingsprogramm. Wieder müssen wir wissen, ob die Gewinne der Gruppe groß genug sind, um außerhalb der nach dem Zufall zu erwartenden Werte zu liegen.

Es sei hinzugefügt, daß die p-Werte nicht unbedingt – sie tun es auch selten – genau auf die bezeichneten Grenzen fallen müssen, z.B. 0,05, 0,01 oder 0,001. Wenn z.B. ein Untersucher das 1%-Niveau der Signifikanz akzeptie-

3 In früheren Untersuchungen wurde meist der „kritische Bruch" zu diesem Zweck benutzt. Obwohl die beiden Werte in bestimmten Details differieren, werden beide genau in der gleichen Weise interpretiert. Außerdem unterscheiden sich die Ergebnisse der beiden Techniken in großen Gruppen (mit 100 und mehr Fällen) kaum noch voneinander.

ren will, so bedeutet dies: Er wird seine Schlußfolgerung beibehalten, wenn die Irrtumswahrscheinlichkeit in 100 Fällen 1 oder kleiner als 1 ist. Deshalb ist es üblich die p-Werte wie folgt anzugeben: $p < 0{,}05$ oder $p < 0{,}01$. Das wird so gelesen: Die Wahrscheinlichkeit, daß die Schlußfolgerung falsch ist, kommt seltener vor als in 5 von 100 oder als in 1 von 100 Fällen.

Korrelation

Die Korrelation ist ein anderes statistisches Konzept, mit dem sich der Student in der Differentiellen Psychologie vertraut machen sollte. Durch diesen Ausdruck wird die Enge der Beziehung oder der Entsprechung zwischen zwei Meßreihen bezeichnet. So kann es z. B. sein, daß wir die Beziehung zwischen den Werten eines Individuums in zwei verschiedenen Tests, z. B. in einem Test für rechnerisches Denken und einem für mechanisches Verständnis, wissen wollen. Oder die Fragestellung kann darauf gerichtet sein, den Grad der Übereinstimmung zwischen den Werten miteinander verwandter Personen, von Vätern und Söhnen z. B., im gleichen Test zu bestimmen. In einer anderen Untersuchung mag man nach der Beziehung zwischen den Werten derselben Personen in demselben Test fragen, die zu verschiedenen Gelegenheiten erhoben worden sind, z. B. vor und nach einer Übungsperiode. Es gibt ganz offenkundig viele Probleme in der Differentiellen Psychologie, die mit diesem Analyseverfahren bearbeitet werden müssen. Das am häufigsten gebrauchte Korrelationsmaß ist der Produkt-Moment-Korrelationskoeffizient von PEARSON, der üblicherweise mit dem Buchstaben r symbolisiert wird. Dieser Koeffizient liefert einen einzigen Index für das Ausmaß und die Richtung der Korrelation innerhalb einer Gesamtgruppe. Er kann von + 1,00 (eine perfekte positive Korrelation) über 0 bis − 1,00 (eine perfekte negative oder inverse Korrelation) variieren. Eine Korrelation von + 1,00 bedeutet: Das Individuum mit dem höchsten Wert in der einen Meßreihe hat auch den höchsten in der anderen; das zweitbeste Individuum in dem einen Fall hat auch den zweithöchsten Rang im anderen Fall usw. Die relative Position jedes Individuums in den beiden Meßverfahren ist identisch. Umgekehrt besagt eine Korrelation von − 1,00, daß der höchste Wert in einer Messung einhergeht mit dem niedrigsten Wert in einer anderen. Es liegt eine perfekte Umkehrung der Werte innerhalb der Gruppe vor. Eine Nullkorrelation steht für das Fehlen jeder Beziehung zwischen zwei Meßreihen. Es handelt sich hier um eine Anordnung von Werten, wie sie durch Zufallsauswahl entstanden sein könnte. Dieselbe Interpretation gilt natürlich auch dann, wenn man die Werte verschiedener Personen, wie z. B. von Vätern und Söhnen, miteinander korreliert hat. In solch einem Fall besagt eine Korrelation von + 1,00: Der Vater mit dem höchsten Wert in der Vatergruppe hat denjenigen mit dem

höchsten Wert in der Sohnesgruppe als Sohn; der Vater mit den zweithöchsten Werten hat einen Sohn, der ebenfalls die zweithöchsten Werte hat usw. Das Vorzeichen eines Korrelationskoeffizienten zeigt die Richtung der Beziehung an. Eine negative Korrelation steht für eine umgekehrte Beziehung zwischen den Variablen. Die numerische Höhe des Koeffizienten repräsentiert die Enge oder den Grad des Zusammenhanges. Korrelationen in der psychologischen Forschung erreichen fast nie den Wert 1,00. Das heißt, die Korrelation ist nicht perfekt (in keiner Richtung), sondern spiegelt individuelle Variation innerhalb der Gruppe wider. Häufig finden wir eine Tendenz, daß die höher Bemessenen in der einen Variable auch höhere Werte in der anderen Variable zeigen, wobei eine Anzahl von Individuen innerhalb der Gruppe Ausnahmen bilden. Numerisch wird dann der resultierende Korrelationskoeffizient einen Wert irgendwo zwischen 0 und 1,00 haben.
Ein Beispiel für eine relativ hohe positive Korrelation ist in Abbildung 1 zu sehen. Die Abbildung zeigt eine „bivariate Verteilung“, d.h. eine Verteilung von zwei Variablen. Diese erste Variable (die an der Abszisse abgezeichnet ist) repräsentiert die Werte eines ersten Versuchs in einem Test mit versteckten Wörtern. Hier sollten die Pbn jedes vierbuchstabige englische Wort unterstreichen, das sie auf einer Seite mit zusammengewürfelten Sätzen finden konnten. Die zweite Variable (die auf der Ordinate abgetragen ist) bezieht sich auf Werte derselben Pbn in einer anderen Form desselben Tests, die im 15. Versuchsdurchgang bearbeitet worden ist. Jeder Strich im Diagramm

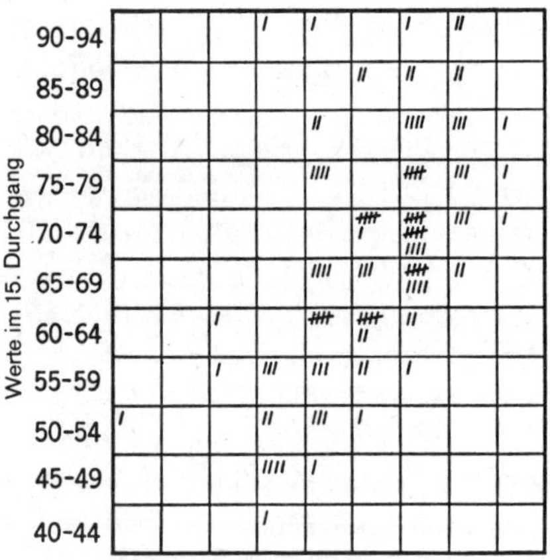

Abb. 1: Bivariate Verteilung von 114 Pbn im Anfangs- und Schlußdurchgang eines Tests mit versteckten Wörtern: Korrelation = 0,82 (unveröffentlichte Daten aus Anastasi, 1).

zeigt die Werte eines der 114 Pbn im Versuch 1 und gleichzeitig im Versuch 15. So erreichte z.B. ein Pb mit dem Anfangswert zwischen 15 und 19 einen Schlußwert zwischen 50 und 54. Nach der Berechnung des Korrelationskoeffizienten von PEARSON für die Meßwertreihen ergab sich ein Wert von 0,82. Ohne in Berechnungsdetails zu gehen, sollte man einfach festhalten, daß diese Korrelationstechnik auf jeder individuellen Abweichung von dem Gruppenmittelwert in zwei Variablen basiert. Wenn also alle Individuen im Anfangs- und Enddurchgang gleich weit über oder unter dem Gruppenmittelwert geblieben wären, hätte die Korrelation + 1,00 betragen müssen. Aus der Abbildung 1 ist aber keine solche perfekte Übereinstimmung erkennbar. Gleichzeitig zeigen die Striche aber die Tendenz, sich um eine Diagonale von unten links nach oben rechts zu gruppieren. Solch eine bivariate Verteilung zeigt eine hohe positive Korrelation an: Es gibt keine Individuen mit sehr hohen Werten am Anfang und sehr niedrigen Werten am Schluß oder umgekehrt. Ein Koeffizient von 0,82 besagt tatsächlich, daß die Pbn im Anfangs- und Enddurchgang meist ihre relative Position beibehalten haben.

Ist die Anzahl der Fälle, für die eine Korrelation berechnet worden ist, bekannt, so läßt sich auch die statistische Signifikanz des erhaltenen r abschätzen. Und zwar werden dafür Methoden verwandt, wie sie weiter oben beschrieben worden sind. In unserem Beispiel mit den 114 Fällen ist ein r von 0,82 auf dem 0,001%-Niveau signifikant. Das bedeutet: Wenn zwei Meßwertreihen in Wirklichkeit unkorreliert sind (r = 0), dann würde nach dem Zufall eine Korrelation von 0,82 oder höher weniger als 1mal in 1000 Fällen möglich sein. Man kann also recht fest darauf vertrauen, daß die beiden Variablen auch wirklich miteinander korreliert sind.

Neben dem PEARSONschen r gibt es andere Methoden der Korrelationsbestimmung, die für spezielle Situationen geeignet sind. Wenn z.B. Pbn hinsichtlich zweier Merkmale in eine Rangordnung gebracht oder diskreten Kategorien zugeordnet worden sind, so läßt sich die Korrelation zwischen den Eigenschaften durch dafür passende Formeln auch noch bestimmen. Die resultierenden Koeffizienten werden ebenfalls numerisch auf einer Skala von 0 bis 1 ausgedrückt und fast genauso interpretiert wie das r von PEARSON.

Außer dem Konzept der statistischen Signifikanz und Korrelation hat das schnell wachsende Gebiet der Statistik viele andere Konzepte und Techniken der Differentiellen Psychologie an die Hand gegeben. Die zwei sind nur deshalb herausgegriffen worden, weil man schon sehr früh in unserer Darstellung auf diese Konzepte trifft und in Verbindung mit fast allen Themenbereichen wieder darauf zurückgreifen wird. Andere wichtige statistische Verfahren werden im Zusammenhang mit speziellen Problemen genannt werden. So werden z.B. im Kapitel 2 Verteilungskurven und Maße für die Variabilität geschildert werden. Entsprechend werden Techniken der Faktorenanalyse als weitergehende Analyseverfahren von Korrelationskoeffizienten bei der

Darstellung der Forschung über Eigenschaftsorganisation behandelt werden (Kapitel 10).

Die Testbewegung in der Psychologie

Von gleicher Bedeutung wie die Statistik sind für die Differentielle Psychologie psychologische Testverfahren[4]. Wir haben als den frühen Beginn der Testbewegung schon die Pionierarbeit von GALTON mit einfachen psychomotorischen Tests ausgemacht. Ein anderer herausragender Beitrag zur Entwicklung psychologischer Tests stammt von dem amerikanischen Psychologen James McKeen CATTELL. In CATTELL trafen sich zwei parallel laufende Entwicklungen: Die Anfänge der experimentellen Psychologie und die Messung individueller Unterschiede. Für seine Promotion in Leipzig unter WUNDT schrieb CATTELL eine Dissertation über individuelle Unterschiede in Reaktionszeiten. Er verbrachte danach einige Zeit als Dozent in England, wo sein Interesse an individuellen Unterschieden durch den Kontakt mit GALTON gefördert wurde. Nach der Rückkehr nach Amerika war CATTELL sowohl an der Einrichtung von Laboratorien für die Experimentelle Psychologie als auch an der Verbreitung der Testbewegung beteiligt.

Frühe „Mental-Tests"

In einem Artikel von CATTELL wurde 1890 (9) der Begriff „mental test" zum erstenmal in der psychologischen Literatur verwendet. Dieser Artikel beschrieb eine Reihe von Tests, die jährlich an College-Studenten angewandt wurden, um ihr intellektuelles Niveau zu bestimmen. Diese Tests, die individuell angewandt werden sollten, enthielten Maße für Muskelspannung, Bewegungsgeschwindigkeit, Schmerzsensibilität, Sehschärfe und Hörschärfe, Gewichtsunterscheidung, Reaktionszeit, Gedächtnis und ähnliches. Bei seiner Testauswahl teilte CATTELL die Meinung GALTONs, intellektuelle Funktionen ließen sich durch Tests der sensorischen Unterscheidungsfähigkeit und Reaktionszeit erfassen. CATTELLs Vorliebe für solche Tests wurde durch seinen Glauben bestärkt, einfache Funktionen ließen sich präzise messen, während die Erfassung komplexer Funktionen ein nahezu hoffnungsloses Unterfangen sei.

---

4 Eine ausführliche Behandlung der Entstehung der Testbewegung und eine Einführung in das psychologische Testen findet der Student in Lehrbüchern über psychologische Tests, z.B. ANASTASI (2).

CATTELLs Tests waren typisch für eine Anzahl von Testserien, die im letzten Jahrzehnt des 19. Jahrhunderts erschienen. Dennoch lassen sich einige Bemühungen, auch komplexere psychische Funktionen zu erfassen, aufführen. So wurden Tests für Lesen, verbale Assoziationen, Gedächtnis und einfaches Rechnen in diese Serien miteinbezogen (22, 30). Solche Tests wurden Schulkindern, College-Studenten und unterschiedlichen Erwachsenen vorgelegt. Auf der Kolumbien-Ausstellung 1893 in Chicago unterhielt JASTROW einen Stand, an dem er Besucher einlud, an Tests für sensorische, motorische und einfache Wahrnehmungsprozesse teilzunehmen und die eigenen Leistungen mit Normen zu vergleichen (s. 26, 27). Einige wenige Versuche, diese frühen Tests hinsichtlich ihrer Aussagekraft abzuschätzen, führten zu sehr enttäuschenden Ergebnissen. Die individuelle Leistung variierte von einem Test zum anderen (30, 37) und wies geringe oder gar keine Korrelationen mit unabhängigen Schätzungen des intellektuellen Niveaus durch Lehrerurteile (6, 16) oder akademische Noten (37) auf.
Eine Reihe ähnlicher Testserien wurden von europäischen Psychologen in dieser Zeit zusammengestellt, z.B. von OEHRN (25), KRAEPELIN (20) und EBBINGHAUS (12) in Deutschland, GUICCARDI und FERRARI (17) in Italien. In einem Artikel, der 1895 in Frankreich veröffentlicht wurde, kritisierten BINET und HENRI (4) die meisten Testserien. Sie seien viel zu sehr sensorisch ausgerichtet und konzentrierten sich unmäßig auf einfache, spezielle Fähigkeiten. Sie behaupteten weiterhin, ein hoher Genauigkeitsgrad bei der Messung komplexerer Funktionen sei nicht nötig, da hierbei die individuellen Unterschiede größer seien. Zum Teil um diesen Einwänden nachzukommen, schlugen BINET und HENRI neue Testserien vor. Sie sollten Funktionen erfassen wie Gedächtnis, Vorstellungsfähigkeit, Aufmerksamkeit, Verständnis, Suggestibilität und ästhetische Vorlieben. In diesen Tests lassen sich Entwicklungstendenzen erkennen, die wohl zu der Entstehung der berühmten „Intelligenztests“ von BINET geführt haben.

Intelligenztests

1904 setzte der französische Minister für den öffentlichen Unterricht eine Kommission ein, die das Problem der Retardation unter den Schulkindern untersuchen sollte. BINET schuf in Zusammenarbeit mit SIMON als direktes Ergebnis seiner Arbeit für diese Kommission die erste Intelligenzskala. Sie sollte einen alles umfassenden Kennwert für das individuelle Niveau intellektueller Leistung erbringen (5). 1908 erschien die erste BINETsche Revision der Skala, in der die Tests nach Altersstufen auf der Basis empirischer Ergebnisse gruppiert waren. So gehörten z.B. zu der 3-Jahresstufe alle Testaufgaben, die normale 3jährige lösen konnten, zu der 4-Jahresstufe alle von normalen 4jähri-

gen gelösten Aufgaben usw. bis zum Alter von 13. Der Wert eines Kindes in der Skala wird dann ausgedrückt als "Intelligenzalter", d.h. als das Alter normaler Kinder, deren Leistungen dem des getesteten Kindes entspricht.
Bereits vor der Revision von 1908 erregten die Binet-Simon-Tests in der ganzen Welt großes Aufsehen. Übersetzungen und Neufassungen erschienen in sehr vielen Sprachen. In Amerika wurde eine große Zahl verschiedener Revisionen herausgebracht. Die berühmteste Fassung wurde unter der Leitung von TERMAN an der Stanford Universität entwickelt – bekannt als der Stanford-Binet (34). In dieser Skala wurde zum ersten Mal der Intelligenzquotient (IQ) eingeführt. Er bezeichnet das Verhältnis zwischen intellektuellem Alter und Lebensalter. Die heutige Revision dieser Skala, die oft als Terman-Merrill-Skala (35) bezeichnet wird, ist noch immer eines der am häufigsten benutzten Intelligenztestverfahren.

Gruppentests

Ein anderer bedeutender Meilenstein in der Entwicklung psychologischer Tests wurde durch die Konstruktion von Gruppenskalen gesetzt. Die BINET-Skalen und ihre Nachfolger gehören zu den „individuellen Tests", d.h. es kann immer nur ein Individuum auf einmal getestet werden. Mehr noch erfordern diese Tests zu ihrer Darbietung eine sehr gut geübte Person. Lang dauerndes Testen ist unter diesen Bedingungen nicht möglich. Das Aufkommen von Gruppenintelligenztests war wahrscheinlich der Hauptgrund für die Popularisierung psychologischer Tests. Gruppentests sind nicht nur zum gleichzeitigen Testen großer Gruppen geeignet, sondern auch in ihrer Auswertung vereinfacht.
Den Anstoß zur Entwicklung von Gruppentests gab im Jahr 1917 die dringende Notwendigkeit, im 1. Weltkrieg über 1 1/2 Millionen Männer in der Armee der Vereinigten Staaten zu testen. Für viele militärische Zwecke war eine rasche Grobklassifikation der Rekruten in Bezug auf ihre Intelligenz notwendig. Armeepsychologen lösten dieses Problem durch die Konstruktion zweier Gruppentests, dem sogenannten „Army Alpha" und dem „Army Beta". Der erste war für den allgemeinen Gebrauch bestimmt. Der zweite war eine sprachfreie Skala zum Testen von Analphabeten und ausländischen Wehrpflichtigen, die noch nicht gut genug Englisch beherrschten.

Spätere Entwicklungen

Die Jahre nach dem ersten Weltkrieg zeugten von einem enormen Anstieg in der Zahl verfügbarer Tests, von der Anwendung ständig neuer Techniken und der Durchführung von Tests für die verschiedensten Verhaltensmodalitäten.

Gruppenintelligenztests für alle Alters- und Personengruppen wurden konstruiert, vom Kindergartenkind bis zum Studenten. Bald wurden sie erweitert durch Tests *spezieller Fähigkeiten*, wie z.B. musikalischer oder mechanischer Fähigkeiten. Eine neuere Entwicklung war das Erscheinen von *multifaktoriellen Batterien*. Diese Batterien stellten ein natürliches Nebenergebnis der Forschung über die Organisation von Eigenschaften dar, die in den Kapiteln 10 und 11 besprochen werden sollen. Besonders wichtig ist hier: Die multifaktoriellen Batterien ergeben statt eines einzelnen Wertes wie dem IQ ein Profil mit Werten für mehrere wichtige Fähigkeiten.
Eine andere parallele Entwicklung war die Ausweitung psychologischen Testens auf *nichtintellektuelle Eigenschaften* durch den Gebrauch von Persönlichkeitsfragebogen, projektiven Techniken und anderen Verfahren. Zu Beginn des 1. Weltkrieges kamen mit der „Woodworth-Personal Data Sheet" sehr stark solche Arten von Tests auf, die Maße für Interessen, Einstellungen, emotionale Anpassung und soziale Eigenschaften erzielten. Obwohl man sehr viel Energie und Erfindungsgabe in die Vorbereitung dieser Tests gesteckt hat, kommt ihr Erfolg noch nicht annähernd dem der Leistungstests gleich.

Testkonzepte

Wie bei der Statistik gibt es auch bei psychologischen Tests bestimmte Grundkonzepte, die dem Studenten in der Differentiellen Psychologie geläufig sein sollten. Eines davon ist das Konzept der *Norm*. Kein Wert in einem psychologischen Test hat irgendeine Bedeutung, solange er nicht mit Testnormen verglichen worden ist. Solche Normen werden bei der Standardisierung eines neuen Tests gewonnen. Hierbei wird der Test einer großen Gruppe von Individuen vorgelegt, die für die Population, für die der Test Geltung besitzen soll, repräsentativ ist. Die Leistung dieser Gruppe dient dann als Standard, an dem die Leistung jedes Einzelnen eingeschätzt werden kann. Normen können in verschiedenen Termini ausgedrückt sein, z.B. als Intelligenzalter, Percentilwert oder Standardwert. Aber alle ermöglichen es dem Testleiter, ein Individuum im Hinblick auf die Standardisierungsgruppe zu plazieren. Entspricht seine Testleistung dem Gruppendurchschnitt? Liegt sie über oder unter dem Durchschnitt und wenn, wie weit?
Ein anderes wichtiges Konzept ist das der *Testreliabilität*. Damit ist die Konsistenz eines Tests gemeint. Wenn ein Individuum an einem anderen Tag noch einmal getestet wird oder mit einer anderen Form des gleichen Tests, wie weit wird sein Wert variieren? Reliabilität wird gewöhnlich dadurch bestimmt, daß die Werte derselben Personen bei verschiedenen Gelegenheiten miteinander korreliert werden. Dabei hängt die Testreliabilität von einer der

Zufallsfehlerarten ab, die wir in einem früheren Abschnitt beschrieben haben. Testreliabilität bezieht sich jedoch auf die Wirkung dieser Zufallsfehler auf die relative Position eines Individuums in aufeinanderfolgenden Tests. Sie hat nichts mit der Wirkung dieser Fehler auf Mittelwerte und andere Gruppenergebnisse zu tun.
Eine der grundlegendsten Fragen, die man an jeden psychologischen Test stellen muß, bezieht sich auf seine *Validität*, d.h. auf den Grad, in dem der Test wirklich das mißt, was er vorgibt zu messen. Die Validität kann untersucht werden, indem Testwerte mit vielen verschiedenen, unabhängig voneinander erhobenen Daten verglichen werden, z.B. mit Schulberichten, Indizes für Berufserfolg oder Schätzungen für Führereigenschaften.
Daten über Testnormen, Reliabilität und Validität sollten bereits im Entwicklungsstadium des Tests gesammelt werden, bevor man ihn für den allgemeinen Gebrauch freigibt. Heutige Tests unterscheiden sich sehr stark in dem Ausmaß voneinander, in dem sie wünschenswerten Gütekriterien entsprechen, und in der Vollständigkeit, mit der die notwendigen Informationen auch geliefert werden. In dem Versuch, diese Situation zu verbessern und zu systematisieren hat die American Psychological Association 1954 eine Reihe von „Technischen Empfehlungen für psychologische Tests und diagnostische Techniken“ (39) herausgegeben. Verschiedene Normtypen, Arten der Reliabilitätsmessung, der Validitätsbestimmung und andere Probleme der Bewertung von Tests werden darin diskutiert. Der Leser, der näheres über diese Überlegungen zu psychologischen Tests wissen möchte, sei auf diese Veröffentlichung verwiesen.

Sichtbarwerden der Differentiellen Psychologie

Ende des letzten Jahrhunderts begann die Differentielle Psychologie eindeutige Gestalt anzunehmen. 1895 veröffentlichten BINET und HENRI einen Artikel mit dem Titel *La psychologie individuelle* (4), der die erste systematische Analyse der Ziele, des Umfanges und der Methoden der Differentiellen Psychologie beinhaltete. Ihr Eingangssatz spiegelt den Stand dieses Zweiges der Psychologie zur damaligen Zeit wider. Hier heißt es: „Wir stellen hier ein neues Gebiet vor, das schwierig ist und bisher nur wenig untersucht wurde“ (4, S. 411). BINET und HENRI nannten als die zwei Hauptprobleme der Differentiellen Psychologie: Erstens, das Studium der Art und des Ausmaßes individueller Unterschiede bei psychologischen Prozessen. Zweitens, die Aufdeckung der Wechselbeziehungen von geistigen Prozessen, so daß man eine Klassifikation der Eigenschaften erreichen und bestimmen kann, welches die grundlegenden Funktionen sind.

1900 erschien die erste Ausgabe von STERNs Buch über Differentielle Psychologie: *„Über Psychologie der individuellen Differenzen"* (32). Teil 1 behandelte das Gebiet, die Probleme und Methoden der Differentiellen Psychologie. Zu diesem Zweig der Psychologie zählte STERN ebenso Unterschiede zwischen Individuen wie zwischen Rassen, kulturellen Gruppen, Berufs- und Sozialschichten und zwischen den beiden Geschlechtern. Das Grundproblem der Differentiellen Psychologie sei dreifach:

1. Was ist die Art und das Ausmaß von Unterschieden im psychischen Leben von Individuen und Gruppen?
2. Welche Faktoren bestimmen oder beeinflussen diese Unterschiede? Hierunter verstand er Vererbung, klimatische, soziale oder kulturelle Bedingungen, Übung, Adaptation usw.
3. Wie zeigen sich diese Unterschiede? Lassen sie sich durch Indizes wie Handschrift, Gesichtsausdruck und ähnliches aufdecken?

STERN führte auch eine Diskussion über die Konzepte psychologischer Typen, der Individualität, Normalität und Anomalität. Als Methoden der Differentiellen Psychologie würdigte er kritisch die Introspektion, die objektive Beobachtung, den Gebrauch geschichtlichen und dichterischen Materials, das Kulturstudium, quantitatives Testen und das Experiment. Teil 2 enthält eine allgemeine Diskussion und einige Daten über individuelle Unterschiede in verschiedenen psychischen Eigenschaften, die von einfachen sensorischen Leistungen bis zu komplexen geistigen Prozessen und emotionalen Charakteristika reichen. STERNs Buch erschien 1911 in einer stark überarbeiteten und erweiterten Fassung und wieder 1921 unter dem Titel *Die Differentielle Psychologie in ihren methodischen Grundlagen* (33).
In Amerika wurden Komitees eingerichtet, die Testmethoden untersuchen und die Sammlung von Daten über individuelle Unterschiede fördern sollten. Bei ihrem Treffen 1895 setzte die „American Psychological Association" ein Komitee ein, „um die Möglichkeit einer Kooperation zwischen den verschiedenen psychologischen Laboratorien bei der Sammlung psychischer und physischer Daten zu planen" (10, S. 619). Im folgenden Jahr bestimmte die „American Association for the Advancement of Science" ein festes Komitee, das eine ethnographische Erhebung an der weißen Bevölkerung der Vereinigten Staaten erstellen sollte. CATTELL, ein Mitglied dieses Komitees, forderte, daß auch psychologische Tests in dieser Erhebung mit einbezogen werden sollten. Er schlug vor, daß diese Arbeit mit den Anstrengungen koordiniert werden sollte, die die „American Psychological Association" unternommen hatte (10, S. 619-620).
Die neu herausgebrachten Tests wurden dann auch den verschiedenen Gruppen vorgelegt. 1903 verglichen KELLY (19) und 1906 NORSWORTHY (24) nor-

male und lernbehinderte Kinder mit Hilfe sensomotorischer und einfacher mentaler Tests miteinander. Ihre Ergebnisse belegten die kontinuierliche Abstufung der Leistung, die zwischen diesen Gruppen besteht und sprachen dafür, daß Lernbehinderung keine unabhängige Kategorie für geistige Leistungsfähigkeit darstellt. 1903 erschien THOMPSONs *The Mental Traits of Sex* (36) als Ergebnis langjähriger Untersuchungen an Männern und Frauen mit einer Vielzahl von Tests. Dieses Buch stellt die erste umfassende Bearbeitung psychischer Geschlechtsunterschiede dar.
Zum ersten Mal wurden auch Tests für sensorische Genauigkeit, motorische Leistungen und einige einfache geistige Prozesse bei verschiedenen Rassen angewendet. Einige verstreute Arbeiten erschienen vor 1900. 1904 testeten WOODWORTH (38) und BRUNER (8) anläßlich der St. Louis-Ausstellung verschiedene Gruppen Primitiver. Im selben Jahr erschien SPEARMANs erster Artikel, in dem er die Zweifaktoren-Theorie der geistigen Organisation vortrug. Gleichzeitig stellte er darin eine statistische Technik zur Untersuchung dieser Fragestellung vor (31). Mit dieser Veröffentlichung leitete SPEARMAN die Forschungen über Eigenschaftsbeziehungen ein und ebnete den Weg für die heutige Faktorenanalyse.

Zusammenfassung

Es ist deutlich geworden, daß kurz nach 1900 die Grundlagen für fast alle Zweige der Differentiellen Psychologie gelegt worden waren. Einflüsse, die diese Richtung in der Psychologie mitgeprägt haben, lassen sich in den philosophischen Schriften vorexperimenteller Psychologen finden; ebenso in den frühen Versuchen der Astronomen, präzise Messungen individueller Unterschiede in den Reaktionszeiten zu erhalten; in dem Aufkommen experimenteller Methoden in der Psychologie; in bestimmten wichtigen Entwicklungen innerhalb der Biologie und Statistik und schließlich in der psychologischen Testbewegung.
Die Richtungen, in die die moderne Differentielle Psychologie hineingewachsen ist, wurden teilweise durch Entwicklungen benachbarter Wissenschaften wie der Biologie und Statistik bestimmt, teilweise auch durch den daran anschließenden Fortschritt psychologischer Tests. Zu diesen zeitgenössischen Einflüssen gehören auch Beiträge aus der Anthropologie und Sozialpsychologie. Beide Gebiete haben in der heutigen Zeit viele Berührungspunkte mit der Differentiellen Psychologie. Die Beziehungen werden in späteren Kapiteln, die von Gruppenunterschieden und kulturellen Einflüssen handeln, deutlich werden.

Innerhalb der statistischen Methoden stammen die wichtigsten Techniken zur Datenanalyse in der Differentiellen Psychologie von Pionieren wie GALTON, PEARSON und FISHER. Zwei der bedeutsamsten Konzepte in der Differentiellen Psychologie sind die statistische Signifikanz und die Korrelation. Das Testen geistiger Fähigkeiten, das auch auf GALTON zurückgeht, wurde vorangetrieben durch die Beiträge CATTELLS, BINETS, TERMANS und der Armeepsychologen im Ersten Weltkrieg, die den ersten Gruppenintelligenztest schufen. Spätere Entwicklungen sind die Konstruktion von Leistungstests, von multifaktoriellen Batterien und von Meßinstrumenten für nichtintellektuelle Eigenschaften. Die wichtigsten Testkonzepte, die ein Student kennen muß, sind Normen, Reliabilität und Validität.

Literaturverzeichnis

1. Anastasi, Anne. Practice and variability. *Psychol. Monogr.*, 1934, 45, No. 5.
2. Anastasi, Anne. *Psychological testing*. N.Y.: Macmillan, 1954.
3. Bain, A. *The senses and the intellect*. London: Parker, 1855.
4. Binet, A., and Henri, V. La psychologie individuelle. *Année psychol.*, 1895, 2, 411–463.
5. Binet, A., and Simon, Th. Méthodes nouvelles pour le diagnostic du niveau intellectuel des anormaux. *Année psychol.*, 1905, 11, 191–244.
6. Bolton, T. L. The growth of memory in school children. *Amer. J. Psychol.*, 1891–92, 4, 362–380.
7. Boring, E. G. *A history of experimental psychology*. (Rev. Ed.) N.Y.: Appleton-Century-Crofts, 1950.
8. Bruner, F. G. The hearing of primitive peoples. *Arch. Psychol.*, 1908, No. 11.
9. Cattell, J. McK. Mental tests and measurements. *Mind*, 1890, 15, 373–380.
10. Cattell, J. McK., and Farrand, L. Physical and mental measurements of the students of Columbia University. *Psychol. Rev.*, 1896, 3, 618–648.
11. Davies, J. L., and Vaughan, D. J. (Transs.) *The republic of Plato*. N.Y.: Burt, 19—.
12. Ebbinghaus, H. Über eine neue Methode zur Prüfung geistiger Fähigkeiten und ihre Anwendung bei Schulkindern. Z. *Psychol.*, 1897, 13, 401–459.
13. Galton, F. *Inquiries into human faculty and its development*. London: Macmillan, 1883.
14. Garrett, H. E. *Elementary statistics*. N.Y.: Longmans, Green, 1956.
15. Garrett, H. E. *Statistics in psychology and education*. (5th Ed.) N.Y.: Longmans, Green, 1958.
16. Gilbert, J. A. Researches on the mental and physical development of school children. *Stud. Yale psychol. Lab.*, 1894, 2, 40–100.
17. Guicciardi, G., and Ferrari, G. C. I testi mentali per l'esame degli alienati. *Riv. sper. freniat.*, 1896, 22, 297–314.

18. Guilford, J. P. *Fundamental statistics in psychology and education.* (3rd Ed.) N.Y.: McGraw-Hill, 1956.
19. Kelly, R. L. Psychophysical tests of mentally deficient children. *Psychol. Rev.*, 1903, 10, 345–373.
20. Kraepelin, E. Der psychologische Versuch in der Psychiatrie. *Psychol. Arbeit.*, 1895, 1, 1–91.
21. McNemar, Q. *Psychological statistics.* (2nd Ed.) N.Y.: Wiley, 1955.
22. Münsterberg, H. Zur Individualpsychologie. *Zbl. Nervenheilk. Psychiat.*, 1891, 14, 196–198.
23. Murphy, G. *An historical introduction to modern psychology.* (Rev. Ed.) N.Y.: Harcourt, Brace, 1949.
24. Norsworthy, Naomi. The psychology of mentally deficient children. *Arch. Psychol.*, 1906, No. 1.
25. Oehrn, A. *Experimentelle Studien zur Individualpsychologie.* Dorpater disser., 1889 (also publ. in *Psychol. Arbeit.*, 1895, 1, 92–152).
26. Peterson, J. *Early conceptions and tests of intelligence.* Yonkers-on-Hudson, N.Y.: World Book Co., 1926.
27. Philippe, J. Jastrow–exposition d'anthropologie de Chicago–tests psychologiques, etc. *Année psychol.*, 1894, 1, 522–526.
28. Rand, B. *The classical psychologists.* N.Y.: Houghton Mifflin, 1912.
29. Ross, W. D. (Ed.) *The works of Aristotle.* Vol. 9. Oxford: Clarendon Press, 1915.
30. Sharp, Stella E. Individual psychology: a study in psychological method. *Amer. J. Psychol.*, 1898–99, 10, 329–391.
31. Spearman, C. "General intelligence" objectively determined and measured. *Amer. J. Psychol.*, 1904, 15, 201–293.
32. Stern, W. *Über Psychologie der individuellen Differenzen* (*Ideen zur einer "Differentielle Psychologie"*). Leipzig: Barth, 1900.
33. Stern, W. *Die differentielle Psychologie in ihren methodischen Grundlagen.* Leipzig: Barth, 1921.
34. Terman, L. M. *The measurement of intelligence.* Boston: Houghton Mifflin, 1916.
35. Terman, L. M., and Merrill, Maud A. *Measuring intelligence.* Boston: Houghton Mifflin, 1937.
36. Thompson, Helen B. *The mental traits of sex.* Chicago: Univer. Chicago Press, 1903.
37. Wissler, C. The correlation of mental and physical traits. *Psychol. Monogr.*, 1901, 3, No. 16.
38. Woodworth, R. S. Race differences in mental traits. *Science,* N.S., 1910, 31, 171–186.
39. Technical recommendations for psychological tests and diagnostic techniques. *Psychol. Bull.*, 1954, 51, No. 2, Part 2.

Kapitel 2
Verteilung und Ausmaß individueller Unterschiede

Umgangssprachlich klassifiziert man oft Menschen danach, ob sie etwas „haben“ oder „nicht haben“. Jones kann schreiben, Smith kann es nicht. Helen hat musikalisches Talent, Doris zeichnerisches, Dick mathematisches und Sam hat die Begabung, andere anzuleiten. Solche Charakterisierungen basieren auf willkürlichen Grenzziehungen, die sich nach praktischen Erfordernissen richten. Um Musik als Beruf oder zumindest als ernsthafte Nebenbeschäftigung zu wählen, muß eine Person ein bestimmtes Minimum musikalischen Talentes besitzen. Liegt ihre musikalische Begabung unter diesem Minimum, so gilt sie nicht als „musikalisch“. Wir sind es gewohnt, eine Person nach ihren herausragenden Merkmalen und Fähigkeiten zu beschreiben und die Merkmale durchschnittlichen Ausprägungsgrades zu übersehen. So etikettieren wir Mr. Black als einen kreativen Denker, Miss Wentworth als eine gewandte Gesellschafterin und Mr. Doe als einen schlechten Sportler. Gewöhnlich sprechen wir nicht von Mr. Black als einem mittelguten Sportler, von Miss Wentworth als einer durchschnittlichen kreativen Denkerin und von Mr. Doe als einem mittelmäßigen Gesellschaftler.

Kurz, auf qualitative Unterscheidungen zwischen Menschen trifft man täglich. Genauere Beobachtung offenbart jedoch, daß sich alle Menschen für jedes Merkmal entlang einer kontinuierlichen Skala verteilen. Anders ausgedrückt: Menschen stellen nicht klar voneinander abgegrenzte Typen dar. Unterschiede zwischen Menschen beziehen sich auf den Ausprägungsgrad. Das drückt sich in dem Satz aus: Individuelle Unterschiede sind quantitativ und nicht qualitativ. Man mag einwenden, es gäbe doch wenigstens ein paar Merkmale, die eine Person hat und andere nicht. Und hier könne man von qualitativen Unterschieden sprechen. Klassische Beispiele sind hier Sinnesausfälle, wie z.B. Taubheit oder Blindheit. Hier, so muß es scheinen, handelt es sich um Eigenschaften, die vorhanden sind oder nicht: Eine Person kann sehen oder nicht; sie kann hören oder nicht. Doch auch das erweist sich als eine rein konventionelle und praktische Unterscheidung. Jeder, der einmal eine Blindenschule besucht hat, weiß, daß es viele Grade der Blindheit gibt und daß nicht alle Blinden auch wirklich völlig blind sind. Die heute übliche Definition der Blindheit meint jeden *Grad* visueller Schädigung, der zu schwer ist, um normale Aktivitäten zu erlauben. Dasselbe gilt für Taubheit und jede andere Wahrnehmungsstörung. Zwischen dem empirisch bestimmten „normalen“ Sehen und Hören und dem, was als Blindheit oder Taubheit bezeichnet wird, gibt es eine kontinuierliche Abstufung geringerer Schädigungen. Es sei hinzugefügt, daß die Existenz eines Merkmals mit einer Ausprägung von 0 wie bei totaler Blindheit, nicht im Widerspruch steht zu einer quantitativen Betrachtung individueller Unterschiede. Diese Betrachtungsweise impliziert nur, daß es Zwischenstufen gibt und nicht einfaches Vorhandensein oder Fehlen.

Verteilung individueller Unterschiede

Da individuelle Unterschiede im oben beschriebenen Sinne quantitativ sind, können wir jetzt danach fragen, wie die verschiedenen Ausprägungsgrade jedes Merkmals auf die Menschen verteilt sind. Sind Individuen gleichmäßig über den gesamten Bereich verteilt oder häufen sie sich an einem oder mehreren Punkten? Mit welchen relativen Häufigkeiten kommen unterschiedliche Merkmalsausprägungen vor? Diese Fragen lassen sich am besten durch Betrachtungen von Häufigkeitsverteilungen und Häufigkeitsdarstellungen beantworten.
Wie alle statistischen Verfahren ist die Häufigkeitsverteilung eine Methode, quantitative Daten zusammenzufassen und zu organisieren. Dadurch sollen die Daten besser verständlich und signifikante Trends deutlich gemacht werden. Die Werte aus einem Test oder irgendwelchen anderen Meßinstrumenten werden in Klassenintervalle eingeteilt und die Anzahl der Fälle in jeder Klasse tabelliert. Ein Beispiel für eine Häufigkeitsverteilung stellt Tabelle 1 dar. Hier sind die Werte von 1000 Collegestudenten aus einem Code-Lerntest aufgeführt. In diesem Test muß eine Reihe sinnloser Silben als Antwort auf eine andere Reihe gelernt werden. Die Werte in der Verteilung repräsentieren die Anzahl richtig beantworteter Silben während eines zweiminütigen Durchganges. Sie variieren von 5 bis 52. Man bildete Klassenintervalle mit je 4 Punkten, mit dem Intervall 52 - 55 an der Spitze und dem Intervall 8 - 11 am unteren Ende der Verteilung. Die Spalte „Häufigkeit“ in Tabelle 1 enthält jeweils die Anzahl der Personen, deren Werte innerhalb der Intervalle lagen. So hatten z. B. ein Pb einen Wert zwischen 52 und 55, ein Pb zwischen 48 und 51, 20 Pbn Werte zwischen 44 und 47 usw. Durch die Betrachtung solch einer Häufigkeitsverteilung gewinnt man ein viel klareres Bild von der Versuchsleistung dieser Pbn-Gruppe als wenn wir alle 1000 Werte aus der ursprünglichen Liste einzeln betrachtet hätten.
Noch einfacher kann die Information, die in einer Häufigkeitsverteilung steckt, aus einer bildhaften Darstellung der Verteilung herausgelesen werden.

Abbildung 2 stellt die Daten aus Tabelle 1 graphisch dar. Die Abszisse, die Horizontalachse, repräsentiert die in Intervallen zusammengefaßten Werte. Auf der Ordinate, der Vertikalachse, sind die Häufigkeiten, die jeweils in die Intervalle fallen, abgetragen.

Tabelle 1: Häufigkeitsverteilung der Werte von 1 000 Collegestudenten in einem Code-Lernexperiment (aus ANASTASI, 2, S. 34)

Klassenintervall	Häufigkeit
52–55	1
48–51	1
44–47	20
40–43	73
36–39	156
32–35	328
28–31	244
24–27	136
20–23	28
16–19	8
12–15	3
8–11	2
	N = 1000

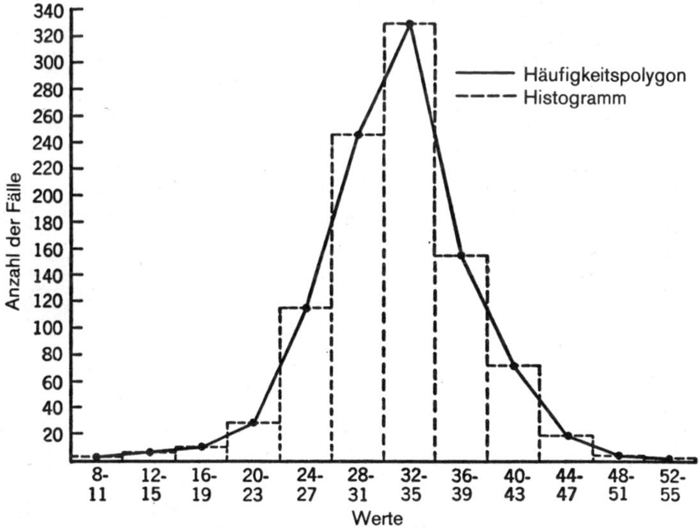

Abb. 2: Verteilungskurven: Häufigkeitspolygon und Histogramm

Die graphische Darstellung geschah auf zwei Arten, die beide sehr gebräuchlich sind. Die eine Darstellungsart besteht aus einem *Polygonzug*. Hier wird die Anzahl der Pbn in einem Intervall durch einen Punkt in der Mitte des Intervalles abgetragen. Die aufeinanderfolgenden Punkte sind durch gerade Linien miteinander verbunden. Bei der anderen Darstellungsart wird über jedem Klassenintervall eine Säule oder ein Rechteck errichtet. Die Höhe der Säule wird bestimmt durch die Anzahl der Fälle in diesem Intervall. Die Darstellungsform nennt man *Histogramm*. Betrachten wir z.B. das Intervall 44 – 47 in Tabelle 1: 20 Fälle haben Werte aus diesem Intervall. Deshalb wurde in der Abbildung 2 in der Höhe 20 und über der Mitte des Intervalls 44 – 47 ein Punkt abgetragen. Das ist einer der Punkte, aus denen der Polygonzug gezeichnet wurde. Im Falle des Histogrammes werden dieselben 20 Pbn durch eine Säule repräsentiert, die über dem Intervall 44 – 47 errichtet wurde und bis zu dem Wert 20 auf der Ordinate hinaufreicht.
Wir können die Gruppe weiter durch Maße der *zentralen Tendenz* beschreiben. Wenn man einen einzelnen maximal typischen oder repräsentativen Wert zur Kennzeichnung der Gesamtgruppe angeben will, muß man ein Maß für die zentrale Tendenz berechnen. Das bekannteste Maß ist der Durchschnittswert. Dafür werden alle Werte aufaddiert und die Summe durch die Anzahl der Fälle dividiert. Der genauere Name für dieses Maß ist: arithmetisches Mittel. Oft spricht man abgekürzt nur von dem Mittelwert.
Ein anderes in der Psychologie oft verwendetes Maß der zentralen Tendenz ist der Median. Er entspricht genau dem mittleren Wert, wenn man alle Werte nach ihrer Größe in eine Rangreihe gebracht hat. Bei großen Gruppen läßt sich der Median sehr viel leichter direkt aus der Häufigkeitsverteilung bestimmen. Hier finden wir den Median, indem wir die Verteilung so unterteilen, daß die Hälfte der Fälle über und die andere Hälfte unter ihm liegt. Noch ein anderes Maß für die zentrale Tendenz wird in einigen psychologischen Studien angegeben: der Modalwert oder der am häufigsten auftretende Wert. Auch dieser Wert kann aus einer Häufigkeitsverteilung abgelesen werden. Hierbei sucht man den Mittelpunkt des Klassenintervalles mit der größten Häufigkeit auf. Für die Verteilung aus Tabelle 1 und aus der Abbildung 2 beträgt der Mittelwert 32,37, der Median 32,46 und der Modalwert 33,5.

Die Normalverteilung

Der Leser wird schon aus der Tabelle 1 und der Abbildung 2 bestimmte Verteilungsmerkmale erkannt haben. Die Mehrzahl der Fälle klumpt um die Mitte, zu den Enden hin nehmen sie kontinuierlich ab. Die Kurve weist keine Lücken oder Einbrüche auf; es lassen sich keine klar abgegrenzten Klassen unterscheiden. Die Kurve ist außerdem symmetrisch. Das besagt: Teilt man die Kurve in der Mitte durch eine vertikale Linie, so sind diese beiden Hälften fast identisch. Diese Verteilungsform ähnelt der glockenförmigen Normalverteilungskurve. Sie findet man bei der Messung individueller Unterschiede am häufigsten. Eine theoretisch bestimmte, perfekte Normalverteilungskurve ist in Abbildung 3 dargestellt.

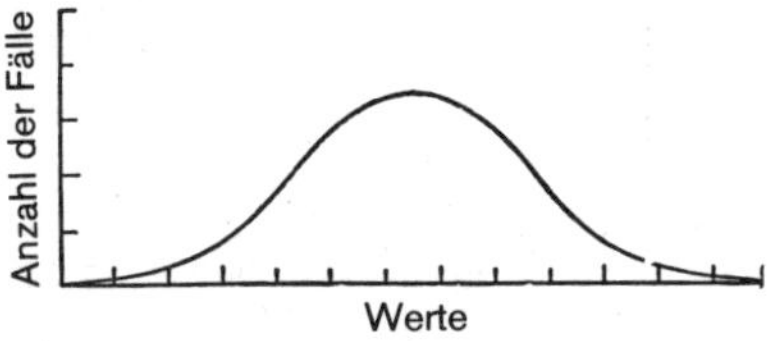

Abb. 3: Normalverteilungskurve

Das Konzept der Normalverteilung in der Statistik ist schon alt. Zunächst wurde sie als die normale Wahrscheinlichkeitskurve eingeführt. Der Wahrscheinlichkeit eines Ereignisses entspricht die erwartete Auftretenshäufigkeit in einer großen Anzahl von Beobachtungen. Die Wahrscheinlichkeit wird ausgedrückt durch ein Verhältnis, einen Bruch. Im Zähler steht die erwartete Häufigkeit und im Nenner die Gesamtzahl möglicher Häufigkeiten. So ist z.B. die Wahrscheinlichkeit dafür, daß bei dem Wurf von zwei Münzen nur der Kopf erscheint, 1 aus 4 oder 1/4. Das folgt aus der Tatsache, daß die einzigen Kombinationsmöglichkeiten für Kopf (K) und Bild (B) bei dem Wurf von zwei Münzen die folgenden vier sind: KK, KB, BK, und BB. Nur eine dieser 4, KK, besteht nur aus dem Kopf. Entsprechend ist die Wahrscheinlichkeit für zwei Bilder 1/4 und für einen Kopf und ein Bild beträgt sie 2 von 4 oder 1/2. Steigt die Anzahl der Münzen auf 100, so daß die Anzahl möglicher Kombinationen sehr groß wird, so können wir mathematisch noch immer die Chancen für das Auftreten jeder möglichen Kombination bestimmen, z.B. dafür, daß nur Köpfe auftreten oder 20 mal ein Kopf und 80 mal ein Bild. Diese Wahrscheinlichkeiten oder erwarteten Häufigkeiten können graphisch auf dieselbe Art und Weise dargestellt werden wie im oben aufgeführten Beispiel. Die Kurve, die wir bei einer großen Anzahl von Münzen erhalten haben, entspricht der glockenförmigen Normalverteilungskurve.
In Abbildung 4 sind die theoretische und die empirische Häufigkeitskurve für die Anzahl von Köpfen in 128 Würfen mit 6 Münzen aufgezeichnet. Bei jedem Wurf kann die Zahl der obenliegenden Köpfe von 0 – 6 variieren. Die häufigste Kombination besteht aus 3 Köpfen und 3 Bildern. Die Häufigkeiten nehmen fortschreitend von diesem Punkt ab – ob sie nun unter 3 sinken oder über 3 steigen.

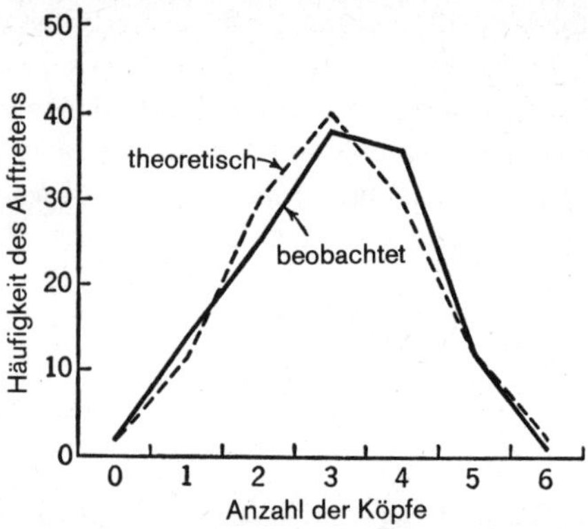

Abb. 4: Theoretische und beobachtete Verteilung der Anzahl von Köpfen bei 128 Würfen mit 6 Münzen (Daten aus GUILFORD, 10, S. 119)

In Abbildung 4 werden die theoretisch berechneten Wahrscheinlichkeiten durch die durchbrochene Linie repräsentiert. Die durchgezogene Linie zeigt die Häufigkeit an, die tatsächlich bei 128 aufeinanderfolgenden Würfen beobachtet worden sind. Bemerkenswert ist die große Übereinstimmung zwischen den erwarteten und den beobachteten Werten. Je größer die Anzahl von Beobachtungen (oder Würfen) ist, umso deutlicher wird diese Übereinstimmung ausfallen.

Mit dem Ansteigen der Anzahl von Würfen in der obigen Darstellung wird sich die theoretisch erwartete Kurve der Normalverteilungskurve annähern. Die Ergebnisse beim Werfen von Münzen oder Würfeln hängen, so sagt man, vom Zufall ab. Das bedeutet: Das Ergebnis wird durch eine Unmenge unbekannter Faktoren mitbestimmt, deren Einfluß noch nicht analysiert worden ist. Die Höhe, aus der ein Würfel oder eine Münze geworfen wird, Größe und Gewicht, Schwung der Hand beim Werfen und viele andere ähnliche Faktoren bestimmen, welche Seite bei jedem Wurf oben liegen wird. Die Normalverteilungskurve wurde zuerst von den Mathematikern LAPLACE und GAUSS entwickelt, die sich mit Glücksspielen, der Verteilung von Beobachtungsfehlern und anderen Arten der Zufallsvariation beschäftigten.

Im 19. Jahrhundert wandte der belgische Statistiker Adolph QUETELET als erster die Wahrscheinlichkeitstheorie auf die Verteilung menschlicher Eigenschaften an (s. 4). QUETELET bemerkte, daß sich bestimmte unterschiedliche Maße, wie z. B. Größe und Brustumfang von Rekruten, ähnlich verteilten wie die glockenförmige Normalverteilung. Von der guten Anwendbarkeit dieser Kurve auf menschliche Variabilitätsdaten ausgehend, vermutete er, daß diese menschliche Variabilität immer dann auftritt, wenn die Natur auf ein Ideal oder eine Norm abzielt, aber diesen Wert in unterschiedlichem Ausmaß nicht ganz trifft. Etwas anders ausgedrückt läßt sich sagen, daß die menschliche Größe, das Gewicht oder die Intelligenzleistung von einer sehr großen Zahl unabhängiger Faktoren abhängen, so daß sie sich im Endergebnis nach dem Zufallsgesetz verteilen. GALTON übernahm und verbesserte QUETELETS Anwendung der Normalverteilung. Seine Beiträge zur Differentiellen Psychologie wurden schon im Kapitel 1 genannt. Durch GALTON wurde die Normalverteilung sehr vielseitig verwendet, zum großen Teil für die Quantifizierung und Zusammenstellung von Daten über Gruppen- und individuelle Unterschiede.

Die Verteilung aus Tabelle 1 und Abbildung 2 wurde mit Hilfe dafür geeigneter mathematischer Verfahren auf „Normalität" geprüft. Abgesehen von sehr geringen Unregelmäßigkeiten weicht sie nicht signifikant von der Normalverteilung ab. Wir können daraus schließen: Die Kurve bleibt in ihrer Abweichung von der Normalität im Bereich der erwarteten Stichprobenfluktuation und kann wie eine Normalverteilung behandelt werden. Viele Verteilungen in der Differentiellen Psychologie entsprechen in ähnlicher Weise den mathematischen Anforderungen an eine Normalverteilung – vor allem dann, wenn sie durch sorgfältig konstruierte Meßinstrumente und an großen repräsentativen Gruppen gewonnen wurden. In anderen Fällen ähnelt eine Verteilung nur sehr entfernt einer Normalverteilung. Solche Verteilungen

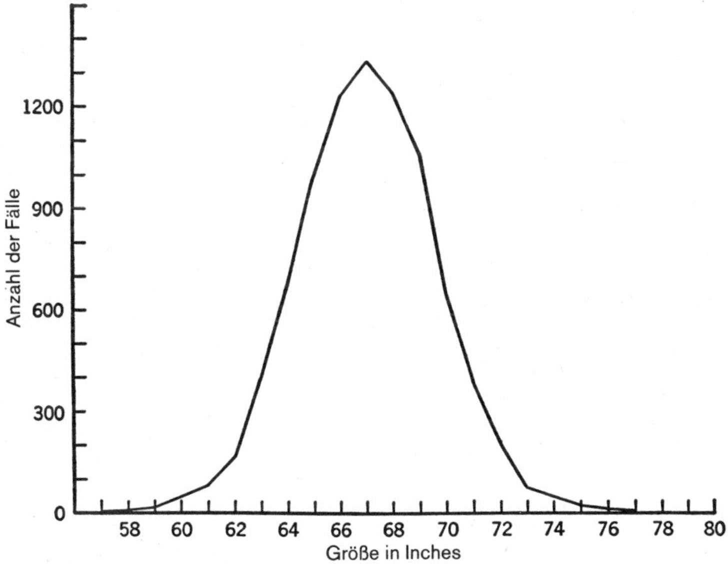

Abb. 5: Verteilung der Größe von 8 585 englischen Männern (aus YULE u. KENDALL, 34, S. 95)

weisen zumindest Kontinuität und angenähert auch Symmetrie in dem Sinne auf, daß die größte Klumpung von Personen in der Mitte des Bereiches und ein allmähliches Abnehmen zu beiden Seiten zu finden ist.
In den Abbildungen 5 – 10 finden sich Beispiele für Verteilungen sehr unterschiedlicher menschlicher Merkmale. Diese Verteilungen wurden ausgewählt, weil sie auf großen repräsentativen Stichproben basieren. Die meisten bestehen aus 1000 oder mehr Fällen. Zwei Kurven mit kleineren Gruppen wurden mit hineingenommen, um die Verteilungen von physiologischen und von Persönlichkeitsmerkmalen zu illustrieren. Auf diesem Gebiet sind Daten über große Gruppen recht selten.
Ein Beispiel für die Verteilung eines reinen Strukturmerkmals findet sich in Abbildung 5. Sie zeigt die *Größe* in Inches von 8585 englischen Männern. Es ist deutlich, daß diese Abbildung in sehr hohem Maße der Normalverteilung nahekommt. Abbildung 6 gibt die Häufigkeitsverteilung für ein funktionelles, physiologisches Merkmal, die *Lungenkapazität*, an. Das ist das Volumen an Luft, das – gemessen in Kubikzentimetern – nach maximaler Einatmung von den Lungen wieder abgegeben wird. Die Maße dieser Kurve stammen von 1633 männlichen Collegestudenten. Die allgemeine Übereinstimmung mit der Normalverteilung ist deutlich.

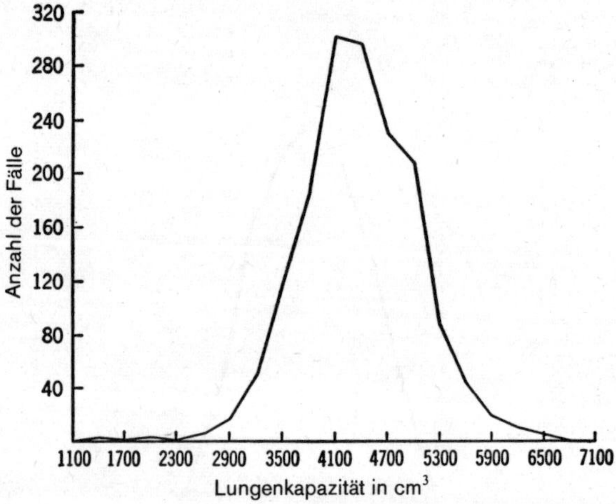

Abb. 6: Verteilung der Lungenkapazität von 1 633 männlichen Collegestudenten (aus HARRIS et al., 12, S. 94)

Abbildung 7 bezieht sich auf ein Maß, von dem man annimmt, es stehe in Beziehung zu emotionalen und Persönlichkeitsmerkmalen. Sie zeigt die Verteilung von 87 Kindern in einem zusammengesetzten Maß für das „*autonome Gleichgewicht*". Hohe Werte zeigen hier die funktionale Vorherrschaft des parasympathischen Teils des autonomen Nervensystems an, niedrige Werte stehen für die funktionale Vorherrschaft des sympathischen Teils. Für Psychologen ist das autonome Nervensystem wegen seiner Rolle für das emotionale Verhalten von besonderem Interesse.

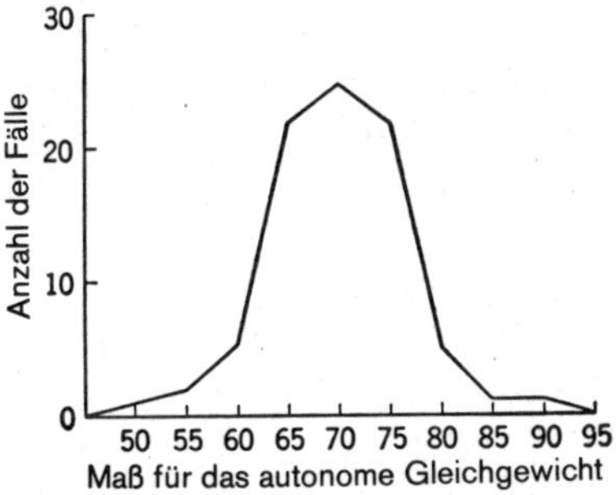

Abb. 7: Verteilung des durchschnittlichen geschätzten autonomen Gleichgewichtes von 87 Kindern im Alter von 6–12 Jahren (aus WENGER u. ELLINGTON, 33, S. 252)

Die graphische Darstellung in Abbildung 8 gibt die Verteilung der Leistungen in einem Test für *Wahrnehmungsgeschwindigkeit* und *-genauigkeit* wieder. Angegeben ist die Anzahl von A's, die in einer Minute auf einer Seite mit

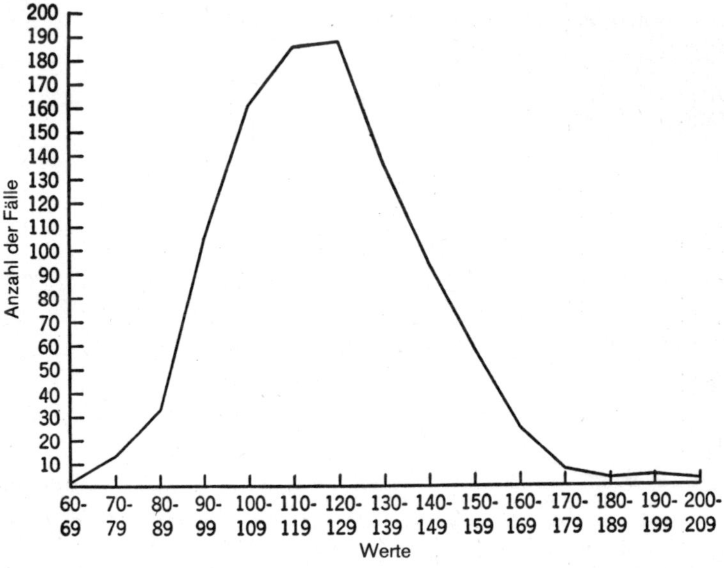

Abb. 8: Anzahl der A's, die in 1 Minute von 1000 Collegstudenten durchgestrichen wurden (aus ANASTASI, 2, S. 32)

durcheinandergewürfelten Großbuchstaben durchgestrichen worden sind. Dies wird allgemein als ein einfacher Wahrnehmungs- und Aufmerksamkeitstest angesehen, obwohl auch Geschwindigkeit und Kontrolle der Bewegungen gefordert werden. Verbindungslinien können hierbei zu den Daten aus Tabelle 1 und Abbildung 2 gezogen werden, wobei es sich dort um einen *einfachen Lerntest* handelte. Es sei daran erinnert, daß dieser Test die Anwendung eines Codes forderte, der jeweils aus sinnlosen Silbenpaaren bestand. Beide Tests wurden derselben Gruppe von 1000 Collegestudenten vorgelegt und beide führten zu Verteilungen, die innerhalb der erwarteten mathematischen Werte für eine Normalverteilung liegen.

In Abbildung 9 sind typische Ergebnisse dargestellt, die man bei der Anwendung eines *Intelligenztests* auf eine große Stichprobe erhält. Diese Kurve stellt die Verteilung der IQn von 2904 Kindern im Alter zwischen 2 und 18 Jahren im Stanford Binet von 1937 dar. Aus der Abbildung wird deutlich, daß der höchste Prozentsatz der Fälle IQn aus dem mittleren Klassenintervall hat, das von 95 bis 104 reicht. Die Prozentwerte nehmen langsam bis zu einem kleinen Wert von 1 Prozent ab, der jeweils einen IQ zwischen 35 und 44 bzw. zwischen 165 und 174 hat. Institutionalisierte geistig behinderte Personen waren in dieser Verteilung nicht enthalten. Auch in anderer Hinsicht war diese Stichprobe eingeschränkt. So bestand die Gruppe ausschließlich aus weißen Amerikanern, bei denen der Anteil von Städtern etwas größer war als in der Gesamtpopulation des Landes. Der größte Teil der Stichprobe setzte sich aus Grundschulkindern zusammen. Bei den jüngeren oder älteren

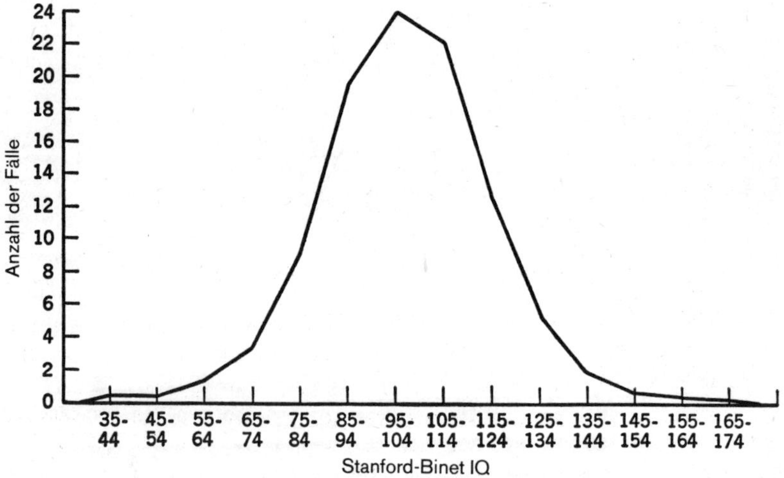

Abb. 9: Stanford-Binet-IQn einer repräsentativen Stichprobe von 2 904 Kindern im Alter von 2 bis 18 Jahren (aus Terman u. Merrill, 27, S. 37)

Gruppen wurde darauf geachtet, daß sie ungefähr mit der Grundschulkinderpopulation vergleichbar waren. Doch reicht die Streubreite des IQ in der Gesamtpopulation in Wirklichkeit von fast 0 bis etwas über 200, wie die Daten von verschiedenen Untersuchern belegten.

Als eine letzte Illustration wollen wir Abbildung 10 betrachten, in der die Verteilung der Werte in einem vielgebrauchten *Persönlichkeitsfragebogen* wiedergegeben sind. Die Kurve repräsentiert die Werte von 600 Collegestudentinnen im Test für Überlegenheit-Unterwürfigkeit von ALLPORT. Dieser Fragebogen soll die Tendenz eines Individuums abschätzen helfen, mit der es im alltäglichen Leben sein Gegenüber dominiert oder von ihm dominiert wird. Abgesehen von der bipolaren Definition der Eigenschaft (im Sinne von Überlegenheit *und* Unterwürfigkeit) wird aus der Inspektion der Kurve deutlich, daß sich die Überzahl der Personen nahe dem Mittelpunkt der Skala häuft. Die Verteilung ist sehr stark der Normalverteilung angenähert. Oder anders gesagt: Man soll sich nicht durch den zweigeteilten Eigenschaftsnamen zur Erwartung verleiten lassen, man könne Individuen in Dominierende und Unterwürfige einteilen. Wie andere meßbare menschliche Merkmale weist auch diese Persönlichkeitseigenschaft eine kontinuierliche Abstufung auf, wobei die meisten Personen mittlere Reaktionen zeigen.

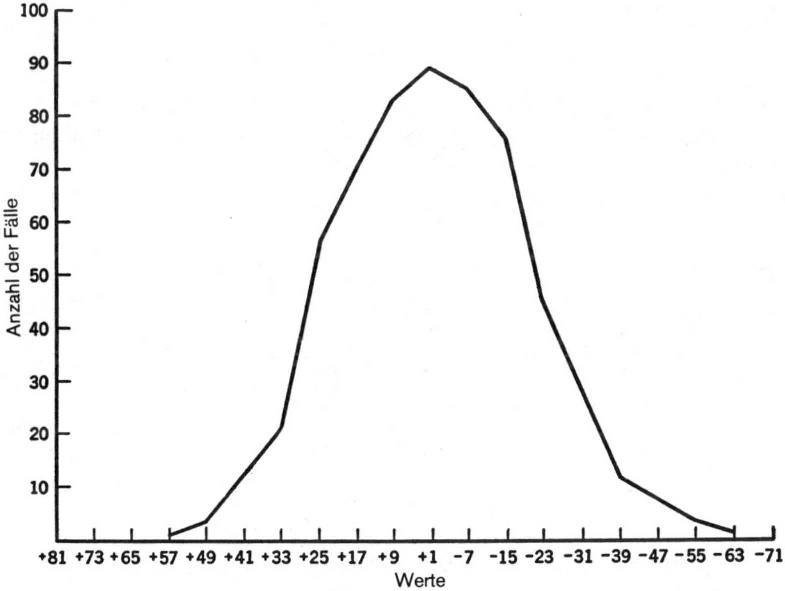

Abb. 10: Verteilung der Werte von 600 College-Studentinnen im ALLPORT-Test für Überlegenheit-Unterwürfigkeit (aus RUGGLES und ALLPORT, 24, S. 520)

Bedingungen, die den Verlauf der Normalverteilung verändern

Aus den im vorangegangenen Abschnitt zitierten Beispielen sollte nicht darauf geschlossen werden, daß alle Verteilungen in der Differentiellen Psychologie der Normalverteilung entsprechen. Viele andere Arten von Häufigkeitsverteilungen sind möglich, von denen sich etliche in Daten über bestimmte menschliche Eigenschaften finden lassen. Verteilungskurven können hauptsächlich in zwei Richtungen von der mathematischen Normalität abweichen: Es ist die Schiefe und der Exzess (technisch „kurtosis“ genannt). Eine *schiefe Verteilung* liegt dann vor, wenn die Spitze oder der Modalwert nach rechts oder links vom Zentrum verschoben ist. Solch eine Verteilung zeigt nicht die zweiseitige Symmetrie der Normalverteilung. In Abbildung 11 findet sich eine Illustration für eine schiefe Verteilung. Hier ist die Spitze zu dem oberen Ende der Verteilung hin verschoben.

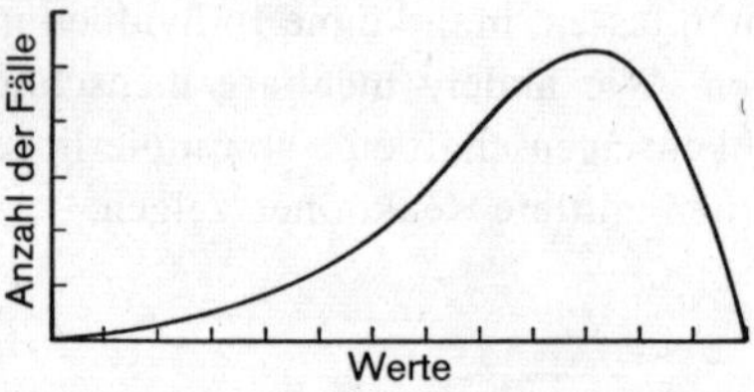

Abb. 11: Eine schiefe Verteilung

Noch in einem anderem Merkmal kann eine Verteilung von der Normalität abweichen, nämlich in dem *Grad ihrer Steilheit oder Flachheit*. Abbildung 12 zeigt zwei Kurven, von denen die eine steiler und die andere flacher verläuft als die theoretische Normalverteilung.

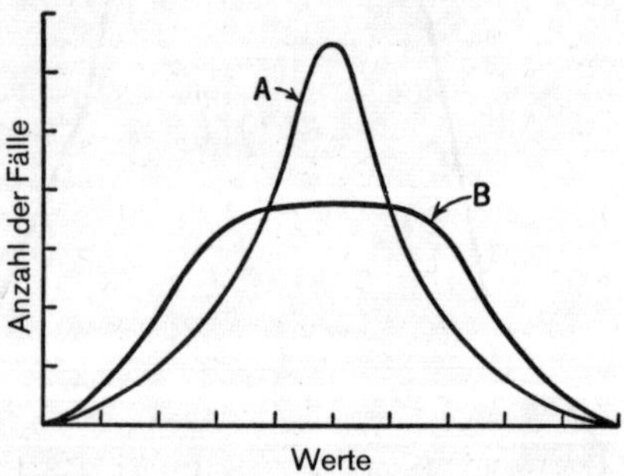

Abb. 12: Eine sehr steile (A) und relativ flache (B) Verteilung

Bei der Kurve A häufen sich in der Mitte besonders viele Fälle und an den Enden finden sich nur noch relativ wenig Personen. Bei der Kurve B sind die

Fälle gleichmäßiger über einen großen Bereich der Streubreite verteilt. Ein extremes Beispiel einer abgeflachten Kurve stellt eine *rechteckige Verteilung* dar, in der die relativen Häufigkeiten für alle Grade der Abweichung vom Mittelwert identisch sind. In diesem Falle wären alle Personen gleichmäßig über die gesamte Skala verteilt. Eine *multimodale Kurve* kann als eine weitere Variation für die Steilheit einer Verteilung betrachtet werden. Wie ihr Name besagt, hat diese Kurvenart mehr als einen Modalwert, also mehr als eine Spitze. Individuen würden sich hier also an zwei oder mehr Punkten einer Skala besonders häufen. Die Spitzen können dabei gleich hoch sein oder es mag eine Hauptspitze und eine oder mehrere kleine geben.

Verteilungen, die signifikant von der Normalität abweichen und eines oder mehrere der oben beschriebenen Merkmale zeigen, kommen unter bestimmten Bedingungen hin und wieder vor. Eine Kenntnis dieser Bedingungen ist die Voraussetzung für eine angemessene Interpretation von Häufigkeitsverteilungen. Die wichtigsten Faktoren, die den Verlauf von Verteilungskurven beeinflussen, sind: Fehler bei der Stichprobenwahl; Benutzung falscher oder unangemessener Meßinstrumente; bestimmte Faktoren, die direkt auf das zu untersuchende Merkmal einwirken. In den folgenden Abschnitten sollen alle drei Bedingungsarten nacheinander untersucht werden.

Stichprobenauswahl

Mit passend ausgesuchten Personen läßt sich jede denkbare Verteilungsform erhalten. Ein solches Verfahren ist jedoch nicht sinnvoll. Ähnliche Variationen können aber dennoch aufgrund selektiver Faktoren auftreten, die vom Untersucher übersehen worden sind. Deshalb sollte immer, wenn eine Kurve signifikant von der Normalität abweicht, die Stichprobenwahl auf ihre Angemessenheit überprüft werden.

Schiefe kann z.B. dann resultieren, wenn man in einer einzigen Verteilung zwei normal verteilte Gruppen zusammenfaßt, die sich deutlich sowohl im Mittelwert als auch in der Streuung voneinander unterscheiden. Dieser Effekt ist in Abbildung 13 dargestellt. Im Bild A sind die zwei getrennten Verteilungen der beiden Gruppen abgebildet. Eine Gruppe hat einen niedrigeren Mittelwert und eine engere Streuung als die andere. Bild B zeigt die deutlich schiefe Verteilung, die man durch die Zusammenfassung beider Gruppen in einer einzigen Verteilung erhält.

Eine multimodale Kurve kann auch dann erreicht werden, wenn die getestete Stichprobe nicht zufällig aus der Grundgesamtheit ausgewählt worden ist, sondern aus Individuen mit sehr unterschiedlichem Niveau besteht, die man in eine einzige Gruppe zusammengefaßt hat. Eine Gruppe mit 5- und 10jährigen z.B. würde zu einer eindeutig bimodalen Verteilung von Intelligenz-

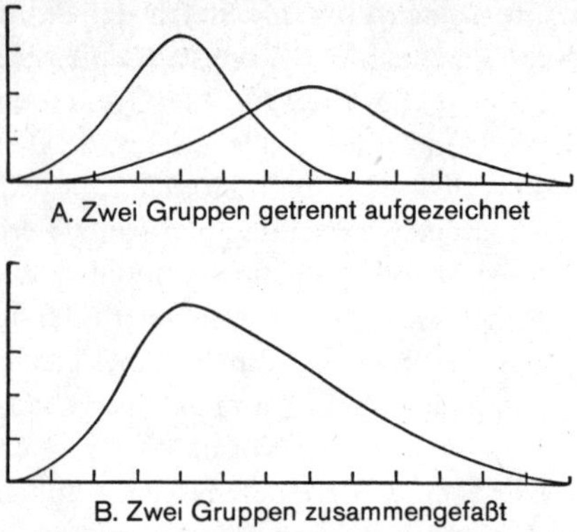

Abb. 13: Schiefe, die aus der Zusammenfassung von Gruppen mit unterschiedlichem Mittelwert und Streuung resultiert

testwerten führen. Das gilt ebenso für Größenwerte, das Gewicht und viele andere Merkmale. Würde man die dazwischenliegenden Altersstufen von 6 – 10 Jahren miteinbeziehen, so würde die Verteilung das Aussehen einer glockenförmigen Normalverteilung zeigen. In Abbildung 14 ist das Entstehen einer bimodalen Verteilung aufgrund der Kombination zweier stark voneinander getrennter Gruppen graphisch dargestellt. Bemerkenswert ist hier, daß sich die beiden Gruppen nur sehr gering überschneiden. Ist die Überschneidung von zwei aufeinanderfolgenden Altersgruppen jedoch groß, so wird die resultierende gemeinsame Verteilung normal und unimodal ausfallen.

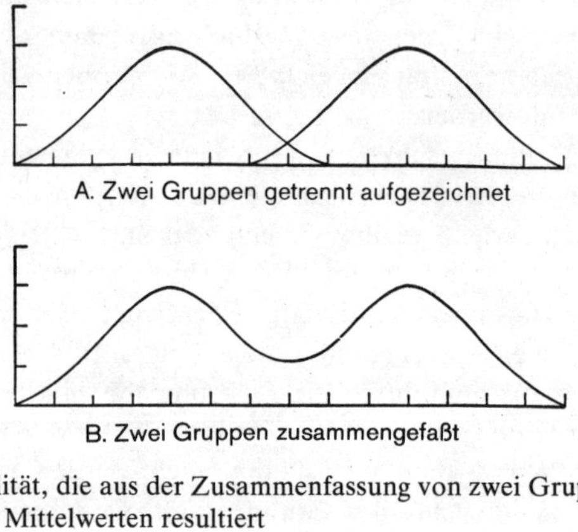

Abb. 14: Bimodalität, die aus der Zusammenfassung von zwei Gruppen mit weit auseinanderliegenden Mittelwerten resultiert

Andere Eigenarten, die auf die Stichprobenauswahl zurückgeführt werden können, sind z.B. extreme Flachheit (die sich einer rechteckigen Verteilung annähert) und das Gegenteil, extreme Steilheit einer Verteilung. Letzteres kann z.B. bei außergewöhnlich homogenen Stichproben vorkommen. Schließlich seien noch die unzähligen kleineren Unregelmäßigkeiten und Variationen von Verteilungen genannt, die auf die Verwendung kleiner Gruppen zurückgeführt werden können. Kurven für eine kleine Anzahl von Fällen haben gewöhnlich ein unregelmäßiges, gezacktes Aussehen, da individuelle Ausnahmen relativ stark sichtbar werden. Im allgemeinen gilt: Je größer die Stichprobe ist, desto ausgeglichener wird die Verteilung ausfallen.

Meßinstrumente

Einige Eigenschaften von Tests oder anderen Meßinstrumenten zur Sammlung von Daten können ebenfalls den Verlauf der resultierenden Verteilungskurve beeinflussen. Wenn die *Schwierigkeitsabstufung* von Testitems im oberen oder unteren Bereich eingeschränkt ist, kann dadurch künstlich eine schiefe Verteilung entstehen. Solch eine Verteilung ergibt sich immer dann, wenn ein Test bei einer Gruppe angewendet wird, für die er nicht konstruiert worden ist. Wenn z.B. ein Intelligenztest, der für die 3. bis 8. Klasse geeignet ist, einer Collegeklasse vorgelegt wird, werden die meisten Pbn Werte nahe dem Maximum erreichen. Dadurch fällt die Anzahl der Fälle mit niedrigen Werten niedrig aus. Umgekehrt würde die Anwendung eines Tests für College-Anfänger bei Grundschülern zu einem enormen Anstieg von Werten nahe dem Nullpunkt der Skala führen. Auch hier würde die Verteilung asymmetrisch sein.

Offensichtlich dürfen derartige Daten nicht so verstanden werden, daß Intelligenz bei Schulkindern oder Collegestudenten nicht normal verteilt sei. Die schiefen Verteilungen sind lediglich darauf zurückzuführen, daß der Schwierigkeitsbereich des Tests nicht weit genug nach oben oder nach unten reicht.

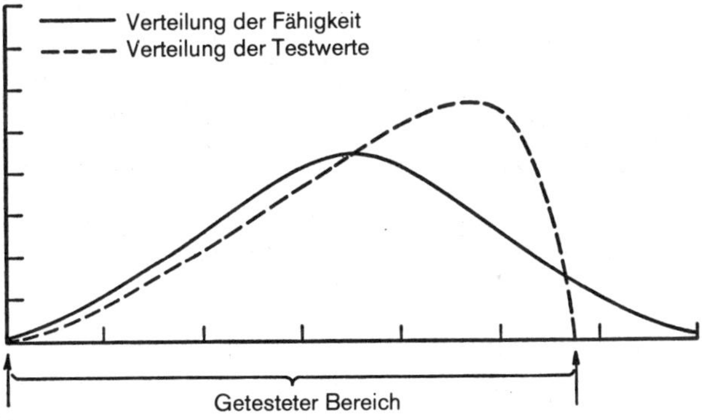

Abb. 15: Schiefe, die man durch einen Deckeneffekt im Test erhält

In dem einen Fall werden alle Personen, die etwas mehr als ein bestimmtes Minimum der getesteten Fähigkeit aufweisen, einen optimalen oder doch fast optimalen Wert erreichen. Enthielte der Test jedoch schwierigere Items, so würden diese Personen über einen weiten Bereich streuen. Das wird in Abbildung 15 deutlich. Die durchgezogene Linie steht für die wirkliche Verteilung der Leistung in der Gruppe, während die durchbrochene Linie den Ergebnissen entspricht, die man in einem Test mit einer „niedrigen Decke" erhalten würde.

In ähnlicher Weise steigen die Häufigkeiten für 0 oder niedrige Werte stark an, wenn ein Test für eine Gruppe zu schwierig ist. Bei der Auswahl eines Tests für eine bestimmte Gruppe muß man deshalb dafür Sorge tragen, daß die Personen an beiden Enden der Skala genug Spielraum haben. Die höchsten und niedrigsten Werte sollten also von dem Nullpunkt bis zu den Optimalwerten reichen.

Ein reales Beispiel dafür, welche Folgen die Verwendung eines Tests mit eingeschränktem Bereich am niedrigen Ende der Skala hat, findet sich in Abbildung 16. Die Daten für diese Verteilung wurden in der schottischen Erhebung von 1947 gesammelt. Dort sollte jedes 11jährige schottische Kind getestet werden. Diese Erhebung stellt eines der größten Stichprobenprojekte dar, das jemals unternommen wurde. Insgesamt wurden 70 805 Kinder erfaßt. Diese Stichprobe ist nach Angaben der Autoren vollständig. Es fehlten nur die Kinder, deren sensorische oder motorische Behinderungen eine valide

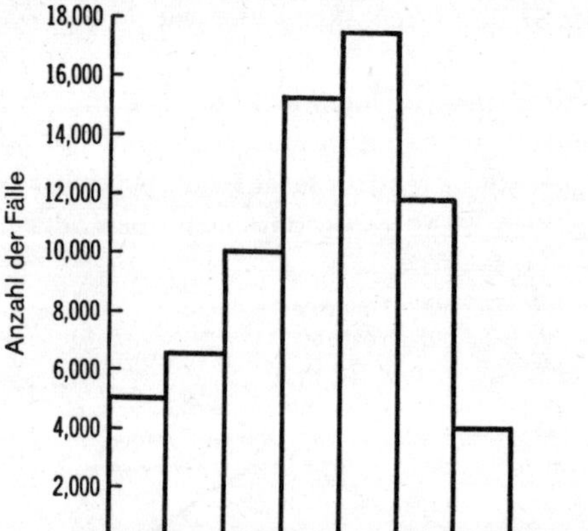

* Das letzte Klassenintervall umfaßt nicht 10 Punkte, da der höchste Wert im Test 76 Punkte betrug.

Abb. 16: Verteilung der Werte von 70 805 11jährigen schottischen Kindern in einem verbalen Gruppenintelligenztest (Daten aus: Scottish Council for Research in Education, 25, S. 82)

Testanwendung unmöglich machten; die Kinder, die am Testtag in der Schule fehlten; einige Kinder aus bestimmten Privatschulen, für die die benötigten Hintergrunddaten nicht erhoben werden konnten. Schätzungsweise umfaßt die getestete Stichprobe 88 % aller 11jährigen schottischen Schulkinder zu jener Zeit. Allen Kindern wurde ein speziell entwickelter 45minütiger Gruppenintelligenztest vorgelegt, der aus 2 Seiten mit Bildern und aus 5 Seiten mit verbalen Items bestand.
Die Verteilung der Werte für die verbalen Items ist in Abbildung 16 wiedergegeben. Obwohl die Verteilung insgesamt eine Häufung der Werte in der Mitte und eine fortschreitende Abnahme der Häufigkeiten zu beiden Enden zeigt, sind doch eine Reihe von Unregelmäßigkeiten erkennbar. Ein inadäquates Abdecken des niedrigen Endes der Skala wird schon durch die Prüfung des Tests selbst deutlich. Außerdem spricht die Tatsache, daß 13,9 % aller Fälle im Intervall von 0 bis 9 liegen, dafür, daß der Nullpunkt des Tests für die untersuchte Population wahrscheinlich zu hoch lag. Hätte es auch leichtere Items gegeben, so hätten sich sehr wahrscheinlich diese Fälle auf mehrere Intervalle unterhalb des Nullpunktes verteilt.
Ebenfalls läßt sich leicht zeigen, daß ungleiche Intervalle bei einem Meßinstrument die Häufigkeitsverteilung auf vielerlei Weise beeinträchtigen können. Ein gutes Beispiel dafür geben uns Daten, die mit Hilfe von zwei Tests für Scharfsichtigkeit gesammelt worden sind (28). Die Häufigkeitsverteilungen derselben Gruppe von 226 Personen in jedem der beiden Tests sind in Teil A bzw. B der Abbildung 17 zu sehen. Die Zeichnung A stellt eine überhöhte, schiefe Kurve dar, die mit der Snellen-Karte erhalten wurde. Hier fußt der Wert für die Scharfsichtigkeit einer Person auf der kleinsten Buchstaben-

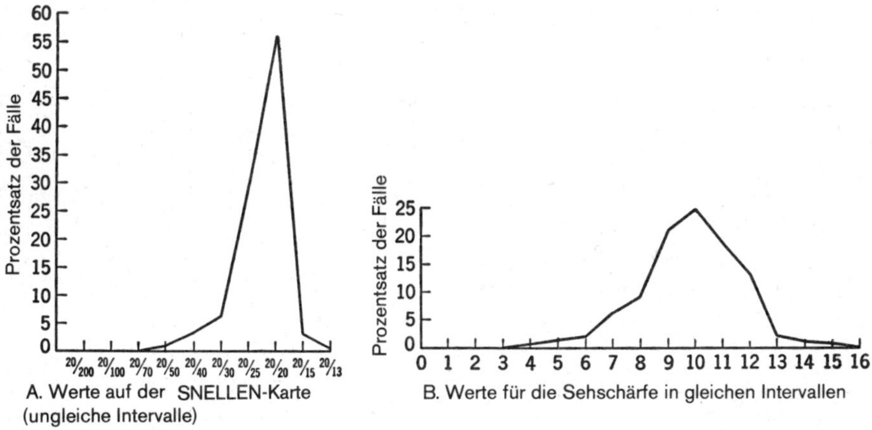

Abb. 17: Effekt der Ungleichheit von Skaleneinheiten auf Verteilungen: Verteilungen von 226 Personen in 2 Tests für die Sehschärfe (aus TIFFIN, u. WIRT, 28, S. 77)

reihe, die sie aus einer Standardentfernung von 20 Fuß noch lesen kann. Wenn also eine Person aus 20 Fuß Entfernung nicht mehr als die Buchstaben lesen kann, die der Durchschnitt noch aus 50 Fuß Entfernung entziffern kann, erhält sie einen Wert von 20/50. Normale Sichtigkeit entspricht also einem Wert von 20/20. Ein Wert von 20/15 bedeutet dann eine Scharfsichtigkeit, die besser als der Durchschnitt ist. Da eine spezielle Auswahl der Buchstabengröße in diesem Test stattgefunden hat, werden nicht alle Sichtigkeitsstufen in gleichen Abständen erfaßt. Die schlechteren Sichtigkeitsabstufungen werden durch mehr Items erfaßt als die durchschnittliche oder überdurchschnittliche Sehschärfe. Anders gesagt: Die Unterschiede im Schwierigkeitsniveau zwischen den aufeinanderfolgenden Buchstabenzeilen ist nicht gleich. Es gibt größere „Sprünge" im Schwierigkeitsniveau in der Mitte und den oberen Teilen als in den unteren Teilen der Sehschärfeskala.
Die Ungleichheit der Intervalle wird deutlich, wenn man die Items oder Einheiten der Snellen-Karte mit denen einer Skala für Sehschärfe vergleicht, die gleiche Intervalle hat (28, S. 77):

Sehschärfeskala mit gleichen Intervallen	1	2	3	4	5	6	7	8	9	10	11	12	13	14	15
Snellen-Karte	$\frac{20}{200}$	$\frac{20}{100}$	$\frac{20}{70}$	$\frac{20}{50}$	$\frac{20}{40}$		$\frac{20}{30}$	$\frac{20}{25}$		$\frac{20}{20}$			$\frac{20}{15}$		$\frac{20}{13}$

Die Verteilung der Werte derselben Gruppe von 226 Personen in dem Test mit gleichen Intervallen ist in Teil B der Abbildung 17 zu sehen. Deutlich nähert sich dieser Graph sehr viel näher der Normalverteilung an als die Verteilung der Werte aus ungleichen Intervallen.
Noch weitere Abweichungsarten von der Normalverteilung können durch ungleiche Skalenabstände entstehen. Angenommen, im oben aufgeführten Beispiel seien die beiden Enden der Skala durch Items gleichmäßig abgedeckt; in der Mitte seien jedoch Lücken entstanden, da zu wenig Items für die mittleren Schwierigkeitsstufen vorhanden sind. Das Ergebnis könnte dann eine zweigipflige Verteilung sein, da die Personen, die eigentlich in die Mitte gehörten, sich auf den nächstliegenden Stufen häufen. Man sollte diesen Effekt im Gedächtnis behalten, wenn man die Ergebnisse aus bestimmten Persönlichkeitstest betrachtet, z. B. solche für Introversion-Extraversion. Da diese Eigenschaften bipolar definiert werden, sind sie vielleicht stärker in ihren extremen Ausprägungsgraden beschrieben und ausgewählt worden, während die mittleren Abstufungen nur ungenügend abgedeckt sind. Solch ein Test hätte einen niedrigeren Diskriminationswert und größere Lücken zwischen den Intervallen in der Mitte des Skalenbereiches als an den beiden Endpunkten. Als Ergebnis könnte eine leichte Zweigipfligkeit einfach durch die Eigentümlichkeiten des Meßinstrumentes auftreten, ohne mit der Verteilung des

Verhaltens selbst etwas zu tun zu haben. Ähnlich läßt sich durch eine Vermehrung der relativen Itemanzahl an den Endpunkten einer Skala eine Normalverteilung in eine relativ flache oder sogar rechteckige Verteilung überführen.

Jetzt sollte es wohl deutlich geworden sein, daß die Meßskala den Typ der Verteilungsform sehr vielfältig beeinflussen kann. Streng gesagt, läßt sich die wahre Verteilung einer Variablen nicht bestimmen, wenn man keine Skala mit gleichen Intervallen zum Messen benutzt. Aber die einzigen Methoden, mit deren Hilfe man bis jetzt gleiche Einheiten in psychologischen Tests entwickeln kann, bauen selbst auf der Annahme auf, das zu untersuchende Merkmal sei normalverteilt! Nach der „wahren" Verteilung eines psychologischen Merkmals zu fragen, ist deshalb – zumindest bis heute – eine sinnlose Frage.

Im Verlauf der Testkonstruktion betrachtet man die Normalverteilung eher als ein methodisches Problem als eine empirisch beobachtete Tatsache. Immer wenn man eine nicht normale Verteilung bei einer Standardisierungsgruppe erhält, reagiert man gewöhnlich mit einer Umarbeitung des Tests. Die meisten Tests hat man also absichtlich so konstruiert, daß sie in der Population, für die sie geschaffen worden sind, eine angenäherte Normalverteilung ergeben. Items werden weggelassen oder hinzugenommen, andere werden auf der Skala nach oben oder nach unten geschoben, Bewertungsgewichte für verschiedene Antworten werden geändert und andere ähnliche Anpassungen werden durchgeführt, bis die gwünschte Annäherung an die Normalität erreicht ist. Die Aussage, eine gegebene Verteilung sei normal, kann also einfach bedeuten, daß der Prozeß der Teststandardisierung sorgfältig durchgeführt worden ist. Umgekehrt kann die Aussage, eine gegebene Verteilung sei *nicht* normal, lediglich besagen, daß die Testkonstruktion noch nicht abgeschlossen ist oder daß der Test einer Gruppe vorgelegt worden ist, für die er nicht geschaffen ist.

Es gibt einige Gründe dafür, daß der Testkonstrukteur und der Wissenschaftler in der Differentiellen Psychologie gewöhnlich Normalität einer Verteilung wünscht. Wenn man eine Annahme über die Verteilung eines menschlichen Merkmals machen muß, so scheint die Normalverteilung in den meisten Situationen die plausibelste zu sein. Ausgehend von der Komplexität und Vielfalt der Faktoren, die den Ausprägungsgrad jeglichen Merkmals bei einem Individuum bestimmen, muß man erwarten, daß sich das Merkmal nach dem Zufallsgesetz verteilt. Außerdem entsprechen die Verteilungen physischer Merkmale, die wie Inches und Pfund in gleichen Intervallen gemessen werden, regelmäßig Normalverteilungen. Ein weiterer Grund für den Wunsch nach Übereinstimmung mit der Normalverteilung liegt darin, daß normal verteilte Daten vielen statistischen Analyseverfahren zugänglich sind, die sonst nicht anwendbar wären. Dennoch sei bemerkt, daß für gewisse spezielle Zwecke andere Verteilungsformen vorzuziehen sein mögen und auch entsprechend Verwendung finden.

Spezielle Faktoren

Abweichungen von der Normalverteilung können auch auf Bedingungen beruhen, die die Eigenschaften direkt betreffen und nicht Verfahren der Stichprobenauswahl oder Merkmale der Meßinstrumente. Ein Beispiel stellt die sog. *J-Kurven-Hypothese sozialer Konformität* dar, die ALLPORT (1) als erster vorgeschlagen hat. Diese Kurve hat ihren Namen wegen ihrer Ähnlichkeit mit dem Buchstaben J. Sie stellt eine sehr schiefe Verteilung dar, bei der sich die Mehrzahl der Individuen an demjenigen Ende der Skala befinden, das vollständig oder fast vollständig den sozial anerkannten Verhaltensnormen entspricht. Eine gute Illustration einer solchen J-Kurve findet man in den Reaktionen von Autofahrern oder Fußgängern auf verschiedene Verkehrsregeln, z.B. in dem Halten bei Ampeln, dem Halten an Kreuzungen oder dem Fahren innerhalb der richtigen Fahrbahnbegrenzung. Andere Beispiele „konformen" Verhaltens, auf die die J-Kurve Anwendung gefunden hat, beinhal-

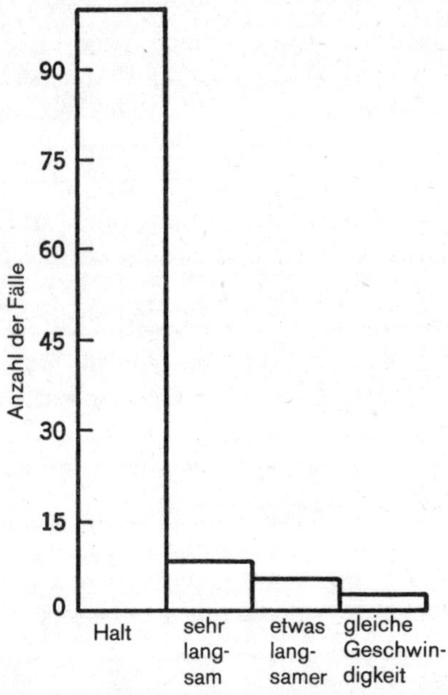

Abb. 18: J-Kurve für das Fahrerverhalten an einer Kreuzung ohne Querverkehr, aber mit rotem Ampellicht und einem Verkehrspolizisten (aus ALLPORT, 1, S. 144)

ten bestimmte religiöse Praktiken, wie die Ankunftszeit zum Gottesdienst, Teilnahme am gemeinsamen Singen und ähnliches.

J-Kurven sind in den Abbildungen 18 und 19 wiedergegeben. Die erste zeigt die Verhaltensweisen von 102 Autofahrern an einer Kreuzung ohne sich nähernden Querverkehr, aber mit einem roten Ampellicht und einem Verkehrspolizisten. Bemerkenswerterweise halten mehr als 90 % aller beobachteten Fälle vollständig. Von den restlichen wenigen Prozenten verringern einige sehr deutlich ihre Geschwindigkeit, wenige werden nur etwas langsamer und nur sehr wenige behalten dieselbe Geschwindigkeit bei. In diesem Fall kann man einwenden, daß die Autofahrer, sich selbst überlassen, ein Verhalten zeigen würden, das ungefähr einer Normalverteilung entspräche. Aber die Einführung solcher „sozialen Schranken", wie es Verkehrsregeln, Ampelzeichen und ein Verkehrspolizist darstellen, drängten die Verteilung in eine J-Kurve.

Wichtig ist, daß der Ort der Verteilungsspitze davon abhängt, auf welchen Punkt der Skala das sozial geforderte Verhalten fällt. Die extreme oder wahre J-Kurve muß man nicht unbedingt in allen Situationen sozialer Konformität erhalten. So würde das Ausmaß, in dem die städtische Jugend in Amerika alkoholische Getränke zu sich nimmt, wahrscheinlich ihre Spitze nicht an einem Endpunkt, sondern an einem mittleren Punkt haben, der dem „gemäßigten sozialen Trinken" entspricht. Dieser Punkt stellt wahrscheinlich maximale Konformität mit den Praktiken der Gruppe dar, er stellt aber weder ein Minimum noch ein Maximum im Hinblick auf das Trinkverhalten dar. Nicht die J-Kurve selbst ist bedeutsam, sondern die Tatsache, daß durch soziale Konformität Veränderungen in den Verteilungsformen bedingt sein können. Die J-Kurve ist nur ein spezieller Fall für die Wirkungen eines „ladenden" Faktors dieses Typs. In Klammern sei angefügt, daß die Verteilung in Abbildung 18 in Wirklichkeit ein umgekehrtes J darstellt und genauer als eine L-Kurve beschrieben werden könnte. Aber es hat sich eingebürgert, alle sehr schiefen Verteilungen J-Kurven zu nennen, egal ob die Spitze am rechten oder linken Endpunkt liegt. Die Richtung der Skala könnte natürlich willkürlich umgedreht werden, so daß die Spitze am rechten Endpunkt läge.

Eine etwas andere Anwendung des J-Kurven-Konzeptes wurde in einer jüngeren Untersuchung vorgenommen, die das Verhalten von Jugendlichen Gleichaltrigen gegenüber behandelt (20). In dieser Studie legte man 629 Studenten der Eingangsklassen von High Schools die Namen ihrer Klassenkameraden vor (die durchschnittliche Klassengröße betrug 35,5). Die Studenten erhielten dazu die Instruktion, jeden Namen mit den Zahlen von 1 bis 5 zu versehen. Die Zahlen sollten für folgende Reaktionen stehen: „Würde ich gern als den allerbesten Freund haben wollen", „guter Freund", „kein Freund, aber in Ordnung", „kenne ihn nicht" und „ist eine andere Person im Raum". Bei der Zusammenstellung in Tabellenform faßte der Autor die beiden ersten Einschätzungen zusammen als „annehmen“, die beiden letzten als „Isolierung oder Zurückweisung“ und die mittleren Schätzurteile wurden benannt als „passive Annahme oder Toleranz“. Die sich daraus ergebenden Verteilungen sind in Abbildung 19 aufgezeichnet. Die beiden Graphen in Teil A zeigen die Schätzungen von Jungen über andere Jungen und die Mädchen in ihrer Klasse. Entsprechende Verteilungen für die Mädchen finden sich in Teil B. Nach dem Autor zeigen diese Graphen die Konformität mit den Sitten vorpubertärer und pubertärer Jungen und Mädchen in unserer Kultur. Denn sie spiegeln das weitverbreitete Akzeptieren Gleichgeschlechtlicher und Gleichaltriger wider, das einhergeht mit einer Tendenz zur Ablehnung des anderen Geschlechts. Dabei ist diese Tendenz bei Jungen stärker als bei Mädchen.

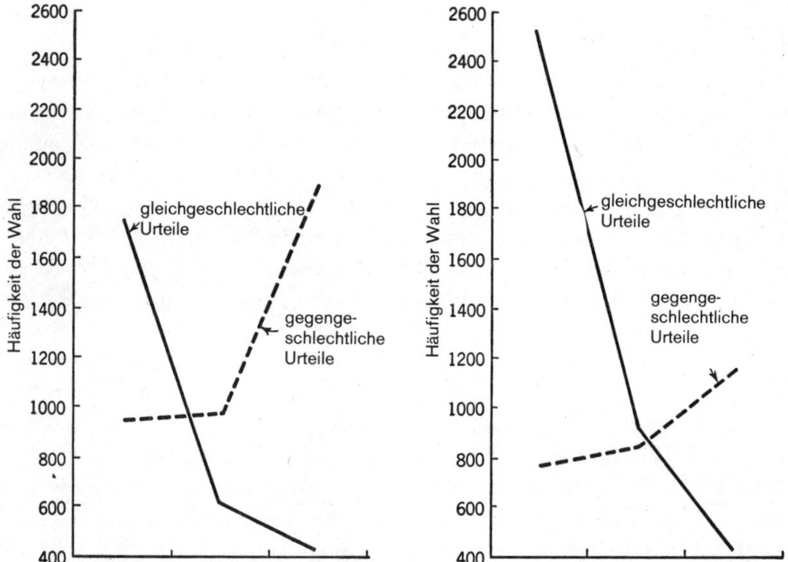

Abb. 19: J-Kurven für das Akzeptieren von Gleichaltrigen bei heranwachsenden Jungen und Mädchen (aus Pepinsky, 20, S. 536)

Wir müssen jedoch bei der Interpretation von J-Kurven Vorsicht walten lassen. Direkt können wir natürlich nicht von dem Aussehen der Kurve auf die Gründe für das fragliche Verhalten schließen. Wie im vorangegangenen Abschnitt besprochen, kann auch die Art der Meßskala den Verlauf der Kurve bestimmt haben. Man kann z.B. eine J-Kurve von einer normalverteilten Variablen erhalten, wenn man die Skala in der Mitte abschneidet. Wie jede andere Häufigkeitsverteilung muß die J-Kurve auf die Angemessenheit der Meßskala hin überprüft werden, auf die Verfahren bei der Stichprobenauswahl und andere Bedingungen, die die Verteilungsform beeinflußt haben können.

Ein anderer Faktor, der zu einer J-Kurven ähnlichen Häufigkeitsverteilung führen kann, ist die *Seltenheit* des beobachteten Phänomens. Wenn die gesamte Auftrittswahrscheinlichkeit eines Ereignisses in der Stichprobe von Beobachtungen klein ist, ist dessen erwartete Zufallsverteilung eine schiefe Verteilung. Statistikern ist sie als POISSON-Verteilung bekannt. Je größer die Seltenheit eines Phänomens, desto schiefer wird die Verteilung sein. Eines der besten Illustrationen dieser Verteilungsform in der Psychologie stellt die Häufigkeit von Unfällen dar (3,18). Wenn z.B. 200 Personen in einem gegebenen Zeitraum 100 Unfälle haben, so ist die erwartete Zufallsverteilung wie folgt: 121 werden keinen Unfall haben, 61 werden 1, 15 werden 2 und 3 werden jeweils 3 Unfälle haben (siehe 3, S. 456 – 457).

Diese Verteilungsform ist in Abbildung 20 A dargestellt, die die wirkliche Unfallhäufigkeit von 59 Motoradfahrern im Verlauf eines Monats wiedergibt. Man könnte sagen, hier handele es sich um eine J-Kurve, deren Spitze bei vollständiger Konformität mit den vorgeschriebenen Sicherheitsregeln liegt, d.h. bei dem Vorkommen von keinen Unfällen. Wir könnten diese Verteilungsform auch durch andere Hypothesen zu erklären versuchen, z.B. durch das Vorhandensein einer kleinen Gruppe von „Unfällern“. Aber ein Blick auf die anderen graphischen Darstellungen von Abbildung 20 läßt vermuten, daß der Hauptfaktor in Wirklichkeit ein Artefakt der speziellen be-

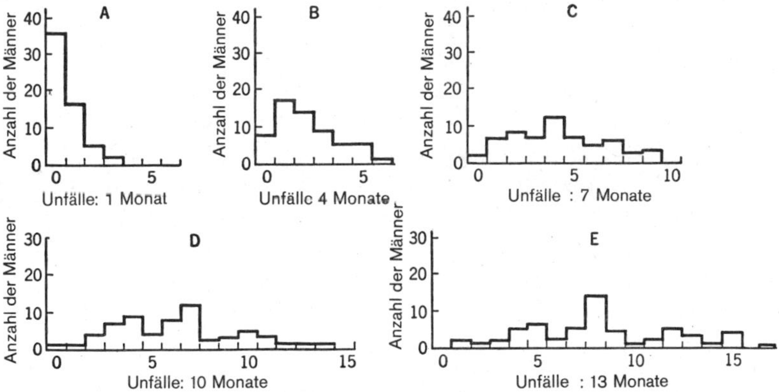

Abb. 20: Verteilung der Unfälle von 59 Motorradfahrern in verschieden langen Zeiträumen (mit Genehmigung entnommen aus „Personnel and Industrial Psychology“ von E. E. GHISELLI und C. W. BROWN, Copyright, 1955, McGraw-Hill Book Company, Inc., S. 343)

obachteten Stichprobe darstellt. Wenn wir unsere Beobachtungen an denselben 59 Motoradfahrern von einem Monat auf 13 Monate ausdehnen, erhalten wir die Verteilung aus Abbildung 20 E.

Obwohl diese Verteilung etliche kleine Unregelmäßigkeiten zeigt, handelt es sich sicherlich nicht um eine J-Kurve – ihre Spitze liegt annähernd in der Mitte des Streubereiches. Steigt die Länge des Beobachtungszeitraums, dann steigt auch die Gesamtzahl der Unfälle in unserer 59-Mann-Stichprobe und folglich wird die Verteilung zunehmend weniger schief. Ein letztes Beispiel für spezielle Faktoren, die die Verteilungsform beeinflussen können, findet sich in der Wirkung bestimmter *pathologischer Bedingungen*. Es gibt z.B. einige Belege für die Annahme, die IQ-Verteilung in der Gesamtbevölkerung übersteige bei den sehr niedrigen Werten die erwartete Normalverteilung (siehe 23). In einer sorgfältig durchgeführten Untersuchung an einer fast vollständigen Stichprobe aller Kinder, die innerhalb von 4 Jahren in der Stadt Bath in England geboren wurden, war der Anteil von Fällen mit IQn unter 45 fast 18mal so groß wie er nach der Normalverteilung zu erwarten gewesen wäre (23).

Die plausibelste Erklärung für eine derartige Abweichung von der Normalität scheint zu sein, daß sekundäre Faktoren, z.B. Krankheit oder pathologische Bedingungen, zu einem Anstieg des relativen Anteils geistig Behinderter über das geführt haben, was nach dem Zufall zu erwarten gewesen wäre (s. z.B. 22). Es sei daran erinnert, daß man eine Normalverteilung dann erhält, wenn die zu messende Variable ein gemeinsames Produkt einer großen Anzahl unabhängiger und gleich gewichtiger Faktoren darstellt. In Anbetracht der großen Zahl von Vererbungs- und Umweltfaktoren, die zur Entwicklung der Intelligenz in der Gesamtbevölkerung beiträgt, kann man vernünftigerweise erwarten, daß sich die IQn entsprechend der Normalverteilung verteilen. Bestimmte Formen von Minderbegabungen scheinen jedoch durch einen einzelnen Faktor bedingt zu sein und nicht durch eine Faktorenvielzahl. Anders ausgedrückt: Einige pathologische Bedingungen (die sowohl aus der Vererbung wie auch aus der Umwelt stammen können) können direkt zu extremen Ausprägungen von Minderbegabungen führen. Das geschieht unabhängig von irgendwelchen begleitenden Faktoren, die sonst das individuelle intellektuelle Niveau bestimmt hätten. Deshalb addieren sich am unteren Ende der Verteilungen diese durch Einzelfaktoren bedingten Fälle zu den multifaktoriellen Fällen hinzu, die man nach dem Zufall in einer Normalverteilung erwarten würde.

Doch sind die vorliegenden Daten über das untere Ende der Intelligenzverteilung sowie die Interpretationen solcher Daten noch als sehr vorläufig anzusehen. Sie werden hier nur angeführt, um mögliche Effekte pathologischer Bedingungen auf die Verteilungsformen zu illustrieren.

Fassen wir zusammen: Wenn wir mit der Erwartung beginnen, Verteilungskurven ähnelten allgemein der Normalverteilung, so wird jede Abweichung von der Normalität zu einem zu untersuchenden Problem. Solch eine Behandlung der Verteilungsform müßte fruchtbar sein, da dadurch Faktoren in ihren Wirkungen entdeckt werden können, die eine eigene Untersuchung wert sind. So kann z.B. eine signifikante Abweichung von der Normalität anzeigen, daß die Testdecke zu niedrig ist, daß der Nullpunkt zu hoch liegt oder daß bestimmte Teile der Schwierigkeitsstufung durch die vorliegenden Testitems nicht adäquat abgedeckt werden. Weiter kann ein bisher nicht berücksichtigter Selektionsmechanismus, der in der zu untersuchenden Stichprobe wirksam ist, deutlich werden. Schließlich kann die Form einer erhaltenen Verteilung als ein Hinweis auf einen wichtigen Einfluß dienen, der eine Eigenschaft so verändert hat, daß die Verteilung anders ausfällt. Anders ausgedrückt: Jede signifikante Abweichung von der Normalität kann für den Untersucher als ein Signal dafür dienen, weitere Untersuchungen anzuschließen.

Das Messen der Variabilität

Außer nach der Form einer Verteilung fragt man nach dem Ausmaß der Variabilität von einer Person zu einer anderen. Wie groß sind die individuellen Unterschiede? Offensichtlich läßt sich eine Antwort geben, indem man die *Streubreite* zwischen dem niedrigsten und dem höchsten Wert bestimmt. Doch das ist ein ungenaues Maß für das Ausmaß der Variabilität, da es nur auf zwei Werten beruht und unmäßig durch das Hinzunehmen oder das Weglassen eines einzigen extremen Falles verändert wird. Für viele Zwecke ist das genaueste Maß der Variabilität die *Standardabweichung* (SD). Bei ihrer Berechnung müssen wir zunächst die Differenz zwischen jedem Einzelwert und dem Gruppenmittelwert bestimmen. Diese Differenzen werden dann quadriert und aus den Quadraten der Durchschnitt gebildet; die Standardabweichung ist einfach die Quadratwurzel der durchschnittlichen quadrierten Differenz[1].

Einer der vielen Gründe für die Überlegenheit der Standardabweichung als Maß der Variabilität liegt in ihrer Einbeziehung aller Einzelwerte einer Gruppe. Der SD-Wert hat eine Reihe wichtiger statistischer Eigenschaften besonders dann, wenn er für eine normalverteilte Variable berechnet wird. Hat eine Normalverteilung z.B. einen Mittelwert von 40 und einen SD von

1 In den üblichen Symbolen:

$$SD = \sqrt{\frac{\Sigma (x - M)^2}{N}}$$

5, so wissen wir, daß zwischen den Werten 35 und 45 (d.h. innerhalb der Distanz von 1 SD rechts bis zu 1 SD links von dem Mittelwert) annähernd zwei Drittel der Fälle (68 %) liegen. Innerhalb ± 3 SD vom Mittelwert, d.h. zwischen 25 und 45, wird man fast die gesamte Gruppe (99,7 %) finden. Der SD findet vielerlei Verwendungen in der psychologischen Statistik, die uns hier nicht zu interessieren brauchen. Doch besteht offensichtlich eine Verwendungsart darin, daß der SD als ein Maß für die Größe individueller Unterschiede oder für die Variabilität innerhalb einer Personengruppe dient.
Angenommen, man wollte die Variabilitäten in verschiedenen Eigenschaften miteinander vergleichen. Unterscheiden sich Individuen stärker in physischen oder in psychischen Merkmalen? Sind Unterschiede in intellektuellen oder in emotionalen Charakteristika größer? Auf Fragen wie diese können wir nur kategorisch antworten: Es gibt keine Antwort. In der Tat ist diese allgemeine Frage nach dem Ausmaß menschlicher Variabilität sinnlos, solange wir sie nicht genauer spezifizieren.
Bei dem Versuch die Variabilitäten verschiedener Merkmale miteinander zu vergleichen, müssen wir uns als erstes mit dem Problem der Meßskala auseinandersetzen, die für jedes Merkmal verwendet worden ist, d.h. mit den *Einheiten*, in denen die Maße ausgedrückt werden. Daß die jeweils verwendete Skala den Umfang der Variabilität beeinflußt, läßt sich leicht zeigen. Mißt man die Höhe der Gebäude in einer Stadt in Fuß und in einer anderen Stadt in Yards, so scheinen die Gebäude der ersten Stadt untereinander dreimal so viel zu variieren wie die in der zweiten, selbst wenn die wirkliche Streubreite in den beiden Städten identisch ist. Zum Glück kann man Fuß in Yards umwandeln und umgekehrt. Doch mit den Einheiten psychologischer Tests läßt sich das nicht machen. Die Anzahl von Aufgaben, die in einem Rechentest richtig gelöst worden sind, lassen sich nicht in dieselbe Art von Einheiten umwandeln, die z.B. die angestrichenen Wörter in einem Analogietest darstellen.
Die einzige bis jetzt vorgelegte Lösung dieser Schwierigkeit besteht darin, Maße für *relative Variabilität* zu verwenden, die auf Verhältnissen basieren. Solch ein Maß, nämlich der Variabilitätskoeffizient, wurde von PEARSON eingeführt. Man bestimmt ihn, indem man die Standardabweichung durch den Mittelwert der Gruppe dividiert. Für denselben Zweck hat WECHSLER (32) den Streuungsbruch vorgeschlagen, den man erhält, indem man den höchsten Wert durch den niedrigsten Wert einer Gruppe dividiert. Bevor man diesen Bruch berechnet, soll man aber nach WECHSLER die oberen und unteren 0,1 % (oder einen von Tausend) der Verteilung ausschließen. Das wird damit begründet, daß solche Extremwerte sehr wahrscheinlich pathologische Abweichungen darstellen oder durch grobe Meßfehler beeinflußt worden sind. Nachdem er sehr viele Verteilungen menschlicher Merkmale mit dieser Methode zusammengestellt hat, behauptet WECHSLER z.B., daß der größte Mann

1,28 mal so groß ist wie der kürzeste; daß das Körpergewicht bei der Geburt im Verhältnis 2,38 zu 1 variiert; daß der Streuungsbruch für die Gedächtnisspanne bei Erwachsenen 2,50 zu 1 beträgt; daß der entsprechende Bruch für BINETs Intelligenzalter bei 9jährigen britischen Kindern 2,30 zu 1 beträgt. Angewandt auf die Werte in psychologischen Tests, sind diese Verhältnisangaben von zweifelhafter Bedeutung. Die Schwierigkeit liegt in der Tatsache, daß die meisten psychologischen Testwerte nicht auf einer Intervallskala liegen oder von einem absoluten Nullpunkt aus gemessen werden[2]. So kann man z. B. nicht annehmen, daß das Wiederholen von 8 Zahlen genau doppelt so schwer ist wie das Behalten von 4 Zahlen – es ist wahrscheinlich sehr viel mehr als zweimal so schwer. Wenn also der höchste Wert in einer Gruppe 8 und der niedrigste 4 ist, bedeutet das nicht, daß die Behaltensleistung des Höchstbewerteten zweimal so groß ist wie die des Schlechtesten. Das läßt jedoch der oben genannte Streuungsbruch vermuten. Ähnlich ist auch der Unterschied zwischen einem Intelligenzalter von 3 und einem von 4 größer als der zwischen den Intelligenzaltern 11 und 12.

Verhältnisangaben sind ebenfalls nicht erlaubt bei Skalen mit einem willkürlichen Nullpunkt, wie es für die meisten psychologischen Tests zutrifft. Angenommen, eine Gruppe von 200 zehnjährigen Kindern erreichte in einem Wortschatztest Werte zwischen 15 und 54. WECHSLER (32, S. 171) berechnete für diese Daten ein Streuungsverhältnis von 3,60 zu 1. Hätte man nun den Nullpunkt dieses Tests durch das Hinzufügen von 20 leichten Wörtern, die jedes Kind der Gruppe definieren kann, herabgesetzt, hätte sich jeder Wert um 20 Punkte erhöht. Als Ergebnis hätte sich der Streuungsbruch auf 74 zu 35 oder 2,1 zu 1 vermindert. Kurz: Wegen der Eigenschaften der Meßskalen darf man nicht dieselben Operationen an psychologischen Testwerten vornehmen wie an physikalischen Skalenwerten, wie z. B. Inches oder Pfund. Da die Verhältnisangaben von Testwerten instabil und uninterpretierbar sind, können sie nicht dazu verwendet werden, das Ausmaß menschlicher Variabilität in verschiedenen Eigenschaften zu vergleichen.

Sobald man die ganze Frage nach der menschlichen Variabilität näher untersucht, tauchen weitere Schwierigkeiten auf. Schließt eine sinnvolle Schätzung für „menschliche Variabilität“ die *gesamte* Menschheit ein? Oder sollten zumindest eindeutig pathologische Extreme ausgeschlossen werden? Bejaht man das, wo sollte man die Linie ziehen zwischen einer typisch menschlichen Gruppe und einer anomal abweichenden? Wie wir gesehen haben, hat WECHSLER (32) bei der Berechnung seines Streuungsbruches diese Linie so gezogen, daß das oberste und unterste Tausendstel einer Verteilung ausgeschlossen war. Man könnte natürlich auch andere Grenzen begründen, je nachdem

2 Eine gute Einführung in die verschiedenen Skalentypen, ihre Implikationen und die dafür jeweils möglichen Rechenverfahren gibt STEVENS (26) S. 21 – 30.

welche Ziele eine Erhebung hat. Es ist auch denkbar, daß diese Linie für verschiedene Eigenschaften an verschiedenen Punkten gezogen werden sollte. Ähnlich können wir danach fragen, welche Faktoren bei der Messung der Variabilität eines jeden Merkmals konstant gehalten werden sollten. Die Einbeziehung von Kindern verschiedener Altersstufen würde sicherlich das Ausmaß der Variation in nahezu jedem Merkmal vergrößern. Will man nur den Bereich individueller Unterschiede in einer recht homogenen Population erfassen, dann ist die Festsetzung des gewünschten Grades der Homogenität schwierig. Viele Eigenschaften werden beeinflußt durch den sozioökonomischen Status, in dem ein Individuum groß geworden ist. Sollten solche Bedingungen konstant gehalten werden? Sollte man Mitglieder verschiedener ethnischer Gruppen miteinbeziehen, wenn man das Variabilitätsausmaß für Merkmale bestimmen will wie die Statur, das Gewicht und ähnliche physische Dimensionen?

Wir können aus dieser Analyse schließen, daß sich die Frage nach dem Ausmaß individueller Unterschiede nicht beantworten läßt, wenn man sie nicht genauer formuliert. Die Population muß detailliert beschrieben sein und die Art des gemessenen Merkmals muß klar sein. Insbesondere muß angegeben werden, welche Bedingungen konstant gehalten wurden und welche variierten. Offensichtlich können nicht alle Vererbungs- und Umweltbedingungen, die auf ein Merkmal einwirken, konstant gehalten werden. Sonst würde jede Variation völlig verschwinden.

Absolute oder abstrakte Aussagen über das Ausmaß menschlicher Variabilität in Merkmalen wie dem Gedächtnis oder der mathematischen Fähigkeit sind sinnlos. Auch ist es nicht möglich, mit irgendwelchen Instrumenten die Variabilität verschiedener Merkmale zu vergleichen. Gleichzeitig sollte man sehen, daß man für praktische Zwecke sinnvolle Aussagen über das Ausmaß individueller Unterschiede innerhalb einer spezifischen Bezugsgruppe machen kann. Z.B. kann man etwas über die Streuung der Fähigkeit innerhalb einer typischen Schulklasse in Bezug auf das Alter oder die Schulstufe aussagen. So zeigte eine Erhebung, daß in Klassen, die nicht nach dem Fähigkeitsniveau zusammengestellt worden waren, auf dem Grundschulniveau das Intelligenzalter eine Streubreite von 5 Jahren aufwies, in der Mittelstufe von 6 Jahren und mehr als 8 Jahre auf dem High-School-Niveau (5). Das bedeutet: In einer fünften Klasse entspricht das dümmste Kind in seiner Intelligenz einem durchschnittlichen 8jährigen und das klügste kann das Niveau eines typischen 14jährigen Kindes erreichen. Solche Differenzen spiegeln sich in den Schulleistungen wider, wie es jede Erhebung mit Leistungstests zeigt. Diese Tests sind objektive und standardisierte Prüfungen in Schulfächern. Die Werte werden gewöhnlich in Zensuren ausgedrückt. In einer Untersuchung, die an New Yorker Schulen durchgeführt wurde, streuten z.B. die Testleistungen der Schüler, die sieben Semester zur Schule gegangen waren, von dem

Niveau der ersten Klasse bis zu dem Niveau einer 9. Klasse (siehe 14). Aussagen wie die oben aufgeführten haben praktische Bedeutung und lassen sich in vertrautem Bezugsrahmen interpretieren. Ähnlich könnte es für einen Lehrer oder Schulleiter interessant sein zu erfahren, daß zwei sechste Klassen zwar einen gleich hohen durchschnittlichen IQ aufweisen, bei der einen der SD der IQ-Verteilung 15 Punkte beträgt und bei der anderen 10. Daraus folgend müßte man in der ersten Klasse größere individuelle Unterschiede in den Schulleistungen erwarten als in der zweiten Klasse und man könnte diesen Bedingungen die Lehrverfahren anpassen.

Universalität individueller Unterschiede

Individuelle Unterschiede sind keineswegs nur auf die menschliche Spezies beschränkt. Im Gegenteil: Variation von einem Individuum zu einem anderen läßt sich bei allen Lebewesen beobachten. Sicherlich führt oberflächliches Hinsehen oft zu dem Eindruck von großer Ähnlichkeit oder sogar Identität zwischen den Mitgliedern einer Gruppe. Aber näheres Bekanntwerden offenbart immer individuelle Unterschiede zwischen ihnen. Für die meisten Menschen scheinen sich Katzen „eben wie Katzen" zu verhalten – und diese Meinung beruht vielleicht auf Gegenseitigkeit! Für den Besitzer jedoch zeigt die Katze eindeutige Individualität.

Verständlicherweise handeln die frühesten Berichte über individuelle Unterschiede zwischen Tieren von „Genies" im Tierreich. Eines der berühmtesten und am besten belegten Fälle ist „Fellow", ein deutscher Schäferhund (30,31). Im Gegensatz zu anderen besonderen Hunden wurde Fellow unter sorgfältig kontrollierten Bedingungen von Psychologen beobachtet. Dieses Tier lernte auf eine große Zahl verbaler Kommandos richtig zu reagieren. Es assoziierte annähernd 400 Wörter mit den dazu passenden Objekten und Handlungen. Besonders interessant ist die Tatsache, daß Fellow sogar richtig reagierte, wenn derselbe Befehl in verschiedenen Wörtern ausgedrückt wurde oder wenn dieselben Wörter in verschiedene Befehle mit einbezogen wurden. Er war außerdem in der Lage, auf die Wörter selbst zu reagieren – selbst als man Gesten und andere Hinweise ausgeschlossen hatte, indem man ihn hinter einen Schirm setzte.

Andere Beispiele für Hunde, denen erfolgreich beigebracht worden ist, schwierige Aufgaben durchzuführen und auf vielerlei Hinweise zu reagieren, lassen sich leicht beibringen. Zwei wichtige Beispiele sind die Blindenhunde, die darauf trainiert sind, Blinde zu führen, und die „canine corps", die in beiden Weltkriegen für militärische Zwecke erfolgreich eingesetzt worden sind. Doch solche Beispiele beschränken sich nicht nur auf Hunde. So hat man Schimpansen gelehrt, spezielle Tätigkeiten auszuführen, z.B. Rollschuh zu laufen. Fahrrad zu fahren, mit Messer und Gabel zu essen und Türen aufzuschließen. Auch sollten hier die Zirkustiere aller Arten genannt werden, besonders die „musikalischen“ Seelöwen.

Mit der Entstehung der Vergleichenden Psychologie und der Entwicklung kontrollierter, experimenteller Messungen tierischen Verhaltens sind die Belege für individuelle Unterschiede über das Stadium anekdotischer Beobachtungen und einzelner Fallstudien hinausgewachsen. Jede Laboruntersuchung mit mehr als einem Subjekt brachte individuelle Unterschiede zu Tage. Tierpsychologen haben sich in der Regel nicht mit Variabilitätsmaßen befaßt, so daß Daten über dieses Gebiet normalerweise nur zufällig mit erwähnt werden und meistens nicht in quantitativer Form vorliegen. Doch immer wenn Daten veröffentlicht werden, ist die Streuung der Leistungen in einer zufällig ausgesuchten Gruppe erstaunlich groß. Breite individuelle Variation zeigt sich bei jeder Art untersuchten Verhaltens, ob es sich nun um den Umfang allgemeiner spontaner Aktivität handelt, um die relativen Triebstärken, die Emotionalität, Bewegungsschnelligkeit, Geschwindigkeit beim Erlernen einfacher Aufgaben oder um das Verhalten in komplexeren Problemlösungssituationen.

Entsprechend hat man individuelle Unterschiede bei allen Lebewesen beobachtet, von einfachen einzelligen Organismen bis zu anthropoiden Affen. In einer Untersuchung mit Protozoen z.B. fand man weite individuelle Variationen in der Geschwindigkeit, mit der eine konditionierte Reaktion auf einen Lichtreiz aufgebaut wurde. Das experimentelle Vorgehen bestand aus der wiederholten Darbietung eines taktilen Reizes zusammen mit einem Lichtreiz, und zwar so lange bis der Lichtreiz allein die ursprünglich auf den taktilen Reiz erfolgte Reaktion auslöste. Die Anzahl von Versuchen oder Wiederholungen bis zur Konditionierung reichte bei verschiedenen Pbn von 79 bis 284. Der Mittelwert lag bei 138,5 (s. 21, S. 308). Individuelle Unterschiede fand man auch bei Paramaezien in der Geschwindigkeit, mit der sie lernten aus einem Tunnel zu entkommen. Dabei lernten es einige Tiere überhaupt nicht (8). In einer anderen Versuchsreihe mit Paramaezien unterschieden sich die Tiere in ihren Tendenzen, sich zu einer kompakten Masse zu vereinigen oder frei zu schwimmen. Auch waren sie darin zu unterscheiden, ob sie sich in Nährlösungen begaben, die fremde chemische Substanzen enthielten oder nicht (7).

In jüngerer Zeit haben Hirsch und Tryon (15) neue Techniken entwickelt, mit denen man reliable Messungen individueller Unterschiede für viele Verhaltensfunktionen bei einfachen Organismen erhalten kann. Ihr Verfahren verwandte man besonders bei Untersuchungen der Bedeutung der Vererbung für das Verhalten bei der Taufliege *Drosophila*. Hier ist von Interesse, daß in den Anfangsteilen der Experimente sehr große individuelle Unterschiede gefunden worden sind. In einer Studie variierte die Häufigkeit, in der die Individuen in 15 Versuchen nach oben in einen Testgang flogen, von 0 bis 15. Anders ausgedrückt: Schafft man 15 mal die Gelegenheit, in einen oben gelegenen Testtunnel zu fliegen, dann tun es einige Taufliegen jedesmal und einige überhaupt nicht. Die restlichen Pbn verteilten sich über die anderen möglichen „Werte" zwischen den beiden Extremen.

Bislang ist das beliebteste Versuchstier natürlich die weiße Ratte. Das Bild einer Ratte, die zur Freude der Psychologen durch ein Labyrinth läuft, ist ein allseits bekanntes Stereotyp geworden. Von den zahlreichen Untersuchungen, die individuelle Unterschiede zwischen Ratten beim Lernen nachweisen, soll eine Illustration genügen. In einem Experiment (das in Kapitel 4 vollständig referiert werden wird) setzte TRYON (29) 142 Ratten 19 mal in ein Labyrinth. Für jeden Durchgang wurde die Häufigkeit, mit der eine Ratte einen blinden Gang betrat, als ihr Fehlerwert erhoben. Die Gesamtzahl der Fehler in den 19 Durchgängen reichte bei den verschiedenen Tieren von 7 bis 214.

Relativ reichhaltiges Datenmaterial über Unterschiede zwischen Tieren beim Lernen stammt aus einer Reihe von Forschungsprojekten des Laboratoriums für Vergleichende Psychologie an der Columbia Universität aus den 30er Jahren dieses Jahrhunderts. Kleine Gruppen aus Guinea-Schweinen, Albino-Ratten, gewöhnlichen kurzhaarigen Katzen und zwei Affenarten wurden mit derselben Art von „Problembox" untersucht. In dieser Box wurden die Tiere mit einer Reihe von Schritten ansteigender Komplexität konfrontiert. Die Box ist in Abbildung 21 dargestellt. Sie besteht aus einem äußeren und einem inneren Käfig. Letzterer enthält die Belohnung, die das Tier bei Abschluß jedes erfolgreichen Durchgangs erhält. Im äußeren Käfig waren drei Platten, auf die die Tiere in bestimmter Reihenfolge treten mußten, bevor sich die Tür des Belohnungsraumes öffnete. Die Aufgabe im Schritt 1 bestand einfach darin, auf die erste Platte auf der rechten Seite zu treten, wenn das Tier die Box betrat. Die anderen Schritte beinhalteten die Berührung der Platten 1 und 2; 1, 2 und 3; 1, 2, 3 und zurück zu 2; 1, 2, 3, 2, 1 usw.

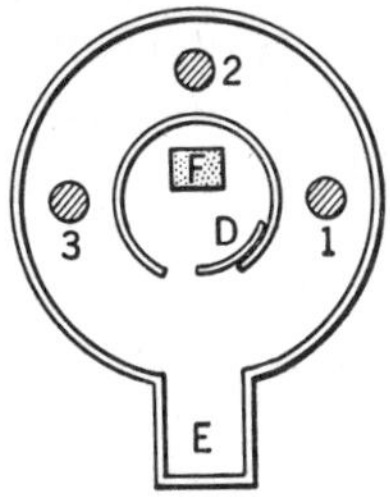

E: Eingangsteil
D: Tür zum Futterteil
F: Futter als Belohnung
1, 2, 3: Platten, die von den Tieren beschritten werden müssen

Abb. 21: Darstellung des Problemkäfigs, der in den Untersuchungen der Columbia Universität über tierisches Lernen verwendet wurde (aus FJELD, 6, S. 403)

Eigentlich wurden diese Untersuchungen durchgeführt, um die höchste Schrittzahl zu bestimmen, die jedes Tier einer Spezies erreichen kann. Dennoch geben diese Daten klare Belege für individuelle Unterschiede innerhalb jeder Art. Nicht nur die Versuchszahl zum Erlernen jedes Schrittes, sondern auch die Anzahl der lernbaren Schritte unterscheiden sich von Individuum zu Individuum.

In Tabelle 2 wurden einige relevante Daten zusammengetragen. Sie enthält für jede Art die Streuungsbreite für die gelernten Schritte, die Anzahl der Individuen, die Schritt 1 lernten, den Mittelwert, die Streubreite und den SD für die Versuchszahl, die zum Lernen von Schritt 1 benötigt wurde. Die letztgenannten Daten werden nur für Schritt 1 wiedergegeben, da das der einzige Schritt war, der wenigstens von einigen Mitgliedern jeder Gruppe gelernt wurde.

Tabelle 2: Individuelle und Gruppenunterschiede bei tierischem Lernen – gemessen in einem Problemkäfig (Daten aus Fjeld, 6, S. 528 und Koch, 16, S. 186, 208)

Tierart	Anzahl der Fälle	Anzahl derjenigen, die Schritt 1 lernten	Versuche, um Schritt 1 zu lernen: $\bar{x}$	Versuche, um Schritt 1 zu lernen: Streubreite	Versuche, um Schritt 1 zu lernen: SD	Streubreite für die gelernten Schritte
Guineaschweine	30	16	185,50	53–407	176,28	0–1
Albinoratten	35	24	221,04	30–453	125,26	0–2
Katzen	62	62	46,69*	9–136	25,28	3–7
Affen (Rhesus)	17	17	162,47	19–310	94,36	2–22
Affen (Cebus)	6	6	137,17	42–327	108,41	5–15

* In der Untersuchung mit Katzen war das Problem für Schritt 1 einfacher. Die Tiere durften *alle* drei Platten betreten. Die Daten für Schritt 1 in dieser Gruppe sind deshalb nicht direkt mit denen für die anderen Arten vergleichbar.

Eine Inspektion der Tabelle 2 zeigt, daß einige Guinea-Schweine nicht einmal Schritt 1 lernen konnten, während andere erfolgreich waren. Von den Ratten lernten einige 2 Schritte, einige 1 und wenige gar keinen. Bei den Katzen reicht der Streubereich von 3 bis 7 Schritten, bei den Rhesusaffen von 2 bis 22 und bei den Cebus-Affen von 5 bis 15. Diese Variabilität ist so groß, daß sich leicht ein Individuum der „höheren Art" finden läßt, das nicht einmal so viel lernen konnte wie ein bestimmtes Individuum einer „niedrigen Art". Die Ergebnisse werden noch erstaunlicher, wenn man die Versuchszahl zum Lernen des 1. Schrittes betrachtet. So lernten z. B. das beste Guinea-Schwein und die beste Ratte diesen Schritt in weniger Durchgängen als die schlechtesten Affen beider Arten. Solches *Überlappen* von Verteilungen mit unterschiedlichen zentralen Tendenzen ist ein bedeutsames Faktum bei allen Gruppenvergleichen. Wir werden noch häufig bei der Diskussion über Untersuchungen an Menschen darauf zurückkommen.

Obwohl sich die meisten Tieruntersuchungen mit Lernvorgängen der einen oder anderen Art befaßten, gibt es auch Daten über individuelle Unterschiede in anderen psychischen Merkmalen. Auf dem Gebiet emotionaler und motivationaler Eigenschaften ließen Studien an weißen Ratten deutlich individuelle Unterschiede erkennen. Sie betrafen Furcht, Aggressivität, das Erkundungsverhalten und die Stärke des Sexualtriebes (s. 11). Die Forschung zeigte, daß alle diese Merkmale genügend „Situationsgeneralität“ aufweisen, um jede individuelle Ausprägung in einem Merkmal insgesamt zu charakterisieren. So zeigten z. B. Ratten, die unter vier verschiedenen Bedingungen getestet wurden, einen relativ konsistenten Grad von Aggressivität. Ähnliche Resultate erhielt man für die anderen oben genannten Merkmale.

Anschauliche Daten über eine höhere Spezies liegen in einer Vorstudie über das „Temperament“ von Schimpansen vor, die HEBB (13) beschreibt. Man beobachtete Schimpansen in Situationen, in denen sie auf Menschen und leblose Objekte reagieren konnten. Man wandte sorgfältig definierte Kategorien zur Klassifikation des Tierverhaltens an, z. B. für Freundlichkeit, Aggressivität, Vermeidungsverhalten usw. Dabei fand man große individuelle Unterschiede, die mit befriedigender Reliabilität gemessen werden konnten. Auch NISSEN (19) berichtete über große individuelle Unterschiede zwischen 57 Schimpansen, die im Yerkes Laboratorium für die Biologie der Primaten im Orange Park in Florida lebten. Man beobachtete markante Unterschiede in fast allen Verhaltensfunktionen: In der Gangart, Pflege, Futtervorlieben und Eßgewohnheiten, Gefühlsausdruck, Ansprechbarkeit, Geschwindigkeit und Genauigkeit beim Lernen verschiedener Aufgaben, Benutzung von Werkzeugen und in der sozialen Interaktion mit anderen Schimpansen und mit Menschen.

Ein schönes Beispiel für eine Normalverteilung eines Verhaltensmerkmals bei Tieren ergibt sich aus einer Fotographie und der dazugehörigen Kurve, die in Abbildung 22 wiedergegeben ist. Die Fotographie zeigt Pferde auf einer Rennbahn kurz vor dem Ziel. Die relative Position der Pferde ergibt eine lebendige Darstellung einer Normalverteilung der Rennleistungen. Wenige sind in Führung, fast gleich wenig sind zurückgeblieben und die Mehrzahl liegt in den mittleren Positionen. Die Kurve ist eine Häufigkeitskurve für die „Rennfähigkeit“ derselben Pferde, die durch eine standardisierte Formel berechnet wurde.

Die genannten Beispiele sollen genügen um zu zeigen, daß individuelle Unterschiede regelmäßig zu finden sind, wenn das Verhalten lebender Wesen gemessen wird. Die genauen Werte zur Beschreibung der Variabilität spielen keine Rolle. Sie können nicht in absolutem Sinne etwas über das Ausmaß der Variabilität bei den verschiedenen Spezies aussagen. Sie lassen auch keine allgemeinen Vergleiche zu. Auch die menschliche Variabilität in verschiedenen Eigenschaften läßt sich nicht vergleichen. Die jeweiligen Werte oder Maße werden in Einheiten ausgedrückt, die für den Test oder das verwendete Beobachtungsverfahren spezifisch sind. Doch zeigen die Daten ohne Frage, daß sich die Mitglieder derselben Spezies in Verhaltensmerkmalen voneinander unterscheiden und daß diese Unterschiede so groß sind, daß sie sich mit der Verteilung von Individuen einer völlig anderen Spezies überschneiden können.

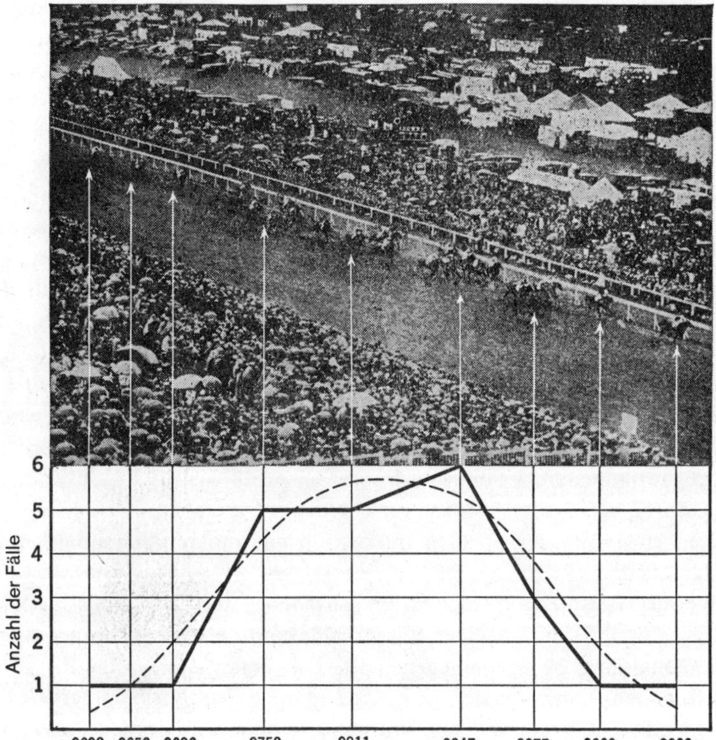

Abb. 22: Eine Normalverteilung für die Rennfähigkeit. Sie zeigt ein Feld mit 24 Pferden, die sich der Zielgeraden in Epsom Downs nähern (nach LAUGHLIN, 17, S. 215)

Zusammenfassung

Individuelle Unterschiede sind quantitativer und nicht qualitativer Art. Häufigkeitsverteilungen für die meisten Merkmale weisen eine Klumpung von Individuen in der Nähe der Mitte des Streubereiches auf und eine allmähliche Abnahme der Fallanzahl bis zu den Extrempunkten hin. Eine solche Verteilung läßt sich graphisch als Häufigkeitspolygon oder als Histogramm darstellen. Sie läßt sich weiter kennzeichnen durch die Berechnung von Maßen der zentralen Tendenz (Mittelwert, Median oder Modalwert) und Maßen der Variabilität wie der Streubreite oder der Standardabweichung. Viele Verteilungen physischer und psychischer Merkmale nähern sich sehr stark der Normalverteilung an.

Verteilungen, die von der Normalverteilung hinsichtlich der Schiefe oder Steilheit (Exzess) abweichen, können aus vielerlei Gründen entstanden sein. Die wichtigsten Faktoren für die Veränderung des Kurvenverlaufes sind: Mängel bei der Stichprobenauswahl; Eigenarten des Meßinstrumentes, wie z. B. inadäquate Schwierigkeitsstreubreite und Ungleichheit der Testintervalle; spezielle Bedingungen, die die Merkmale selbst beeinflussen. Belege für die zuletzt genannten Bedingungen wurden im Zusammenhang mit der J-Kurven-Hypothese der sozialen Konformität besprochen, der Poissonverteilung für seltene Ereignisse und dem Anstieg der Häufigkeiten am unteren Ende des Streubereiches bei der Wirkung pathologischer Bedingungen.

Absolute Aussagen über das Ausmaß der Variabilität in den verschiedenen Eigenschaften sind aus mehreren Gründen sinnlos. Die wichtigsten Gründe sind das Fehlen vergleichbarer Einheiten und das Fehlen des Nullpunktes bei psychologischen Skalen. Für praktische Zwecke ist es sinnvoll, das Ausmaß individueller Unterschiede in konkret definierten Merkmalen für bestimmte Gruppen anzugeben, wenn man sich dabei auf einen gegebenen Bezugsrahmen bezieht.

Individuelle Differenzen sind universell. Sie erstrecken sich über die ganze Skala lebender Wesen. Jede Untersuchung tierischen Verhaltens – von einfachen einzelligen Lebewesen bis zu anthropoiden Affen – offenbart einen weiten Bereich individueller Differenzen in den Verhaltensweisen. Diese Unterschiede sind so groß, daß sogar dann überlappende Verteilungen beobachtet werden können, wenn man weit voneinander entfernte Spezies miteinander vergleicht.

Literaturverzeichnis

1. Allport, F. H. The J-curve hypothesis of conforming behavior. *J. soc. Psychol.*, 1934, 5, 141–183.
2. Anastasi, Anne. Practice and variability. *Psychol. Monogr.*, 1934, 45, No. 5.
3. Blum, M. L. *Industrial psychology and its social foundations.* (Rev. Ed.) N.Y.: Harper, 1956.
4. Boring, E. G. *A history of experimental psychology.* (Rev. Ed.) N.Y.: Appleton-Century-Crofts, 1950.
5 Cook, W. W. Individual-trait differences in public schools with implications for school organization and curriculum development. *Teach. Coll. J.*, 1947, 19, 56–57, 67–70.
6. Fjeld, Harriet A. The limits of learning ability in rhesus monkeys. *Genet. Psychol. Monogr.*, 1934, 15, 369–537.
7. French, J. W. Individual differences in paramecium. *J. comp. Psychol.*, 1940, 30, 451–456.
8. French, J. W. Trial and error learning in paramecium. *J. exp. Psychol.*, 1940, 26, 609–613.
9. Ghiselli, E. E., and Brown, C. W. *Personnel and industrial psychology.* N.Y.: McGraw-Hill, 1955.
10. Guilford, J. P. *Fundamental statistics in psychology and education.* (3rd Ed.) N.Y.: McGraw-Hill, 1956.
11. Hall, C. S. Individual differences. In C. P. Stone (Ed.), *Comparative psychology.* (3rd Ed.) N.Y.: Prentice-Hall, 1951. Pp. 363–387.
12. Harris, J. A., Jackson, C. M., Paterson, D. G., and Scammon, R. L. *The measurement of man.* Minneapolis: Univer. Minn. Press, 1930.
13. Hebb, D. O. Temperament in chimpanzees: I. Method of analysis. *J. comp. physiol. Psychol.*, 1949, 42, 192–206.
14. Hildreth, Gertrude H. Individual differences. In W. S. Munroe (Ed.), *Encyclopedia of educational research.* (Rev. Ed.). N.Y.: Macmillan, 1950. Pp. 564–571.
15. Hirsch, J., and Tryon, R. C. Mass screening and reliable individual measurement in the experimental behavior genetics of lower organisms. *Psychol. Bull.*, 1956, 53, 402–410.
16. Koch, A. M. The limits of learning ability in cebus monkeys. *Genet. Psychol. Monogr.*, 1935, 17, 165–234.
17. Laughlin, H. H. Racing capacity in the thoroughbred horse. *Sci. Mon.*, 1934, 38, 210–222, 310–321.
18. Mintz, A., and Blum, M. A re-examination of the accident-proneness concept. *J. appl. Psychol.*, 1949, 33, 195–211.
19. Nissen, H. W. Individuality in the behavior of chimpanzees. *Amer. Anthropologist*, 1956, 58, 407–413.
20. Pepinsky, Pauline N. The J-curve re-visited. *J. abnorm. soc. Psychol.*, 1951, 46, 534–538.
21. Razran, G. Conditioned responses in animals other than dogs. *Psychol. Bull.*, 1933, 30, 261–324.
22. Roberts, J. A. Fraser. The genetics of mental deficiency. *Eugen. Rev.*, 1952, 44, 71–83.

23. Roberts, J. A. Fraser, Norman, R. M., and Griffiths, Ruth. Studies on a child population. IV. The form of the lower end of the frequency distribution of Stanford-Binet intelligence quotients and the fall of low intelligence quotients with advancing age. *Ann. Eugen.*, 1938, 8, 319–336.
24. Ruggles, R., and Allport, G. W. Recent applications of the A-S Reaction Study. *J. abnorm. soc. Psychol.*, 1939, 34, 518–528.
25. Scottish Council for Research in Education. *The trend of Scottish intelligence.* London: Univer. London Press, 1949.
26. Stevens, S. S. Mathematics, measurement, and psychophysics. In S. S. Stevens (Ed.), *Handbook of experimental psychology.* N.Y.: Wiley, 1951. Pp. 1–49.
27. Terman, L. M., and Merrill, Maud A. *Measuring intelligence.* Boston: Houghton Mifflin, 1937.
28. Tiffin, J., and Wirt, S. E. Determining visual standards for industrial jobs by statistical methods. *Trans. Amer. Acad. Opthal. Otolaryng.*, 1945, 50, 72–93.
29. Tryon, R. C. Genetic differences in maze-learning ability in rats. *39th Yearb., Nat. Soc. Stud. Educ.*, 1940, Part I, 111–119.
30. Warden, C. J. The ability of "Fellow," famous German shepherd dog, to understand language. *J. genet. Psychol.*, 1928, 35, 330–331.
31. Warden, C. J., and Warner, L. H. The sensory capacities and intelligence of dogs, with a report on the ability of the noted dog "Fellow" to respond to verbal stimuli. *Quart. Rev. Biol.*, 1928, 3, 1–28.
32. Wechsler, D. *The range of human capacities.* (Rev. Ed.) Baltimore: Williams & Wilkins, 1952.
33. Wenger, M. A., and Ellington, M. The measurement of autonomic balance in children: method and normative data. *Psychosom. Med.*, 1943, 5, 241–253.
34. Yule, G. U., and Kendall, M. G. *An introduction to the theory of statistics.* (13th Ed.) London: Griffin, 1949.

Kapitel 3
Vererbung und Umwelt: Grundlegende Konzepte

Warum unterscheiden sich Individuen voneinander? Welche Faktoren führen zu dieser Variation? Diese Fragen haben lange Zeit Diskussionen ausgelöst und führten zu starken Kontroversen. Abgesehen von der fundamentalen theoretischen Wichtigkeit hat dieses Problem der Verursachung individueller Unterschiede weitreichende praktische Bedeutung für viele Gebiete. Jede Aktivität zur Verbesserung der Verhaltensentwicklung muß auf dem Wissen über die Faktoren, die diese Entwicklung beeinflussen, aufbauen. Allen Erziehungsmethoden liegen implizit Annahmen über die Ursachen individueller Unterschiede zugrunde. Weiterhin hängen Antworten auf Fragen nach Berufsentscheidungen und -möglichkeiten, Gruppenbeziehungen und sozialen Strukturen vom Wissen darüber ab, welche Ursachen psychische Unterschiede zwischen Personen haben, die im Alter oder im Geschlecht verschieden sind, aus verschiedenen ethnischen, nationalen Gruppen oder sozioökonomischen Schichten stammen.

Die Vererbung[1]

Die Grundlage für individuelle Unterschiede findet sich in den Erbanlagen jedes Individuums und in den Umweltbedingungen, unter denen es herangewachsen ist. Zunächst wollen wir uns damit beschäftigen, was das Wort „Vererbung" eigentlich bedeutet. Es muß betont werden, daß wir hier natürlich mit „Vererbung" biologische Vererbung meinen. Nur symbolisch spricht man von „sozialer" Vererbung in Begriffen wie: „das kulturelle Erbe des 20. Jahrhunderts" oder „die Vererbung des Familienglücks". Die sogenannte soziale Vererbung fällt unter das Stichwort „Umwelteinflüsse".

---

1 Zur Vervollständigung des kurzen Abrisses über die Mechanismen der Vererbung wird der Leser auf jedes neuere Buch über Genetik verwiesen, z. B. SINNOTT, DUNN und DOBZHANSKY (22), SNYDER und DAVID (23) oder WINCHESTER (29). Eine hervorragende Zusammenfassung der neueren Entwicklungen in der Genetik liegt von einer Expertengruppe vor. Sie findet sich in DUNN (9). Eine allgemeinverständliche und sehr lesbare Einführung in das Gebiet gibt SCHEINFELD (21).

Grundsätzlich besteht das individuelle Erbgut aus den spezifischen Genen, die jedes Individuum bei der Empfängnis von seinen Eltern erhält. Einen bestimmten Einfluß, einen Faktor oder ein Charakteristikum ererbt zu nennen, bedeutet also, daß es letztlich auf die Anwesenheit eines bestimmten Gens oder einer Genkombination zurückgeführt werden kann. Die Gene sind in *Chromosomen* angeordnet oder auch „farbigen Körpern". Man nennt sie so, weil sie im Zellkern sichtbar werden, wenn sie für die Beobachtung mit bestimmten Farbstoffen eingefärbt worden sind. Chromosomen kommen paarweise vor. Jedes der beiden Teile ist in Aussehen und Funktion ähnlich. Im allgemeinen ist die Anzahl von Chromosomen in jeder Zelle innerhalb einer Spezies gleich, aber zwischen den Spezies unterschiedlich. So enthält z.B. jede menschliche Zelle 46 Chromosomen (23 Paare); jede Moskitozelle 6 (3 Paare) und in jeder Zelle einer bestimmten Bachkrebsart befinden sich 100 Chromosomen (50 Paare).

Abb. 23: Menschliche Chromosomen, wie man sie unter einem Mikroskop in 3600-facher Vergrößerung sieht (aus EVANS u. SWEZY, 10)

Chromosomen mit einem Mikroskop betrachtet, erscheinen als rutenartige, wurstartig gekrümmte oder V-förmige Körper (s. Abb. 23). Die Gene in den Chromosomen sind so klein, daß sie im allgemeinen nicht einmal mit einem Hochleistungsmikroskop gesehen werden können. Durch die Beobachtung riesiger Chromosomen, die man in den Speicheldrüsen einer bestimmten Fliegenart entdeckt hatte, konnte man die innere Struktur der Chromosomen besser unter dem Mikroskop untersuchen. Obwohl diese Riesenchromosomen im Volumen 1000 bis 2000 mal größer sind als die Chromosomen aus anderen Körperzellen, haben sie mit ihnen doch wichtige Merkmale gemeinsam. Abbildung 24 zeigt das Segment eines solchen Riesenchromosoms aus den Speicheldrüsen der Taufliege *Drosophila Melanogaster*. Der erste Teil der Abbildung ist eine Fotografie, die von einem Hochleistungsmikroskop aufgenommen ist. Der zweite Teil zeigt ein elektronisches Mikrobild mit einer 26.000-fachen Vergrößerung. Die Teilchen, die dort sichtbar sind, hält man für die Gene. Diejenigen aus einem Abschnitt oder einem Chromosomenring scheinen von einheitlicher Form und Größe zu sein, unterscheiden sich aber von den Teilchen in anderen Abschnitten (19).

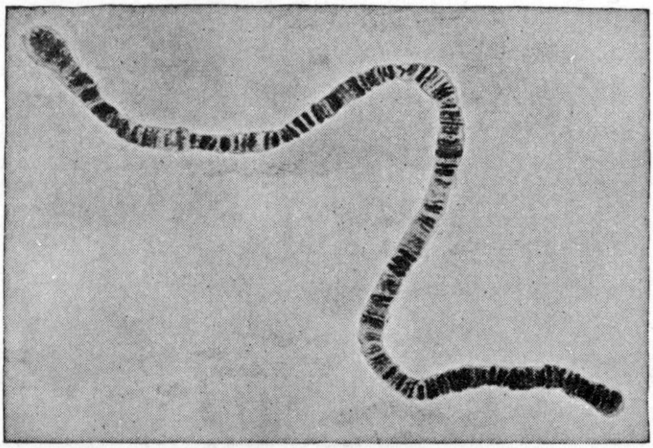

A. Fotografie unter Hochleistungsmikroskop

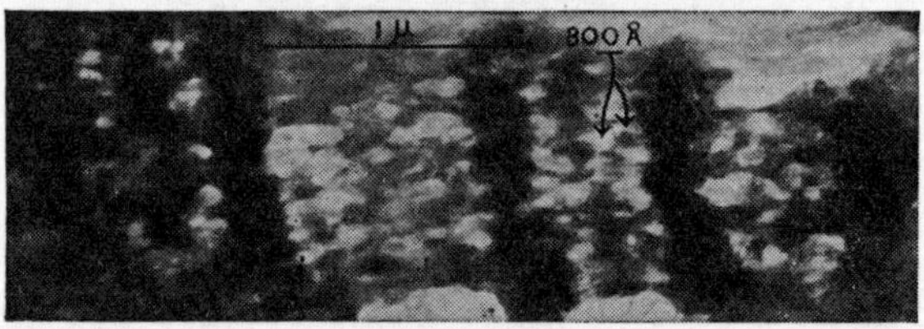

B. Elektronisches Mikrobild eines sehr kleinen Segmentes (26000fache Vergrößerung)

Abb. 24: Teile eines Riesenchromosoms aus den Speicheldrüsen einer Taufliege (aus PAINTER, 18, S. 464 und PEASE u. BAKER, 19, S. 9)

Jedes Individuum beginnt sein Leben bei der Empfängnis als eine einzige Zelle, als befruchtete Eizelle. Diese Zelle teilt sich in zwei Tochterzellen, von denen sich jede wieder teilt usw., bis schließlich Billionen von Zellen den reifen Organismus ausmachen. Während dieses Prozesses der Zellteilung, der *Mitose*, verdoppelt sich jedes Chromosom innerhalb eines Zellkerns, indem es sich der Länge nach teilt. Jede Zelle enthält durch diese Teilung einen identischen Chromosomensatz. Alle Zellen im Körper haben also *identisches Erbgut*. Daß sich einige zu Augenzellen entwickeln, andere in Hand-, Knochen- oder die anderen Körperzellen, hängt von der *Zellumgebung* ab. Bedingungen wie Schwere, Druck, Erreichbarkeit von Oxygen und anderen chemischen Stoffen sowie elektirsche Ladungen wirken unterschiedlich auf die Einzelzellen ein. Das hängt von der Lage der Zelle in Relation zu den anderen Zellen ab. Technisch bedeutet das, daß „Differentielle Gradienten" der Entwicklung entstehen, z.B. Gradienten für Oberfläche – Inneres; Bauch – Rücken; oben – unten. Nach der ersten Zellteilung interagieren die Zellen mit der Zellumgebung bei der folgenden speziellen Entwicklung unterschiedlicher Zellen verschieden.

Bei der Sexualreife findet eine andere Art Zellteilung bei der Bildung spezieller reproduktiver Zellen statt. Bei den Frauen handelt es sich um die Ova und bei den Männern um die Spermatozoen. Diesen Prozeß nennt man *Meiose* oder Reduktionsteilung, da die Chromosomen in jeder reproduzierten Zelle auf die Hälfte der ursprünglichen Zahl reduziert werden. Statt sich zu duplizieren wie bei der Mitose, trennen sich hier die beiden Chromosomen jedes Paares – jeweils eines gehört zu jeder Tochterzelle. Wichtig ist, daß bei dieser Art der Zellteilung jede Zelle eine unterschiedliche Chromosomenkombination erhalten kann, da die Chromosomen in jedem Paar *nach dem Zufall* zusammenstehen. Weiterhin werden die Chromosomen auch nicht immer als Einheiten in die verschiedenen Tochterzellen getrennt, sondern Segmente des einen Chromosoms können sich mit denen eines anderen verbinden („crossing over"). Dadurch steigt die Anzahl möglicher unterschiedlicher Genkombinationen in den Tochterzellen an. Wenn sich bei der Befruchtung das Ei der Mutter mit der Spermatozoe des Vaters verbindet, ist die vollständige Anzahl der Chromosomen wiederhergestellt und bleibt während der folgenden Mitose des sich entwickelnden neuen Lebens erhalten.

Die erbliche Grundlage für individuelle Unterschiede geht zurück auf die fast unbegrenzte Vielzahl möglicher Genkombinationen, die besonders in einem komplexen Mechanismus wie dem des Menschen vorkommen können. Erstens, muß man wissen, daß selbst einfache menschliche Merkmale in der Regel durch den kombinierten Einfluß einer großen Zahl von Genen zustande kommen. Zweitens, daß die einzelnen Keimzellen der elterlichen Organismen verschiedene Genkombinationen enthalten. Das ist das Ergebnis der Reduktionsteilung. Drittens, daß sich die Zellen der beiden Organismen, von Vater und Mutter, verbinden, um einen neuen Organismus zu bilden. Auch dadurch steigt die Vielzahl möglicher Genkombinationen an. Deshalb sollte klar sein, daß zwei *Geschwister* (Brüder oder Schwestern) niemals identisches Erbgut haben können. Dasselbe gilt für *zweieiige Zwillinge* (ZZ), die – obwohl zur gleichen Zeit geboren – aus getrennten Keimzellen entstehen und sich in ihrem Erbgut nicht ähnlicher sind als andere Geschwister. ZZ können gleich – oder gegengeschlechtlich sein und sich in ihrer äußeren Erscheinung stark voneinander unterscheiden. *Eineiige Zwillinge* (EZ) dagegen entstehen aus der Teilung eines einzigen befruchteten Eis und haben deshalb ein identisches

Genom. Solche Individuen sind in Bezug auf ihre Erbanlage vollständige Duplikate.
Die einfachste Veranschaulichung des Vererbungsmechanismus findet man in *Einzelfaktoren*, die von einem einzigen Genpaar abhängen. Ein Beispiel für einen Einzelfaktor ist Albinismus, das Fehlen der Pigmentierung im Auge, im Haar und in der Haut. Wenn ein Individuum ein Gen für Albinismus von jedem seiner Eltern hat (cc), wird es selbst ein Albino sein. Individuen mit zwei Genen für normale Färbung (CC) werden normale Pigmentierung aufweisen. Beide Individuen beschreibt man als *homozygot* in Bezug auf Albinismus. Das bedeutet einfach: Das befruchtete Ei, die Zygote, aus dem das Individuum entstanden ist, hat die gleichen Gene für Albinismus oder normale Färbung von beiden Eltern erhalten. Wenn das Individuum ein Gen für Albinismus von einem Elternteil und eines für normale Färbung von dem anderen Elternteil (Cc) erhalten hat, sagt man von ihm, es sei in Bezug auf dieses Merkmal *heterozygot*. Solch ein Individuum wird normale Färbung aufweisen, da normale Färbung *dominant* und Albinismus *rezessiv* ist. D.h. Albinismus als ein rezessiver Faktor erscheint nur, wenn das Individuum das rezessive Gen von beiden Elternteilen erhalten hat. Obwohl das heterozygote Individuum (Cc) selbst normale Färbung hat, trägt es doch das rezessive Gen für Albinismus in sich, das es wiederum an seine Nachkommen übermitteln kann.
Andere Einzelfaktoren sind nicht dominant. Ein Beispiel dafür ist die Färbung von Hühnerfedern. Schwarze und weiß gesprenkelte Hühner resultieren aus einem Genpaar, von dem keines dominant ist. Eine Kreuzung dieser beiden Spielarten von Hühnern ergibt Nachkommen mit einer dritten Farbe, die man „Blue Andalusians" nennt. Sie ähneln keinem der beiden Eltern.
Es sei hinzugefügt, daß wenigstens für einige der bisher genannten Dominant-Rezessiven-Faktoren weitere Forschung möglicherweise keine Dominanz offenbaren kann (s. 6). Bei einem dominant – rezessiven Merkmal läßt sich natürlich der Homozygote nicht vom Heterozygoten unterscheiden. Aber diese Situation spiegelt vielleicht nur unser augenblickliches Nichtwissen über die unterschiedliche Ausstattung der Heterozygoten wider. Mit der Entwicklung und stärkeren Anwendung von Suchtechniken bei der Analyse werden vielleicht Unterschiede sichtbar werden. Unter pathologischen Bedingungen z.B. zeigt der Heterozygote vielleicht geringere Störungen, die mit verbesserten Methoden entdeckt werden können. Oder die heterozygote Bedingung wird vielleicht durch detaillierte chemische Analysen oder andere verfeinerte Techniken sichtbar gemacht. Selbst wenn die Unterscheidung zwischen Heterozygoten und Homozygoten keine praktische Bedeutung für das Leben des individuellen Organismus haben mag, so lieferte sie doch nützliche Informationen über die Vererbungsfaktoren, die ein Individuum an seine Nachkommen weitergeben wird.

Das Geschlecht eines Individuums wird durch ein Chromosomenpaar, die Geschlechtschromosomen, bestimmt. Sie werden mit X und Y bezeichnet. Erhält ein Kind von jedem Elternteil ein X-Chromosom, so wird es weiblich sein; kommen ein X und ein Y-Chromosom zusammen, so wird das Ergebnis männlich sein. Von seiner Mutter kann ein Kind nur X-Chromosomen erhalten, während ein Vater sowohl ein X- als auch ein Y-Chromosom weitergeben kann. Das Y-Chromosom ist recht klein. Man nimmt an, daß es nur sehr wenig Gene enthält. Ein solches Y-Chromosom ist in der Abbildung 23 zu sehen. Dem heutigen genetischen Wissen nach bestimmt in Wirklichkeit die Interaktion bestimmter Gene in den X-Chromosomen mit Genen in anderen Chromosomen das jeweilige Geschlecht des Individuums. Man glaubt, jedes Individuum besitze alle Gene, die für beide Geschlechter notwendig sind. Aber die Anwesenheit zweier X-Chromosome führt zur Entwicklung weiblicher Geschlechtsmerkmale und zur Unterdrückung der männlichen. Liegt andererseits nur ein X-Chromosom vor, so entstehen männliche Merkmale.
Bestimmte Gene im X-Chromosom sind für *geschlechtsgebundene* Merkmale verantwortlich. Eine Reihe von ihnen hat man identifizieren können. Am besten bekannt sind Farbenblindheit und die Hämophilie (starkes und andauerndes Bluten, da die normale Blutgerinnung fehlt). Beide Bedingungen sind auf ein rezessives Gen im X-Chromosom zurückzuführen. Erbt eine Tochter diesen Faktor nur von einem Elternteil, so wird das normale Gen im anderen X-Chromosom das Auftreten des Defektes verhindern. Ein Mädchen zeigt diesen Defekt also nur dann, wenn es das gestörte Gen von beiden Eltern erbt. Bei einem Jungen jedoch, der ein X-Chromosom mit einem defekten Gen erhält, wird die Störung immer sichtbar sein, da es kein entsprechendes gesundes Gen im Y-Chromosom gibt. Folglich sind solche Merkmale bei Männern häufiger als bei Frauen.
Bestimmte andere Faktoren wie z.B. Kahlköpfigkeit werden auch von dem *Geschlecht beeinflußt*. Das bedeutet, sie sind dominant bei dem einen Geschlecht und rezessiv bei dem anderen. So wird sich Kahlköpfigkeit bei einem Mann entwickeln, wenn ihm ein Gen dafür von einem der beiden Elternteile vermittelt worden ist. Von anderen Faktoren weiß man, daß sie auf ein *Geschlecht begrenzt* sind. Sie sind bei beiden Geschlechtern vorhanden, aber ihre Erscheinung ist durch die Wirkung der Sexualhormone auf ein Geschlecht begrenzt. Viele physische Unterschiede zwischen den Geschlechtern sind wahrscheinlich auf diese Art von Faktoren zurückzuführen. Zerstörung oder falsche Funktion der endokrinen Sexualdrüsen können deshalb zu Veränderungen in der Entwicklung dieser Merkmale führen. Der Bartwuchs bei Männern ist ein Beispiel für solch ein geschlechtsspezifisches Merkmal.
Wir wollen festhalten: Immer wenn ein Merkmal von einem einzelnen Paar eines Einzelfaktors abhängt, werden als Ergebnis immer getrennt identifizierbare Typen mit qualitativ unterschiedlichen Merkmalen entstehen. Doch die

meisten Eigenschaften hängen von *multiplen Faktoren* ab. Dabei wächst die Anzahl möglicher Kombinationen sehr rasch mit dem Anstieg der beteiligten Faktoren[2]. Selbst aus einer relativ geringen Anzahl beteiligter Faktoren entstehen quantitative individuelle Unterschiede, deren Verteilung sich einer Normalverteilung annähern kann. Längenwachstum stellt ein Beispiel für solch ein multifaktorielles Merkmal beim Menschen dar.

Bei bestimmten multifaktoriellen Merkmalsgefügen kann das Sichtbarwerden oder Nichterscheinen von einem Einzelfaktor abhängen. Anders ausgedrückt: Die Wirksamkeit multipler Faktoren ist selbst abhängig vom Vorhandensein eines spezifischen Gens, das deshalb als *Grenzbedingung* angesehen werden kann. Wieder kann hier als Illustration der Albinismus dienen. Es ist bekannt, daß die Festsetzung der menschlichen Augenfarbe von dem Vorhandensein einer Reihe von Genpaaren abhängt. Verschiedene Kombinationen dieser Gene führen zu der fast kontinuierlichen Abstufung beobachtbarer Augenfarben. Hat jedoch ein Individuum den Einzelfaktor für Albinismus von beiden Elternteilen erhalten (cc), so wird es ein Albino werden, unabhängig davon, welche Kombination von Augenfarben-Genen es erhalten haben mag. Diese Gene werden durch das Vorhandensein eines Albinismusgenpaares für die Bestimmung der Augenfarbe wirkungslos. Ähnlich geht die gesprenkelte Haut bei bestimmten Rinderrassen auf einen einzelnen rezessiven Faktor zurück. Aber das Ausmaß der Sprenkelung variiert entlang einer nahezu kontinuierlichen Skala und ist bedingt durch eine Reihe modifizierender multipler Faktoren. Diese Art von Beziehung ist besonders für die mögliche Rolle der Vererbung in der Entwicklung einiger psychischer Merkmale wichtig. Wir werden in der Tat bei der Diskussion bestimmter Arten von Minderbegabungen darauf zurückkommen (s. Kapitel 12).

Schließlich sollte noch das Konzept der *genetischen Balance* erwähnt werden. Für eine Analyse muß der Genetiker immer den Einfluß einzelner Gene auf die Entwicklung eines Merkmals untersuchen. Aber man muß immer daran denken, daß jedes Merkmal in Wirklichkeit aus der Interaktion *aller* Gene entsteht, die ein Individuum geerbt hat. SNYDER und DAVID (23, S. 251) fassen die heutige Auffassung der Genetiker wie folgt zusammen:

„Ein Gen zeigt seine Wirkung immer in der Anwesenheit anderer Gene; daraus ist die Vorstellung von der genetischen Balance entstanden. Damit ist gemeint, daß jedes Merkmal das Resultat des gesamten wirksamen Genkomplexes einer gegebenen Umgebung ist. Variationen in einem Merkmal können durch Variation in einem einzigen Gen zustandekommen, aber immer im Beisein der restlichen Gene."

---

2 In Verbindung damit sprechen einige Genetiker von „Hauptgenen", die als Einzelfaktoren wirken und zu deutlich erkennbaren Effekten führen. „Polygene" werden diejenigen genannt, die zur gemeinsamen Entwicklung multikaktorieller Merkmale führen. Dasselbe Gen kann natürlich als Hauptgen in der Ethologie eines Merkmals und als Polygen in der Ethologie eines anderen wirken.

Die Umwelt

Auch das Konzept der Umwelt bedarf der Klärung. Im Volksmund wird die Umwelt geographisch oder nach dem Wohngebiet definiert. Von einem Kind sagt man gewöhnlich dann, es habe eine „schlechte Umwelt", wenn es z.B. in einem Slum lebt. Oder seine „Umwelt" wird charakterisiert als ein französisches Dorf, eine amerikanische Kleinstadt oder ein wallisisches Kohlenrevier. Psychologisch sind solche Umweltbeschreibungen höchst inadäquat. Man kann z.B. nicht von einem 8jährigen Jungen und seinem 5jährigen Bruder, die sich zur selben Zeit in demselben Raum befinden, sagen, sie hätten identische psychologische Umwelten, nicht einmal für einen Moment. Allein die Tatsache, daß die augenblickliche Umwelt des einen die Anwesenheit eines jüngeren Geschwisters und des anderen die Anwesenheit des älteren beinhaltet, bedeutet einen bedeutsamen psychologischen Unterschied. Außerdem bedingen die unterschiedlichen Erfahrungshintergründe der beiden Geschwister wiederum, daß sie die augenblickliche Situation unterschiedlich erleben. Eines wird aus dieser Illustration deutlich: Die Tatsache, daß zwei Kinder in demselben Haus aufgewachsen sind, bedeutet keinesfalls, daß sie identische psychologische Umwelten erlebt haben.

Psychologisch besteht die Umwelt aus der Gesamtsumme aller Eindrücke, die ein Individuum von der Geburt bis zum Tod sammelt. Das ist ein aktives Konzept der Umwelt: Die physikalische Anwesenheit von Objekten selbst macht also nicht die Umwelt aus, es sei denn, die Objekte dienen als *Reize* für das Individuum (s. 15, 27). Diese Definition schließt mehr ein als die umgangssprachliche. Sie deckt alle Arten der Stimulation ab und erstreckt sich über den gesamten Lebenslauf.

Die Bedeutung der *vorgeburtlichen Umwelt* für die Bestimmung der individuellen Entwicklung hat man wiederholt nachgewiesen. Veränderungen in der Lebensweise und Ernährung, in den Drüsensekretionen und in anderen physischen Bedingungen bei der Mutter z.B. können einen tiefgehenden und dauerhaften Einfluß auf die Entwicklung des Embryos nehmen. Eine Reihe experimentell eingeführter Veränderungen bei niederen Tieren haben deutlich gezeigt, daß die strukturelle Entwicklung des Organismus eindeutig durch frühe Umweltfaktoren beeinflußt wird.

So bedingen z.B. geschädigte Gene bei der Taufliege, daß das Tier „verdoppelte Beine" hat, d.h. bestimmte Gelenkteile oder die ganzen Beine sind doppelt. Obwohl man die Vererbung dieses defekten Gens eindeutig nachgewiesen hat, entsteht dieses Merkmal unter bestimmten Umweltbedingungen nicht (14). Wenn Tiere mit diesem defekten Gen in ausreichend warmer Temperatur gehalten werden, entwickelt sich nicht das doppelte Bein oder Gelenk. Aufeinanderfolgende Generationen, die unter diesen Bedingungen heranwachsen, haben normales Aussehen. Wenn man jedoch eines der Nachkommen unter kälteren Temperaturen heranwachsen läßt, erscheint der Defekt wieder. Dies stellt eine eindeutige Illustration dafür dar, daß sich sogar klar nachweisbare „angeborene Defekte" nur unter bestimmten Umweltbedingungen entwickeln.

Experimentell hergestellte „Monster" liefern weitere Beispiele für den Einfluß der pränatalen Umwelt (s. 24, Kapitel 6 und 7). In Experimenten mit Fischeiern hat man „siamesische Zwillingsfische" gezüchtet, indem man sehr früh die Entwicklungsgeschwindigkeit künstlich behinderte oder herabsetzte durch niedrige Temperaturen, ungenügendes Oxygen oder ultraviolette Strahlen. In einigen Fällen ist ein Zwilling sehr viel kleiner und ungestalter als der andere, der fast ein normaler Fisch ist. Auch hat man durch die Anwendung verschiedener chemischer oder mechanischer Reize zweiköpfige Monster aus Kaulquabben und einigen Fischarten gezüchtet.

Ähnlich hat man künstlich tiefgehende Variationen in der Anzahl und Position der Augen bei Elritzen herbeigeführt. Läßt man die Elritzen in Seewasser aufwachsen, dem übermäßig viel Magnesiumchlorid beigefügt wurde, so zeigt die Mehrzahl der Embryos ganz eigenartige Augenmerkmale. Anstatt wie üblich zwei Augen entwickeln viele ein zentral gelegenes „Zyklopenauge". Der Name stammt von dem einäugigen Zyklopen der griechischen Mythologie. Andere können ein seitlich, auf der linken oder rechten Seite des Kopfes gelegenes Auge aufweisen. Oder die beiden Augen liegen anomal dicht bei-

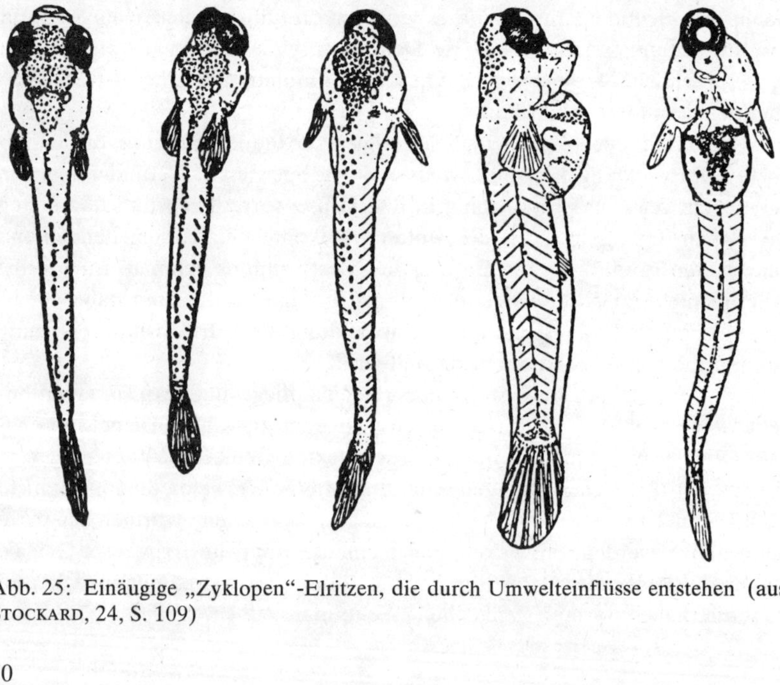

Abb. 25: Einäugige „Zyklopen"-Elritzen, die durch Umwelteinflüsse entstehen (aus STOCKARD, 24, S. 109)

einander. Einige dieser künstlich erzeugten Monster sind in der Abbildung 25 zu sehen.
Andere physikalische oder chemische Agenzien können verwendet werden, um dieselben Entwicklungsanomalien hervorzurufen. Der primäre Faktor für die Entwicklung einer einzelnen Anomalie scheint der Zeitpunkt zu sein, an dem das Agens eingeführt wird und nicht die Art des spezifischen Agens. Der wichtigste Effekt ist eine Änderung der Entwicklungsgeschwindigkeit. Dadurch wird die Wachstumsbalance zwischen den verschiedenen Organismusteilen verändert. Als Kommentar zu diesen Experimenten schreibt STOCKARD (24, S. 109 – 110):

„Anders ausgedrückt: Die genetische Ausstattung dieser Fische bedingt, daß sie in normalem Seewasser zwei Augen entwickeln. Aber dieselbe genetische Ausstattung führt zur Entstehung eines einzelnen Zyklopenauges, wenn das Seewasser übermäßig viel Magnesiumchlorid enthält. Hätte Seewasser normalerweise eine Zusammensetzung, die bei dem Fisch zur Entwicklung eines Zyklopenauges führte, und würde ein Experimentator die Fischeier in eine dem normalen Seewasser entsprechende Lösung setzen, dann würde er damit die Entwicklung eines Fisches mit zwei seitlichen Augen statt des einen mittleren provozieren. Dann würden diese zweiäugigen Wesen dem imaginären Experimentator als Monster erscheinen".

Deshalb können wir noch nicht einmal über bestimmte strukturelle Merkmale sagen, sie seien für eine gegebene Spezies „normal" und durch die Erbanlagen fixiert. Wenn nämlich die Umwelt, in der sich die Organismen entwickeln, starken Veränderungen mehr oder weniger überdauernder Art unterliegt, würde man ein anderes Merkmalsmuster als normal ansehen. Ähnlichkeiten in der Entwicklung sind ebenso einer sehr ähnlichen Umwelt zuzuschreiben wie dem Besitz einer ähnlichen Genausstattung.
Eine große Datenmenge hat man über die Wirkungen von Strahlen auf die vorgeburtliche Entwicklung angesammelt (20). Die meisten Forschungen sind bislang mit Ratten durchgeführt worden. Die Ergebnisse besagen, daß Bestrahlungen während des Embryonalstadiums zu verschiedenen morphologischen Anomalitäten führen, unter anderem zu drastischen Veränderungen der Schädel- und Skelettentwicklung.
Beobachtungen an verschiedenen Spezies haben auch den Nachweis deutlicher *Verhaltensentwicklungen* im pränatalen Leben erbracht. Sie haben ebenso den Einfluß bestimmter Bedingungen der pränatalen Umwelt auf diese Entwicklung aufgezeigt (s. 5). Der „Nullpunkt" des Verhaltens fällt eindeutig vor die Geburt. Doch das „Verhaltensalter" oder das „Intelligenzalter" bei der Geburt variiert stark von Spezies zu Spezies (5). Stadien der motorischen Entwicklung konnte bei den Embryos vieler Tiere klar nachgewiesen werden. Auch Sensibilität für verschiedene Reizarten hat man früh im pränatalen Leben finden können. Daß verschiedene Funktionen schon vor der Geburt geübt worden sein können, darf man deshalb bei der Untersuchung der

darauf folgenden Verhaltensentwicklung nicht übersehen. Ebenso muß man eine mögliche Anpassung an Veränderungen der Temperatur, des Druckes und anderer Reize in der pränatalen Umgebung mit in Rechnung stellen. Mit der Untersuchung pränatalen Lernens öffnet sich ein interessanter Forschungszugang zu den Ursprüngen des Verhaltens.

Schließlich sei vermerkt, daß sich mit einer Präzisierung der Definition das Konzept „Umwelt" allmählich ausgeweitet hat. Damit läßt es sich auch weniger scharf von dem Konzept „Vererbung" unterscheiden. Die umgangssprachliche Gleichsetzung der Umwelt mit „äußeren" und der Vererbung mit „inneren" Einflüssen mußte im Licht wachsenden Wissens über die Wirkung von Erbe und Umwelt aufgegeben werden. Im vorangegangenen Abschnitt wurde auch auf die *interzelluläre Umwelt* eingegangen, d.h. auf die Umwelt, die aus den umgebenden Körperzellen besteht, in der sich jede einzelne Einzelzelle entwickelt. Heute hat man die wichtige Rolle dieser zellulären Umwelt für die Aufstellung von Gradienten und für andere Entwicklungsprozesse erkannt.

Treibt man diese Analyse weiter, so muß man auch die *intrazelluläre Umwelt* betrachten. Offensichtlich üben die Gene ihren Einfluß auf eine Umwelt aus, die aus dem Cytoplasma der Zelle besteht. Die intrazelluläre Umwelt ist besonders dann wichtig, wenn eine bestimmte Differenzierung im Prozeß der Zellteilung stattgefunden hat. Zellen mit identischen Genen, aber einer unterschiedlichen cytoplasmatischen Struktur werden sich in ihrer endgültigen Entwicklung unterscheiden. Genetiker nehmen an, daß Gene als Enzyme oder Katalysatoren wirken können, die chemische Veränderungen im Cytoplasma induzieren, ohne sich selbst zu ändern. Die enzymatische Wirkung eines bestimmten Gens kann unterschiedliche Ergebnisse zeigen (oder gar keine). Das hängt von den spezifischen chemischen Stoffen im Cytoplasma dieser Zelle ab. Diese Theorie schließt nicht die Möglichkeit aus, daß die Gene ihren Einfluß auch anderweitig zeigen können. Hinzuzufügen ist, daß jedes Gen auch wieder in einer Umwelt von anderen Genen innerhalb einer Zelle wirkt. Diese Wechselwirkung zwischen den Genen wird mit dem Konzept der genetischen Balance angesprochen, das im vorangegangenen Abschnitt besprochen worden ist.

Aus etwas anderer Sicht muß man auf die Tatsache hinweisen, daß auch die Gene selbst, als die Grundelemente in jeder Vererbungsdefinition, Umwelteinflüssen nicht völlig unzugänglich sind. Experimentell hat man nachgewiesen, daß Gene unter dem Einfluß von Faktoren wie Röntgen-, kosmischen- und ultravioletten Strahlen, Temperaturänderungen und bestimmten Chemikalien wie Senfgas modifiziert werden können (s. 7, Kapitel 2). Da die Gene selbst betroffen sind, sind die Veränderungen aufgrund dieser Einflüsse nicht nur bei den unmittelbaren Nachkommen manifest sondern auch auf kommende Generationen übertragbar. In solchen Fällen findet eine Vererbungsänderung, eine *Mutation*, unter dem Einfluß eines Umweltfaktors statt. Diese Umwelteinflüsse zeigen sich jedoch als unspezifisch in dem Sinne, daß sie die Häufigkeit von Genänderungen stimulieren oder heraufsetzen, aber nicht die Art der Veränderung bestimmen.

Interaktion zwischen Erbe und Umwelt

Das frühe Konzept von dem „Instinkt", das noch immer im Alltagsdenken vorherrscht, setzt die Existenz vollständig angeborenen Verhaltens voraus[3]. Die Einteilung des Verhaltens in „Instinkte" und „Gewöhnung" entspricht dem „angeborenen" bzw. dem „erworbenen" Verhalten. Dabei nimmt man *ausschließlich die Beteiligung* entweder der Vererbung oder der Umwelt bei einer bestimmten Aktivität an. Solch eine Theorie, die eine erbmäßige Vermittlung von Verhaltensfunktionen als solchen impliziert, findet in der modernen Genetik keine Unterstützung. Man hat erkannt, daß jedes Merkmal und jede Reaktion eines Individuums sowohl von seiner Umwelt als auch von seinem Erbe abhängen. Man gibt zwar gewöhnlich zu, daß das unhaltbar ist, doch der Glaube, psychische Merkmale ließen sich in ererbte und erworbene unterscheiden, steckt in vielen oberflächlich formulierten Verallgemeinerungen über die Vererbung von Verhaltensmerkmalen. Diskussionen über die „Vererbung" der Intelligenz, von speziellen Begabungen oder des Wahnsinns hinterlassen oft den Eindruck, die Vererbung des Verhaltens selbst sei gemeint. Bei sorgfältiger Überlegung lassen sich jedoch Erbe- und Umweltfaktoren nicht eindeutig voneinander trennen. Auch Verhalten kann man nicht in seinen angeborenen und seinen erworbenen Teil aufteilen.
Eine zweite mögliche Auffassung der Erbe-Umwelt-Beziehung bezieht sich auf *additive Beteiligung*. Danach tragen sowohl das Erbe als auch die Umwelt zu jeder Verhaltensentwicklung bei. Die sich daraus ergebenden Verhaltensmerkmale lassen sich als eine *Summe* aus Erbe- und Umwelteinflüssen analysieren. Daß Erbe und Umwelt gemeinsam die Verhaltensentwicklung bestimmen, ist zweifellos die am weitesten verbreitete Meinung. Aber die Annahme der additiven Wirkung wird selten so klar ausgedrückt. Doch gerade diese Annahme liegt vielen bereits unternommenen Versuchen zugrunde, den proportionalen Anteil von Erbe und Umwelt an der Entwicklung einzelner Verhaltensmerkmale zu bestimmen[4]. Die Aussage z.B., daß „Vererbung 75

3 Eine Analyse vieler Irrtümer im traditionellen Gebrauch des Konzeptes „Instinkt" findet sich bei GINSBERG (11). Ein großer Teil des vorliegenden Abschnittes basiert auf einem Artikel von ANASTASI und FOLEY (1).

4 Eine ausführliche Analyse der Implikationen dieses Konzepts von „Proportionalanteilen" wie sie auf das Erbe-Umwelt-Problem angewendet wird, findet sich in LOEVINGER (16).

Prozent und die Umwelt 25 Prozent zur Intelligenzentwicklung beiträgt", illustriert diese additive Auffassung. Doch haben dieselben Untersucher, die solche Schätzungen der proportionalen Beträge vorgelegt haben, gelegentlich gegen die additive Betrachtung von Erbe und Umwelt Stellung bezogen. Dabei sind sie sich offensichtlich nicht der Inkonsistenz in ihrer Argumentation bewußt (s. z. B. BURKS, 3, 4).

Am weitesten verbreitet ist die Auffassung, die Erbe-Umwelt-Beziehung bestände aus einer *Interaktion*. Das besagt primär, daß die Wirkungen von Erbe- und Umweltfaktoren nicht kumulativ oder additiv sind, sondern daß Art und Umfang des Einflusses eines Faktortyps vom Beitrag des anderen abhängt. Oder: Jeder Umweltfaktor übt einen anderen Einfluß aus, je nachdem, auf welches spezifische Erbmaterial er einwirkt. Entsprechend wirkt jeder Erbfaktor anders unter verschiedenen Umweltbedingungen. Offensichtlich ist jede Schätzung *des* proportionalen Anteils eines Erbe- oder Umweltfaktors mit diesem Standpunkt nicht vereinbar. Denn der Anteil variiert, wenn Erbe- oder Umweltfaktoren variieren. Auf die Frage: „Welchen rela-

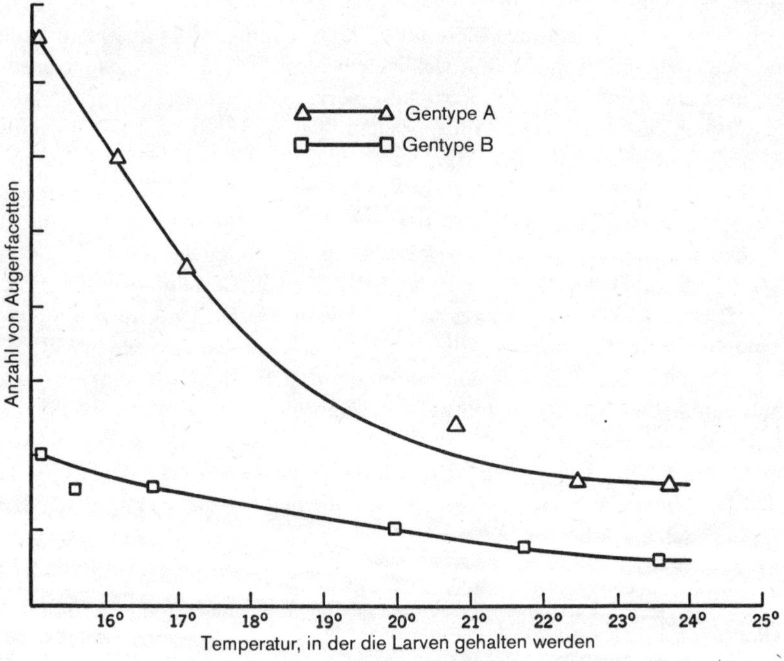

Abb. 26: Eine Illustration der Interaktion zwischen Erb- und Umweltfaktoren: Anzahl der Augenfacetten bei der Drosophila als eine Funktion der genetischen Konstitution und der Temperatur (aus HOGBEN, 13, S. 96)

tiven Anteil haben Erbe und Umwelt an den individuellen Unterschieden z.B. im IQ?", gibt es deshalb unendlich viele mögliche Antworten.
Zur Illustration dieses Standpunktes kann man zunächst ein nichtpsychologisches Merkmal betrachten, dessen Vererbung bekannt ist. Man hat herausgefunden, daß die Anzahl der Augenfacetten bei der Taufliege Drosophila in den Arten stark variiert, die sich in ihrer Genausstattung unterscheiden. Auch die Temperatur, in der die Larve heranwächst, bestimmt, wie viele Augenfacetten sich schließlich entwickeln. Die Interaktion dieser beiden Erbe- und Umweltfaktoren ist in Abbildung 26 graphisch dargestellt. Die Abbildung zeigt die Wirkung der Temperatur auf die Anzahl der Augenfacetten bei zwei Individuenarten mit unterschiedlicher Genausstattung. Eine Art wurde in der Abbildung als Gentyp A und die andere als Gentyp B bezeichnet. Deutlich unterscheiden sich die *Kurvenverläufe* für Gentyp A und B voneinander. Der Unterschied in der Anzahl der Augenfacetten zwischen den beiden Gentypen ist bei 16° größer als bei 25°. Umgekehrt ist die Temperaturwirkung bei einem Gentyp größer als bei dem anderen. Deshalb resultiert ein „unterschiedlicher Unterschied" aus Umweltveränderungen, wenn sie auf Individuen mit verschiedenem Erbgut einwirken; und ein „unterschiedlicher Unterschied" resultiert aus Erbvariationen, wenn sie in verschiedenen Umwelten wirken. Das „Verhältnis" von Erbe- zu Umweltanteilen würde also variieren, wenn einer der beiden Faktoren variiert[5].
Die Wirkungsweise einer ähnlichen Erbe-Umwelt-Beziehung läßt sich bei der Entwicklung vieler bekannter menschlicher Merkmale leicht beobachten. Fragt man z.B., in welchem Ausmaß Körpergewicht von Umweltfaktoren wie Ernährung und Bewegung und in welchem Ausmaß von Vererbungsfaktoren abhängt, so kann man für alle Individuen oder für alle Umweltbedingungen nicht eine einzige Antwort geben. Wegen verschiedener Vererbungsfaktoren ist das Körpergewicht bestimmter Individuen anfälliger für Unterschiede in der Ernährung, Bewegung usw. als das von anderen Individuen. Der proportionale Anteil von Erbe und Umwelt kann also für das Körpergewicht selbst durch Vererbungsfaktoren determiniert sein und von Person zu Person variieren. Der proportionale Anteil von Erbe und Umwelt kann ebenfalls durch Variationen auf der Umweltseite geändert werden, z.B. durch die absolute Menge der Nahrungszufuhr. Wenn also die Gesamtmenge an Nahrung z.B. bei einer Hungerkur sehr niedrig ist, hängt das Körpergewicht zweifellos sehr viel mehr von Unterschieden in der Nahrungsmenge ab. Wenn die Gesamtnahrungsmenge groß ist, hängen individuelle Unterschiede im Körpergewicht wahrscheinlich sehr viel weniger von der Ernährung ab.
Bei Verhaltensmerkmalen ist es noch unsinniger nach einem einzelnen Wert zu suchen, um den relativen Anteil von Erbe und Umwelt auszudrücken. An-

5 Andere Beispiele bei HALDANE (12) und HOGBEN (13).

genommen wir fragten: „Welchen Anteil haben Erbe und Umwelt an der Entwicklung der Intelligenz?" Um diese Frage zu beantworten, könnten wir zunächst Tommy, ein Kind mit einem IQ von 40, betrachten. Wir erfahren, daß seine geistige Behinderung auf eine verringerte Gehirnentwicklung zurückzuführen ist, die durch eine Stoffwechselstörung entstanden ist. Diese wiederum ist einem einzelnen rezessiven Gen zuzuschreiben. Da diese angeborene Störung der intellektuellen Entwicklung derartig enge Grenzen setzt, würden wir folgern, Tommys intellektuelles Niveau hänge sehr stark von seiner Vererbung ab.

Als nächstes untersuchen wir Jim, dessen IQ ebenfalls 40 beträgt. Aber in seinem Fall ist der intellektuelle Rückstand auf eine pränatale Hirnschädigung zurückzuführen. Auch sie setzt seiner möglichen intellektuellen Entwicklung sehr enge Grenzen. Hier ist die manifeste Intelligenz des Kindes weitgehend das Resultat eines Umweltfaktors, d.h. einer vor der Geburt erlittenen Verletzung. Dann gibt es Bill, dessen IQ von 40 auf der Tatsache beruht, daß er in einem isolierten Bergdorf lebt und niemals zur Schule gegangen ist. Die intellektuelle Entwicklung dieses Kindes würde man ebenfalls überwiegend der Umgebung zuschreiben. Aber offensichtlich sind die Folgerungen aus solch einer Aussage für Bill und Jim sehr unterschiedlich. Denn für Bill sehen die Aussichten für eine zukünftige Besserung sehr viel hoffnungsvoller aus als für Jim.

Für eine letzte Illustration fahren wir in ein imaginäres Land, wo wir einen Jungen namens Blix mit ebenfalls einem IQ von 40 treffen. Blix ist blauäugig und in diesem Land gibt es eine alte Verordnung, nach der kein blauäugiges Kind zur Schule gehen oder Belehrungen von irgendwem erhalten darf. Da nun die Augenfarbe streng durch Erbfaktoren bestimmt ist, können wir folgern, daß bei Blix die Intelligenz weitgehend erbbedingt sei. Bestimmte Genetiker würden sich für solch eine Interpretation des IQ von 40 bei Blix stark machen (s. z.B. 8, S. 147). Und man kann diese Interpretation auch logisch verfechten. In dem Land von Blix bestimmen die Gene für blaue Augen zwingend den intellektuellen Rückstand. In einer anderen Umwelt könnten sie natürlich den gegensätzlichen Effekt oder gar keinen Effekt auf seine intellektuelle Entwicklung haben. Zwischen den Genen und komplexem menschlichen Verhalten gibt es noch viele dazwischenliegende Schritte, in denen sich Effekte enorm von einer zur anderen Umwelt verändern können.

Wir wollen nun ein anderes Beispiel mit Intelligenztestwerten betrachten. Angenommen, man findet einen IQ-Unterschied von 10 Punkten bei EZ, die in getrenntenPflegeheimen (A und B) aufgewachsen sind. Weiterhin einen IQ-Unterschied von 30 Punkten zwischen zwei nicht miteinander verwandten Kindern, von denen das eine in Heim A und das andere in Heim B aufgewachsen ist. Kann man nun annehmen: Die 10-Punktedifferenz zwischen den EZ messe den „differenzierenden Effekt" der beiden Heimumwelten und die

30-Punktedifferenz zwischen den nicht verwandten Kindern könne deshalb aufgespalten werden in 10 Punkte für die Umwelt und 20 Punkte für die Vererbung? Könnte man für diese Fälle schließen, daß Vererbung für das Hervorbringen individueller Unterschiede im IQ doppelt so wichtig sei wie die Umwelt? Folgt man dem Konzept der Interaktion, so ist die Antwort auf beide Fragen: "Nein". In Wirklichkeit kann ein sehr kleiner Vererbungsunterschied zwischen den nicht verwandten Kindern den Unterschied zwischen den wirksamen Umwelten in den zwei Pflegeheimen sehr stark vergrößert haben. Der Unterschied in der Umweltanregung zwischen den beiden Heimen wäre danach viel größer für die nicht verwandten Kinder gewesen als für die EZ. Durch einfache Subtraktion der Endprodukte lassen sich die relativen Anteile der Faktoren nicht auseinanderhalten, da deren Anfangsinteraktion zu dem erhaltenen IQ-Unterschied geführt hat.

Alle diskutierten Beispiele für Interaktion – die Augenfacetten der Taufliege, die hypothetischen Beispiele mit dem Körpergewicht und dem IQ – illustrieren die *Interdependenz* zwischen Erbe und Umwelt. Sie ist die Grundlage für das Konzept der Interaktion. Zusammengefaßt bedeutet Interdependenz, daß der Beitrag eines gegebenen Umweltfaktors zu einem bestimmten Merkmal von dem spezifischen Vererbungshintergrund eines Individuums abhängt. Und umgekehrt: Der Beitrag eines gegebenen Vererbungsfaktors hängt von den spezifischen Umweltbedingungen ab, in denen er wirkt.

Eine andere Folgerung aus dem Konzept der Interaktion ist folgende: Die Erbe-Umweltbeziehung läßt sich exakter mit der arithmetischen Operation der *Multiplikation*[6] als mit der der Addition vergleichen. Die Merkmale eines Individuums entsprechen eher dem Produkt als der Summe aus Erbe- und Umweltfaktoren. Unter diesen Bedingungen kann ein kleiner Umweltunterschied in Verbindung mit einem kleinen Vererbungsunterschied zu sehr großen Unterschieden in den daraus resultierenden Merkmalen führen. Man muß sich vorstellen: Eine solche „Multiplikation" von Einflüssen findet in der Entwicklung eines Individuums sukzessive statt. Ein neues „Produkt" ist selbst wieder die Grundlage für eine weitere Multiplikation in einem ständig größer werdenden Radius. So kann eine anfangs kleine Differenz zwischen zwei Individuen zwei starke voneinander abweichende Entwicklungswege in Gang setzen.

Noch eine andere Folgerung läßt sich aus dem Konzept der Interaktion ziehen. Jede Schätzung des relativen Anteils von Erbe- und Umweltfaktoren an individuellen Unterschieden hängt offensichtlich von der *Streubreite* oder

---

6 Es ist offensichtlich eine zu starke Vereinfachung, Erbe- und Umweltfaktoren als miteinander multipliziert zu betrachten. Dennoch ist es für die Veranschaulichung der gemeinten Beziehung hilfreich. Die wirkliche mathematische Funktion zur Verbindung von Erbe- und Umweltanteilen ist unbekannt und kann von einem spezifischen Merkmal zu einem anderen unterschiedlich sein.

dem Ausmaß von Erbe- und Umweltunterschieden in der fraglichen Population ab. Man hat z.B. gezeigt, daß die Anfälligkeit für Diphterie von einem rezessiven Erbfaktor abhängt und die Immunität von dem entsprechenden dominanten Faktor (23, S. 416 – 417). Die Krankheit wird man sich dennoch nicht ohne eine Infektion durch den Diphteriebazillus zuziehen.
Angenommen, es gäbe eine Population, in der alle die Anfälligkeit geerbt hätten. Dann dürfte man individuelle Unterschiede bei der Krankheitsentstehung nur Umweltunterschieden zuschreiben, d.h. den Infektionsmöglichkeiten. Auf der anderen Seite müßte man in einer Population, in der alle dem Bazillus ausgesetzt sind, jeden individuellen Unterschied auf Unterschiede in der Vererbung zurückführen, d.h. darauf, ob das dominante Gen für die Immunität vorhanden ist. Auf die Frage: „Welcher Varianzanteil in der Diphterieentwicklung geht zu Lasten der Vererbung?“, müßte man für diese beiden Populationen entgegengesetzte Antworten geben. Entsprechend könnte man für andere Populationen eine Vielzahl dazwischenliegender Antworten erhalten. Das hängt von der relativen Häufigkeit der Ansteckungsmöglichkeit ab und von der relativen Häufigkeit von Individuen mit dem dominanten Gen für Diphterieimmunität in jeder Population. Um es kurz zu fassen: In dieser Diskussion wurden die Begriffe „Erbe“ und „Umwelt“ ohne Spezifizierungen gebraucht. Es darf daraus aber nicht geschlossen werden, es handele sich um einzelne Einheiten oder Kräfte. Erbe und Umwelt sind die Überschriften für den *komplexeren Niederschlag vieler spezifischer Einflüsse*. Bei der Entwicklung von Individuen findet sowohl *innerhalb* als auch *zwischen* den spezifischen Faktoren Interaktion in jeder der beiden Kategorien statt. Es ist irreführend, von all den tausend Genen, von denen jedes seine spezifische chemische Struktur und andere Eigenschaften hat, so zu sprechen, als repräsentierten sie eine einzige Kraft, die als Einheit die Entwicklung in eine bestimmte Richtung lenkt. Viel offensichtlicher ist, daß es sich bei der „Umwelt“ nicht um eine Einheit handelt, die der „Vererbung“ gegenübergestellt oder ihr gleichgestellt werden kann. Zelluläre Umwelt, Strahlungseinflüsse auf die Gene, Geburtstraumata, Erziehungsgeschichte und sozioökonomischer Status können wohl kaum als ein einziger Einfluß behandelt werden!

Häufige Mißverständnisse über Erbe und Umwelt

Das Alltagswissen beherrschen immer noch etliche Mißverständnisse über die Wirkungsweise von Erbe und Umwelt. Wir wollen kurz einige der häufigsten Irrtümer untersuchen, um den Weg für eine weitere Analyse des Erbe-Umwelt-Problems zu klären.

Vererbung gegen Angeborensein

Einige der häufigsten Quellen für Verwirrung in Diskussionen über Erbe und Umwelt ist der Gebrauch der Ausdrücke „Vererbung“ und „Angeborensein“. Der Volksglaube, alles, was bei der Geburt vorhanden sei, müsse vererbt worden sein, wird durch eine ungenaue Terminologie gestützt. Die Lexikondefinition für Ausdrücke wie „hereditary“, „inborn“, „innate“, „congenital“ und „native“ lassen sich kaum voneinander unterscheiden. Sicherlich werden die Ausdrücke oft sowohl in der wissenschaftlichen als auch in der Alltagsliteratur in austauschbarem Sinne gebraucht. Der Wissenschaftler verwendet sie fast alle als Synonyme für „Vererbung“. Der Laie interpretiert alle diese Begriffe als zur Geburt gehörig. Dieser Bezug ist offensichtlich in der Wurzel solcher Wörter wie „inborn“, „native“ und „innate“ vorhanden.

Es ist natürlich falsch zu glauben, der Einfluß der Vererbung auf die Entwicklung eines Merkmals ende bei der Geburt. Ebenso falsch ist es, das Einsetzen von Umwelteinflüssen auf den Geburtstermin zu verlegen. Erbfaktoren können die Entwicklung des Individuums noch lange nach der Geburt und tatsächlich während des gesamten Lebens mitbestimmen. Angeborene Anfälligkeit für verschiedene Krankheiten kann sich z. B. erst lange nach dem Erreichen mittleren Alters manifestieren. Selbst das Sterbealter einer Person kann teilweise durch Erbfaktoren bestimmt sein. Denn man hat die Beobachtung gemacht, daß Langlebigkeit in Familien fortzubestehen scheint. Vererbungseinflüsse können sich in jedem Alter zum ersten Mal zeigen. Daß Umwelteineinflüsse lange vor der Geburt zu wirken beginnen, ist schon in der Diskussion über die pränatale Umwelt gezeigt worden. Einflüsse von Erbe und Umwelt erstrecken sich miteinander über die Zeit hinweg. Geburt darf weder als der Anfang noch als das Ende der Wirkung dieser Faktoren betrachtet werden. Sie stellt vielmehr ein Ereignis im Entwicklungskontinuum dar, das für das Individuum bei der Empfängnis beginnt und mit dem Tode endet.

Ähnlichkeit mit Eltern

Ein anderer allgemeiner Irrtum ist der Glaube, daß Vererbung Ähnlichkeit mit Eltern impliziere und umgekehrt. Beide Seiten dieser Annahme lassen sich als falsch nachweisen. Daß Vererbung nicht zur Ähnlichkeit zwischen Nachkommen und unmittelbaren Vorfahren führen muß, wird deutlich, wenn man sich die Vererbungsmechanismen betrachtet. Die Gene werden kontinuierlich von Generation zu Generation weitergegeben. Sie werden nicht von den jeweiligen Eltern „produziert“, sondern einfach von ihnen an ihre Nachkommen übertragen. Deshalb erbt das Individuum nicht nur von seinen Eltern, sondern auch von allen seinen direkten Vorfahren. Ein Merk-

mal – über viele Generationen hinweg latent geblieben – kann aufgrund einer bestimmten Genkombination, z. B. aus zwei rezessiven Genen, manifest werden. Als Ergebnis wird das Individuum in einer bestimmten Hinsicht seinen Eltern und unmittelbaren Vorfahren unähnlich sein. Beispiele dieser Art finden sich häufig in Familiengeschichten. Eines der bekanntesten Beispiele stellen zwei braunäugige Eltern dar, die ein blauäugiges Kind haben. Das ist durch die Kombination zweier rezessiver „Blauaugen"-Gene im Kind möglich. In solchen Fällen führt die Vererbung wirklich dazu, daß das Kind den Eltern unähnlich ist.
Die umgekehrte Annahme, daß Ähnlichkeiten zwischen Eltern und Kind als ein Zeichen für Vererbung gelten, ist genauso unhaltbar. Solche Ähnlichkeiten können durch die vielen Umweltkontakte und Umweltübereinstimmungen zwischen Eltern und Kindern entstehen. Das gilt für die pränatale (in Bezug auf die Mutter) und für die postnatale Zeit. Eltern und Kinder leben nicht nur in ähnlicheren Umwelten als nicht verwandte Individuen, sondern sie stellen auch teilweise jeder des anderen Umwelt dar. So kann der gegenseitige Einfluß und die gemeinsame Umgebung Ähnlichkeiten bedingen. Aus diesen Gründen kann man die Ähnlichkeit zwischen Eltern und Kind nicht ohne die Analyse ihrer Entstehung den Vererbungsfaktoren zuschreiben.

Vererbung erworbener Merkmale

Die Hypothese LAMARCKs über die Vererbung erworbener Eigenschaften wird weder von experimentellen Befunden der Genetik, noch von Daten aus der Embryologie über die Vererbungsmechanismen gestützt. Dennoch hält sich der Volksglaube, Eltern überlieferten ihren Kindern physische wie psychische Merkmale, die sie erst durch Übung oder Erfahrung erworben haben. So vertritt man z. B. die Meinung: Wenn die Eltern das College besuchen, werden ihre Kinder als Resultat höhere geistige Fähigkeiten „erben". Oder: Befassen sich die Eltern aktiv mit Sport, werden ihre Kinder stärkere Muskeln haben. Man hat auch behauptet, die elterlichen Ängste, Interessen, ethischen oder ästhetischen Normen, mechanischen Fähigkeiten und ähnliches könnten an die Nachkommen vererbt werden.
Wahr ist, daß natürlich nur solche Bedingungen an die Nachkommen weitergegeben werden können, die direkt auf die Gene einwirken. Sicherlich ist es theoretisch möglich, daß bestimmte Aktivitäten der Eltern wirksame physische Agenzien an den Genen in Gang setzen können. Sich Strahlungen auszusetzen, wäre dafür ein Beispiel. Die Wirkungsweise verschiedener Strahlungsarten im Hervorrufen von Genmodifikationen oder Mutationen wurde in einem früheren Abschnitt besprochen. Gene sind dennoch ausgesprochen stabil und es gibt nur wenige Agenzien, die auf sie einwirken. Bestimmte andere

Stoffe wie Alkohol können das Cytoplasma einer reproduktiven Zelle verletzen. Dadurch kann die Entwicklung des unmittelbaren Nachkommen berührt werden, ohne daß eine vererbbare Veränderung entsteht, die an folgende Generationen vermittelt werden könnte. Solche direkten physischen Effekte auf die Gene oder das Cytoplasma sind dennoch weit von der „Übermittelung“ von Interessen für die Klassik oder Geschmack an abstrakten Bildern entfernt.

„Mütterliche Erfahrungen“

Eine noch naivere Annahme bezieht sich auf den Einfluß der mütterlichen Erfahrungen in der Schwangerschaft auf die Eigenschaften des Kindes. Hierunter fallen ebenso die weitverbreiteten Erklärungen für „Muttermale“, wie damit verwandter Volksglauben, ein Mann habe z.B. deshalb buschige Augenbrauen, weil seine Mutter während der Schwangerschaft von einem zottelhaarigen Airdale erschreckt worden sei! Ein anderes beliebtes Beispiel ist der Glaube, wenn eine Mutter in ihrer Schwangerschaft Vorträge, Konzerte oder Dichterlesungen besuchte, würde ihr Kind ein Verlangen nach „Kultur“ erlangen. Alle solche Auffassungen gehören heute unter die Rubrik Aberglauben und Altweibergeschichten.
Die einzigen vorgeburtlichen Einflüsse, die Aktivitäten der Mutter auf das sich entwickelnde Kind ausüben könnten, sind biochemischer Art. So können toxische Stoffe, Krankheitsbakterien und alle anderen Agenzien aus dem Blut durch die Mutter auf den Embryo oder Fetus übertragen werden. Auch können das allgemeine mütterliche Stoffwechselniveau, ihre Ernährung und ihr endokrines Gleichgewicht einen bedeutsamen Einfluß auf die Entwicklung des Embryos nehmen. Folglich kann z.B. extreme emotionale Aufregung während der Schwangerschaft als das Resultat chemischer Veränderungen im mütterlichen Blut eine indirekte Wirkung auf das Kind haben. Aber es gibt sicherlich keine Grundlage für die Erwartung, spezifische Ängste oder Erfahrungen der Mutter übten eine spezifische physische oder psychische Wirkung auf den Embryo aus.

Erbe, Umwelt und Veränderbarkeit

Ein weiteres weitverbreitetes Mißverständnis bezieht sich auf die Veränderbarkeit von Merkmalen, die Erbe- oder Umweltfaktoren zuzuschreiben sind. Einerseits glaubt man: Ist der Vererbungsursprung für eine gegebene Bedingung entdeckt, dann kann nichts oder nur sehr wenig an ihr verbessert werden. Das ist sicherlich nicht wahr. Vererbte Krankheiten z.B. sind weder unvermeidbar noch unheilbar. Sie können verhindert werden und sie sprechen auf Therapien an. Eigenschaften mit einer vererbten Grundlage sprechen auf solche Umweltfaktoren an wie Ernährung, Übung oder Erziehung. Es gibt nur sehr wenige Erbmerkmale, die durch keinen bekannten Umweltfaktor geändert werden könnten. Blutgruppe und Augenfarbe gehören zu diesen seltenen Merkmalen beim Menschen.

Andererseits gibt es einen entsprechenden Glauben, ein Merkmal oder ein Unterschied zwischen Individuen, der der Umwelt zuzuschreiben ist, sei leicht veränderbar, sehr klein, oberflächlich und sogar vielleicht ein wenig irreal. Solch ein Glaube ist genauso falsch. Es läßt sich leicht zeigen, daß umweltbedingte Unterschiede ebenso „real" sind wie erbbedingte. Umweltunterschiede dürfen nicht übersehen werden, noch lassen sie sich einfach wegwischen. Umgekehrt wäre die Annahme falsch, jedes veränderungsresistente Merkmal sei notwendig vererbt. Geistige Behinderung durch pränatale Kopfverletzungen sind, obwohl umweltbedingt, sehr resistent gegen Verbesserungsversuche. Ebensowenig lassen sich Angewohnheiten und andere Erfahrungen eines Individuums aus seinen ersten 20 Lebensjahren durch relativ kurze darauffolgende Erfahrung oder Erziehungseinflüsse annullieren.

„Strukturelle" und „funktionale" Merkmale

Bis zu diesem Punkt haben wir die Wirkung von Erbe- und Umweltfaktoren allgemein besprochen, ohne uns speziell auf Psychologie zu beziehen. Wir wollen uns nun der Anwendung dieser Konzepte aus psychische Phänomene zuwenden. Der wahre Gegenstandsbereich der Psychologie ist das Verhalten von Individuen. Strukturelle Merkmale sind hier insofern wichtig, da sie der Entwicklung des Verhaltens gewisse Grenzen setzen. Eine Katze kann nicht fliegen lernen, da sie keine Flügel hat. Hat ein Kind eine defekte Schilddrüse, dann werden seine Bewegungen langsam und träge sein und sein allgemeines Verhalten stumpf und blöde. Für die Entwicklung bestimmter Verhaltensweisen sind Stimmorgane, Hände und ein menschliches Nervensystem die wichtigsten Voraussetzungen. Art und Entwicklung der körperlichen Strukturen spielen offensichtlich bei der Bestimmung von Verhaltensmerkmalen eine Rolle.

Das Vorhandensein bestimmter struktureller Merkmale sollte jedoch als notwendige, aber nicht als hinreichende Bedingung für die Entwicklung jeder spezifischen Verhaltensweise angesehen werden. Oder anders: Das Vorhandensein aller strukturellen Voraussetzungen stellt selbst noch nicht sicher, daß ein bestimmtes Verhalten auch auftritt. Daraus folgt, daß man aus dem Fehlen einer bestimmten Verhaltensart nicht auf ein strukturelles Defizit schließen kann. Auch müssen Verhaltensvariationen nicht für entsprechende strukturelle Variationen stehen. Außer bei Individuen mit groben pathologischen Defekten erlaubt die strukturelle Ausstattung der meisten Personen eine fast unbegrenzte Vielfalt in der Verhaltensentwicklung.

Große Verwirrung und Gegensätzlichkeit rührt in der psychologischen Diskussion über Erbe und Umwelt von der fehlenden Unterscheidung zwischen Verhaltens- und Strukturmerkmalen. Aussagen über die „Vererbung" von Minderbegabung, musikalischer Begabung, mathematischer Fähigkeit oder krimineller Tendenzen sind bestenfalls höchst mißverständlich[7]. Sicherlich erwartet keiner, körperlose Funktionen würden als solche auf geheimnisvolle Weise durch die Gene weitergegeben. Die Gene stellen chemische Substanzen dar, die durch viele aufeinanderfolgende Interaktionen mit anderen Substanzen in ihrer Umgebung schließlich die Strukturentwicklung zustande bringen, die das Individuum ausmacht. Keine „inneren Kräfte", „Tendenzen", „Einflüsse" oder „Determinanten" oder andere Abstraktionen sind in den Genen zu entdecken.

Was kann man dann über die Bedeutung der Vererbung für das *Verhalten* aussagen? Vorab ist klar, daß Vererbungsfaktoren nicht direkt, sondern indirekt durch die strukturelle Ausstattung des Individuums auf das Verhalten einwirken. Die naheliegende Frage führt damit direkt zu einer Betrachtung der Bedeutung *strukturelle Merkmale* für die Verhaltensentwicklung[8]. In welcher Beziehung stehen bestimmte Verhaltensmerkmale zu strukturellen Bedingungen, wie z.B. Drüsenmißbildungen, pathologischen Bedingungen, chemischer Zusammensetzung des Blutes und ähnlichem? Und in welcher Beziehung stehen sie zu *funktionalen Bedingungen*, d.h. zu der vorangegangenen individuellen Reaktionsgeschichte? Findet man eine spezifische strukturelle Bedingung, die mit einem bestimmten Verhaltenscharakteristikum assoziiert ist, dann kann man die Frage nach Vererbung und Umwelt aufwerfen. Wenn sich z.B. ein bestimmtes Verhaltensdefizit regelmäßig in Verbindung mit einer bestimmten Gehirnkonstitution zeigt, kann diese Konstitution wiederum auf das Vorhandensein oder das Fehlen eines spezifischen Gens oder einer Genkombination zurückzuführen sein. Andererseits mag diese Hirnkonstitution auch auf physischen oder chemischen Merkmalen der pränatalen Umwelt basieren oder auf Geburtstraumata oder anderen Umweltfaktoren.

Ein einzelnes defektes Gen kann eine normale Gehirnentwicklung verhindern und damit zu einer Form der Minderbegabung führen. In solch einem Fall würde diese Form der Minderbegabung als eine einfache MENDELsche Einheit in genetischen Studien des Familienstammbaums erscheinen. Solche

---

7 In vielen Fällen sind sie natürlich völlig unbegründet. Aber bis jetzt betrachten wir noch kein Faktenmaterial.

8 Dieser Punkt wird ausführlich bei ANASTASI und FOLEY (1) behandelt.

Befunde würden jedoch nicht die Behauptung stützen, „Minderbegabung" sei ein einfaches MENDELsches rezessives Gen, wie man es in älteren psychologischen Schriften angenommen hat. Als erstes impliziert solch ein Befund nicht, daß nur ein einziges Gen für die normale Entwicklung benötigt wird. Zweifellos tragen viele Gene zur notwendigen strukturellen Entwicklung der „Intelligenz" bei. Ein spezifisches Gen kann jedoch die anderen daran hindern, sich in der üblichen Art zu manifestieren. Daher kann ein bestimmter Defekt in einem strukturellen Merkmal als MENDELsche Einheit übermittelt werden. Dennoch hängt das Merkmal selbst von der gemeinsamen Wirkung einer Vielzahl von Genen ab. Zweitens, garantiert das Vorhandensein aller notwendigen Gene nicht eine normale Intelligenz. Intellektuelle Entwicklung ist wie jede psychische Entwicklung von der individuellen Reaktionsgeschichte abhängig, d.h. davon, was das Individuum mit seiner strukturellen Ausstattung tut. In diesem Zusammenhang sollte man etwas über die Begriffe „strukturell" und „funktional" sagen. Beide Begriffe haben zweifellos viele Bedeutungen angenommen, die hier nicht gemeint sind. „Strukturell" steht hier als übliche Bezeichnung dessen, was verschiedentlich auch organisch, somatisch oder physiogen genannt worden ist. Es schließt anatomische, physiologische und biochemische Faktoren mit ein, die die Verhaltensentwicklung beeinflussen. In diesem Sinne läßt sich die strukturelle Ethologie auf verschiedenem Niveau untersuchen – von groben anatomischen bis zu intrazellulären und molekularen Eigenschaften. Der Begriff „funktionell" dagegen wird für Verhaltens-, Erfahrungs-, psychogene und psychische Ethologie gebraucht. Funktionelle Verursachung bezieht sich in diesem Sinne auf den Einfluß früherer psychischer Reaktionen des Organismus auf gegenwärtiges Verhalten.

Das Konzept „ungelernten Verhaltens"

In dem Konzept von „ungelerntem Verhalten" unterscheidet man zwischen struktureller und funktioneller Ethologie. Von den Kriterien, die von Zeit zu Zeit zur Identifikation ungelernten Verhaltens vorgeschlagen worden sind, seien folgende genannt: Universalität innerhalb einer Spezies, Uniformität zwischen verschiedenen Mitgliedern einer Spezies, plötzliches Auftauchen ohne spätere Veränderung, Uniformität in den Entwicklungssequenzen bei denjenigen, bei denen eine Veränderung eintritt und „Anpassungsfähigkeit" oder Effektivität, die weit über das hinausgeht, was man vernünftigerweise aufgrund der Lerngeschichte des Individuums erwarten könnte. Einwände werden gegen jedes dieser Kriterien erhoben (s. 17, Kapitel 3). Der Hauptkritikpunkt besagt, daß auch Verhalten, das irgendeinem oder allen diesen Kriterien genüge, durch Lernen entstehen kann.

Das einzig völlig zuverlässige Kriterium für ungelerntes Verhalten ist das nachweisbare Fehlen jeglicher Lerngelegenheit. Auf der Grundlage dieses Kriteriums hat man über Beispiele für ungelerntes Verhalten bei verschiedenen Spezies berichtet. Die klarsten Illustrationen dafür stammen von bestimmten Insekten. Diese Tiere erbrachten hoch übereinstimmende komplexe Serien von Aktivitäten, ohne vorher Kontakt mit anderen Mitgliedern ihrer Spezies gehabt zu haben oder auf die Objekte getroffen zu sein, denen gegenüber sie das Verhalten zeigten. Bei vielen dieser Spezies sterben die Eltern oder verlieren die Eier, lange bevor sie ausgebrütet sind. Deshalb haben die Nachkommen keine Gelegenheit durch Beobachtung der Eltern bestimmtes Verhalten zu lernen, noch haben die Eltern irgendeine Gelegenheit, die Wirkung ihrer vorsorglichen Aktivitäten auf ihre Nachkommen zu beobachten.

Ein beliebtes Beispiel für solch ein ungelerntes Verhalten ist das Bestäubungsverhalten der Yuccamotte. Sobald dieses Insekt aus seiner Puppe geschlüpft ist, macht es sich auf den Weg zu einer Yucca-Blume, von der es Pollen aufnimmt. Dann findet es eine andere Yucca-Blume, auf der es seine Eier und den gesammelten Pollen ablegt. Dabei folgt es einer stark stereotypisierten Reaktionssequenz. Die durch die Bestäubung befruchteten Stempel der Blume stellen Futter für die Yucca-Larven dar, wenn sie vier oder fünf Tage später aus den Eiern schlüpfen. Als Kommentar zu der ungelernten Art dieses Bestäubungsverhaltens schreibt STONE (25):

„Das ausgewachsene Tier nimmt nichts von den Pollen, die es gesammelt hat und empfängt wahrscheinlich überhaupt keine Nahrung von der Pflanze während es die Serie komplizierter Aktivitäten abspult.... Das erwachsene Insekt lernt diese komplizierte Handlungsabfolge nicht durch Imitation von seinen Eltern, die längst tot sind. Auch nicht von seinen Zeitgenossen, denn seine visuellen Rezeptoren erlauben nicht die Art von Sehen, die für das menschliche Konzept visueller Anleitung nötig wäre. Die meisten Handlungssysteme der Larven sind denen der Erwachsenen völlig unähnlich. Die Aktivitäten werden sogar mit verschiedener Ausrüstung abgeleistet. Der Körper der Larve, der sich am seidenartigen Faden herabläßt, um sich am Boden einzuspinnen, verliert im Ruhezustand seine Differenzierung und wird dann wieder neu aufgebaut. Eine lange Zeitspanne, die Winterzeit, vergeht, bis der letzte Zustand der Larve und der erste des erwachsenen Insektes erreicht ist. Angesichts dieser Tatsachen läßt sich kein Konzept für Gedächtnis oder Übungstransfer aus der experimentellen Erfahrung heranziehen, das für dieses Verhalten der Yucca-Motte verantwortlich wäre" (25, S. 33).

Doch man muß vor der allgemeinen Anwendung des Grundkriteriums für ungelerntes Verhalten warnen. Lernen impliziert nicht unbedingt, daß vorher identische Reize vorgegeben sind oder die Übung identischer Funktionen stattgefunden hat. So lange man erwartet, daß sich die Wahrnehmung der Reize und die Art der Reaktionen durch Lernen verändern, läßt sich in der

Tat sagen, Lernen beinhalte niemals die frühere Übung identischer Funktionen. Wenn man bestimmen will, ob es eine Gelegenheit für früheres Lernen gegeben hat oder nicht, muß man deshalb nach einem Nachweis für vorangegangenes Lernen verwandter oder ähnlicher Aktivitäten suchen. Sie könnten eine angemessene Vorbereitung für das fragliche Verhalten darstellen. Dieser Punkt wird im Kapitel 4 eingehender besprochen werden, wenn die Daten, die zu dieser Frage gesammelt worden sind, analysiert werden.

Wahres ungelerntes Verhalten kann nur Verhalten meinen, das vollständig durch die strukturellen Merkmale des Organismus bestimmt ist. Dann muß das bloße Vorhandensein der notwenigen Strukturen in einem bestimmten Entwicklungsstadium mit Sicherheit zum Erscheinen des fraglichen Verhaltens führen. Doch die Feststellung allgemein, eine bestimmte Verhaltensweise sei ungelernt, beantwortet noch nicht die Frage, wie sie sich entwickelt hat. Solch eine Behauptung formuliert das Problem nur anders, so daß die Frage weiterhin unbeantwortet bleibt. Die Antwort erfordert das Wissen um die strukturellen Faktoren, die solches Verhalten bestimmen und das Wissen darum, wie sie wirken. Der Beweis, daß Verhalten ungelernt ist, d.h. *nicht* gelernt wurde, stellt einen negativen Befund ohne positive Information dar. Er sagt uns nicht, wie sich das Verhalten entwickelt hat. Solch ungelerntes Verhalten „instinktiv“, „angeboren“ oder „ererbt“ zu nennen, verschleiert einfach das Problem, da diese Begriffe positive Erklärungen oder aktive Prozesse vorzuspiegeln scheinen. *In diesem Falle werden sie nur als Synonyme für den negativen Begriff „ungelernt“ verwendet.*

Außerdem ist es nicht korrekt, ungelerntes Verhalten als ererbt zu betrachten. Erstens, kann Verhalten als solches nicht vererbt werden. Nur strukturelle Merkmale können direkt durch Gene beeinflußt werden. Zweitens, können selbst die strukturellen Bedingungen, die solch ungelerntes Verhalten bestimmen, sowohl durch Erb- als auch Umweltfaktoren bestimmt sein. Oder sie gehen auf variierende Kombinationen der beiden zurück (s. 2).

Ähnliche Schwierigkeiten ergeben sich aus dem in psychologischen Schriften häufigen Gebrauch des Begriffes *„Reifung“*. In Diskussionen über den Ursprung des Verhaltens unterscheidet man gewöhnlich zwischen einer Entwicklung durch Lernen und einer Entwicklung durch Reifung. Letzteres bezieht sich auf das plötzliche Erscheinen einer bestimmten Verhaltensform, die – unabhängig von den früheren Aktivitäten des Organismus – immer dann erfolgt, wenn das erforderliche Stadium der strukturellen Entwicklung erreicht ist. Wenn die Unterscheidung auch theoretisch klingen mag, so erweckt der Gebrauch des Begriffes „Reifung“ in diesem Zusammenhang einen falschen Eindruck. Er scheint z.B. einen positiven Prozeß der Verhaltensentwicklung vorzuspiegeln, ohne ausreichend klar zu stellen, daß sich nur die Strukturen entwickeln. Weiterhin versteigen sich einige Autoren, die den Begriff „Reifung“ verwenden, zu der Folgerung, dieses Verhalten resultiere aus

„sich entwickelnden inneren Kräften", die in den Genen lägen und deshalb vererbt würden.
Ungelerntes Verhalten wird traditionsgemäß in folgende Kategorien eingeteilt: Tropismus, Reflex und Instinkt. Diese Unterscheidungen sind nicht eindeutig. In der Tat benutzten einige Autoren den einen oder anderen Begriff ausschließlich, um alles ungelernte Verhalten zu bezeichnen. Der allgemeine Gebrauch ist jedoch so, daß als *tropistisch* das Verhalten bezeichnet wird, das primär als Orientierungsreaktion (Umdrehen, Hinwenden, Abwenden) des gesamten Organismus auf einen Reiz abläuft. Solch eine Reaktion wird wesentlich „forciert" durch physische oder chemische Eigenschaften des Reizes und des reagierenden Organismus. Ein Beispiel dafür ist das Hinwenden und Aufrichten von Pflanzen der Sonne oder anderen Lichtquellen entgegen. *„Reflex"* bezieht sich generell auf die spezifische Reaktion eines Organismusteiles auf eine bestimmte Form der Reizung. Der Begriff wird gewöhnlich nur auf Organismen angewendet, die ein synaptisches Nervensystem haben. Die strukturelle Grundlage des Reflexes ist der „Reflexbogen", der aus einem Rezeptor, Neuronen und einem Effektor besteht. Beim Menschen sind zwei Beispiele der Patellarreflex oder das „Kniezucken" und der Pupillenreflex. Der besteht aus einer Kontraktion oder Expansion der Pupillen, wenn sich die Beleuchtungsintensität ändert.
Der Begriff *„Instinkt"* ist mit unterschiedlichen Bedeutungen gebraucht worden. Dennoch implizieren alle seine Definitionen eine größere Verhaltenskomplexität als sie entweder im Tropismus oder im Reflex enthalten ist. Einige Autoren verwenden diesen Begriff für eine Kette oder die Integration von Reflexen. Ein Beispiel dafür sind die komplexen stereotypen Sequenzen ungelernter Aktivitäten, wie man sie bei bestimmten Insekten, z.B. der Yuccamotte beobachtet hat. Andere benutzten den Begriff in ungenauerer Bedeutung, wenn sie einen relativ groben Rahmen meinten, innerhalb dessen beträchtliche Variabilität spezifischen Verhaltens vorkommen kann. In derartigen Definitionen wird der Instinkt oft auf physische Bedürfnisse, wie Hunger und Durst und auf das Vorhandensein von Hormonen bezogen. Dieser letztgenannte, unspezifische Gebrauch des Begriffes Instinkt hat den Weg für unkontrollierte Einbrüche in ein unabgesichertes Gebiet geöffnet. Hier findet man Diskussionen über Herden- und Sammlungsinstinkte und ähnliches. Man hat nicht nur niemals strukturelle Eigenarten gefunden oder vage erraten können, die zum Herden- oder Sammlungsverhalten führen, sondern die Art dieses Verhaltens läßt überhaupt die Suche nach seinen strukturellen Korrelaten als fruchtlos und sinnlos erscheinen.
Zweifellos lassen sich isolierte Beispiele für Verhalten finden, das klar zu den Definitionen für Tropismus, Reflexe oder Instinkte paßt. Andererseits lassen sich die meisten Verhaltensweisen – ob menschlich oder tierisch – nicht diesen Kategorien zuordnen. Bestimmte Aspekte oder Segmente aus komplexeren

Aktivitäten ließen sich wahrscheinlich als tropistisch, reflektorisch, instinktiv oder erlernt beschreiben. Die Aktivität selbst umfaßt aber mehr als nur eine dieser verschiedenen Komponenten. Ferner scheinen diese Begriffe ebenso wie der Begriff der „Reifung“ zu leicht zu Fehlinterpretationen und ungerechtfertigten Folgerungen zu verleiten. Die Aussage, eine bestimmte Handlung oder eine spezifische Komponente daraus sei ungelernt (vorausgesetzt, sie hat sich als eindeutig ungelernt erwiesen), ist sicherlich eine genauere und objektivere Beschreibung für aktuelle Beobachtungen. Sagt man von solch einer Handlung, sie sei strukturell determiniert, so fügt man dieser Beobachtung die einzig mögliche Ursache für das Auftreten solchen Verhaltens hinzu. Gleichzeitig führt die Bezeichnung „strukturell determiniert“ logischerweise zu der Frage, welche Strukturen gemeint sind und wie sie derartiges Verhalten zu Wege bringen.

Die Messung der „Fähigkeit“

Auch die Interpretation psychologischer Tests stellt ein Gebiet in der Psychologie dar, auf dem leicht Verwirrung über Vererbung und Umwelt entsteht. Personen, die nicht mit der Entwicklungs- und Anwendungsweise psychologischer Tests vertraut sind, meinen manchmal von diesen Tests, sie könnten „angeborene Intelligenz“, „ursprüngliche Fähigkeiten“, „erbbedingte Anlagen der Persönlichkeit“ messen und ähnliches. Bis hierher sollte es deutlich geworden sein, daß solche Annahmen reiner Unsinn sind.
Zwischen den biochemischen Eigenarten der Gene – sie machen das individuelle Erbgut aus – und komplexen Funktionen, wie Intelligenz und Persönlichkeit, liegen unzählig viele Stufen. Auf jeder Stufe finden komplizierte Interaktionen zwischen Umweltbedingungen – vergangenen und gegenwärtigen – und allen möglichen relevanten indirekten Geneffekten statt. Das Endergebnis spiegelt eine Vielzahl von Einflüssen wider, struktureller, funktionaler, erb- und umweltbedingter Art.
Jeder psychologische Test mißt eine Stichprobe individuellen Verhaltens. Kein Test hat irgendeine spezielle Vorrichtung oder „Tricks“, um das Verhalten zu durchleuchten oder die vergangenen Erfahrungen einer Person auszulöschen. Alle Bedingungen, die auf das Verhalten Einfluß haben, gehen auch unvermeidlich in die Testwerte ein. Korreliert die Leistung in einem Test mit der Leistung in anderen Situationen, dann kann der Test zur Diagnose und Vorhersage von Verhalten dienen. Allein in dieser Bedeutung kann man von einem Test sagen, er messe „Fähigkeiten“ oder „Potentiale“.
Angenommen, wir könnten einen Test konstruieren, der vorhersagt, wie gut Highschool-Anfänger Französisch lernen werden, bevor sie noch mit dem

Französischunterricht begonnen haben. Wir würden damit die Fähigkeit zum Lernen der Französischen Sprache testen und nicht die augenblickliche Sprachkenntnis. Solche Fähigkeit würde man dennoch so testen, daß man bestimmt, wie gut ein Individuum bestimmte, notwendig vorausgesetzte Funktionen ableistet und wie erfolgreich es Vokabeln und grammatische Regeln lernt, die denen der Französischen Sprache ähnlich sind. Anders ausgedrückt: Man würde die augenblickliche Leistung eines Schülers in relevanten Aufgaben für die Vorhersage nutzen, wie gut er wäre, wenn man ihn eine neue Sprache lehrte.
Um es zu wiederholen: Wann immer die Begriffe „Fähigkeit" und „Potential" in Verbindung mit psychologischen Tests gebraucht werden, müssen sie in der oben genannten Bedeutung der Vorhersage interpretiert werden. Kein psychologischer Test mißt Gene! Das zu bezweifeln, beruht auf einem Irrtum über die Vererbung und ihre Bedeutung für das Verhalten.

Zusammenfassung

Vererbung besteht aus der Gesamtsumme von Genen, die einem Individuum bei der Empfängnis von seinen Eltern überliefert werden. Jedes Individuum empfängt unterschiedliche Genkombinationen, eineiige Zwillinge ausgenommen. Während des ganzen Lebens eines individuellen Organismus interagieren seine Gene mit Umweltfaktoren. Umwelt ist ein sehr breites Konzept, das von der intra- und interzellulären Umwelt innerhalb des Organismus bis zu den vielfältigen äußeren Einflüssen reicht, die auf ihn von der Empfängnis bis zum Tode einwirken. Die Umwelt eines Individuums schließt alle Reize ein, auf die es reagiert. Daher unterscheiden sich die wirksamen Umwelten zweier Personen voneinander, selbst wenn sie beide in identischen Umgebungen leben. Die Umwelten zweier Geschwister, die z. B. in demselben Hause aufwachsen, unterscheiden sich in vielen wichtigen Punkten.
Je mehr man über die Wirkungsweise von Erbe und Umwelt erfährt, desto stärker wird einem ihre unentwirrbare Verflechtung klar. Vererbung setzt der Entwicklung des Organismus gewisse Grenzen. Für komplexe menschliche psychische Eigenschaften sind diese Grenzen meist so weit gesteckt, daß fast unbegrenzte Variabilität möglich ist. Weiterhin ist die Frage nach dem Anteil von Erbe und Umwelt an Persönlichkeits- oder intellektuellen Merkmalen sinnlos. Denn es kann darauf so viele Antworten geben, wie es Individuen gibt. Die Frage sollte umformuliert werden und sich nicht auf das Wieviel sondern auf das Wie richten. Was man kennen muß ist der *modus operandi* – die Art, wie spezifische Erbe- und Umweltfaktoren beim Hervorbringen spezifischer Verhaltensunterschiede wirken.

Es gibt eine Vielzahl populärer Irrtümer über die Wirkung von Erbe und Umwelt. Nicht alles, was bei der Geburt vorhanden ist, muß auch vererbt sein. Denn die pränatale Umwelt kann einen Einfluß auf die grundlegenden Verhaltens- und strukturellen Merkmale des Organismus haben. Auch können ererbte Einflüsse lange nach der Geburt zum ersten Mal manifest werden. Ähnlichkeit mit den Eltern kann sowohl erb- als auch umweltbedingt sein. Unähnlichkeiten zwischen Eltern und Kindern können ebenfalls auf beide Faktorarten zurückführbar sein. Erworbene Eigenschaften der Eltern können den Kindern nicht durch Vererbung übermittelt werden. Der einzige Weg, auf dem sich mütterliche Aktivitäten während der Schwangerschaft auf das Kind übertragen können, führt über biochemische und andere physische Agenzien, die auf den Embryo oder den Fetus einwirken. Schließlich ist die Annahme falsch, Bedingungen erblichen Ursprungs seien unveränderlich oder unheilbar im individuellen Organismus. Auch ist umgekehrt unrichtig, daß alle umweltbedingten Unterschiede sehr leicht Veränderungen zugänglich seien.

Da der Erbeinfluß auf das Verhalten immer indirekt sein muß, bezieht sich eine wichtige Zwischenfrage auf die „strukturellen“ (anatomischen – physiologischen – biochemischen) Bedingungen, die der Verhaltensentwicklung Grenzen setzen. Solche strukturellen Bedingungen können wiederum auf die Wirkung beider, der Erb- und Umweltfaktoren, zurückzuführen sein.

Von „ungelerntem Verhalten“ muß klar nachgewiesen werden, daß es sich unter Ausschluß relevanten Lernens entwickelt hat. Dann stellt es Verhalten dar, daß ganz durch strukturelle Merkmale des Organismus bestimmt ist. Der Begriff „Reifung“ wird gebraucht, wenn sich eine bestimmte Verhaltensart immer dann zeigt, sobald das dafür notwendige strukturelle Entwicklungsstadium erreicht ist. Ungelerntes Verhalten hat man eingeteilt in Tropismus, Reflexe und Instinkte. Diese Begriffe, besonders „Reifung“ und „Instinkt“, müssen mit Vorsicht bebraucht werden, um unerlaubte Folgerungen zu vermeiden. Psychologische Tests messen nicht „angeborene Fähigkeiten“. Ein solcher Glauben spiegelt einen Irrtum über die Natur der Vererbung und ihre Interaktion mit der Umwelt wider.

Zum Schluß sei daran erinnert, daß Erbe und Umwelt keine ganzheitlichen Einflüsse, sondern Abstraktionen darstellen. Jedes deckt eine Unzahl verschiedener Faktoren ab, die alle miteinander in ständig wachsender Vielfalt über das gesamte individuelle Leben hinweg interagieren. Außer bei bestimmten pathologischen Abweichungen besitzt jeder Mensch die strukturellen Voraussetzungen für eine fast unbegrenzte Variabilität in der Verhaltensentwicklung. Die Menschheitsevolution erweitert zunehmend die Grenzen der Variation, die durch die Vererbung gesetzt sind. Dadurch wird menschliches Verhalten immer stärker von Umweltbedingungen abhängig. Der moderne Mensch hat kein Gen für das Erlernen der Differentialrechnung oder für das Wohlgefallen an abstrakter Kunst. Er hat jedoch eine genetische Konstitu-

tion, die ihn – in unvorhergesehenem Ausmaß – von Vererbungsbeschränkungen in vielen Verhaltensweisen befreit. Sie ermöglicht einen fast unvorstellbaren Spielraum für die Wirkung von Umweltfaktoren.
Aus dem kurzen Abriß in diesem Kapitel dürfte deutlich geworden sein, daß das Erbe-Umweltproblem in keinem Fall simpel ist. Verführerische Verallgemeinerungen können nur zu einem Bereich verleiten, der wahrhaft komplex ist. Wenn diese Diskussion dem Leser nur den Eindruck für die Komplexität der Erbe-Umwelt-Beziehung vermittelt hat, hat sie ihren Zweck erfüllt. Wenn der Leser weiter die Wichtigkeit des sorgfältigen Gebrauchs von Begriffen erkannt hat, hat er einen bedeutsamen Fortschritt im Denken gemacht. Denn nur so kann man zwischen Aberglauben und gesichertem Faktum unterscheiden und den Folgerungen auf dem Erbe-Umwelt-Gebiet logisch und objektiv folgen. Ein aufrichtiger und geradliniger Blick für die Komplexität und die damit verbundenen Schwierigkeiten des Problems und für die Grenzen unseres Wissens darüber ist einer Sammlung bequemer Vereinfachungen vorzuziehen.

Literaturverzeichnis

1. Anastasi, Anne, and Foley, J. P., Jr. A proposed reorientation in the heredity-environment controversy. *Psychol. Rev.*, 1948, 55, 239–249.
2. Beach, F. A. The descent of instinct. *Psychol. Rev.*, 1955, 62, 401–410.
3. Burks, Barbara S. Statistical hazards in nature-nurture investigations. *27th Yearb., Nat. Soc. Stud. Educ.*, 1928, Part I, 9–33.
4. Burks, Barbara S. The relative influence of nature and nurture upon mental development; a comparative study of foster parent-foster child resemblance and true parent-true child resemblance. *27th Yearb., Nat. Soc. Stud. Educ.*, 1928, Part I. 219–316.
5. Carmichael, L. The onset and early development of behavior. In L. Carmichael (Ed.), *Manual of child psychology.* (Rev. Ed.) N.Y.: Wiley, 1954. Pp. 60–185.
6. Cotterman, C. W. Regular two-allele and three-allele phenotype systems. Part I. *Amer. J. hum. Genet.*, 1953, 5, 193–235.
7. Dobzhansky, Th. *Genetics and the origin of species.* (3rd Ed.) N.Y.: Columbia Univer. Press, 1951.
8. Dobzhansky, Th. The genetic nature of differences among men. In S. Persons (Ed.), *Evolutionary thought in America.* New Haven: Yale Univer. Press, 1950. Pp. 86–155.
9. Dunn, L. C. (Ed.) *Genetics in the 20th century.* N.Y.: Macmillan, 1951.
10. Evans, H. M., and Swezy, Olive. The chromosomes in man: sex and somatic. *Mem., Univer. Calif.*, 1929, 9, No. 1.
11. Ginsberg, A. A reconstructive analysis of the concept "instinct." *J. Psychol.*, 1952, 33, 235–277.

12. Haldane, J. B. S. The interaction of nature and nurture. *Ann. Eugen.*, 1946, 3, 197–205.
13. Hogben, L. *Nature and nurture*. London: Allen and Unwin, 1939.
14. Hoge, M. A. The influence of temperature on the development of a Mendelian character. *J. exp. Zool.*, 1915, 18, 241–285.
15. Kantor, J. R. *The principles of psychology*. Vol. I. N.Y.: Knopf, 1924.
16. Loevinger, Jane. On the proportional contributions of differences in nature and in nurture to differences in intelligence. *Psychol. Bull.*, 1943, 40, 725-756.
17. Munn, N. L. *The evolution and growth of human behavior*. Boston: Houghton Mifflin, 1955.
18. Painter, T. S. Salivary chromosomes and the attack on the genes. *J. Hered.*, 1934, 25, 464–476.
19. Pease, D. C., and Baker, R. F. Preliminary investigations of chromosomes and genes with the electron microscope. *Science*, 1949, 109, 8–10, 22.
20. Russell, Liane B. The effects of radiation on mammalian prenatal development. In A. Hollaender (Ed.), *Radiation biology*. Vol. I. N.Y.: McGraw-Hill, 1954. Pp. 861–918.
21. Scheinfeld, A. *You and heredity*. (Rev. Ed.) Philadelphia: Lippincott, 1951.
22. Sinnott, E. W., Dunn, L. C., and Dobzhansky, Th. *Principles of genetics*. (4th Ed.) N.Y.: McGraw-Hill, 1950.
23. Snyder, L. H. and David, P. R. *The principles of heredity*. (5th Ed.) Boston: Heath, 1957.
24. Stockard, C. R. *The physical basis of personality*. N.Y.: Norton, 1931.
25. Stone, C. P. Maturation and "instinctive" functions. In C. P. Stone (Ed.), *Comparative psychology*. (3rd Ed.) N.Y.: Prentice-Hall, 1951. Pp. 30–61.
26. Winchester, A. M. *Genetics*. Boston: Houghton Mifflin, 1951.
27. Woodworth, R. S. Heredity and environment: a critical survey of recently published material on twins and foster children. *Soc. Sci. Res. Coun. Bull.* 1941, No. 47.

Kapitel 4
Erbe und Umwelt: Methoden

Psychologen haben eine große Vielzahl von Verfahren angewendet, um die komplexen Vererbungs- und Umweltfaktoren zu entflechten, die der Verhaltensentwicklung zugrundeliegen. Wenige, wenn überhaupt ein Ansatz, können für sich allein klare Antworten geben. Jeder hat seine eigenen besonderen Vorteile und Grenzen. Unser Wissen über die Ursprünge von Verhaltensunterschieden wird wohl am ehesten durch die Integration verschiedener Forschungsergebnisse vorangebracht.

Dem Forscher auf diesem Gebiet bereitet es die meisten Schwierigkeiten, die Anteile von Erbe- und Umweltfaktoren zu isolieren. Wie bei jedem experimentellen Design müssen – als wichtigste Voraussetzung – die Bedingungen so kontrolliert werden, daß Vergleiche zwischen Gruppen und Untergruppen möglich sind, die nur in einem *einzigen Faktor* variieren. Da in den meisten Untersuchungen über individuelle Unterschiede viele Erb- und Umweltfaktoren gleichzeitig variieren, sind die Ergebnisse nicht eindeutig zu interpretieren.

Wenn man, wie bei EZ, die Vererbung als konstant betrachten kann, lassen sich Unterschiede zweifelsfrei der Umwelt zuschreiben. Wenn nun die Umwelt konstant gehalten würde, müßten alle beobachteten Unterschiede das Ergebnis der Vererbung sein. In Anbetracht dessen, was im Kapitel 3 über die Wirkungsweise der Umwelt gesagt wurde, ist es offensichtlich extrem schwierig, die Umwelt für zwei Individuen konstant zu halten. Das gilt besonders für Menschen. Wenige der verwendeten Verfahren machen eindeutig keinen Versuch, Erbe- und Umweltfaktoren zu trennen. Sie führen folglich zu Ergebnissen, die bestenfalls deskriptiv sind, aber keinen Erklärungswert haben. Andererseits erlauben bestimmte Ansätze, eine gewisse Identifikation von Erb- oder Umweltfaktoren, die an individuellen Unterschieden in spezifischen Merkmalen beteiligt sind.

Bei der Bewertung jeder Methode sollte man die Art des Problems, wie es im vorangegangenen Kapitel ausgeführt wurde, im Blick behalten. Grundsätzlich fragen wir nicht, ob ein Merkmal erb- oder umweltbedingt ist. Auch soll keine generelle Schätzung der proportionalen Anteile von Erbe und Umwelt angestrebt werden. Das Problem besteht vielmehr darin, den *modus operandi* der Erb- und Umweltfaktoren bei der Entwicklung von Verhaltensunterschieden zu entdecken. Man will die Art des Beitrages der verschiedenen Faktoren kennen und wissen, wie sie gemeinsam zu den beobachteten Ergebnissen führen. Auch ist die Bedeutung struktureller oder organischer Bedingungen für die Verhaltensentwicklung wichtig. Denn nur durch solche strukturellen Merkmale kann die Vererbung Einfluß auf Verhalten nehmen.

Fast jede Untersuchung in der Differentiellen Psychologie kann zur Analyse des Ursprungs von Verhaltensunterschieden einen Beitrag leisten. In diesem Sinne könnte dieses Kapitel alles mit umfassen, was in dem ganzen Buch noch folgen soll. Doch hat man bestimmte Techniken speziell für die direkte Untersuchung von Erbe und Umwelt entwickelt und verwendet. Sie stellen die Methoden dar, die man traditionsgemäß mit dem Erbe-Umwelt-Problem in der Psychologie verbindet. Darunter fallen fünf Hauptansätze, die in den folgenden Abschnitten besprochen werden. Es sind: Selektive Züchtung psychischer Eigenschaften, normative Entwicklungsstudien des Verhaltens, die Untersuchung struktureller Faktoren bei der Verhaltensentwicklung, Forschung über die Wirkung früherer Erfahrung auf das Verhalten und statistische Analysen von Familienähnlichkeiten und -unterschieden.

Selektive Züchtung

Das experimentelle Züchten von Tieren, die man aufgrund von Verhaltensmerkmalen selegiert hat, ist eine jüngst von Psychologen aufgegriffene Technik, die seit langem in der Genetik benutzt wird. Es ist die wichtigste Methode der Genetiker zur Untersuchung der Vererbung eines Merkmals. Mit Hilfe verschiedener Methodenverfeinerungen ist es den Genetikern gelungen, die Vererbungsgrundlage für viele strukturelle Merkmale zu analysieren und sogar eine theoretische „Genkarte“ für bestimmte Spezies aufzustellen. Die Anwendung selektiver Züchtung auf Verhaltensphänomene ist jedoch weit von solchen Verfeinerungen entfernt. Was diese Studien bisher erreicht haben, ist – durch aufeinanderfolgende Generationen selektiver Züchtungen – die Entwicklung zweier Stämme, die sich signifikant in einem bestimmten Verhaltensmerkmal unterscheiden. Nachdem man gegensätzliche Züchtungen erreicht hat, hat man begonnen, nach möglichen strukturellen Grundlagen für die erzielten Verhaltensunterschiede zu suchen.

Eine sehr ausführliche Untersuchung mit selektiver Züchtung stammt von TRYON (85,86). Es ging hier um das Labyrinthlernen bei weißen Ratten. Eine Gruppe von 142 Ratten ließ man 19mal durch ein Labyrinth laufen. Man bestimmte dabei für jedes Tier die Anzahl der „Fehler“, d. h. die Häufigkeit des Betretens von Sackgassen. Nach diesen Fehlerwerten wählte man für experimentelle Paarungen eine Gruppe mit den „klügsten“ und eine mit den

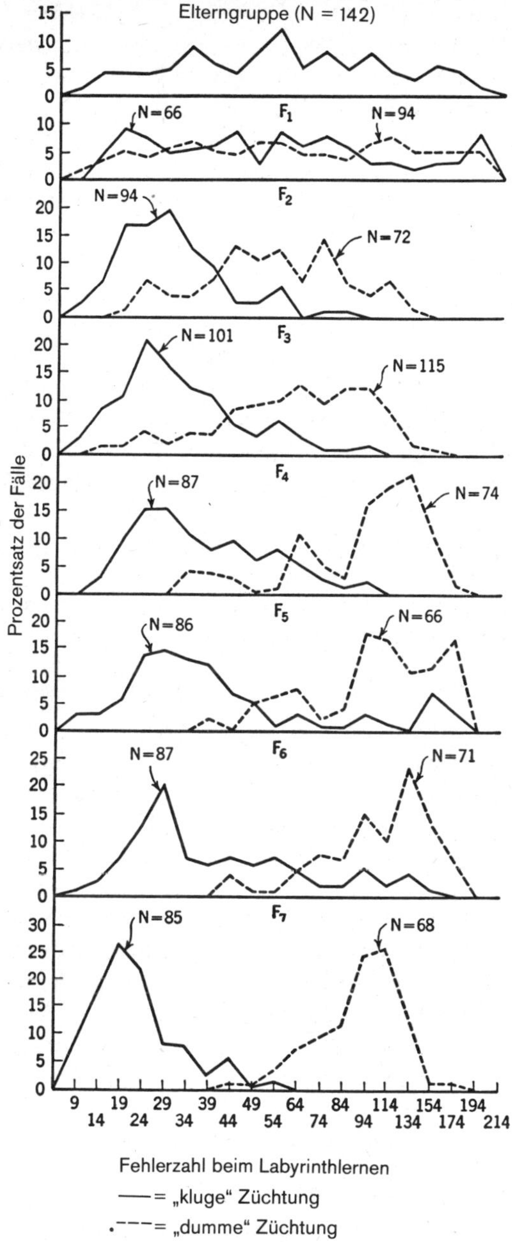

Abb. 27: Wirkung selektiver Züchtung auf die Leistung in einem Labyrinth (aus TRYON, 86, S. 113)

„dümmsten" Tieren aus. Die klugen Ratten der Elterngeneration (P) ließ man sich paaren, die dummen ebenso. Dieses Vorgehen verfolgte man durch 18 Kindergenerationen (F1 bis F18). In jeder neuen Generation selegierte man nach der Labyrinthleistung die „klügsten" Ratten aus der klugen Züchtung und brachte sie zusammen. Die „dümmsten" aus der dummen Züchtung suchte man entsprechend aus und ließ sie sich paaren. Man hielt dabei die Umweltbedingungen Futter, Beleuchtung und Käfig für alle Ratten der verschiedenen Generationen konstant.
Der Effekt dieser selektiven Züchtung hinsichtlich der Labyrinthleistung in jeder Generation ist aus der Abbildung 27 abzulesen. Es zeigt sich, daß die Verteilungen der dummen und klugen Züchtungen allmählich auseinanderrücken, bis zwischen ihnen in der F7-Generation kaum noch eine Überlappung zu finden ist. Nach der 7. Generation waren die zusätzlichen Effekte selektiver Züchtung minimal. Als man dann die kluge und die dumme Gruppe sich paaren ließ, ergab sich eine ähnliche Verteilung wie die der ursprünglichen Elterngruppe. Die meisten Tiere hatten nun mittlere Werte und nur wenige lagen am „klugen" oder „dummen" Extrem.
Die Verteilung der klugen und dummen Elterngruppen und der beiden miteinander gekreuzten Kindergenerationen sind in Abbildung 28 wiedergegeben. TRYON behauptet, die Ergebnisse der Kreuzungsexperimente stimmten mit der Hypothese der multifaktoriellen Vererbung überein. HALL (34) wies jedoch auf folgendes hin: Wenn die Züchtungen zum Zeitpunkt der Kreuzung rein gewesen wären, dann hätte die erste Folgegeneration (F1) übereinstimmende Labyrinthleistung zeigen müssen, während deren Nachkommen (F2) einen breiten Streubereich der Werte hätten erzielen müssen. Die Tatsache, daß die F1-Generation weite individuelle Unterschiede in den Labyrinthleistungen aufwies, zeigt deshalb an, daß keine Homozygotie erreicht worden ist. Dadurch wird die genetische Interpretation der Ergebnisse erschwert.
In späteren Forschungen haben TRYON und andere danach gesucht, worin sich die labyrinthklugen von den -dummen Ratten unterscheiden. Es zeigte sich bald, daß die Unterschiede nicht in der „Intelligenz" und auch nicht in der allgemeinen Lernfähigkeit zu finden waren. Denn die labyrinthdummen Ratten kamen den -klugen bei anderen Lernaufgaben gleich oder übertrafen sie. Im Anschluß an TRYONs Untersuchung erhob SEARCE (68) 30 Maße an den Stichproben beider Züchtungen. Die Analyse der Ergebnisse legte nahe, daß die labyrinthklugen Ratten „charakteristisch futtergierig, wenig zurückhaltend, von geringer Motivation, Wasser zu bekommen und ängstlich vor offenen Räumen sind". Demgegenüber waren die labyrinthdummen „relativ wenig an Futter interessiert, durchschnittlich oder stark durch Wasser motiviert und ängstlich vor mechanischen Apparaten" (68, S. 323). Es scheint also, daß sich die beiden Züchtungen in emotionalen und motivationalen Faktoren unterscheiden und nicht in Fähigkeiten. In jüngerer Zeit sind von

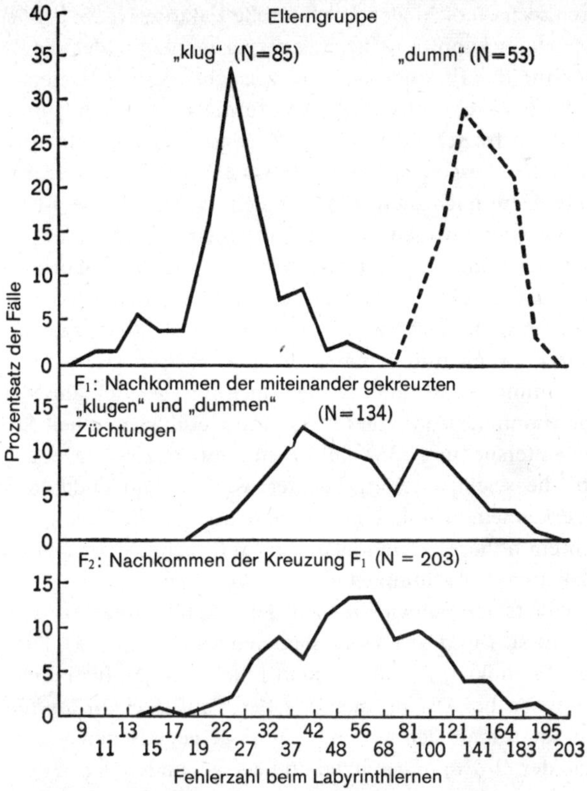

Abb. 28: Wirkung der Kreuzung aus Ratten „labyrinth-kluger" und „labyrinth-dummer" Züchtungen (aus Tryon, 86, S. 115)

anderen Untersuchern erfolgreich labyrinthkluge und labyrinthdumme Ratten gezüchtet worden (37, 43, 71, 83). Einigen Fortschritt hat man auch bei der Identifizierung struktureller Unterschiede zwischen den Züchtungen gemacht. Glandulare Bedingungen, Körpergröße, Gehirngröße und Faktoren, die mit der Gesundheit, der Stärke und der Größe des Hungertriebes zu tun haben, scheinen mögliche Grundlagen für die Züchtungsunterschiede beim Labyrinthlernen zu sein. Vergleiche zwischen den gegensätzlichen Züchtungen im Hinblick auf physische Merkmale erbrachten manchmal inkonsistente Ergebnisse. So fand ein Forscher signifikante Unterschiede in einem physischen Merkmal, während ein anderer in demselben Merkmal überhaupt keinen Unterschied fand. Solche Inkonsistenzen sind jedoch dann nicht unerwartet, wenn Aktivitäten wie das Labyrinthlernen durch eine *Vielzahl struktureller Bedingungen* beeinflußt werden. Angenommen, das Labyrinthlernen könnte durch sechs verschiedene strukturelle Faktoren (a, b, c, d, e, f) erleichtert werden. Dann kann ein einzelner Experimentator, der die guten Labyrinth-Lerner für die Elterngeneration aussucht, gerade Ratten wählen, die zufällig in vier der sechs relevanten Strukturmerkmale (a, b, c und d) herausragen. Die starke Inzucht, die bei den folgenden Generationen erfolgt, wird diese *spezifischen Strukturunterschiede* verstärken. Denn der Experimentator hat ja die Tiere nach diesen Merkmalen ausgesucht, selbst wenn er sich dessen nicht bewußt gewesen ist. Mit demselben Verfahren kann ein anderer Untersucher, der seine labyrinthklugen Ratten für die Zucht auswählt, sich zufällig nach den Strukturmerkmalen d, e und f gerichtet haben. In diesem Falle werden die späteren Generationen aus der selektiven Zucht Unterschiede in d, e und f und nicht in a, b und c zeigen.

Selektive Züchtung bei Ratten hat man auch im Hinblick auf Merkmale wie den Umfang spontaner Aktivität (3, 63) und Gefühlsbetontheit (33) durchgeführt. Eine Untersuchung (35) läßt bestimmte Beziehungen zwischen den Merkmalen, die selektiv herangezüchtet werden, und anderen Verhaltensmerkmalen erkennen. So zeigten z. B. die relativ gefühlsarmen, „furchtlosen" Ratten auch ein höheres Aktivitätsniveau und mehr Aggressivität als die relativ gefühlsbetonten Züchtungen.

Eine sehr bedeutsame Entwicklung in der Verhaltensgenetik stellt die Forschung von HIRSCH und TRYON an niederen Tieren dar (45). Diese Forscher entwickelten Techniken, mit denen man reliable Maße für individuelle Verhaltensdifferenzen bei Organismen wie der Taufliege *Drosophila* gewinnen kann. Dabei kann man sich auf eine Unmasse genetischen Wissens über die Morphologie der *Drosophila* stützen und ebenso andere Vorteile wie die kurze Zeitspanne zwischen den Generationen und die Fülle von Nachkommen nützen. Durch den Gebrauch der neu entwickelten Techniken ist es HIRSCH und TRYON schon gelungen, Stämme von Taufliegen zu züchten, die positiv oder negativ geotrop sind und solche, die positiv oder negativ phototrop sind. Im ersten Fall tendiert ein Stamm – in ein vertikales Labyrinth gebracht – dazu, nach oben zu fliegen und der andere nach unten. Im zweiten Fall tendiert der eine Stamm dazu, zu einer Lichtquelle hin- und der andere Stamm, davon wegzufliegen. Man kann sich die Möglichkeiten dieser Forschungstechnik klarmachen, wenn man bedenkt, daß alle diese Zuchtunterschiede im Verlauf von wenigen Monaten erreicht worden sind. Dagegen hatte TRYON für sein erstes Rattenzucht-Projekt elf Jahre benötigt.

Einen etwas anderen Ansatz stellen Untersuchungen von Verhaltensdifferenzen zwischen bestimmten Tierstämmen dar, die nicht selektiv nach psychischen Merkmalen gezüchtet worden sind. Eine solche Studie an drei natürlichen Mäusestämmen erbrachte signifikante Unterschiede im Kampfverhalten zwischen diesen Stämmen (64). Einige Forschungsprojekte dieser Art hat STOCKARD (77) mit Hunden durchgeführt und in neuerer Zeit SCOTT und

FULLER am Jackson Memorial Laboratorium (25, 65, 66, 67). Bei verschiedenen Züchtungen und Kreuzungen von Hunden fand man signifikante Unterschiede in einer Reihe von Lernaufgaben, in emotionalen Reaktionen, im Aktivationsniveau und im sozialen Verhalten anderen Hunden und den menschlichen Tierhaltern gegenüber. Wie bei den Rattenstudien scheint es wieder wahrscheinlich, daß die Unterschiede in der Lernfähigkeit „auf Unterschiede in emotionalen, motivationalen und peripheren Prozessen zurückzuführen sind. Genetisch bedingte Unterschiede in zentralen Prozessen können entweder gering oder gar nicht vorhanden sein" (66, S. 225). Man fand auch bei den Hunden bestimmte Zuchtunterschiede in physischen Merkmalen, die wiederum mit den beobachteten Verhaltensunterschieden in Beziehung stehen können. In vielen Arbeiten über alle Tierarten, die wir bisher besprochen haben, scheint die Arbeitsweise der endokrinen Drüsen eine vielversprechende Quelle für die beobachteten Verhaltensdifferenzen zu sein. Ob dabei Zuchtunterschiede in Merkmalen des Gehirns oder anderen Teilen des Nervensystems eine Rolle spielen, bleibt bisher eine ungeklärte Frage (s. 34). Bei der Interpretation von Ergebnissen selektiver Züchtungsexperimente sollte man auch die folgende von HALL beschriebene Schwierigkeit mitberücksichtigen:

„Die Weitergabe eines Merkmals von Generation zu Generation mag genbedingt erscheinen, obwohl sie in Wahrheit auf einem extra-genen Faktor beruht. Die Art der Weitergabe kann irgendein pränataler oder postnataler Einfluß der Mutter auf ihr Junges sein. Der pränatale Einfluß kann dadurch bestimmt werden, daß man das befruchtete Ei einer fremden Mutter eines anderen Stammes einpflanzt. Der postnatale Einfluß kann untersucht werden, indem man das Neugeborene einer Pflegemutter übergibt" (34, S. 309).

Bis heute haben nur wenige Untersucher diese Kontrollen durchgeführt. Gleichzeitig gibt es sehr plausible Belege dafür (wie in einem späteren Abschnitt besprochen wird), daß alle Verhaltensarten, für die man selektive Züchtungen durchgeführt hat, sehr weitgehend durch frühe Umwelteinflüsse modifiziert werden können.

Normative Entwicklungsstudien

Eine andere Datenquelle über ethologische Verhaltensfaktoren stellen Beobachtungen des normalen Verlaufes der Verhaltensentwicklung dar. Welche Informationen kann solch ein Ansatz über die Interaktion zwischen Erbe- und Umweltfaktoren liefern? Weitgehend haben Untersucher diese Verfahren verwendet, um Belege für „Reifung" zu finden. Es sei daran erinnert, daß sich Reifung auf ungelerntes Verhalten bezieht. Also auf Funktionen, die erscheinen, wenn die erforderliche strukturelle Entwicklungsstufe erreicht ist. Im Gegensatz dazu stehen Funktionen, die spezifische Übung oder Lernen erfordern. So lange Vererbungsfaktoren die strukturelle Entwicklung beeinflussen, kann man deshalb von ihnen sagen, sie gingen in die Entwicklung der fraglichen Verhaltensfunktionen ein.

Bei der Analyse normativer Entwicklungsdaten nennt man zur Stützung der Reifungshypothese am häufigsten zwei Bedingungen: Das *plötzliche Erscheinen* der Funktionen und den *sequentiellen Ablauf* der Entwicklung. Man hat dabei so argumentiert: Verhalten müsse ungelernt sein, wenn es mehr oder weniger plötzlich in einem bestimmten Alter sichtbar werde. Die Uniformität der Entwicklungsstufen oder der sequentielle Verlauf bei einer bestimmten Funktion wird ebenfalls als ein Kriterium für ungelerntes Verhalten angesehen. Man beruft sich dabei darauf, daß Lerngelegenheiten von einem Individuum zum anderen variierten und nicht zu solch konsistenter Aufeinanderfolge ähnlicher Stufen führen könnten.

Es stehen jetzt eine große Menge von Beobachtungsdaten über die Verhaltensentwicklung einer Vielzahl von Lebewesen zur Verfügung – vom Salamander bis zum Menschen. Die relative Einfachheit der Prozesse bei niederen Arten erleichtert das Erkennen der Grundprinzipien der Entwicklung. Deren Anwendbarkeit auf höhere Arten läßt sich dann einfacher untersuchen. Auch hat man die bedeutsamsten Beobachtungen im pränatalen Stadium gemacht. Das liegt z.T. an der größeren Einfachheit des Verhaltens auf dieser Stufe und zum Teil daran, daß die Umweltvielfalt und die Lernmöglichkeiten nicht so groß sind wie im postnatalen Leben. Mit Sicherheit hält der Prozeß der Verhaltensentwicklung das ganze Leben hindurch an. Er umfaßt auch jeden Abbau von Funktionen, der im fortgeschrittenen Erwachsenenalter auftauchen kann. Da Altersveränderungen bei älteren Kindern und Erwachsenen in einem späteren Kapitel (Kapitel 8) besprochen werden sollen, werden wir uns hier auf die pränatale Periode[1], das Säuglingsalter und die frühe Kindheit beschränken.

Eine umfassende Zusammenstellung der Untersuchungen über die pränatale Verhaltensentwicklung von Menschen und anderen Spezies findet man bei CARMICHAEL (9). Eine kürzere Zusammenfassung gibt MUNN (60, Kap. 6). Diese Quellen geben auch eine Einführung in die speziellen Techniken, die man zur Beobachtung pränatalen Verhaltens bei Mensch und Tier entwickelt

1 Die Begriffe „Keim“, „Embryo“, „Fetus“ und „Neugeborenes“ beziehen sich auf aufeinanderfolgende Stadien vor und unmittelbar nach der Geburt. Beim Menschen z.B. dauert das Keimstadium bis zu 2 Wochen nach der Befruchtung; danach bis zum Alter von 2 Monaten nennt man den Organismus Embryo und danach bis zur Geburt spricht man vom Fetus. In der Zeit vor der Geburt bis ungefähr einen Monat danach spricht man gewöhnlich von einem Neugeborenen. In verschiedenen Spezies variiert natürlich die Dauer dieser Stadien.

hat. Diese Verfahren werden auch kritisch gewürdigt. Von den klassischen Untersuchungen auf diesem Gebiet seien genannt: COGHILL (10) über Salamander, CORONIOS (11) über Katzen, KUO (52, 53, 54, 55) über Hühner und CARMICHAEL (7) über Guinea-Schweine. Ein hervorragender jüngerer Beitrag ist der Film über das Verhalten eines menschlichen Fetus von HOOKER (47). Daten über die postnatale Verhaltensentwicklung bei Tieren hat CRUIKSHANK (12) zusammengetragen. Beobachtungen an Neugeborenen hat PRATT (61) zusammengefaßt. Die Untersuchungen der Verhaltensentwicklung beim menschlichen Kleinkind und Kind machen einen großen Teil der Entwicklungspsychologie aus. Ergebnisse finden sich in zahlreichen Veröffentlichungen. Die ausführlichsten Datenanalysen unter dem Aspekt der Reifungshypothese haben GESELL und seine Mitarbeiter an der Universitäts-Kinderklinik in Yale vorgenommen (s. 28, 29, 30).

Jahrelang hat diese Forschungsgruppe riesige Datenmengen über den normalen Entwicklungsverlauf im Kleinkindalter und in der Kindheit gesammelt. Aus diesen Daten haben GESELL und seine Mitarbeiter normative Tabellen zusammengestellt. Sie beinhalten die Altersangaben darüber, wann spezifische Änderungen in vielen Funktionen auftreten. Ihre Beobachtungen fußen auf sorgfältig ausgearbeiteten Techniken. Sie beinhalten die Verwendung standardisierten Spielzeugs, standardisierter Kinderbetten, Stühle und anderer Einrichtungsgegenstände, die Verwendung von Einwegscheiben, von Filmen und anderen verfeinerten Verfahren.

In allen untersuchten Spezies finden sich klare Belege dafür, daß Verhalten noch vor der Geburt beginnt. Beim menschlichen Fetus z.B. hat man Reaktionen auf taktile Reize schon in der achten Lebenswoche gefunden. Man glaubt, alle Rezeptoren seien schon vor der Geburt funktionstüchtig, obwohl Sehen, Riechen, Schmecken und die Temperaturwahrnehmung wegen der Uniformität und anderer Bedingungen der pränatalen Umwelt wahrscheinlich noch nicht angeregt werden. Man hat verschiedene Arten motorischer Reaktionen beim menschlichen Fetus von der achten Woche an identifiziert. Ungefähr im vierten Monat lassen sich fast alle Reflexe eines Neugeborenen provozieren. Auch scheinen eine Reihe von Reaktionen des menschlichen Fetus die Vorläufer für späteres Verhalten zu sein. Darunter sind Schreien, Saugen und Augenreflexe; Balance- und Aufrichtungsbewegungen; rhythmische Kontraktionen der Brust und des Brustkastens, die den Atembewegungen ähneln; und ein „Trabe-Reflex", der aus abwechselnder Streckung und Beugung der beiden Beine in entgegengesetzter Richtung besteht. Man hat vermutet, dieser Trabe-Reflex liege postnatalen Bewegungen wie dem Kriechen und Gehen zugrunde. Es gibt auch Belege für rudimentäres Lernen vor der Geburt, obwohl sich die Untersucher darüber uneins sind, ob echte Konditionierung beim Menschen vor dem Ende des ersten postnatalen Monats möglich ist (s. 8, 19, 74, 88).

Pränatales Verhalten hat man auch bei vielen Tierarten beobachtet. Erfolgreich hat man Hühnerembryos noch vor dem Schlüpfen aus dem Ei konditionieren können (32, 48). In ausgedehnten Beobachtungsserien des Verhaltens von Hühnerembryos hat KUO (54) mechanische und andere Arten der Stimulation ausgemacht, auf die der Embryo reagiert. Er fand viele Arten muskulärer Reaktionen, die vor der Geburt geübt werden. So schloß auch CORONIOS (11) aus seiner Untersuchung an Katzenfeten: „Vor der Geburt gibt es eine rasche, fortschreitende und kontinuierliche Verhaltensentwicklung... Die ‚Primitivreaktionen' wie Atmen, sich Aufrichten, Bewegen und Fressen sind das Ergebnis eines langen und kontinuierlichen Ablaufes pränataler Entwicklung" (11, S. 377 - 378). Derartige Befunde mahnen zur Vorsicht, wenn ein „plötzliches Auftauchen" von Verhaltensfunktionen als ein Kriterium für Reifung akzeptiert werden soll. Das plötzliche Erscheinen einer bestimmten Handlung nach der Geburt kann in einigen Fällen ein Wiedererscheinen – angesichts angemessener Umweltreizung – von Verhalten sein, das eine allmähliche Entwicklung und Übung vor der Geburt durchlaufen hat.
Die Studien über die frühe Verhaltensentwicklung haben zahlreiche Belege für sequentielle Abläufe erbracht. Uniforme Verhaltenssequenzen und ein gleichsinniges Fortschreiten von Verhaltensänderungen scheinen bei Funktionen, die während pränataler und früher postnataler Perioden erscheinen, die Regel zu sein. Tierstudien haben zu detaillierten „Zeittafeln" für Verhaltensänderungen geführt, in denen die einzelnen Mitglieder einer Spezies mehr oder weniger übereinstimmen. Dieselbe Art von Information hat man über die menschliche Fetenentwicklung zusammengetragen.
Auch von GESELL und anderen Entwicklungspsychologen stammen beeindruckende Angaben über die Regelmäßigkeit der Entwicklungssequenzen in der Säuglingszeit und der frühen Kindheit. Sie haben eine Reifungsinterpretation für diese Entwicklung gegeben (s. 1, 21, 29, 30, 36, 69, 70). Bei der Entwicklung des Greifverhaltens z.B. folgen die verschiedenen Stadien in derselben Reihenfolge und auf annähernd denselben Altersstufen bei den verschiedenen Kinder aufeinander. So folgten die kindlichen Reaktionen auf ein kleines Zuckerstück, das vor dem Kind liegt, einer charakteristischen zeitlichen Abfolge der visuellen Fixierung und der Hand- und Fingerbewegungen. Verwendung der ganzen Hand z.B. bei groben Versuchen zum „Handflächengreifen" treten in jüngerem Alter auf als die Verwendung des Daumens in entgegengesetzter Richtung zur Handfläche. Dem wiederum folgt die Verwendung von Daumen und Zeigefinger bei einem wirkungsvolleren „zangenähnlichen" Greifen des Bonbons. Einen solchen sequentiellen Verlauf fand man auch für das Gehen, Treppensteigen und für den größten Teil der sensomotrischen Entwicklung in den ersten Jahren.
Zur weiteren Unterstützung der Reifungshypothese zieht GESELL (30) Früh- und Spätgeburten heran. Das sind Geburten, die vor oder nach der normalen

neunmonatigen Schwangerschaftsperiode erfolgen. Wie ist das Verhalten eines 1 Monate alten Säuglings, der als 8-Monats-Kind geboren wurde, im Vergleich zu dem eines zum normalen Termin neugeborenen Babys? Im Gesamtalter – von der Empfängnis an – sind sie sich gleich. Aber die Frühgeburt hatte den Vorteil, einen Monat lang der postnatalen Umwelt ausgesetzt zu sein, mit ihren vielen Reizänderungen und den zunehmenden Gelegenheiten, verschiedene Funktionen zu üben. GESELL behauptet, die Grundmuster der Verhaltensentwicklung seien, abgesehen von oberflächlichen und zeitweiligen Vorteilen der Frühgeburt, bei beiden die gleichen.

Insgesamt scheint Reifung eine Hauptrolle bei der frühen Verhaltensentwicklung zu spielen. Dennoch muß man bestimmte Fakten in Rechnung stellen, wenn man die Daten hierüber interpretiert und die vorgeschlagenen Generalisierungen bewertet. Erstens, muß man die *gesamte Entwicklungsperiode* berücksichtigen. Pränatale Funktionsübung kann sich auf das Erscheinen ähnlicher oder verwandter Funktionen nach der Geburt auswirken. Die Ethologie des Verhaltens läßt sich nicht nur durch das verstehen, was nach der Geburt geschieht. Zweitens, darf man bei Funktionen, die sich im späten Säuglingsalter und in der Kindheit entwickeln, nicht den möglichen Einfluß von *Uniformitäten in der Umwelt* ignorieren. GESELLs Beobachtungen z.B. beschränken sich weitgehend auf Kinder aus mittelständischen amerikanischen Elternhäusern, die einen relativ engen Bereich kulturellen Hintergrundes repräsentieren. Deshalb stammen möglicherweise einige Regelmäßigkeiten in den Verhaltenssequenzen von den Übereinstimmungen in den Erziehungspraktiken, wie von anderen ungewollten Ähnlichkeiten in dem physischen und psychischen Milieu der Personen.

Schließlich muß man sich der *eingeschränkten Natur des betrachteten Verhaltens* in allen diesen Untersuchungen bewußt sein. Die in Tieruntersuchungen und den Arbeiten über menschliche Feten und Kleinkinder beobachteten sensomotorischen Funktionen sind sehr eng an die strukturelle Entwicklung gebunden. Eine bestimmte Minimalentwicklung von Rezeptoren, Muskeln und verbindenden Nervenzellen ist die Grundvoraussetzung für das Erscheinen dieser Funktionen. Es wäre unerlaubt, aus solchen Beobachtungen auf komplexere symbolische Funktionen zu generalisieren, wie sie z.B. die Sprache oder das abstrakte Denken erfordern.

Die Prinzipien, die man aus den Daten über simple sensomotorische Funktionen abgeleitet hat, müssen an komplexeren Funktionen neu überprüft werden. Erst dann kann man sie als allgemeine Entwicklungsprinzipien des Verhaltens akzeptieren.

Strukturelle Faktoren bei der Verhaltensentwicklung

Jeder Einfluß, den die Vererbung auf Verhalten ausübt, muß sich in „strukturellen“ Bedingungen, wie wir sie in Kapitel 3 definiert haben, manifestieren. Deshalb stellt die direkte Untersuchung des Anteils der strukturellen Bedingungen an der Verhaltensentwicklung einen anderen Ansatz zur Analyse von Erbe-Umwelt-Interaktionen dar. Diesen Ansatz hat man häufig in Verbindung mit einer der anderen bereits besprochenen Untersuchungstechniken verfolgt. Wir haben z. B. gesehen, daß man Versuche gemacht hat, *die strukturellen Unterschiede zwischen selektiv gezüchteten Stämmen* zu identifizieren. Im Ergebnis erweisen sich Drüsenvorgänge als die vielversprechendsten Quellen für Stammesunterschiede.

Auch eine Reihe normativer Entwicklungsstudien enthalten Beobachtungen der *strukturellen Veränderungen, die die Verhaltensentwicklung* begleiten. In seiner Arbeit über den Salamander hat COGHILL (10) als erster systematisch die anatomischen Veränderungen im Nervensystem verfolgt, die der Manifestation von Funktionen wie Schwimmen und Nähren vorausgehen. Eine ähnliche, aber weniger vollständige neuronale Basis für die früheste Verhaltensentwicklung hat man auch bei anderen Tierarten ausgearbeitet, z. B. bei dem Huhn (55) und der Ratte (s. 9). In anatomischen und histologischen Studien hat man die Entwicklung sensorischer Strukturen mit dem Erscheinen entsprechender Verhaltensfunktionen in Verbindung gebracht.

Informationen über die der menschlichen Verhaltensentwicklung zugrundeliegenden neuronalen Veränderungen hat man durch histologische Studien an menschlichen Feten nach deren Tod gewonnen. Beobachtungen an nicht bewegungsfähigen Feten haben z. B. gezeigt, daß die sensomotorischen Verbindungen im Nervensystem noch nicht hergestellt sind. Durch verschiedene Verfahren hat man Daten gesammelt, die zeigen, daß die Kontrolle über das Verhalten durch den cerebralen Cortex nicht eher beginnt, als bis einige Zeit nach der Geburt vergangen ist. Elektroencephalogramme[2] menschlicher Feten im Uterus z. B. liefern geringe oder keine Belege für vorgeburtliche Gehirnaktivitäten (57).

Selbst wenn die groben anatomischen Verbindungen im Nervensystem vorhanden sind, gibt es oft eine Verzögerung, bis sich die entsprechenden Funktionen auch manifestieren. Sorgfältige Forschungen richteten sich auf die Aufdeckung zusätzlicher neuronaler Bedingungen, die erfüllt sein müssen, bevor die spezifischen Bahnen funktionieren. Einmal hielt man Myelinisation für die wichtigste Grundvoraussetzung, d. h. die Ablagerung der fetten Myelinscheide, die die Nervenfaser umschließt. Frühe Untersuchungen wiesen auf die Übereinstimmung zwischen dem ersten Auftauchen spezifischer

2 Diese Technik soll im Kapitel 5 erklärt werden.

Verhaltensfunktionen und der Myelinisation der dazugehörigen Nervenbahnen hin. Diese Befunde wurden jedoch durch spätere Studien nicht gestützt. Jetzt hat man allgemein erkannt, daß Myelinisation keine Voraussetzung für das Funktionieren von Nervenfasern ist (s. 75, S. 267). Die Befunde über die Myelinisation beleuchten einen wichtigen Punkt bei der Interpretation der nebeneinanderherlaufenden Verhaltens- und Strukturentwicklung. Myelinisation mag die Funktion verbessern oder umgekehrt selbst durch die Funktion angeregt und beschleunigt werden. Oder beide Prozesse treten zur selben Zeit auf, ohne einander zu beeinflussen. Daß eine Korrelation nicht mit Verursachung gleichzusetzen ist, ist eine bekannte Binsenwahrheit. Man muß sie jedoch unbedingt beachten, will man die Bedeutung struktureller Faktoren für das Verhalten bewerten. Heutige Forschung zielt immer noch darauf ab, mögliche histologische, chemische oder physische Veränderungen zu finden, die der Nervenbahnung vorausgehen. Aber bisher hat man darauf noch keine abschließende Antwort gefunden.
Eine andere wichtige Technik zur Untersuchung der Beziehung zwischen Struktur und Verhalten besteht in der *künstlichen Manipulation struktureller Faktoren.* Beispiele für diesen Ansatz stellen die chirurgische Entfernung von Teilen des cerebralen Cortex dar, die Gabe von Drüsenextrakten und die direkte Reizung verschiedener Teile des Nervensystems auf elektrischem oder anderem Wege. Viele Daten der Physiologischen Psychologie hat man durch derartige Verfahren gewonnen. Anhand dieser Methoden ist es möglich geworden, die Bedeutung spezifischer Teile des Nervensystems oder spezifischer endokriner Drüsen für bestimmte Verhaltensfunktionen nachzuweisen. Auch hat man festgestellt, daß die Störung oder der Verlust bestimmter Funktionen dem Entfernen bestimmter neuronaler oder sekretorischer Strukturen folgt. Die Forschungen der Physiologischen Psychologie haben fraglos sehr viel zur Kenntnis der Wirkungen verschiedener Strukturen auf das Verhalten beigetragen. Dennoch gewinnt man aus diesem Ansatz nicht viel Klarheit über die Wurzeln individueller Verhaltensunterschiede im normalen Variationsbereich. Das Wissen um die strukturellen Voraussetzungen für Verhalten führt nicht unbedingt zur Erklärung individueller Unterschiede zwischen den Individuen, die diesen Voraussetzungen genügen. Das ist so, als ob man die Ursachen individueller Unterschiede in normalem Laufstil und in normaler Laufgeschwindigkeit zu entdecken versuchte, indem man einbeinige Menschen untersucht.
Um individuelle Unterschiede aufzuklären, eignet sich eine Variante dieses Ansatzes besser. Hierbei werden in einem frühen Entwicklungsstadium physische Veränderungen induziert. Einige Studien dieser Art haben mit Bedingungen gearbeitet, die nicht zu sehr von denen des normalen Entwicklungsverlaufes abweichen. Faktoren, deren Effekte man auf das darauffolgende Verhalten im pränatalen Stadium untersucht hat, sind: Anoxie (Mangel an

ausreichendem Oxygen), verschiedene Drogen, Ernährungsmängel, endokrine Sekretionen und Strahlen. Neuere Untersuchungen berichten z.B. von Lerndefiziten bei Ratten, deren Mütter man während der Schwangerschaft Röntgenstrahlen ausgesetzt hat (26, 56, 81). Diese Effekte dürfen nicht mit dem Hervorrufen von Genmutationen durch Strahlungen verwechselt werden, wie sie im Kapitel 3 besprochen worden sind. Mutationen sind durch Vererbung übertragbar, die hier berichteten Effekte nicht.

Zum Schluß soll auf die Unmenge von Daten hingewiesen werden, die man über die *Beziehung zwischen individuellen Unterschieden in physischen und psychischen Merkmalen* gesammelt hat. Allgemein haben sich Studien in diesem Bereich direkt mit den Problemen individueller Unterschiede befaßt. Die Pbn waren gewöhnlich Erwachsene oder ältere Kinder. Im 5. Kapitel sollen die untersuchten physischen Merkmale und die gewonnenen Ergebnisse detailliert besprochen werden. Hier genügt es, auf bestimmte durchgängige Fragen der Interpretation und der Kausalanalyse einzugehen. Findet man eine signifikante Beziehung zwischen einem bestimmten physischen und einem Verhaltensmerkmal, so ist die Frage nach Ursache und Wirkung noch nicht beantwortet. Trägt das Verhalten zur strukturellen Bedingung bei oder umgekehrt? Sind sie beide das Ergebnis eines dritten Faktors? Wenn sich zeigen läßt, daß ein bestimmter Strukturfaktor auf das Verhalten einwirkt, was ist sein *modus operandi?*

Die Bedeutung physischer Bedingungen für das Verhalten kann reichen von einem relativ irreparablen neurologischen oder Stoffwechseldefizit, das die Verhaltensentwicklung stark einschränkt, bis hin zu einem sozialen Stereotyp, das zu einer unterschiedlichen Behandlung von Personen mit bestimmten physischen Merkmalen führt. Eine weitere Frage bezieht sich auf die Art, in der Erbe- und Umweltfaktoren interagieren, wenn sie die fraglichen physischen Bedingungen hervorrufen. Auch dort besteht wieder die Möglichkeit, daß sich die betrachteten physischen und psychischen Merkmale in keiner Richtung kausal bedingen, sondern daß sie wiederum von einem dritten Faktor, z.B. dem sozioökonomischen Status, beeinflußt werden. Kinder in einem unterentwickelten Gebiet können z.B. physische Behinderungen aufweisen, die auf schlechter Ernährung oder ungenügender medizinischer Versorgung beruhen. Ebenso können sie intellektuelle Rückstände aufgrund unzureichender Schulausbildung aufweisen.

Wirkungen früherer Erfahrung auf das Verhalten

Der direkteste Weg zur Untersuchung der Bedeutung von Reifung und Lernen für die Verhaltensentwicklung besteht in folgendem Vorgehen: Man ändert systematisch die frühen individuellen Erfahrungen und beobachtet deren Effekte auf das folgende Lernen. Einen Großteil der Forschungen mit dieser Methode hat man an menschlichen Säuglingen und Kleinkindern durchgeführt. Bedeutsame Daten hat man auch durch den Vergleich von Individuen oder Gruppen gewonnen, die unter unterschiedlichen Bedingungen herangewachsen sind – auch wenn die Umweltunterschiede nicht vom Experimentator eingeführt worden sind.

Tierexperimente

Man hat eine Reihe von Verhaltensfunktionen, die man normalerweise als ungelernt oder „instinktiv" angesehen hat, experimentell kontrollieren können. Dabei hinderte man die Tiere daran, eine Funktion zu üben, bis sie das Alter hinter sich gelassen hatten, an dem eine derartige Funktion normalerweise bei dieser Spezies auftaucht. Durch Isolierung von Faktoren hat man das Ausmaß zu bestimmen versucht, in dem physische Reifung der benötigten Strukturen von selbst zur Durchführung der gegebenen Funktionen führt. Andere Experimentatoren verfolgten den umgekehrten Weg. Sie führten zusätzliche Reize und intensive Übung ein, um zu bestimmen, wie weit sich die normale Verhaltensentwicklung beschleunigen oder in anderer Weise modifizieren läßt.
1954 haben BEACH und JAYNES (2) die zahlreichen Untersuchungen zusammengestellt, die bis zu diesem Zeitpunkt über die Wirkungen früherer Erfahrung auf das Tierverhalten erschienen sind. Das Interesse an diesem Gebiet dauert noch an, wie die Zahl neuer Veröffentlichungen nach dem Rückblick von BEACH und JAYNES belegen. Die untersuchten Funktionen sind u. a.: Fliegen und Singen von Vögeln, Schwimmen von Fröschen, Ernährungsgewohnheiten, Horten von Futter, reproduktives Verhalten, Elternverhalten den Jungen gegenüber, Pflege, Nährung der Jungen, Gruppenbildung und Vorliebe für Angehörige derselben oder anderer Spezies, Wahrnehmungsreaktionen in den verschiedenen Sinnesmodalitäten, Kampf- und anderes aggressives Verhalten, Wildheit, Ängstlichkeit und andere emotionale Reaktionen. Alle diese Funktionen ließen sich durch die experimentell eingeführten Bedingungen beeinflussen, obwohl das Ausmaß derartiger Effekte zwischen den Spezies, den Funktionen und der Art der eingeführten Erfahrung variiert.
In einigen Fällen fiel die artspezifische Reaktion aus. In anderen konnte die Reaktion in verschiedene Richtungen verändert werden. Oder die Reaktion

erfolgte auf andere Reize als es die sind, die normalerweise die Reaktion hervorrufen. Ein Beispiel für den letztgenannten Fall stellt das dar, was LORENZ und seine Mitarbeiter „Prägung“ genannt haben (s. 2; 84, S. 150). Damit ist gemeint: Der erste Reiz, der eine bestimmte Reaktion bei einem sehr jungen Tier auslöst, wird der einzige Reiz, der sie anschließend hervorrufen kann. Wenn also frisch geschlüpfte Gänschen von erwachsenen Gänsen getrennt werden und dem Experimentator für einige Zeit folgen dürfen, dann werden sie ihm auch später folgen und keine Neigung zeigen, erwachsenen Gänsen zu folgen. Auf dieselbe Art hat man bei jungen Vögeln einiger Arten festgestellt, daß sie sich Pflegeeltern aus anderen Spezies anschlossen.

Einige repräsentative Experimente sollen genügen, um die Vielzahl angewendeter Verfahren zu illustrieren. CRUZE (13) hat die Futterreaktionen von Hühnern untersucht, die man unterschiedlich lange am Picken gehindert hat. Man hielt 5 gleichartige Gruppen mit jeweils 25 bis 26 Hühnern in der Dunkelheit und fütterte sie von Hand für einen, zwei, drei, vier und fünf Tage, nachdem sie geschlüpft waren. Ihre folgende Leistung beim Picken ist in Abbildung 29 dargestellt. Es zeigt sich, daß alle Gruppen am Anfang, unabhängig vom Alter, gleich schlecht waren. Dennoch verbesserten sich die älteren Gruppen schneller und kamen in wenigen Tagen den Tieren gleich, die früher zu picken begonnen hatten. Diese Ergebnisse belegen die Bedeutung der Reifung. Denn die Hühner mit einem fortgeschrittenen Stand physischer Entwicklung konnten stärker von der Übung profitieren als die jüngeren Hühner.

Im zweiten Teil der Abbildung 29 wird die Lernkurve von Gruppe A, die nach dem ersten Tag unbeschränkte Übung hatte, mit der der vier anderen Gruppen verglichen, die auch nach einem Tag – aber nur in beschränktem Umfang – picken durften. Gruppe F hatte nur 25 Versuche am Tag und Gruppe G nur 12, bevor sie wieder in den dunklen Raum zurückgebracht wurden. Beide Gruppen machten geringere Fortschritte als Gruppe A. Tatsächlich zeigte Gruppe G nach dem ersten Tag fast keine Verbesserung. Die letzte Gruppe (H) hatte in den ersten zehn Tagen jeweils 12 Versuche täglich und danach täglich 25. Die Leistung von Gruppe H unterschied sich in den ersten 10 Tagen nicht von der Gruppe G. Dennoch übertraf Gruppe H sehr rasch die Gruppe G, als die tägliche Übung verlängert wurde. Dieses Experiment zeigt deutlich den gemeinsamen Einfluß von Reifung und Lernen auf das normale Freßverhalten von Hühnern.

Ein ähnliches Experiment stammt von CARMICHAEL (4, 5, 6). Das Schwimmen von Kaulquabben, die seit ihrem Schlüpfen in behandeltem Wasser gehalten worden waren, wurde mit dem Verhalten einer Kg verglichen, die in frischem Wasser blieb. Eine Droge verhinderte das Üben von Schwimmbewegungen bis weit über das Alter hinaus, in dem Kaulquabben normalerweise schwimmen. Setzte man die Tiere in frisches Wasser, so schwammen sie normal, sobald die Wirkungen der Droge vergangen waren. Hier scheint also Reifung

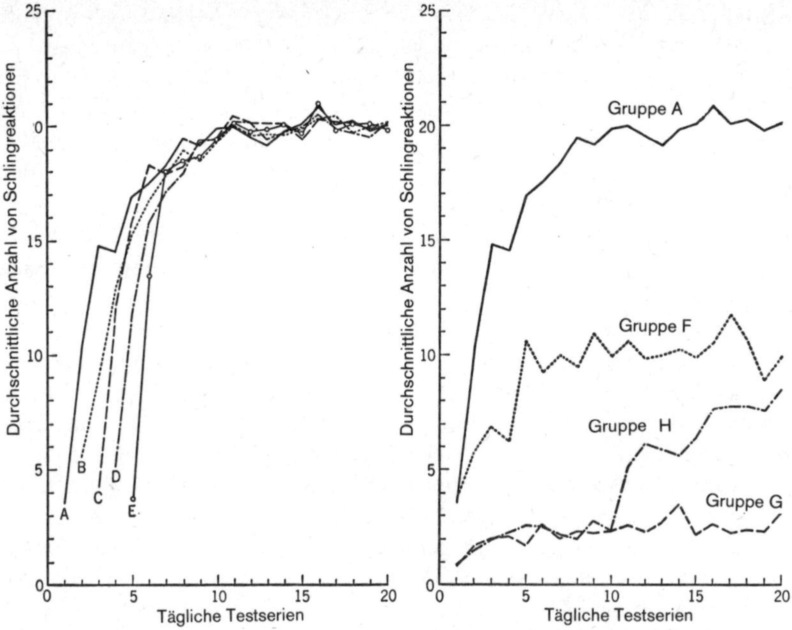

A: Schlingreaktionen von fünf Gruppen von Hühnern, die man jeweils 1, 2, 3, 4 und 5 Tage am Picken gehindert hat

B. Schlingreaktionen von vier Hühnergruppen, die unterschiedlich lange tägliche Übungen hatten.

Abb. 29: Wirkungen der Übung auf die Pickleistung von Hühnern (aus CRUZE, 13, S. 386, 388)

für das Schwimmverhalten dieser Spezies verantwortlich zu sein. In einem späteren Experiment konnte jedoch ein anderer Autor (24) zeigen, daß die Kontrolltiere in der Geschwindigkeit und in der zurückgelegten Strecke beim Schwimmen überlegen waren. Übung spielt also teilweise auch für diese Funktion eine Rolle, obwohl die grundlegenden motorischen Muster auch ohne frühere Aktivität erscheinen.

In Experimenten der hier besprochenen Art ist oft nicht ganz sicher, ob man den Einfluß früheren Lernens auch wirklich ausgeschaltet hat. Dies gilt besonders für komplexe Verhaltensmuster, die man gewöhnlich „Instinkte“ genannt hat. So mühen sich z. B. weibliche Ratten, die in Isolation groß geworden sind, dennoch um den „Nestbau“ und kümmern sich in der für ihre Spezies üblichen Weise um ihre Jungen. Besser kontrollierte Untersuchungen belegen jedoch, daß für Ratten frühe Erfahrung im Umgang mit Material und im Waschen und Pflegen ihres eigenen Körpers notwendig ist, damit später das mütterliche Verhalten erscheinen kann (s. 62). Wachsen weibliche Ratten in Käfigen auf, in denen nichts aufgenommen oder transportiert werden kann, so bauen sie keine Nester, wenn ihnen später Material zur Verfügung steht. Auch bringen sie ihre Jungen nicht in der üblichen Weise an einem einzelnen Ort zusammen. Einer anderen Gruppe weiblicher Ratten legte man ein Gummihalsband um, das den Kontakt von Mund und Nase mit dem unteren Körperteil verhinderte. Die Halsbänder wurden vom Säuglingsalter bis zur sexuellen Reife getragen. Nach Geburten säuberten und pflegten diese Ratten ihre Jungen nicht.

Statt Übung einzuschränken, versorgten andere Untersucher Tiere mit zusätzlichen Reizen und Übungen oder mit Erfahrungen, die den sonst üblichen unähnlich waren. In diese Kategorie fallen Experimente, in denen man Schimpansen in einer typisch menschlichen Umwelt aufgezogen hat. Hier wurden die Tiere nicht als Schoßkinder gehalten, sondern sie wurden wie ein Mensch behandelt, was Kleidung, Schlafen, Ernährung, Spielaktivitäten und andere Aspekte kindlichen Trainings anbelangt. Außerdem hatten die Experimentatoren eines oder mehrere eigene Kinder, mit denen der Affe aufgezogen wurde. Mensch und Affe erfuhren dabei, so weit möglich, dieselbe Behandlung. Als erste Psychologen haben die KELLOGGS (50) solch ein Projekt systematisch und intensiv durchgeführt. Sie nahmen eine weibliche Schimpansin, Gua, im Alter von 7 1/2 Monaten in ihr Haus und hielten sie dort über eine Zeit von 9 Monaten. In der Abbildung 30 ist ein Foto von Gua zu sehen, die typisch menschliches Verhalten zeigt, das sie in ihrer Umgebung angenommen hat.

Abb. 30: Gua, eine Schimpansin, die für 9 Monate in einer typisch menschlichen Umwelt großgezogen wurde (aus KELLOG und KELLOG, 51, S. 226)

In jüngerer Zeit haben die HAYES (38, 39, 40, 41) ein ähnliches Projekt von einer längeren Dauer unternommen. Sie nahmen eine weibliche Schimpansin,

Viki, wenige Tage nach der Geburt auf. Das Tier blieb bis zu ihrem Tode an einer Virusinfektion, 6 1/2 Jahre später, im Haus der Experimentatoren. Beim Lösen von Problemen durch Imitation erwies sich Viki als ebenso gut wie menschliche Kinder desselben Alters und übertraf eindeutig einen im Laboratorium aufgewachsenen Schimpansen. Sie konnte auf das Kommando des Experimentators: „Tue das", seine Handlungen wiederholen. Sie imitierte spontan verschiedene Haushaltstätigkeiten, z.B. Bleistiftspitzen oder Öffnen von Dosendeckeln. Viki beschäftigte sich auch ebenso sehr wie ihre menschlichen Altersgenossen mit spontanen Spielen und mechanischem Spielzeug und Zubehörteilen. Sie war geschickt im Umgang mit Werkzeug. In nonverbalen Intelligenztests, Formbrettern, Bilderpuzzeln, Mosaiktests und ähnlichen leistete sie fast so viel, wie es den menschlichen Normen für ihre Altersstufe entsprach. In Abbildung 31 ist Viki im Alter von 6 Jahren abgebildet. Sie versucht gerade, sich mit einer Zange und mit Hilfe eines Spiegels einen Zahn zu ziehen.

Abb. 31: Viki, eine 6jährige Schimpansin, die in einem menschlichen Heim aufgewachsen ist: Sie versucht sich mit einer Zange und dem Spiegel einen lockeren Zahn zu ziehen (aus Hayes und Hayes, 41, S. 291)

Als Vikis einzig ernsthaftes Handicap erwies sich der Spracherwerb. Nach großen Bemühungen gelang es den Experimentatoren schließlich, ihr das Sprechen von drei Wörtern beizubringen (Mama, Papa, Cup), die sie in den richtigen Situationen benutzte. Für den Hauptteil sozialer Kommunikation griff Viki dennoch zu Praktiken wie Hinweisen, Führen der Personen zum gewünschten Objekt oder Imitationsbewegungen. Die Experimentatoren folgerten, die Hauptursache der Schwierigkeit läge im ungenügenden Antrieb des Affen, mit Vokalen zu spielen. Das Brabbeln und Plappern, das für menschliche Kinder charakteristisch ist, fehlte bei der Schimpansin fast völlig, obwohl sie physisch in der Lage war, sehr viele verschiedene Sprechlaute zu produzieren. Wenn sie auch Laute als Gefühlsausdruck verwandte, schien Viki doch ernste Schwierigkeiten zu haben, willentlich Laute auszustoßen.

Eine Reihe von Tierexperimenten sind für die Differentielle Psychologie von besonderem Interesse. Sie behandeln den Effekt früherer Erfahrung auf die spätere Lernfähigkeit. In ihrem oben zitierten Sammelband schreiben BEACH und JAYNES: „Viele Psychologen scheinen anzunehmen, die Lernfähigkeit bei Tieren sei genetisch bedingt und relativ unveränderlich. Aber neuere Befunde machen die Unhaltbarkeit dieser These deutlich" (2, S. 255). Ausführliche Forschungen an Affen und Ratten haben gezeigt, daß Tiere „lernen können zu lernen" – anders ausgedrückt, sie können „unterrichtet" werden.

Eine Reihe jüngerer Studien über dieses Problem sind durch eine Theorie von HEBB (42) angeregt worden. Sie besagt, daß Tiere aufgrund zahlreicher Wahrnehmungserfahrungen früh in ihrem Leben bessere Lerner sein werden als solche, die von solchen Erfahrungen ausgeschlossen sind. Unterstützende Belege hat man bisher in Studien mit Ratten und Hunden gesammelt (23; 58; 82; s. auch 2). In allen diesen Fällen leisteten Tiere, die unter weniger eingeschränkten Bedingungen aufgewachsen sind, signifikant mehr beim Labyrinthlernen und Problemlösen.

Experimente mit menschlichen Säuglingen

Experimente, die einen Eingriff in den normalen Entwicklungsverlauf bei menschlichen Säuglingen beinhalten, müssen natürlich auf relativ milde oder anderweitig annehmbare Vorgehensweisen beschränkt bleiben. Eine Studie über die Wirkung *eingeschränkter Übung* stammt von DENNIS (16). Zwei weibliche Säuglinge wurden unter kontrollierten Bedingungen im Haus des Autors in der Altersspanne von 1 bis 14 Monaten großgezogen. Während der ersten sieben Monate wurden die Reize und die Aktivität streng eingeschränkt. Möglichkeiten zum Stehen oder Sitzen wurden ausgeschaltet und die Gelegenheiten, nach Objekten zu greifen, wurden auf ein Minimum beschränkt. Das Kinderzimmer war bis auf die wichtigsten Möbelstücke leer. Die Experimentatoren pflegten keinen sozialen Kontakt mit den Kindern. Ausgenommen waren die physische Versorgung und einige Tests, die in dieser Zeit gemacht wurden. Die Vl lächelten nicht, runzelten nicht die Stirn, sprachen und spielten nicht mit den Kindern. Die beiden Säuglinge waren durch einen undurchsichtigen Schirm voneinander getrennt. Nach der siebenmonatigen Periode wurden die Beschränkungen für motorische Übungen und soziale Reize allmählich aufgehoben.

Über 14 Monate hinweg verglich man die Verhaltensentwicklung der beiden Kinder mit Normen, die von Kindern unter normalen, nicht eingeschränkten Bedingungen stammten. In Funktionen, die normalerweise während der ersten sieben Monate erscheinen, zeigte sich kein deutlicher Rückstand. Das waren einfache Aktivitäten wie Fixierung von Objekten; Auffahren, Drehen des Kopfes oder Weinen auf ein Geräusch hin; Greifen nach Objekten; Betrachten oder Spielen mit den eigenen Händen und das Zuführen der Hand oder eines Objektes in den Mund. Offenkundig erscheinen Funktionen wie diese übungsunabhängig, sobald der notwendige strukturelle Entwicklungsstand erreicht ist. Die Reaktionen, die normalerweise nach dem siebten Monat auftauchen, lagen insgesamt signifikant zurück. Das Alter, in dem sie bei den Versuchskindern erschienen, lag oft außerhalb des Streubereiches der Normstichprobe. Dennoch wurden auch diese Reaktionen rasch erreicht, wenn später Gelegenheit zur Übung gegeben wurde[3].

In der Kinderforschung hat man häufiger eine Technik angewendet, die als *Methode der Zwillingspaar-Kontrolle* bekannt ist. In diesen Experimenten erfährt ein EZ intensives Training in bestimmten Aktivitäten, während der andere Zwilling als Kontrollperson gehalten und von der Übung der zu untersuchenden Funktion abgehalten wird. Eine Studie mit dieser Methode, die GESELL und seine Mitarbeiter (31) durchgeführt haben, befaßt sich mit Treppensteigen und „Würfelverhalten" (darin sind enthalten das Greifen, Manipulieren und das konstruktive Spielen mit Würfeln). Pbn war ein Paar weiblicher EZ, die zu Beginn des Experimentes 46 Wochen alt waren. Der trainierte Zwilling (T) erhielt 6 Wochen lang täglich ein 20minütiges Training in beiden Verhaltensarten. Am Ende dieser Periode erwies sich der Kontrollzwilling (C), der kein spezifisches Training in diesen Funktionen erhalten hat, als dem T im Würfelverhalten ebenbürtig.

Beim Treppensteigen fand man einen Unterschied. Während T ein relativ versierter Treppensteiger war, konnte C nicht einmal mit Hilfe eine fünfstufige Treppe besteigen. Zwei Wochen später jedoch konnte auch C, immer noch ohne Übung, die Treppenspitze ohne Unterstützung erreichen. In dieser Altersstufe (53 Wochen) erhielt C ein zweiwöchiges Training, an dessen Ende er T im Treppensteigen gleichkam. Wegen des höheren Niveaus der Reifung zeigte sich also eine zweiwöchige Trainingsperiode im Alter von 53 Wochen als genau so wirksam wie eine sechswöchige Trainingsperiode im Alter von 46 Wochen.

Mit denselben EZ führte man später ähnliche Trainingsexperimente für andere Funktionen durch, darunter Wortübungen (44, 80). Im Alter von 84 Wo-

3 In Kapitel 9 werden relativ unkontrollierte Beobachtungen über bestimmte extreme Persönlichkeitsstörungen aufgrund früher sozialer und emotionaler Deprivation besprochen werden. Das geschieht in Verbindung mit der Diskussion über Heimkinder.

chen erhielt T für fünf Wochen täglich intensives Training im Benennen von Objekten, im Ausführen von einfachen Aufträgen und anderen Wortbildungstechniken. Zwilling C wurde während dieser Zeit von jeglicher Möglichkeit, Sprache zu hören, ausgeschlossen. Am Ende der Fünfwochen-Periode – die Zwillinge waren 89 Wochen alt – erhielt C nur vier Wochen lang ein ähnliches Training. Nach diesem Training hatte C einen Wortschatz von 30 Wörtern. Der Wortschatz des Zwillings T betrug am Ende seiner ersten vier Trainingswochen nur 23 Wörter. Allerdings stieg er am Ende der vollen Fünfwochen-Periode auf 30 Wörter an. Die Untersucher betonten die Bedeutung der Reifung für diese Ergebnisse. Sie machen auf die Tatsache aufmerksam, daß der Zwilling, dessen Training im Alter von 89 Wochen begann, fast jeden Tag schneller fortschritt und in den entsprechenden Trainingsstufen reifer reagierte als der Zwilling, dessen Training mit 84 Wochen begann.
Bei der Interpretation dieser Ergebnisse sei folgendes vermerkt: Erstens, war der Unterschied in der Lernrate zwischen den beiden Zwillingen gering. Zum Beispiel entsprach Cs gesamter Wortschatz nach 27 Trainingstagen dem Wortschatz von T nach 31 Tagen (d.h. 29 Wörtern). Zweitens, übertraf der Zwilling nach 5 Wochen früheren Trainings den anderen nach 4 Wochen späteren Trainings im Wortschatz, der Aussprache und im Satzbau – wenn dieser Unterschied drei Monate später auch weitgehend verschwunden war. Drittens, erleichtert ganz offensichtlich ein bestimmtes Ausmaß struktureller Entwicklung im Säuglings- und Kleinkindalter die frühen Stadien des Spracherwerbs. Das Kind kann keine Tonkombinationen wie Erwachsene produzieren, so lange seine Hör- und Sprachmechanismen nicht einen bestimmten Grad der Tondifferenzierung und -kontrolle erlauben. Damit können Reifungsfaktoren in diesem rein vokalen Aspekt der Sprachentwicklung eine Rolle spielen, während symbolische oder Sinnaspekte der Sprachentwicklung vom Lernen abhängen können.
Bei der Interpretation von Ergebnissen aus diesen Experimenten mit der Methode der Zwillingspaarkontrolle sollte berücksichtigt werden, daß hier in Wirklichkeit nicht Lernen und Reifung miteinander verglichen werden. Eher bezieht sich der Vergleich auf spezifische Perioden kontrollierten Trainings auf der einen und der gemeinsamen Wirkung der Reifung und aller möglichen unkontrollierten Übungen verwandter Funktionen außerhalb des Laboratoriums auf der anderen Seite. Solange die Personen nicht bewußtlos sind, finden unkontrollierte Übungen statt. Solange beide Zwillinge gleiche Möglichkeiten für diese außerhalb liegenden Übungen haben, wird sich der Unterschied in ihrer Leistung in den im Laboratorium getesteten Funktionen vermindern. So scheint, abgesehen von ihrer Beliebtheit, die Methode der Zwillingspaarkontrolle nicht dazu beizutragen, eine klar getrennte Analyse der beteiligten Faktoren zu liefern.

Fallstudien „wilder Kinder“

Eine Art von „Naturexperiment“ über eingeschränktes Training sind die sehr bekannten Fälle, in denen man Kinder entdeckt hat, die mutmaßlich in der Isolation oder ausschließlich unter Tieren gelebt haben. Solche „wilden Kinder“ hat man schon früh in der Geschichte beschrieben. 1758 hat LINNAEUS sie in seine Klassifikation menschlicher Spezies unter der Bezeichnung *„Waldmensch“* mit aufgenommen. In jüngerer Zeit hat ZINGG (89, 90) eine ausführliche Zusammenstellung der berichteten Fälle vorgenommen. Er beschreibt darin über 40 Fälle. Bei einer Reihe von ihnen ist jedoch die erreichbare Information recht dürftig oder die Isolation war nur partiell. Einige wilde Kinder sind offensichtlich ausgesetzt worden, sind davongelaufen und überlebten in der Wildnis weitgehend durch eigene Anstrengungen. Andere scheinen von Tieren aufgezogen worden zu sein, z.B. von Wölfen, Bären, Ziegen, Schweinen, Schafen, Rindern und Leoparden. Hierher gehören auch Kinder, die man – abgeschnitten von menschlichen Kontakten – eingesperrt hat und die unter Bedingungen gelebt haben, die kaum zum Überleben ausreichten.

Einen der am ausführlichsten untersuchten Fälle stellt Victor dar, der wilde Junge von Aveyron (49). Im September 1799 fanden drei Jäger in einem französischen Wald einen etwa 11- oder 12jährigen Jungen. Der Junge war völlig nackt, ungepflegt, vernarbt, unfähig zu sprechen und schien ein wildes, tierähnliches Dasein zu fristen. Er wurde gefangen, als er einen Baum erkletterte, um der Verfolgung der Männer zu entfliehen. Man brachte ihn danach in die Zivilisation, wo er schließlich von dem französischen Arzt Itard beobachtet und erzogen wurde. Itard hat eine ausführliche Würdigung dieses Falles veröffentlicht. Er beschreibt die Anfangsreaktionen des Jungen und seine Fortschritte im Verlaufe intensiven Trainings über 5 Jahre.

Die später entdeckten „Wolfskinder“ von Midnapore (27, 50, 72, 76, 79, 89) stellen einen anderen gut belegten Fall dar. 1921 hatte man zwei Mädchen – das eine etwa 2 bis 4 und das andere 8 oder 9 Jahre alt – gefunden, die in einer Höhle mit Wölfen in einem wenig besiedelten Gebiet Indiens lebten. Man brachte sie in ein Waisenhaus am Orte und versuchte sie zu unterrichten. Ein ausführliches Tagebuch über die Aktivitäten der Mädchen hat der Leiter dieses Waisenhauses veröffentlicht (72). Darin sind auch Analysen und Bemerkungen von einigen Psychologen enthalten, von einem Soziologen, einem Genetiker und einem Anthropologen. Es erwies sich als schwierig, die Mädchen bei guter Gesundheit zu halten. Insbesondere führte die Umgewöhnung an die normale menschliche Kost zu Krankheit und ernsten Hautreaktionen. Das jüngere Mädchen, Amala, starb innerhalb eines Jahres. Die ältere, Kamala, lebte ungefähr noch 8 Jahre. In der Zeit machte sie Fortschritte beim Erlernen der Sprache und anderer menschlicher Verhaltensweisen.

Auch der berühmte, mysteriöse Fall des Kaspar Hauser (s. 72, S. 277 – 365) soll hier erwähnt werden. Über ihn ist sehr viel geschrieben worden. Einige Autoren vermuten, der Junge sei Erbe eines fürstlichen Hauses und durch politische Feinde entführt worden. Er war offensichtlich von früher Kindheit an in eine dunkle Zelle gesperrt, die für ihn zum Stehen nicht hoch genug war. Man hatte ihn mit keinerlei Kleidung oder Decken ausgestattet, außer mit einem Hemd und Hosen. Wenn er erwachte, war er es gewöhnt, Brot und Wasser zu finden. Aber er sah niemals die Person, die es ihm brachte und er hatte keine Ahnung, daß es außer ihm noch andere lebende Kreaturen gab. 1828, ungefähr im Alter von 17 Jahren, wurde er freigelassen. Zu dieser Zeit hat man ihn das erste Mal entdeckt. Er ging ziellos durch die Straßen von Nürnberg. Er konnte nicht sprechen, stieß aber wiederholt bestimmte Wortfetzen ohne Bedeutung aus. Er soll eine bemerkenswerte Geruchssensibilität und eine überraschende Fähigkeit, im Dunkeln zu sehen, gehabt haben. Sein Gang ähnelte den ersten Versuchen eines Kindes. Nach verschiedenen Wechselfällen übernahm ein hervorragender und sorgfältiger Lehrer seinen Unterricht. Unter dessen Vormundschaft machte Kaspar Hauser rasch Fortschritte und lernte bald zu sprechen. Das bedeutet, er konnte ebenso berichten, was er von seinem Leben in der Zelle erinnerte, als auch welche Erfahrungen er während seiner Unterrichtszeit gemacht hatte. Anders als andere Kinder, die relativ spät in ihrem Leben in Kontakt mit der Zivilisation kamen, profitierte Kaspar Hauser erstaunlich von seiner Erziehung. Er erreichte oder übertraf sogar möglicherweise normale Leistungen.

Fälle wilder Kinder wie diese sind für Psychologen besonders interessant, da sie möglicherweise Klarheit über die Frage bringen können, wie weit sich noch normales Verhalten ohne normale menschliche Stimulation entwickelt. In einer Zusammenfassung der berichteten Fälle meint ZINGG (89), diese wilden Kinder seien ohne Ausnahme stumm und bewegten sich auf allen Vieren. Unter diesen Umständen entwickelten sie keine Laute, die der menschlichen Sprache ähneln. Es fehle auch der charakteristische menschliche aufrechte Gang. Alle hätten bestimmte Arten der Fortbewegung auf Händen und Füßen oder Händen und Knien entwickelt. Dabei habe sich oft ihre physische Struktur verändert (durch das Entstehen schwieliger Pfoten und ähnlichem), und erlaube eine schnelle, erfolgreiche vierfüßige Fortbewegung.

Man hat auch charakteristische Wahrnehmungsveränderungen gefunden. Die Sinne für den Geruch, das Hören und Sehen – besonders für das Nachtsehen – zeigten oft eine tierähnliche Schärfe. Eßgewohnheiten unterschieden sich deutlich von den typisch menschlichen. Rohe Nahrung war das übliche Essen für Kinder, die von fleischfressenden Tieren großgezogen worden sind. Wilde Kinder lebten, wie man es beschrieben hat, weitgehend von Rinden, Wurzeln, Gräsern, Kräutern und Blättern. Ein „wildes Mädchen“ in Frankreich hatte sich daran gewöhnt, schwimmend nach Fischen und Fröschen zu jagen, die ihre Hauptnahrung ausmachten. Die Verhaltensweisen beim Essen ähnelten

auch denen niederer Tiere: das Riechen der Nahrung vor dem Essen, das Hinunterbeugen zur Nahrung, das Wetzen der Zähne an den Knochen und ähnliches. Es gibt keine Belege für irgendeine Tendenz, den Körper zu bedecken oder für „Bekleidung" irgendwelcher Art zu sorgen. Solche Kinder scheinen relativ unempfindlich für Kälte und Hitze zu sein und haben keinen „Sinn für Scham" vor Nacktheit entwickelt. Kein Weinen, keine Tränen oder Gelächter wurde beobachtet. Von anderen Ausdrucksformen für starken Zorn oder Ungeduld hat man jedoch berichtet. Auch Ausdrucksweisen für sexuelles Interesse oder sexuelle Aktivität fehlten völlig oder waren nur in diffuser, allgemeiner, ungerichteter Aktivität vorhanden. Kein „Bewußtsein um die eigene Art" oder Herdentrieb wurde beobachtet. Die Kinder wichen Menschen aus und zeigten oft eine Vorliebe für den Umgang mit niederen Tieren.
Eine besonders bemerkenswerte Beobachtung hat man von den beiden am gründlichsten untersuchten wilden Kindern berichtet. Sie bezieht sich auf die Entwicklung der Raumwahrnehmung. Bei dem wilden Jungen von Aveyron und Kaspar Hauser hat man Mängel in der Wahrnehmung der Entfernung, der Tiefe und der räumlichen Ausdehnung beobachtet, als die Jungen zum ersten Mal mit ihrer neuen Umgebung in Kontakt kamen. ITARD (49, S. 5) berichtet, daß der wilde Junge von Aveyron zunächst unfähig war, zwischen den Objekten selbst und Bildern von ihnen zu unterscheiden. Das gilt auch für Kaspar Hauser. Auch soll Kaspar Hauser, als er das erste Mal durch ein Fenster auf die Landschaft draußen geblickt hat, einen Fensterladen wahrgenommen haben, der mit verschiedenen Farben bemalt war. Es wurden auch Schwierigkeiten bei der Beurteilung der Größe von Objekten aus unterschiedlichen Entfernungen beobachtet (s. 72, S. 323).
Die Berichte über die wilden Kinder sind von einigen Psychologen, wie z.B. von DENNIS (18, 20) ernsthaft in Frage gestellt worden. Zweifellos zeigen die Berichte selbst, daß in einigen Fällen, die ZINGG zusammengefaßt hat, das Zusammenleben mit Tieren erst begann, nachdem die Kinder in menschlicher Gesellschaft schon ein fortgeschrittenes Alter erreicht hatten. Oder ein solches Zusammenleben war nur partiell und das Kind blieb noch in gewissem Kontakt mit menschlichen Erwachsenen. Ebenso steht fest, daß die Daten über einige Fälle, besonders über die früheren, so dürftig und so von Ungenauigkeiten und Fehlern der ursprünglichen Beobachter zersetzt sind, daß sie zweifelhafte Gültigkeit besitzen.
Einige Psychologen gehen sogar noch weiter und legen eine Alternativerklärung für *alle* Fälle wilder Kinder vor. Sie behaupten, diese Kinder seien von Anfang an geistig rückständig gewesen. Das erkläre ihre Aussetzung in bestimmten Kulturen. Ihr Mangel an typisch menschlichem Verhalten, z.B. in der Sprache und dem aufrechten Gang, sei wie ihre anderen „tierähnlichen" Merkmale auf ihren ursprünglichen geistigen Defekt zurückzuführen. Das übliche Gegenargument ist die Frage: „Wie konnte dann solch ein geistig zu-

rückgebliebenes Kind in einer Umwelt überleben, die sogar die Findigkeit eines normalen Erwachsenen fordern würde?" Als Antwort darauf hat DENNIS (18) auf die Möglichkeit verwiesen, daß die Kinder in Wirklichkeit nur für eine kurze Zeit – vielleicht nur für einige Tage – ausgesetzt worden waren, bevor man sie gefunden hat. Und daß man ihr Verhaltensdefizit unrichtig als ein Zeichen für langandauernde Isolation interpretiert hat.

In einer Entgegnung auf DENNIS' Kritik hat ZINGG (90) auf die schwieligen Pfoten und andere physische Veränderungen verwiesen, die Folge einer langdauernden vierfüßigen Fortbewegung sind. Ebenso betonte er das Ausmaß der Fertigkeit, die in dieser Bewegungsart erreicht wurde. Das sind Bedingungen, die sich wohl kaum entwickelt hätten, wenn das Kind bis auf einen kurzen Zeitraum vor seiner Entdeckung in der menschlichen Gesellschaft gelebt hätte. Die Nahrungsvorlieben und die physischen Effekte fortgesetzter Nahrungsdefizite sprechen ebenfalls für eine lange Trennung von menschlichem Kontakt. Es ist unwahrscheinlich, daß ein Kind – auch ein geistig behindertes – immer von roher Nahrung gelebt hätte, wenn es durch Menschen aufgezogen worden wäre. Das gilt besonders für Indien, wo man viele solcher Fälle gefunden hat und wo die Kinder wahrscheinlich niemals Zugang zu gekochter Nahrung gehabt hatten (s. 73).

Auch der Fortschritt vieler wilder Kinder beim Erlernen menschlicher Verhaltensweisen wird von ZINGG als Beleg gegen die Hypothese der ursprünglichen Minderbegabung ins Feld geführt. Natürlich findet man bei diesen Kindern nach dem Training kaum eine Leistung, die der gleichaltriger normaler Kinder gleicht oder sich ihr auch nur annähert. Das kann man auch kaum erwarten. Es fehlten wegen der langen Isolationsdauer nicht nur Gelegenheiten, normales menschliches Verhalten anzunehmen, sondern es findet auch eine Interferenz „negativen Transfers" aus den anderen Verhaltensweisen statt, die in der Wildnis angenommen worden sind. Sie müssen erst „verlernt" werden, ehe ein Fortschritt eintreten kann. Als Gegenbeispiel führt ZINGG den Fall eines „Wolfsjungen" in Indien an, der offensichtlich ein „wirklicher Idiot" war. Dieser Junge zeigte nach seiner Entdeckung keinerlei Fortschritt, obwohl er sogar das Erwachsenenalter erreichte. Der vergleichsweise größere Fortschritt anderer wilder Kinder läßt vermuten, daß sie ursprünglich normal gewesen und nur durch frühen Reizentzug unterentwickelt sind.

ZINGG zitiert auch die Berichte zuverlässiger Augenzeugen, die zumindest für zwei wilde Kinder (die oben beschriebenen Wolfskinder von Midnapore) belegen, daß sie einige Zeit vor ihrem Aufgriff wirklich mit Wölfen zusammengelebt hatten. Das wird von ZINGG als Antwort auf DENNIS' Argument angeführt, es gäbe keinen direkten Beweis dafür, daß menschliche Kinder wirklich von Tieren großgezogen worden sind. DENNIS vermutet, die Kinder könnten bei ihrer Gefangennahme in Gesellschaft von Tieren rein zufällig mit ihnen zusammengekommen sein, da sie sich gemeinsam vor einem Jäger verstecken wollten. DENNIS betont die Wichtigkeit dieses Punktes für die Interpretation des Verhaltens von wilden Kindern. Er führt aus, ein Kind, das vor dem Alter von 3 Jahren ausgesetzt wurde, könne unmöglich in der Wildnis überleben, wenn es nicht von einem Tier „aufgenommen" und umsorgt werde. Wenn andererseits ein Kind über 3 Jahre zu Beginn seines wilden Lebens sei, dann würde es zumindest Rudimente menschlichen Sprechens, der Bewegung und ähnlicher Funktionen angenommen haben – es sei denn, es sei von Geburt an nicht normal.

Eine hier relevante Hypothese hat der Anthropologe Marian SMITH (73) aufgestellt. Nach SMITH kann das Verhalten wilder Kinder teilweise mit dem emotionalen Trauma bei ihrer Aussetzung oder Entfernung von zu Hause erklärt werden. Dies sei eine stärkere Erfahrung als die reine Unterbrechung der Erziehung. Jede Sozialisation oder Annahme menschlichen Verhaltens, das vor der Isolation vorhanden gewesen sei, könne auch deshalb nicht fortbestehen, da es nicht durch die folgenden Erfahrungen des Kindes verstärkt würde. Je länger die wilde Existenz relativ zur Zeit menschlicher Aufzucht dauere, desto unwahrscheinlicher würden erkennbare Folgen menschlichen Umgangs. Diese Hypothese könnte die Tatsache erklären, daß man Verhalten, das vor der Isolation entwickelt worden sein mag, z. B. Gehen oder Sprechen, niemals bei wilden Kindern beobachtet hat.

Die Einwände von DENNIS und anderen müssen bei der Interpretation jedes Berichtes über angeblich wilde Kinder sorgfältig geprüft werden. Wahrscheinlich gelten die Einwände für die meisten Fälle, die von ZINGG und anderen diskutiert werden. Andererseits lassen die erreichbaren Belege stark vermuten, daß zumindest drei oder vier Fälle gutbelegte Einzelbeispiele für langdauernde Isolation von menschlichem Umgang darstellen. Der wilde Junge von Aveyron, die Wolfskinder von Midnapore, Kaspar Hauser und vielleicht noch ein oder zwei andere scheinen in diese Kategorie zu gehören. Eine Untersuchung dieser Fälle hilft einige Fakten menschlicher Entwicklung zu klären, die man durch andere besser kontrollierte Verfahren gefunden hat.

Kulturelle Unterschiede in Praktiken der Kindererziehung

Eine andere Art „natürlichen Experimentes" findet man in den *Praktiken der Säuglingspflege*, die in bestimmten Kulturen vorherrschen. In Albanien und in mehreren Nachbarstaaten ist es z. B. üblich, während des ersten Lebensjahres, Kinder eng an ihr Bett zu wickeln, so daß sie ihre Arme und Beine nicht bewegen können. Das Bett steht in einem dunklen Raum und das Kind hat keinen Zugang zu Spielzeug oder anderen Objekten. Das Kind wird einmal am Tag frisch gewindelt und gebadet, manchmal seltener.

Tests, die man an 10 solcher Kinder im Alter von 4 Monaten und einem Jahr durchgeführt hat (s. 14), offenbaren eine deutliche Verhaltensretardation. Wenige Kinder reagierten spontan, wenn man ihnen Gelegenheit dazu bot. Die Koordination war sehr schlecht und Greifbewegungen traten viel später als normal auf. Nur eines der 10 Kinder konnte, bevor es ein Jahr alt war, krabbeln. Dennoch konnten alle ohne Hilfe sitzen. Soziale Reaktionen dagegen waren beschleunigt entwickelt. Dieser Befund ist auf das Vorhandensein großer Familien zurückzuführen und darauf, daß Personen die einzig bekannte Stimulation in der Umwelt des Kindes waren. Von älteren Kinder berichtet man, sie seien normal in ihren sozialen Reaktionen, der Lernfähigkeit und „geistigen Produktivität", aber zurückgeblieben in motorischer Koordination und in der Ausdrucksfähigkeit. Ihre Einstellung neuen Objekten gegenüber sei interessiert und willig, aber schüchtern und ungeschickt. Die Kinder seien in neuen Situationen oft auf die Hilfe Erwachsener angewiesen.
Restriktive Praktiken bei der Säuglingspflege findet man auch bei bestimmten amerikanischen Indianerstämmen, den Navajos und Hopis z.B. In diesen Gruppen wickelt man das neugeborene Kind eng in ein Tuch und bindet es sorgfältig auf ein hartes Brett. In dieser Lage kann der Säugling weder Arme noch Beine bewegen, noch den Körper drehen. In den ersten drei Monaten bleibt es in dieser Verpackung, abgesehen von einer Stunde täglich, in der es gesäubert und gebadet wird. Später verweilt es für immer längere Zeit außerhalb seiner Umwicklung. DENNIS (17) berichtet, daß die Hopis- oder Navajo-Kinder trotz dieser extremen Bewegungsbeschränkung genauso sitzen, kriechen und gehen – in derselben Reihenfolge – wie weiße amerikanische Kinder, wenn sie einmal ausgewickelt sind. In den kurzen täglichen Perioden, wenn sie aus ihrem Bündel befreit sind, nehmen sie die übliche gebogene Haltung an, greifen nach Objekten, führen sie zum Mund, greifen nach den Zehen und führen sie zum Mund und zeigen andere motorische Verhaltensmerkmale eines nicht eingewickelten Kindes. Interessant ist auch folgender Befund: Zwischen dem durchschnittlichen Laufalter der Hopi-Kinder, die in der traditionellen Art gewickelt wurden, und dem von Hopikindern, die in der Art weißer amerikanischer Kinder gewickelt wurden, besteht kein signifikanter Unterschied. Bei einer Gruppe von 63 Kindern, die auf Hopiart großgezogen wurden, lag das durchschnittliche Laufalter bei 14,95 Monaten. Bei 42 Hopikindern, die ohne Schnürungen groß geworden sind, lag das durchschnittliche Laufalter bei 15,05 Monaten. Diese Differenz ist statistisch nicht signifikant (22).
Ähnliche Ergebnisse erhielt man in einer Studie an 110 japanischen und koreanischen Kindern, die man im Alter zwischen einem Monat und drei Jahren testete (46). In Tests für die motorische Entwicklung zeigten diese Kinder keinen Rückstand, obwohl ihre Mütter sie traditionsgemäß einen großen Teil des Tages auf dem Rücken trugen.

Die Ergebnisse dieser Untersuchungen stimmen nicht völlig miteinander überein. Die erste läßt eine größere Störung der Funktionen aufgrund fehlender Übung vermuten als die beiden letzten. Die spezifischen Befunde hängen offensichtlich von mehreren Faktoren ab, z. B. von der Art und dem Ausmaß der Einschränkung, von dem Alter, in dem die Einschränkung aufgehoben wird. Sehr wahrscheinlich hat z. B. motorische Einschränkung allein sehr viel geringere Auswirkungen als motorische Einschränkung, die mit Beschränkungen sensorischer Reize und sozialen Kontaktes einhergeht. Die einzelnen beobachteten Funktionen unterscheiden sich zweifellos auch in ihrer Übungsabhängigkeit. Generell lassen diese Studien folgendes annehmen: Bestimmte einfache motorische Funktionen, die in frühem Säuglingsalter erscheinen, hängen fast vollständig von Reifung ab. Viele andere dagegen verlangen für ihre erfolgreiche Betätigung relativ kurze Übungsperioden.

Eine Reihe jüngerer Studien über kulturelle Unterschiede in Praktiken der Kinderpflege haben sich mit den Wirkungen bestimmter Trainingseffekte bei Kindern auf die folgende *Persönlichkeitsentwicklung* befaßt. Spezielle Aufmerksamkeit hat man dem Ausmaß an Milde oder Strenge in der Sauberkeitserziehung, bei Schlaf- oder Eßgewohnheiten und ähnlichen Funktionen gewidmet. Diesen Ansatz haben WHITING und CHILD (87) in einer Erhebung verfolgt. Sie haben Daten über 75 primitive Gesellschaften aus den Interkulturellen Untersuchungen des Yale-Institute of Human Relations verwendet. Ihr Ziel war es, eine Reihe von Hypothesen über die Beziehungen zwischen Praktiken der Kinderpflege und der Persönlichkeitsentwicklung zu überprüfen. Innerhalb unserer eigenen Kultur haben sich ähnliche Arbeiten mit den Auswirkungen von unterschiedlichen Praktiken der Kinderaufzucht in sozialen Klassen beschäftigt (15). Diese Studien befassen sich mit komplexeren und verdeckteren Unterschieden und mit weiterreichenden Effekten als die vorher besprochenen Untersuchungen des motorischen Verhaltens. Ihre Ergebnisse sind deshalb schwieriger zu interpretieren. Möglicherweise sind hier andere unbekannte oder unkontrollierte Faktoren für die Determination der beobachteten Gruppenunterschiede in der Persönlichkeit verantwortlich. Das stellt ein ernstzunehmendes methodisches Problem dar. In späteren Kapiteln über sozioökonomische und andere kulturelle Unterschiede werden wir zu einer Betrachtung dieser Studien zurückkehren (Kapitel 15 und 17).

Erwähnt sei hier auch die vorliegende Datenmenge über *sozioökonomische Unterschiede in den intellektuellen Funktionen*. Wir werden sie im Kapitel 15 diskutieren. Diese Studien können als eine weitere Ausweitung des genannten Ansatzes insofern gelten, als die beobachteten spezifischen Klassenunterschiede in Merkmalen wie verbaler, numerischer, räumlicher und mechanischer Fähigkeit auf die entsprechenden Unterschiede der häuslichen Umwelt und der Erziehungserfahrungen zurückgeführt werden. Einige jüngere Untersuchungen haben sich primär mit Faktoren in der häuslichen Umwelt beschäftigt, die für die später beobachteten Gruppenunterschiede in der Testleistung verantwortlich sein könnten. Ein Beispiel dafür ist MILNERs Studie (59) über die Wirkungen sozialer Klassenunterschiede in der Eltern-Kind-Interaktion auf die Lesefertigkeit und die Sprachentwicklung von Schülern der ersten Klasse (s. Kap. 15).

Training und individuelle Unterschiede

Noch ein anderer Untersuchungstyp beschäftigt sich mit den Wirkungen früherer Erfahrung auf die Verhaltensentwicklung. Er handelt von Training und Schulung und wird in Kapitel 7 besprochen. Diese Studien beinhalten eine Reihe kontrollierter Laborexperimente. Sie wurden entwickelt um aufzudecken, ob individuelle Unterschiede nach einer Periode gemeinsamen Trainings in einfachen Funktionen zu- oder abnehmen. Pbn waren hier meist College- oder graduierte Studenten. Es liegen allerdings auch einige Untersuchungen an Schulkindern vor.
Große Datenmengen hat man über die Effekte des Schulbesuches angesammelt. Zu dieser Kategorie gehört eine Gruppe recht widersprüchlicher Studien über die Wirkung des Vorschulbesuches auf den IQ der Kinder. Einige Untersucher haben die Wirksamkeit spezieller Trainingsprogramme für die Hebung des intellektuellen Niveaus minderbegabter Kinder überprüft. Diese Forschungen werden im Kapitel 12 über Minderbegabung behandelt werden. Eine andere Untersuchungsgruppe befaßt sich mit der Beziehung zwischen der Länge des Schulbesuches und der Erwachsenenintelligenz. Eine verwandte Forschungsrichtung ist die Analyse von Langzeittrends im allgemeinen intellektuellen Niveau von Bevölkerungen in Verbindung mit Ausbildungsveränderungen, die inzwischen eingetreten sind.

Statistische Studien der Familienähnlichkeit

Den fünften und letzten Ansatz zur Analyse von Erbe- und Umweltfaktoren stellen die statistischen Studien von Familienähnlichkeiten dar. Auf sie soll im Kapitel 9 eingegangen werden. Die Interpretation dieser Ähnlichkeiten wird durch die Tatsache erschwert, daß nahe Verwandte normalerweise zusammenleben. Die Umwelt von Personen aus demselben Haus ist sicherlich ähnlicher als in jeder anderen Situation außerhalb eines Experimentes. Folglich wirken die beiden Faktorenklassen, Erbe und Umwelt, eng zusammen und führen zu größerer Übereinstimmung innerhalb der normalen Familie als man sie sonst zwischen zufällig ausgesuchten Individuen findet. Je enger die erbliche Beziehung, desto größer ist auch außerdem die Umweltnähe. So leben Eltern und Kinder, Brüder und Schwestern gewöhnlich in demselben Haus. Demgegenüber kommen entferntere Verwandte wie Onkel, Neffen oder Cousinen seltener miteinander in Kontakt. Verwandte Individuen erleben nicht nur wegen der Ähnlichkeit der Lebensbedingungen gemeinsame Umweltanregung, sondern sie stellen auch teilweise gegenseitig des anderen Umwelt dar. So können sie einander durch gegenseitige Interaktion in einigen Aspekten ähnlicher werden.

In vielerlei Hinsicht bieten Familien ein ausgezeichnetes Beispiel für das Wirken von Umwelteinflüssen auf die Entwicklung von Verhaltensähnlichkeiten. Gleichzeitig teilen sich Mitglieder derselben Familie in unterschiedlichem Ausmaß gemeinsames Erbgut. Das hat Familienähnlichkeiten zu einer beliebten Datenquelle zum Testen von Hypothesen über Erbfaktoren gemacht. Man muß jedoch unbedingt im Auge behalten, daß Familienähnlichkeit selbst noch nicht als Beleg für Vererbung betrachtet werden darf. Um das Wirken von Erbfaktoren aufzuzeigen, bedarf es zusätzlicher Analysen und Kontrollverfahren.

Ahnenstudien

Die Rückverfolgung menschlicher Familienvorfahren im Hinblick auf ein spezifisches, leicht identifizierbares Merkmal kann wertvolle Daten über Erbfaktoren erbringen. Die Techniken der Datenanalysen, wie sie von den Genetikern benutzt werden, haben sich als besonders ergiebig für die Untersuchung einfacher physischer Anomalien erwiesen. Darunter fällt Albinismus, Schwimmhautbildung, Polydaktylie, Klumpfuß und eine Reihe seltener und ernster Mißbildungen oder pathologischer Gegebenheiten. Einige wenige psychische Anomalien bieten sich zur Analyse mit diesen Techniken an.

Die Anwendung der Ahnenanalyse auf die meisten psychischen Merkmale jedoch trifft auf fast unüberwindbare Hindernisse. Die Hauptschwierigkeit bei psychischen Merkmalen beruht auf der Vielzahl beteiligter Faktoren. Daraus resultiert, daß sich die meisten Ahnenstudien in der Psychologie auf eine reine Demonstration beschränkt haben. Sie zeigen, daß bestimmte Merkmale wie Minderbegabung, Wahnsinn, musikalische Begabung oder wissenschaftliche Höchstleistungen meist in Familien wiederkehren. Diese Daten, die wir im Kapitel 9 prüfen werden, sind grundsätzlich deskriptiv und bieten geringe oder keine Grundlage für eine Erklärung der beobachteten Ähnlichkeiten.

Korrelationsstudien der Familienähnlichkeit

Der Ähnlichkeitsgrad zwischen verwandten Personen läßt sich durch einen Korrelationskoeffizienten ausdrücken (s. Kap. 1). Eine hohe positive Korrelation zwischen Intelligenztestwerten von Vätern und Söhnen bedeutet z. B., daß Väter mit hohen Werten in der Gruppe die Tendenz zeigen, Söhne mit hohen Werten zu haben. Väter mit niedrigen Werten haben meist auch Söhne mit niedrigen Werten. Die meisten Korrelationsstudien haben sich mit dem Übereinstimmungsgrad zwischen Testwerten von Eltern und Kindern, Geschwistern und Zwillingen beschäftigt. Wenige haben auch mit entfernteren Verwandten gearbeitet, z. B. mit Cousinen, Großeltern und Enkeln.
In der Zwillingsforschung muß man zwischen EZ und ZZ unterscheiden (s. Kapitel 3). EZ sind sich in ihrem Erbe vollkommen gleich. Alle Unterschiede zwischen ihnen müssen deshalb auf Umweltfaktoren beruhen, die prä- oder postnatal wirksam sind. ZZ ähneln sich dagegen genetisch nicht mehr als Geschwister. Vergleiche des Ähnlichkeitsgrades in psychischen Merkmalen zwischen EZ, ZZ und Geschwistern liefern deshalb die Möglichkeit, die Wirkungen von Erbe- und Umweltfaktoren zu analysieren.

Studien über spezielle Familienbeziehungen

Einige Autoren haben in den Studien über Pflegekinder weitere Möglichkeiten zur Isolierung von Erbe- und Umwelteinflüssen gesehen. Verschiedene Datentypen kann man in derartigen Untersuchungen gewinnen. Man kann z. B. die Änderungen untersuchen, die dem Leben im Pflegeheim folgen oder den Ähnlichkeitsgrad zwischen Pflegekindern und ihren eigenen Eltern und Geschwistern und ihren Pflegeeltern und Pflegegeschwistern. Eine spezielle Anwendung dieses Verfahrens findet man in den Fallstudien über EZ, die getrennt in verschiedenen Pflegefamilien aufgewachsen sind[4]. Auch Heimkinder hat man unter diesem Aspekt untersucht. Typische Ergebnisse dieser Untersuchungen, die jeweils verschiedene Ansätze benutzt haben, werden im Kapitel 9 referiert werden.

---

4 STONE (78) hat die Verwendung bestimmter Tierarten vorgeschlagen, die normalerweise Vielgeburten mit identischem Erbe haben. Hierher gehören die Klonierungen einzelliger Organismen und die Vielgeburten von Vertebraten wie dem Armadillo. Unter diesen Umständen könnte man Experimente an EZ mit viel mehr Pbn und unter besser kontrollierten Bedingungen durchführen als das bei menschlichen Pbn möglich wäre.

Zusammenfassung

Bei der Zusammenstellung der Methoden, die Psychologen zur Untersuchung von Erbe und Umwelt verwendet haben, muß man die Art des Problems, wie es im dritten Kapitel besprochen wurde, im Auge behalten. Es soll nicht untersucht werden, ob ein Merkmal erb- oder umweltbedingt ist, noch soll der proportionale Anteil von Erbe und Umwelt festgestellt werden. Eher liegt das Forschungsziel darin, spezifische Erbe- und Umweltfaktoren zu identifizieren, die an der Entwicklung jeder Funktion beteiligt sind. Es sollen die Wege gefunden werden, auf denen diese Faktoren wirken, wenn sie beobachtete individuelle Unterschiede hervorrufen. Für diese Fragen ist der Anteil „struktureller" oder organischer Bedingungen an der Verhaltensentwicklung wichtig. Denn nur durch strukturelle Merkmale kann Vererbung auf Verhalten wirken.

Verfahren, die in psychologischen Studien über Erbe- und Umweltfaktoren im Verhalten verwendet werden, lassen sich fünf Überschriften unterordnen: Selektives Züchten, normative Entwicklungsstudien, strukturelle Faktoren in der Verhaltensentwicklung, Wirkungen früherer Erfahrungen auf das Verhalten, und statistische Analysen der Familienähnlichkeit.

Einige Untersucher haben *selektive Züchtungen* im Hinblick auf psychische Merkmale erfolgreich durchgeführt. Sie haben meist mit Ratten gearbeitet. Mit anderen Spezies hat man erst einen Anfang gemacht. Ratten hat man auf Merkmale hin gezüchtet wie Labyrinthlernen, Ausmaß spontaner Aktivität und Gefühlsbetontheit. Weitere Forschungen wiesen nach, daß Zuchtunterschiede im Labyrinthlernen wahrscheinlich einhergehen mit emotionalen und motivationalen, nicht aber mit Fähigkeitsunterschieden. Endokrine Aktivität scheint eine wichtige Rolle für Verhaltensdifferenzen zwischen Stämmen zu spielen. Das wird auch durch vergleichende Verhaltensstudien an existierenden Hundezüchtungen belegt.

Normative Entwicklungsstudien, die den normalen Entwicklungsverlauf nach dem Alter tabellieren, hat man pränatal und postnatal durchgeführt – bei Tieren und Menschen. In diesen Studien hat man Belege für Reifungsfaktoren weitgehend in dem plötzlichen Auftauchen bestimmter Aktivitäten ohne vorherige Übung gesucht. Ebenso in den Übereinstimmungen der sequentiellen Abfolge. Die Ergebnisse machen deutlich, daß bei Mensch und Tier beträchtliche Verhaltensentwicklungen vor der Geburt stattfinden. Angesichts dieser Beobachtungen werden einige Nachweise über plötzliches Erscheinen von Verhalten nach der Geburt suspekt. Sequentieller Verlauf scheint die Regel bei dem Großteil der Verhaltensentwicklung zu sein, die pränatal und in den frühen postnatalen Perioden stattfindet. Generell belegen diese Ergebnisse, daß Reifung relativ wichtig ist für die simple sensumotorische Entwicklung des frühen Lebensabschnittes. Es ist jedoch unzulässig, von diesen Beobachtungen auf die Entwicklung komplexerer symbolischer Funktionen in späteren Altersstufen zu generalisieren.

Die *Rolle struktureller Faktoren für die Verhaltensentwicklung* hat man auf verschiedenen Wegen untersucht. Hierher gehört der Vergleich selektiv gezüchteter Stämme hinsichtlich verschiedener physischer Merkmale; die Beobachtung von physischen Änderungen, die die Verhaltensentwicklung begleiten; die künstliche Manipulation struktureller Faktoren (z.B. das experimentelle Entfernen oder die Stimulation von corticalen Gebieten) und statistische Studien der Beziehung zwischen individuellen Unterschieden in physischen und psychischen Eigenschaften. Bisher hat dieser Ansatz wenig positive Information über strukturelle Unterschiede geliefert, die man eindeutig mit individuellen Unterschieden im Verhalten gleichsetzen könnte. Selbst wenn man Übereinstimmungen gefunden hat, bleiben viele Fragen über die kausalen Beziehungen offen. Im Kapitel 5 findet sich eine eingehendere Diskussion dieses Ansatzes.

Von den Studien über die *Wirkungen früherer Erfahrung auf das Verhalten* haben viele Tierexperimente den Einfluß von Erfahrung deutlich gemacht. Sie modifiziert viele Verhaltensarten, die gewöhnlich „als instinktiv" gelten. Selbst die Lernfähigkeit erwies sich als durch vorangegangenes Lernen veränderbar. Experimentelle Studien an menschlichen Säuglingen sind relativ selten. Mit Hilfe der Methode der eingeschränkten Übung und der Methode der Zwillingskontrolle belegen diese Studien wiederum die Bedeutung von Reifungsfaktoren für die frühe sensumotorische Entwicklung. Aber die Daten sind aus vielerlei methodischen Gründen unvollständig. Es gibt Fallstudien über „wilde Kinder", die man in der Isolation oder ausschließlich mit Tieren lebend gefunden hat. Sie dienen dazu, Licht auf das Ausmaß zu werfen, in dem Kinder typisch menschliches Verhalten nur durch den Kontakt mit anderen Menschen annehmen. Untersuchungen über kulturelle Unterschiede in den Praktiken der Säuglingspflege bestätigen andere Arten von Studien. Sie zeigen nämlich, daß Übungseinschränkung selbst noch nicht das Erscheinen bestimmter einfacher motorischer Reaktionen im Säuglingsalter beeinträchtigt. Jeder Rückstand in motorischen Funktionen wird leicht wettgemacht, wenn die entsprechende Übung ermöglicht wird. Psychologen interessierten sich dafür, mögliche Effekte kultureller Unterschiede in den Erziehungspraktiken auf die spätere Persönlichkeits- und Intelligenzentwicklung aufzuklären. Diese Studien sollen im 15. und 17. Kapitel eingehend besprochen werden. Zum allgemeinen Ansatz, der sich mit den Effekten früherer Erfahrung auf das Verhalten befaßt, gehören auch Experimente über den Einfluß von Übung auf individuelle Unterschiede. Auch die verschiedenen Untersuchungen über die Effektivität von Schulen. Beide sollen im 7. Kapitel besprochen werden.

Die fünfte allgemeine Methode bezieht sich auf *statistische Studien der Fa-*

milienähnlichkeit. Sie sollen im 9. Kapitel diskutiert werden. Zu dieser Kategorie gehören Ahnenuntersuchungen oder Studien der Familiengeschichte, Korrelationen von Testwerten zwischen Eltern, Geschwistern und Zwillingen und Forschung über EZ, die getrennt aufwuchsen, über Pflege- und Heimkinder.

Literaturverzeichnis

1. Ames, Louise B. The sequential patterning of prone progression in the human infant. *Genet. Psychol. Monogr.*, 1937, 19, 409–460.
2. Beach, F. A., and Jaynes, J. Effects of early experience upon the behavior of animals. *Psychol. Bull.*, 1954, 51, 239–263.
3. Brody, E. G. Genetic basis of spontaneous activity in the albino rat. *Comp. Psychol. Monogr.*, 1942, 17, No. 5.
4. Carmichael, L. The development of behavior in vertebrates experimentally removed from the influence of external stimulation. *Psychol. Rev.*, 1926, 33, 51–58.
5. Carmichael, L. A further study of the development of behavior in vertebrates experimentally removed from the influence of external stimulation. *Psychol. Rev.*, 1927, 34, 34–47.
6. Carmichael, L. A further experimental study of the development of behavior. *Psychol. Rev.*, 1928, 35, 253–260.
7. Carmichael, L. An experimental study in the prenatal guinea pig of the origin and development of reflexes and patterns of behavior in relation to the stimulation of specific receptor areas during the period of active fetal life. *Genet. Psychol. Monogr.*, 1934, 16, 339–491.
8. Carmichael, L. Ontogenetic development. In S. S. Stevens (Ed.), *Handbook of experimental psychology.* N.Y.: Wiley, 1951. Pp. 281–303.
9. Carmichael, L. The onset and early development of behavior. In L. Carmichael (Ed.), *Manual of child psychology.* (2nd Ed.) N.Y.: Wiley, 1954. Pp. 60–185.
10. Coghill, G. E. *Anatomy and the problem of behavior.* Cambridge: Univer. Press, 1929.
11. Coronios, J. D. Development of behavior in the fetal cat. *Genet. Psychol. Monogr.*, 1933, 14, 283–386.
12. Cruikshank, Ruth M. Animal infancy. In L. Carmichael (Ed.), *Manual of child psychology.* (2nd Ed.) N.Y.: Wiley, 1954. Pp. 186–214.
13. Cruze, W. W. Maturation and learning in chicks. *J. comp. Psychol.*, 1935, 19, 371–409.
14. Danzinger, L., and Frankl, L. Zum Problem der Funktionsreifung. Erster Bericht über Entwicklungsprüfungen en albanischen Kindern. *Z. Kinderforsch.*, 1934, 43, 219–254.
15. Davis, A., and Havighurst, R. J. Social class and color differences in child rearing. *Amer. sociol. Rev.*, 1946, 11, 698–710.

16. Dennis, W. Infant development under conditions of restricted practice and of minimum social stimulation: a preliminary report. *J. genet. Psychol.*, 1938, 53, 149–158.
17. Dennis, W. Does culture appreciably affect patterns of infant behavior? *J. soc. Psychol.*, 1940, 12, 305–317.
18. Dennis, W. The significance of feral man. *Amer. J. Psychol.*, 1941, 54, 425–432.
19. Dennis, W. Is the newborn infant's repertoire learned or instinctive? *Psychol. Rev.*, 1943, 50, 330–337.
20. Dennis, W. A further analysis of reports of wild children. *Child Develpm.*, 1951, 22, 153–158.
21. Dennis, W., and Dennis, Marsena G. Behavioral development in the first year as shown by forty biographies. *Psychol. Rec.*, 1937, 1, 349–361.
22. Dennis, W., and Dennis, Marsena G. The effect of cradling practices upon the onset of walking in Hopi children. *J. genet. Psychol.*, 1940, 56, 77–86.
23. Forgus, R. H. The effect of early perceptual learning on the behavioral organization of adult rats. *J. comp. physiol. Psychol.*, 1954, 47, 331–336.
24. Fromme, A. An experimental study of the factors of maturation and practice in the behavioral development of the embryo of the frog, *Rana pipiens. Genet. Psychol. Monogr.*, 1941, 24, 219–256.
25. Fuller, J. L., and Scott, J. P. Heredity and learning ability in infrahuman mammals. *Eugen. Quart.*, 1954, 1, 28–43.
26. Furchtgott, E. Behavioral effects of ionizing radiations. *Psychol. Bull.*, 1956, 53, 320–334.
27. Gesell, A. *Wolf child and human child.* N.Y.: Harper, 1941.
28. Gesell, A. The ontogenesis of infant behavior. In L. Carmichael (Ed.), *Manual of child psychology.* (2nd Ed.) N.Y.: Wiley, 1954. Pp. 335–373.
29. Gesell, A., *et al. The first five years of life.* N.Y.: Harper, 1940.
30. Gesell, A., and Amatruda, Catherine S. *Developmental diagnosis.* (2nd Ed.) N.Y.: Hoeber, 1947.
31. Gesell, A., and Thompson, Helen. Twins T and C from infancy to adolescence: a biogenetic study of individual differences by the method of co-twin control. *Genet. Psychol. Monogr.*, 1941, 24, 3–122.
32. Gos, M. Les réflexes conditionnels chez l'embryon d'oiseau. *Bull. Soc. sci. Liége*, 1935, 4, 194–199, 246–250.
33. Hall, C. S. Emotionality in the rat. *J. comp. Psychol.*, 1934, 18, 385–404; 1936, 22, 61–68, 345–352; 1937, 24, 369–376.
34. Hall, C. S. The genetics of behavior. In S. S. Stevens (Ed.), *Handbook of experimental psychology.* N.Y.: Wiley, 1951. Pp. 304–329.
35. Hall, C. S., and Klein, S. J. Individual differences in aggressiveness in rats. *J. comp. Psychol.*, 1942, 33, 371–383.
36. Halverson, H. M. The acquisition of skill in infancy. *J. genet. Psychol.*, 1933, 43, 3–48.
37. Harris, R. E. An analysis of the maze-learning scores of bright and dull rats with reference to motivational factors. *Psychol. Rec.*, 1940, 4, 130–136.
38. Hayes, Catherine. *The ape in our house.* N.Y.: Harper, 1951.
39. Hayes, K. J., and Hayes, Catherine. The intellectual development of a home-raised chimpanzee. *Proc. Amer. philos. Soc.*, 1951, 95, 105–109.

40. Hayes, K. J., and Hayes, Catherine. Imitation in a home-raised chimpanzee. *J. comp. physiol. Psychol.*, 1952, 45, 450–459.
41. Hayes, K. J., and Hayes, Catherine. The cultural capacity of the chimpanzee. *Human Biol.*, 1954, 26, 288–303.
42. Hebb, D. O. *The organization of behavior*. N.Y.: Wiley, 1949.
43. Heron, W. T. The inheritance of brightness and dullness in maze learning ability in the rat. *J. genet. Psychol.*, 1941, 59, 41–49.
44. Hilgard, J. R. The effect of early and delayed practice of memory and motor performances studied by the method of co-twin control. *Genet. Psychol. Monogr.*, 1933, 14, 493–567.
45. Hirsch, J., and Tryon, R. C. Mass screening and reliable individual measurement in the experimental behavior genetics of lower organisms. *Psychol. Bull.*, 1956, 53, 402–410.
46. Hofstaetter, P. R. Testuntersuchungen an japanischen Kindern und das Reifungsproblem. Z. *Kinderforsch.*, 1937, 46, 71–112.
47. Hooker, D. *The prenatal origin of behavior.* Lawrence: Univer. Kansas Press, 1952.
48. Hunt, E. L. Establishment of conditioned responses in chick embryos. *J. comp. physiol. Psychol.*, 1949, 42, 107–117.
49. Itard, J. M. G. *The wild boy of Aveyron.* (Transl. by G. and M. Humphrey.) N.Y.: Appleton-Century-Crofts, 1932.
50. Kellogg, W. N. A further note on the "wolf children" of India. *Amer. J. Psychol.*, 1934, 46, 149–150.
51. Kellogg, W. N., and Kellogg, Luella A. *The ape and the child.* N.Y.: Whittlesey House, McGraw-Hill, 1933.
52. Kuo, Z. Y. Ontogeny of embryonic behavior in aves: I. The chronology and general nature of the behavior of the chick embryo. *J. exp. Zool.*, 1932, 61, 395–430.
53. Kuo, Z. Y. Ontogeny of embryonic behavior in aves: III. The structure and environmental factors in embryonic behavior. *J. comp. Psychol.*, 1932, 13, 245–272.
54. Kuo, Z. Y. Ontogeny of embryonic behavior in aves: IV. The influence of embryonic movements upon the behavior after hatching. *J. comp. Psychol.*, 1932, 14, 109–122.
55. Kuo, Z. Y. Development of acetylcholine in the chick embryo. *J. Neurophysiol.*, 1939, 2, 488–493.
56. Levinson, B. Effects of fetal radiation on learning. *J. comp. physiol. Psychol.*, 1952, 45, 140–145.
57. Lindsley, D. B. Heart and brain potentials of human fetuses in utero. *Amer. J. Psychol.*, 1942, 55, 412–416.
58. Luchins, A. S., and Forgus, R. H. The effect of differential post-weaning environment on the rigidity of an animal's behavior. *J. genet. Psychol.*, 1955, 86, 51–58.
59. Milner, Esther. A study of the relationships between reading readiness in grade one school children and patterns of parent-child interaction. *Child Develpm.*, 1951, 22, 95–112.
60. Munn, N. L. *The evolution and growth of human behavior.* Boston: Houghton Mifflin, 1955.

61. Pratt, K. C. The neonate. In L. Carmichael (Ed.), *Manual of child psychology.* (2nd Ed.) N.Y.: Wiley, 1954. Pp. 215–291.
62. Riess, B. F. The effect of altered environment and of age on mother-young relationships among animals. *Ann. N. Y. Acad. Sci.,* 1954, 57, 606–610.
63. Rundquist, E. A. Inheritance of spontaneous activity in rats. *J. comp. Psychol.,* 1933, 16, 415–438.
64. Scott, J. P. Genetic differences in the social behavior of inbred strains of mice. *J. Hered.,* 1942, 33, 11–15.
65. Scott, J. P. New directions in the genetic study of personality and intelligence. *Eugen. News,* 1953, 38, 97–101.
66. Scott, J. P., and Charles, Margaret S. Some problems of heredity and social behavior. *J. gen. Psychol.,* 1953, 48, 209–230.
67. Scott, J. P., and Fuller, J. L. Research on genetics and social behavioı at the Roscoe B. Jackson Memorial Laboratory, 1946–1951—a progress report *J. Hered.,* 1951, 42, 191–197.
68. Searle, L. V. The organization of hereditary maze-brightness and maze-dullness. *Genet. Psychol. Monogr.,* 1949, 39, 279–325.
69. Shirley, Mary M. A motor sequence favors the maturation theory. *Psychol. Bull.,* 1931, 28, 204–205.
70. Shirley, Mary M. *The first two years:* Vol. I. *Postural and locomotor development.* Vol. II. *Intellectual development.* Minneapolis: Univer. Minn. Press, 1931, 1933.
71. Silverman, W., Shapiro, F., and Heron, W. T. Brain weight and maze learning in rats. *J. comp. Psychol.,* 1940, 30, 279–282.
72. Singh, J. A. L., and Zingg, R. M. *Wolf-children and feral man.* N.Y.: Harper, 1942.
73. Smith, Marian W. Wild children and the principle of reinforcement. *Child Develpm.,* 1954, 25, 115–123.
74. Spelt, D. K. The conditioning of the human fetus *in utero. J. exp. Psychol.,* 1948, 38, 338–346.
75. Sperry, R. W. Mechanisms of neural maturation. In S. S. Stevens (Ed.), *Handbook of experimental psychology.* N.Y.: Wiley, 1951. Pp. 236–280.
76. Squires, P. C. Wolf children of India. *Amer. J. Psychol.,* 1927, 38, 313–315.
77. Stockard, C. R., Anderson, O. D., and James, W. T. *Genetic and endocrine basis for differences in form and behavior.* Philadelphia: Wistar Inst. Press, 1941.
78. Stone, C. P. Methodological resources for the experimental study of innate behavior as related to environmental factors. *Psychol. Rev.,* 1947, 54, 342–347.
79. Stratton, G. M. Jungle children. *Psychol. Bull.,* 1934, 31, 596–597.
80. Strayer, L. C. Language and growth: the relative efficacy of early and deferred vocabulary training, studied by the method of co-twin control. *Genet. Psychol. Monogr.,* 1930, 8, 209–319.
81. Tait, C. D., Jr., Wall, P. D., Balmuth, Muriel, and Kaplan, S. J. Behavioral changes following radiation. II. Maternal behavior and maze performance. *USAF, Sch. Aviat. Med.,* 1952. Spec. Rep. ii.
82. Thompson, W. R., and Heron, W. The effects of restricting early experience on the problem-solving capacity of dogs. *Canad. J. Psychol.,* 1954, 8, 17–31.

83. Thompson, W. R. The heredity-environment problem. *Bull. Marit. psychol. Ass.*, 1955, 30–40.
84. Tinbergen, N. *The study of instinct.* London: Oxford Univer. Press, 1951.
85. Tryon, R. C. The genetics of learning ability in rats: preliminary report. *Univer. Calif. Publ. Psychol.*, 1929, 4, 71–89.
86. Tryon, R. C. Genetic differences in maze-learning ability in rats. *39th Yearb., Nat. Soc. Stud. Educ.*, 1940, Part I, 111–119.
87. Whiting, J. W. M., and Child, I. L. *Child training and personality: a cross-cultural study.* New Haven: Yale Univer. Press, 1953.
88. Wickens, D. D., and Wickens, Carol. A study of conditioning in the neonate. *J. exp. Psychol.*, 1940, 25, 94–102.
89. Zingg, R. M. Feral man and extreme cases of isolation. *Amer. J. Psychol.*, 1940, 53, 487–517.
90. Zingg, R. M. Reply to Professor Dennis' "The significance of feral man." *Amer. J. Psychol.*, 1941, 54, 432–435.

Kapitel 5
Physis und Verhalten

Der Psychologe, der die Beziehungen zwischen Physis[1] und Verhalten untersuchen will, kann verschiedene Forschungsstrategien verfolgen. Die prinzipiell verfügbaren Ansätze, wie sie im vorigen Kapitel skizziert wurden, sind: Die vergleichende Analyse physischer Merkmale bei Stämmen, die nach Verhaltensmerkmalen gezüchtet werden; die Prüfung physischer Veränderungen, die mit der Verhaltensentwicklung einhergehen; die künstliche Veränderung struktureller Bedingungen; die Untersuchung der Beziehungen zwischen individuellen Unterschieden in physischen und psychischen Charakteristika. Mit dem letzten dieser vier Ansätze haben sich die Differentiellen Psychologen hauptsächlich beschäftigt. Und dieser Ansatz soll im vorliegenden Kapitel näher überprüft werden.

Das Studium der Beziehungen zwischen Physis und Verhalten ist für eine Reihe von Fragen praktischer und theoretischer Art von Bedeutung. Als erstes kann solche Forschung zum Verständnis der Ethologie des Verhaltens beitragen. Die Bedeutung struktureller Faktoren für das Verhalten ist nicht nur für sich allein ein wichtiges Forschungsgebiet. Ihre Klärung stellt auch einen Schritt zur Identifikation von Erbfaktoren bei der Verhaltensentwicklung dar. Zur Erinnerung: Wirkt Vererbung auf Verhalten ein, so muß das durch das Medium struktureller Merkmale geschehen. Eine andere theoretische Frage, die zahlreiche Studien über Physis und Verhalten angeregt hat, richtet sich auf die Verteilung und Organisation von Merkmalen. Die Forschung über Konstitutionstypen fällt in diese Kategorie. Sie wird im 6. Kapitel diskutiert werden. Von der Praxis her beruht das Interesse an den Beziehungen zwischen Physis und Verhalten auf der Möglichkeit, Menschen einzuschätzen und Verhalten aufgrund physischer Merkmale vorherzusagen.

1 Der Begriff Physis wird für alle strukturellen Merkmale eines Individuums verwendet, d.h. für anatomische, physiologische und biochemische Eigenschaften.

Alltagsauffassungen über Physis und Verhalten

Die populären Bemühungen, Fähigkeiten und Persönlichkeit vom physischen Aussehen her zu beurteilen, gehen wahrscheinlich auf die frühesten sozialen Interaktionen zwischen Menschen zurück. Von Zeit zu Zeit hat man diese Versuche in Systemen formalisiert, z. B. in der Phrenologie und der Ausdruckskunde, die von der Kopfform bzw. von Gesichtsmerkmalen ausgehen. Noch heute zeigt sich der Einfluß dieser Pseudowissenschaften in den Praktiken zeitgenössischer Scharlatane und in Teilen unserer Volkssitte und der Sprache. Der Intellektuelle mit randloser Brille und Pfeife, der heißblütige Rotschopf, der kühle Blonde, der hinterhältige Blick des Betrugs, das eckige Kinn der Festigkeit und viele andere Assoziationen, die sich der Leser leicht vergegenwärtigen kann, haben sich tief in das allgemeine Gedankengut gegraben.

Diese traditionellen Assoziationen zwischen Merkmalen nennt man „soziale Stereotype". Literatur und Malerei haben viel dazu beigetragen, sie zu verfestigen. Die ersten Eindrücke und Gefühle im alltäglichen menschlichen Umgang fußen oft gerade auf diesen Assoziationen. Eine Person muß nicht ein anerkannter Vertreter der Phrenologie oder Ausdruckskunde sein, um in ihrem Menschenurteil diesen Stereotypien anzuhängen. Sie muß sich dessen auch nicht bewußt sein, daß sie auf einen angeblich physischen Indikator der Persönlichkeit reagiert. Sie kann ihr Urteil anderweitig rationalisieren oder es einfach als unerklärlichen Eindruck abtun.

Der Leser mag fragen: „Bedeutet die Tatsache, daß sich diese Meinungen über Jahrhunderte gehalten haben, nicht, daß irgendetwas daran ist? Wären sie völlig unbegründet, müßten das die Menschen nicht früher oder später herausfinden?" „Nein", ist die Antwort. Die Gründe für das Überleben solcher Stereotypien sind dieselben, die die Fortdauer von Aberglauben und anderen falschen Volksmeinungen bedingen.

Erstens, vertrauen wir dem Gedächtnis. Wir können uns leicht an isolierte Fälle erinnern, die den Glauben bestätigen. Wir neigen dabei dazu, all die Hunderte von Fällen zu vergessen, die ihn widerlegten. Tägliche Unterhaltungen sind voll von Rückgriffen auf diese Fälle. „Ich *weiß* einfach, daß Blonde kühl sind – sieh dir Muriel an!" „Zeigt ein eckiges Kinn Bestimmtheit? Nun, ich habe eine Cousine, auf die diese Beschreibung haargenau paßt", usw. usw. Phrenologen und andere Pseudowissenschaftler bauen stark auf dieser Art trügerischer Argumentation auf. Ihre Schriften enthalten viele Fälle, die speziell ausgewählt wurden, um ihre Aussagen zu illustrieren. Ein beliebtes Beispiel ist Daniel Webster, dessen Kopfumfang 24 1/2 Inches betrug und der angeblich eine Schädelwölbung genau an dem richtigen Platz hatte, der eine Überentwicklung literarischer Begabung anzeigt. Aber die Phrenologen übersehen Tausende anderer Literaten mit durchschnittlichen oder kleinen Köpfen und Beulen an den falschen Orten. Der einzig angemessene Test für eine Hypothese verlangt natürlich die Beobachtung von Zufallsstichproben. Die Verwendung ausgewählter Fälle, selbst wenn sie zahlreich sind, kann niemals etwas beweisen.

Eine zweite Fehlerquelle rührt von der Tendenz her, von pathologischen Abweichungen auf individuelle Unterschiede im Normalbereich zu generalisieren. So impliziert z.B. die Existenz kleinhirniger oder kleinköpfiger Idioten nicht eine positive Korrelation zwischen Kopfvolumen und Intelligenz in der Gesamtpopulation. Dem mikrocephalen Idioten fehlt die minimale Gehirnmenge, die für eine normale intellektuelle Entwicklung benötigt wird. Aber bei Personen, die die minimale strukturelle Voraussetzung in dieser Hinsicht erfüllen, muß eine größere Hirngröße nicht mit überragendem intellektuellem Funktionieren verbunden sein. Ob eine solche Beziehung besteht oder nicht, muß man direkt an großen Stichproben normaler Personen überprüfen.

Einen dritten Punkt muß man bei jeder Beobachtung von Beziehungen zwischen physischen und psychischen Merkmalen beachten: Soziale Stereotypien haben selbst die Tendenz, den Glauben an bestimmte Beziehungen zu verewigen. Wenn weitverbreiteter Glaube besagt, eine Person mit fliehendem Kinn sei willensschwach, dann besteht die Tendenz, daß ihre Umgebung solch eine Person als willensschwach beurteilt. Handlungen, die man bei anderen übersehen hätte, werden bei diesem Individuum bemerkt und als Indikatoren für Schwäche angesehen. Diese Fehlerart tritt nicht nur in einzelnen zwischenmenschlichen Beziehungen des Alltagslebens auf, sondern auch in psychologischen Untersuchungen, in denen *Schätzurteile* über psychische Merkmale mit physischen Meßwerten korreliert werden. Das Vorherrschen physiognomischer Stereotypien wird durch Untersuchungsergebnisse belegt, in denen man Persönlichkeitsurteile aufgrund von Fotografien abgeben ließ. Obwohl sie in keiner Beziehung zu objektiver Information über die Verhaltensmerkmale der fotografierten Personen stehen, stimmen die Urteile gewöhnlich hinsichtlich der Merkmale, mit denen jede Fotografie belegt wurde, hoch überein (s. z.B. 70).

Der Einfluß sozialer Stereotypien kann sogar noch weitergehen und das individuelle Selbstbild und damit die Verhaltensentwicklung verändern. Was Personen von einer anderen Person erwarten, kann ein bedeutender Faktor bei der Formung ihres Verhaltens sein. Wird ein Kind immer als stupide und dumm angesehen, kann es allmählich selbst daran glauben und danach handeln. Wird eine Person allgemein ignoriert und nicht ernst genommen, dann wird sie nur schwer eine Führungsposition einnehmen können. So setzt allein das Vorhandensein einer sozialen Stereotypie einen verhängnisvollen Kreislauf in Gang. Je durchdringender eine Annahme ist, desto mehr wird sie die Meinung der anderen über ein Individuum beeinflussen und ebenso dessen Selbstbild – und desto mehr „Beweise“ wird man dann finden, die die ursprüngliche Annahme bestätigen. Natürlich gilt auch: Wenn ein soziales Stereotyp das aktuelle Verhalten einer Person mit bestimmten physischen Merkmalen verändert, dann resultiert daraus eine echte Beziehung zwischen der Physis und dem Verhalten. Das ist keine illusorische übergeneralisierte Assoziation, wie die drei oben diskutierten Irrtumsarten. Dennoch ist die korrekte Identifizierung des Ursprungs einer solchen Assoziation wichtig. Die Korrelation darf nicht vererbten Verbindungen, konstitutionellen Faktoren oder ähnlichem zugeschrieben werden.

Mögliche Beziehungen zwischen Physis und Verhalten

Offensichtlich reicht die Bestimmung einer Korrelation zwischen bestimmten physischen und psychischen Merkmalen nicht aus. Selbst wenn die richtigen methodischen Kontrollen angewendet und eine signifikante Korrelation gefunden wurde, ist es sowohl aus theoretischer wie auch aus praktischer Sicht wichtiger, die Ursachen der Verbindung zu finden. In diesem Abschnitt wollen wir Arten von Beziehungen betrachten, die eine signifikante Korrelation zwischen Physis und Verhalten bedingen können.

Sind zwei beliebige Variablen, A und B, miteinander korreliert, können ihre beteiligten kausalen Beziehungen grundsätzlich auf einen von drei Fällen oder auf eine Kombination dieser drei Fälle zurückgeführt werden: A kann B bedingen, B kann A bedingen oder A und B können das Ergebnis einer dritten Variable, C, sein. Indem wir solch eine Analyse auf die physische Ausstattung und das Verhalten anwenden, betrachten wir zunächst den ersten Fall, in dem die *Physis das Verhalten beeinflußt*. Diese Beziehung selbst kann sich unterschiedlich manifestieren. An einem Extrem finden wir neuronale oder Drüsenanomalien, die der Verhaltensentwicklung enge Grenzen setzen. Beispiele sind pathologische Bedingungen wie das extrem kleine und defekte Hirn bei bestimmten Formen der Minderbegabung oder die hypoaktive (zu wenig aktive) Schilddrüse eines Kretins. In solchen Fällen fehlen die „minimalen strukturellen Voraussetzungen" für eine normale Verhaltensentwicklung. Es wird jedoch zunehmend deutlich, daß bei den meisten Individuen die direkte Kontrolle des Verhaltens durch strukturelle Faktoren nicht sehr streng ist. Jenseits eines bestimmten Grundminimums werden weitere Unterschiede in strukturellen Merkmalen nicht notwendig von entsprechenden Verhaltensunterschieden begleitet. Anders ausgedrückt: Die strukturelle Ausstattung der meisten Individuen räumt der Verhaltensentwicklung einen sehr weiten Spielraum ein.

Ein etwas indirekterer Einfluß der Physis auf das Verhalten zeigt sich bei schweren sensorischen oder motorischen Behinderungen, die normalen sozialen Umgang einschränken und die Beschulung erschweren. Obwohl diese Bedingungen gewöhnlich dem intellektuellen Fortschritt und der sozialen Anpassung schwere Beschränkungen auferlegen, können diese Begrenzungen dennoch in individuellen Fällen durch angepaßte Unterrichtstechniken überwunden werden. Daß diese physischen Behinderungen überlistet werden können, belegt lebendig die Laufbahn der taubstummen Helen Keller und die Fälle von cerebral gelähmten Studenten, die den Ph. D.-Grad erreichen.

Noch indirekter sind die psychischen Effekte von Bedingungen wie chronischer Krankheit oder Mangelernährung, die zu extremer Ermüdbarkeit, niedriger Motivation und geringer Ausdauer führen können. Diese Behinderungen haben die Tendenz, den Schulfortschritt zu verlangsamen, weitgehend die Teilnahme am Sport unmöglich zu machen und auf anderen Wegen die intellektuelle und soziale Entwicklung einzuschränken. Schließlich kann die Physis durch die Wirkung sozialer Stereotypien das Verhalten beeinflussen. Ob eine Person nun auffallend groß oder klein ist, dick oder dünn, muskulös oder schwächlich, blond oder brünett – diese und viele andere Merkmale können als Reize dienen, auf die andere Personen bei ihr reagieren. Sie können die Einstellungen beeinflussen, denen sie begegnet, die Möglichkeiten, die ihr geboten werden und sogar ihr eigenes Selbstbild. Durch diese Kanäle kann sich ihr Verhalten allmählich dem annähern, was das Stereotyp fordert.

In einer Aufstellung bestimmter Beziehungsformen zwischen Physis und Verhalten haben BARKER et al. (7) für alle außer der ersten oben beschriebenen Beziehung den Ausdruck „somatopsychisch" vorgeschlagen. Neuronale und Drüsenfaktoren schlossen sie aus, da sie sich primär mit den relativ indirekten sozialen und psychischen Einflüssen der Physis auf das Verhalten beschäftigt haben. Ihre Arbeit enthält Daten über somatopsychische Effekte, die mit normalen Variationen der Körpergröße, Stärke und physischen Attraktivität einhergehen, mit Hör- und Sehschwächen, orthopädischen Gegebenheiten, Tuberkulose und akuter Krankheit allgemein. Aus methodischer Sicht betonten BARKER und seine Mitarbeiter folgendes: Die somatopsychischen Effekte derselben physischen Bedingung können von einer Person zur nächsten stark variieren, da jedes Individuum auf seine Schwäche oder ein anderes strukturelles Merkmal anders reagieren kann. Folglich können Beziehungen, die in Fallstudien erkennbar sind, in Gruppentrends verlorengehen.

Das Gebiet somatopsychischer Beziehungen, wie es von BARKER et al. definiert wird, ist es zweifellos wert, von Psychologen näher untersucht zu werden. Bei der Betrachtung möglicher Einflußarten der Physis auf Verhalten darf man dennoch die Tatsache nicht aus den Augen verlieren, daß alle Kategorien willkürlich sind. Denn in Wirklichkeit liegt hier eine kontinuierliche Abstufung von der direktesten und stark eingrenzenden Beziehungsart bis zur indirektesten, flexibelsten Art vor. Wir haben vier Niveaus in diesem Kontinuum illustriert. BARKER und Mitarbeiter haben einen nützlichen Begriff für einen bestimmten Bereich innerhalb des Kontinuums geprägt. Aber es können leicht Beispiele beigebracht werden, die mehr Beziehungsabstufungen und -variationen repräsentieren als die genannten. Auch sollte man sich vergegenwärtigen: Hat man einmal ein Verhaltensmerkmal auf seine physische Basis zurückverfolgt, so weiß man immer noch nichts über seinen Vererbungs- oder Umweltursprung. Spezifische physische Merkmale, z.B. ein unterentwickeltes Gehirn, können selbst wieder das Ergebnis von Erb- oder Umweltfaktoren sein.

Der zweite Haupttyp von Beziehungen, der am Anfang des Abschnittes angesprochen wurde, ist folgender: *Verhalten beeinflußt die Physis.* Die mächtigen Schultermuskeln eines Schwimmers und die gebückte Haltung eines Gelehrten spiegeln die Wirkung langgeübter Aktivitäten wider. Lachen und Stirnrunzeln hinterlassen schließlich auf dem menschlichen Antlitz auch ihre Zeichen. Untersuchungen an eingewanderten Gruppen haben gezeigt, daß Merkmale wie der Wuchs und sogar die Schädelform durch kulturell bedingte Erfahrungen beeinflußbar sind (s. Kapitel 16). Zusätzliche Beispiele stellen die zahlreichen physischen Veränderungen dar, die während emotionaler Aufregung ablaufen.

In Verbindung hiermit sind die psychosomatischen Störungen (s. 5, 21) von besonderem Interesse. Das sind physische Störungen, an deren Entwicklung, wie man glaubt, psychische Faktoren einen Anteil oder sogar einen bestimmenden Anteil haben. Magengeschwüre, Asthma und Allergien sind einige der am häufigsten genannten psychosomatischen Krankheiten. Doch nimmt man psychische Bedingungen als mögliche teilhabende Faktoren bei fast jeder bekannten Krankheit an. Der Glaube ist so stark, daß Ärger, Spannung und übermäßige Anstrengung mit Magengeschwüren zu tun haben, so daß dieses Leiden manchmal als „Wall Street stomach“ (Wall Street Magen) beschrieben wurde. Allgemein stellen Angst und emotionaler Stress die Faktoren dar, die man am häufigsten mit psychosomatischen Beschwerden in Verbindung bringt. Das Interesse an psychosomatischen Beschwerden hat dazu geführt, daß man riesige Datenmengen über Persönlichkeitsmerkmale von Patienten gesammelt hat, die an den verschiedensten Krankheiten, einschließlich Krebs litten (s. z.B. 27). Die Ergebnisse von vielen dieser Studien erlauben natürlich keine Analyse von Kausalbeziehungen. Eher können Längsschnittuntersuchungen von Einzelfällen und Berichte über physische Veränderungen, die zusammen mit spezifischen emotionalen Erfahrungen und anderen Ereignissen im Leben des Patienten eintraten, ein Licht auf kausale und Wirkungsreaktionen werfen (s. 5). Tierexperimente eröffnen einen weiteren vielversprechenden Zugang. Denn es ist gelungen, bei Tieren pathologische Symptome hervorzurufen, die einigen der beim Menschen beobachteten psychosomatischen Störungen ähneln (10).

Der dritte und letzte mögliche Beziehungstyp zwischen Physis und Verhalten ist folgender: Hier resultiert das gemeinsame Auftreten auf dem *gemeinsamen Einfluß eines dritten Faktors*. Ein sehr klares Beispiel hierfür findet sich im Einfluß der sozioökonomischen Schicht. Ein Kind, das in einem Oberschichthaus groß wird, hat z. B. vielfältigere Möglichkeiten zur intellektuellen Entwicklung und ebenso bessere Ernährung, Hygiene und medizinische Versorgung als ein Kind, das in Slums oder einem armen ländlichen Gebiet heranwächst. Man erhält also eine positive Korrelation zwischen der Intelligenz und vielen physischen Merkmalen in einer Gruppe, die stark in ihrem sozioökonomischen Status variiert. Die Korrelation kann jedoch verschwinden, wenn der sozioökonomische Status konstant gehalten wird. Bei der Bewertung von Ergebnissen irgendeiner Studie, die angeblich eine Beziehung zwischen physischen und psychischen Merkmalen nachweist, sollte man nach möglichen "dritten Faktoren" suchen, die für diese Korrelation verantwortlich sein können.

Im folgenden Abschnitt werden wir typische Ergebnisse über die Beziehung zwischen verschiedenen Aspekten der Physis und des Verhaltens untersuchen. Die Daten werden unter folgenden Überschriften betrachtet werden: Pathologische Bedingungen, physiologische Faktoren, Sinnesschwächen, anatomische Dimensionen und Entwicklungsbeziehungen.

Pathologische Bedingungen

Extreme Verhaltensstörungen

Eine Reihe bekannter Spielarten intellektueller und emotionaler Störungen gehen direkt auf Dysfunktionen der Drüsen zurück, auf grobe cerebrale Mißbildungen, auf die Wirkungen von Giften und Infektionen auf das zentrale Nervensystem (ZNS) und andere pathologische Bedingungen. Die Verhaltenssymptome, die z. B. mit Pares, Delirium tremens und Kretinismus assoziiert sind, lassen sich eindeutig auf die physischen Effekte einer syphilitischen Infektion, des Alkohols, bzw. eines Schilddrüsendefizites zurückführen. Die unterentwickelten und defekten Gehirne bei bestimmten Formen geistiger Behinderung und die schweren Stoffwechselstörungen bei anderen stellen weitere Beispiele für die psychischen Folgen extremer physischer Defekte dar, die einer normalen Entwicklung oder dem Funktionieren des Nervensystems entgegenstehen. Bei den meisten geistig behinderten Personen hat man jedoch noch keine physische Basis für die intellektuellen Mängel entdeckt. Im 12. Kapitel werden wir zu einer ausführlichen Diskussion der Formen und Ursachen von Minderbegabung zurückkehren.

Bei bestimmten Störungen, wie z. B. der Schizophrenie, sind die Kausalfaktoren noch weitgehend unbekannt. Man hat eine Menge Belege dafür zusammengetragen, daß cerebrale Dysfunktionen der einen oder anderen Art häufiger bei Schizophrenen vorkommen als bei Normalen (13). Solche Belege schließen ein: Mängel bestimmter chemischer Stoffe in den Hirnzellen, Degeneration und vielseitige Anomalitäten cortikaler Neuronen, Vorhandensein toxischer Substanzen im Blut, endokrine Dysfunktionen und anomale Elektroencephalogramme.

Wahrscheinlich können verschiedene Faktoren zu unterschiedlichen Formen der Schizophrenie führen oder dasselbe Symptom kann bei verschiedenen Personen unterschiedlichen Ursprungs sein. Weiterhin können Erfahrungs- oder psychische Faktoren gemeinsam mit physischen Faktoren wirken oder sie können bei einigen Fällen die einzige Basis für die Entwicklung der Schizophrenie sein. Daß Schizophrenie nicht eine abgeschlossene Einheit, sondern eher eine breite Kategorie für vielfältige Verhaltensstörungen ist, kompliziert außerdem das Bild. Auch sollte man mögliche physiologische Effekte in Betracht ziehen, die auf emotionalen Stress, das Aktivitätsniveau, Ernährungsbedingungen und andere Variablen zurückzuführen sind, die mit dem psychotischen Zustand und dem Heimleben zu tun haben. HORWITT (38) hat betont, diese Faktoren könnten einen bedeutsamen Einfluß auf bestimmte physiologische Maße haben, hinsichtlich derer man Schizophrene mit Normalen verglichen hat. Es besteht daher die Gefahr, daß Ursache und Wirkung in einigen der berichteten Beziehungen miteinander vermischt worden sind.

Offensichtlich ist noch viel mehr Forschung nötig, bis eine definitive Aussage über die Ursachen der Schizophrenie gemacht werden kann. Noch weniger hat man Gesichertes über andere Psychosen wie z. B. die manisch depressiven Störungen herausgefunden. Zumindest bei einigen Patienten stellen die psychotischen Symptome möglicherweise eine rein „funktionelle" Störung dar, die keine organische Grundlage hat. Anders gesagt: Es gibt vielleicht keine strukturelle Anomalität, die die Krankheit bedingt, obwohl sich in der Folge physische Störungen entwickeln können. Andererseits vertreten einige Psychologen und Psychiater die Meinung, alle ausgesprochenen Persönlichkeitsstörungen hätten physische Grundlagen, auch wenn letztere bis jetzt unentdeckt geblieben sind.

Bei der Würdigung von Forschungsbefunden auf diesem Gebiet sollte man die folgenden Punkte berücksichtigen. Erstens, kann dasselbe Symptom bei verschiedenen Individuen verschiedene Ursachen haben. Zweitens, führen schwere Störungen im ZNS immer zu starken Verhaltensabweichungen. Gleichzeitig deuten starke Verhaltensanomalitäten nicht unbedingt auf das Vorhandensein entsprechender struktureller Defizite. Drittens, bleibt immer noch das Problem der Rückverfolgung physischer Gegebenheiten auf ihren Erb- oder Umweltursprung, wenn man einmal eine physische Grundlage für eine psychische Störung ausfindig gemacht hat.

Verschiedene physische Defekte und Intelligenz

Eine Reihe früher Untersuchungen hat sich mit der relativen Häufigkeit kleinerer physischer Störungen bei Kindern unterschiedlichen Intelligenzniveaus befaßt. Die erhobenen Störungen entsprechen denen, die man bei regelmäßigen medizinischen Untersuchungen von Schulkindern findet: Mandelinfektionen, Wucherungen, vergrößerte Drüsen, faule Zähne, Fehlernährung und Hautkrankheiten. Das intellektuelle Niveau wurde durch Intelligenztests oder Schulzeugnisse bestimmt. Einige Erhebungen konnten überhaupt keine Beziehung zwischen physischen Mängeln und der Intelligenz finden (55, 76, 86). Andere fanden eine geringe, aber konsistente Tendenz dafür, daß fast jede Störungsart häufiger bei den unterdurchschnittlichen als den normalen Schulkindern auftritt und häufiger bei den normalen als den intellektuell Überdurchschnittlichen (6, 42, 67). In anderen Studien war meist die Gesamtsumme von Mängeln pro Kind bei den unterdurchschnittlich Intelligenten am größten und bei den überdurchschnittlichen am geringsten. Die Zahl von Kindern ohne Defekt war am höchsten bei den über- und am niedrigsten bei den unterdurchschnittlich Intelligenten.

Bei der Interpretation dieser Ergebnisse muß man folgendes bedenken: Selbst wenn man signifikante Gruppenunterschiede fand, waren sie gering und ließen viele individuelle Ausnahmen zu. In jeder Erhebung kann man einen großen Anteil unintelligenter Kinder ohne jeden physischen Mangel und intelligente Kinder mit einem oder mehreren Mängeln finden. Dann muß man den möglichen Effekt sozioökonomischer Faktoren in Rechnung stellen. Kinder aus ärmeren Häusern sind mit größerer Wahrscheinlichkeit unintelligent und zeigen mehr physische Mängel als diejenigen aus besseren Häusern. Das Ausmaß, in dem der sozioökonomische Status innerhalb jeder Erhebung variierte, kann einer der Gründe für die Diskrepanzen in den Ergebnissen sein.

In einer sorgfältig durchgeführten Untersuchung über die Wirkung entzündeter Mandeln hat ROGERS (66) die Jungen einer Grundschule in Kinder mit normalen (N = 294) und solche mit entzündeten Mandeln (N = 236) eingeteilt. Der durchschnittliche Stanford-Binet-IQ betrug für die beiden Gruppen 95,4 bzw. 94,9. Die Differenz ist statistisch nicht signifikant. Außerdem überschneiden sich die beiden Verteilungen fast vollständig, wie aus Abbildung 32 zu entnehmen ist. Wahrscheinlich war der sozioökonomische Hintergrund in dieser Gruppe homogener als in jenen, die in den vorher zitierten Erhebungen untersucht worden sind.

Allgemeine Beobachtungen lassen vermuten, daß Kinder mit einer Hakenwurminfektion meist weniger intelligent, träge und apathisch sind. Diese Annahme wurde in verschiedenen Studien gestützt. SMILLIE und SPENCER (73) haben eine sorgfältig kontrollierte Untersuchung in einem typischen „Hakenwurmgebiet“ in diesem Land durchgeführt. Nach der Klassifikation der Kinder in fünf Kategorien entsprechend der Infektionsschwere, variierte der IQ-Mittelwert konsistent von 76,3 in der am schwersten infizierten Gruppe bis zu 90,2 in der Gruppe ohne jede Infektion. Die Korrelation zwischen dem Grad der Hakenwurminfektion und dem IQ der Kinder betrug 0,30 und ist auf dem 0,01 %-Niveau signifikant (62, S. 196). Wiederum können sozioökonomische Faktoren zu einem großen Teil zu dieser Beziehung geführt haben. Denn die Hakenwurminfektion herrscht besonders dort, wo die hygienischen Bedingungen schlecht sind.

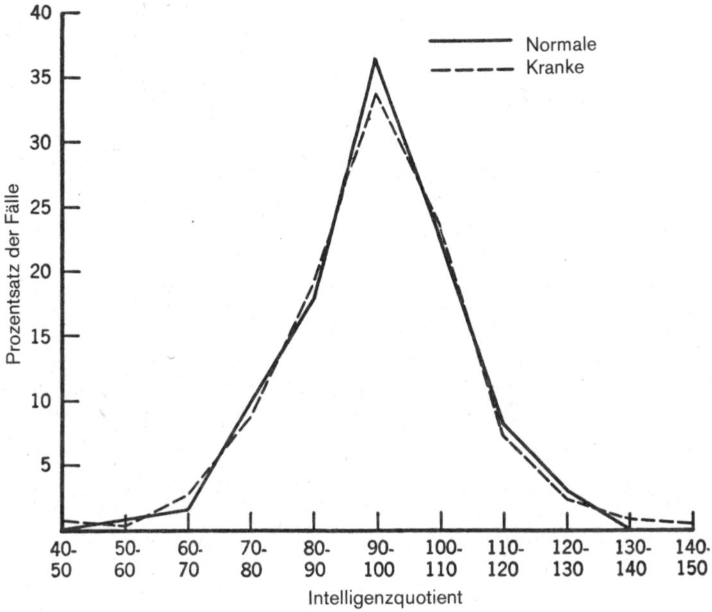

Abb. 32: Prozentuale Verteilung der IQn von Jungen mit normalen und mit entzündeten Mandeln (Daten aus Rogers, 66, S. 29)

Einen etwas direkteren Zugang zu dem ganzen Problem nehmen die „vorher-nachher"-Studien. Hier werden dieselben Pbn nach der Behandlung einer bestimmten Störung noch einmal getestet. In solchen Untersuchungen müssen unbedingt Kontrollgruppen (Kgn) miteinbezogen werden, die an derselben Störung leiden, der Versuchsgruppe (Vg) in allen relevanten Merkmalen gleichen, aber keine Behandlung erfahren. Wenn angemessene Kgn herangezogen wurden, konnte man keine signifikante Veränderung von Intelligenztestwerten beobachten, die auf Behandlungen kariöser Zähne (s. 62, Kapitel 6) oder entzündeter Mandeln (36, 52, 65, 66) gefolgt wäre. Alles in allem zeigten die vorliegenden Befunde über die hier betrachteten physischen Mängel keine oder geringe Folgen dieser Bedingungen auf das intellektuelle Niveau von Schulkindern.

Somatopsychische Effekte einer Krankheit

Einige Beziehungen zwischen physischen Störungen und der Intelligenz können auf somatopsychischen Faktoren beruhen (7, 19, 26). Solche Effekte sind jedoch eher bei sehr schweren Krankheiten bemerkbar. In einer Studie erhob man bei 101 Kindern, die eine Poliomyelitis hinter sich hatten, ein Jahr nach der Krankheit den IQ im Stanford Binet. Diesen Wert verglich man mit den IQn, die von den Schulen vor der Krankheit festgestellt worden waren (63). Eine sorgfältig parallelisierte Kg mit Kindern, die nicht erkrankt waren, testete man ebenfalls. Dabei zeigte die Poliogruppe einen durchschnittlichen Verlust von 1,5 IQ-Punkten im Gegensatz zum durchschnittlichen Gewinn von ungefähr 2 Punkten in der Kg. Obwohl der durchschnittliche IQ der zweiten Testung signifikant in den beiden Gruppen verschieden war (auf dem 0,02 %-Niveau), war weder der Gewinn der Kg noch der Verlust der Poliogruppe selbst statistisch signifikant. Diese Ergebnisse müssen deshalb eher als vorläufig und nicht als endgültig angesehen werden. Eine spezielle Betrachtung von 22 Fällen, die große IQ-Verluste erlitten hatten, zeigte, daß diese Personen eine besonders ernste Form der Krankheit durchgemacht hatten. Aufgrund dieser Daten allein kann natürlich unmöglich bestimmt werden, ob die Verluste auf Gehirnschädigungen, auf Unterrichtsrückstände oder ähnliche somatopsychische Folgen motorischer Schwächen zurückzuführen sind.

Ein ähnliches Problem liegt bei der cerebralen Lähmung vor. Hier hat man einigen Fortschritt erreicht, da man zwei Typen von Wirkungen isolieren konnte. Es gibt Belege dafür, daß bei bestimmten cerebral gelähmten Patienten die Schädigung im Cortex liegt. Hier entspricht das intellektuelle Defizit dem Rückstand, den man gewöhnlich in Verbindung mit organischen Schäden findet. Bei den anderen dagegen ist die Schädigung subcortical und die beobachtete geistige Retardation beruht auf Unterrichts- und sozialen Defiziten (16; 68, Kapitel 7).

Wir haben bereits die Arbeit von BARKER et al. (7) über somatopsychische Folgen physischer Mängel erwähnt. Die Studien, die dort zusammengetragen sind, beschäftigen sich mit Kindern und Erwachsenen. Sie decken eine große Vielfalt orthopädischer Leiden, die Tuberkulose und die psychischen Nachwirkungen langer oder schwerer Krankheit ganz allgemein ab. Die Intelligenztestdaten in einzelnen Studien lassen keinen konsistenten Beleg für Intelligenzschädigungen erkennen. Das Schwergewicht der Arbeit liegt dann auch auf emotionaler und sozialer Eingliederung. Allgemein scheint das Ausmaß emotionaler Störung nicht so sehr mit der Art der physischen Störung zusammenzuhängen als vielmehr mit der Dauer und Schwere der Behinderung, dem kulturellen Hintergrund des Patienten und den sozialen und persönlichen Beziehungen zu seinem Zuhause. Wie schon ausgeführt wurde, können verschiedene Patienten in Abhängigkeit von anderen Begleitumständen sehr unterschiedlich auf dieselbe Krankheit reagieren. Deshalb geben Gruppentrends ein inadäquates Bild von den vollständigen somatopsychischen Effekten.

Physiologische Faktoren

Psychologen, Physiologen, Biochemiker und Mitglieder benachbarter Disziplinen haben in großem Umfang nach physiologischen Faktoren gesucht, die mit individuellen Verhaltensunterschieden in Beziehung stehen könnten. Einige neue Forschungsrichtungen haben sich erst kürzlich eröffnet. Viel weiß man über die Rolle verschiedener physiologischer Faktoren für die Pathologie des Verhaltens. Gleichzeitig waren Versuche, Verhaltensunterschiede im Normalbereich auf physiologische Merkmale zu beziehen, von viel weniger Erfolg gekrönt. Folglich sind die Arbeiten auf dem letztgenannten Gebiet noch als Erkundung und als vorläufig anzusehen.

Elektroencephalographie

Ein hoffnungsvolles und rasch wachsendes Feld der Hirnforschung zentriert sich um das Elektroencephalogramm (EEG). Es verzeichnet winzige elektrische Potentialänderungen, die durch Hirnaktivitäten entstehen (22, 28, 51, 59). Ein spezieller Vorteil dieser Technik liegt darin, daß sie das Studium der Hirntätigkeit im lebenden Organismus gestattet. Da viele Eigenschaften des Gewebes beim Tod verloren gehen, können postmortale Hirnuntersuchungen wichtige Faktoren übersehen. Durch an den Schädel angelegte Elektroden werden die winzigen „Hirnwellen" oder elektrischen Potentialschwankungen im Hirn der lebenden Person aufgenommen, verstärkt und graphisch aufgezeichnet. Im erwachsenen menschlichen Hirn hat man verschiedene Typen rhythmischer Veränderungen im elektrischen Potential identifiziert, die sich in der Frequenz und Amplitude voneinander unterscheiden. Sehr klare Resultate hat man mit den *Alpha-Wellen* gefunden. Sie haben eine durchschnittliche Frequenz von ungefähr 10 pro Sekunde und finden sich bei normalen Kindern und Erwachsenen im entspannten, wachen Zustand. Man hat recht konsistente Altersunterschiede in der Frequenz und Amplitude dieser Alpha-Wellen gefunden. Altersunterschiede fand man ebenfalls im prozentualen

Zeitanteil, in dem der Alpha-Rhythmus vorkommt. Im Alter von 3 bis 10 Jahren z. B. nimmt die Frequenz des Alpha-Rhythmus kontinuierlich zu. Man hat genügend Daten zusammengetragen, um Altersnormen für verschiedene Merkmale im EEG aufstellen zu können. Auch individuelle Unterschiede hat man im EEG beobachtet, die sich mit deutlicher Konsistenz in aufeinanderfolgenden Wiederholungstests zeigen.

Aufgrund dieser Befunde haben einige Untersucher überprüft, ob die Entwicklungsveränderungen im EEG primär mit dem Lebensalter oder mit dem Intelligenzalter in Beziehung stehen. In Studien an verschiedenen minderbegabten Erwachsenengruppen fand KREEZER (46, 47) eine Reihe signifikanter, aber durchweg niedriger Korrelationen zwischen dem Intelligenzalter und bestimmten Charakteristika der Alpha-Wellen. Einige Punkte müssen jedoch bei der Interpretation dieser Resultate berücksichtigt werden. Erstens, waren die untersuchten Gruppen meist klein und viele Korrelationen gerade noch signifikant. Zweitens, korrelierten verschiedene Merkmale der Alpha-Wellen signifikant mit verschiedenen Formen der Minderbegabung. Das spricht dafür, daß eine Beziehung – wie auch immer – sicherlich nicht einfacher Art ist. Drittens, beschränken sich die signifikanten Beziehungen auf Formen der Minderbegabung, die andere klar erkennbare physische Behinderungen haben. Sie ließen sich nicht in einer Gruppe „undifferenzierter" Minderbegabter nachweisen, die keine beobachtbaren physischen Anomalien hatten. Das läßt vermuten, daß Störungen im EEG vielleicht mit anderen pathologischen physischen Gegebenheiten in Beziehung stehen, aber nicht unbedingt Folgerungen auf den normalen Variationsbereich gestatten. Anderen Untersuchern mißlang es auch, überhaupt irgendeine signifikante Beziehung zwischen EEG-Merkmalen und dem intellektuellen Niveau zu finden, wenn sie mit undifferenziert minderbegabten Pbn arbeiteten (s. 22, 51).

Die wenigen Ergebnisse über die Beziehung zwischen Intelligenzniveau und EEG bei normalen Pbn sind ebenfalls negativ. In einer Studie mit normalen Kindern (45) z. B. fand man eine signifikante Korrelation von 0,50 zwischen der Alpha-Frequenz und dem IQ von 48 8jährigen, aber eine insignifikante Korrelation von 0,12 bei 42 12jährigen. Möglicherweise sind bei jüngeren Kindern individuelle Unterschiede im physischen Entwicklungsstand auf einzelnen Altersstufen für die signifikante Korrelation verantwortlich. In einer Gruppe von 1 100 Kandidaten für Flugzeugbesatzungen im Alter von 18 bis 33 Jahren fand man keine Beziehung zwischen Intelligenztestwerten und der Alpha-Frequenz (71).

Was Persönlichkeitsmerkmale und emotionale Anomalien anbelangt, können EEG-Resultate nicht überzeugen. Eine Ausnahme sind die vielen Daten über Epilepsie. Man hat recht klar herausstellen können, daß Epileptiker charakteristische Abweichungen im EEG zeigen und daß Verwandte von Epileptikern, die selbst noch keine klinischen Symptome der Epilepsie entwickelt haben, ähnliche Störungen im EEG aufweisen (50, 51). Ergebnisse über Schizophrene haben wir bereits im vorigen Abschnitt besprochen. Interessanterweise weisen einige Studien an verhaltensgestörten Kindern Anomalien im EEG nach, die z. T. epileptoides Aussehen haben (17, 43, 51, 56). Wir können dem wahrscheinlich wenig Bedeutung beimessen, daß Versuche, Persönlichkeitstestwerte mit EEG-Charakteristika zu korrelieren, bei Erwachsenen wie bei Kindern zu inkonsistenten und nicht überzeugenden Ergebnissen geführt haben (22, 34, 51). In diesen Fällen mag die Unangemessenheit von Persönlichkeitstests als Meßinstrumente für Verhaltensmerkmale teilweise für die negativen Resultate verantwortlich sein. SAUL, DAVIS und DAVIS (69) berichten von bestimmten Übereinstimmungen zwischen EEG-Kurven und einigen Persönlichkeitsmerkmalen, die mit Hilfe von psychoanalytischen Fallstudien an 136 erwachsenen Patienten erhoben wurden. Aber diese Ergebnisse sind noch keineswegs endgültig.

Autonome Reaktionen

Eine Reihe von Untersuchungen haben sich mit dem *autonomen Gleichgewicht* beschäftigt. Damit ist das Ausmaß gemeint, in dem der sympathische oder parasympathische Teil des autonomen Nervensystems in den Reaktionen eines Individuums dominiert. In einigen Studien entwickelte WENGER (82, 83, 84, 85) einen Index für das autonome Gleichgewicht, der einen beträchtlichen Betrag der alltäglichen Stabilität eines Individuums ausdrückt und in gewisser Beziehung zu Persönlichkeitsmerkmalen steht. Vorläufige positive Resultate hat man bei Kindern und auch bei Mitgliedern der Luftwaffe gewonnen. Die Beziehungen zwischen dem autonomen Gleichgewicht und Persönlichkeitsvariablen sind jedoch schwach und eindeutige Übereinstimmungen waren nur bei Personen erkennbar, die sich an den Extremen der Verteilung für das autonome Gleichgewicht befanden.
Spätere Untersuchungen anderer Autoren lassen eine größere Spezifität autonomer Funktionen vermuten, als sie dem Konzept über das allgemeine autonome Gleichgewicht zugrundeliegt. LACEY und seine Mitarbeiter (48, 49) fanden in den Reaktionen von Pbn auf verschiedene Arten milden Stresses Belege für *autonome Reaktionsspezifität.* Nach ihren Daten zeigen Pbn, die unter vier verschiedenen Stressbedingungen wiederholt getestet wurden, signifikant häufiger dasselbe Muster autonomer Reaktionen, als man nach dem Zufall erwarten würde. So zeigen z. B. einige Personen wiederholt ihre stärkste Reaktion im Hautwiderstand (die die Schweißdrüsenaktivität widerspiegelt), andere im Herzschlag usw. LACEY und seine Mitarbeiter nehmen an, es sei bei der Suche nach Korrelationen zwischen autonomen Reaktionen und Persönlichkeitskennwerten fruchtbarer, die individuellen maximalen autono-

men Reaktionen in jeder Messung mit Persönlichkeitsvariablen zu korrelieren als jede autonome Messung getrennt zu untersuchen. Als Beleg für diese Empfehlung nennen sie eine Korrelation von 0,47 ($p < 0{,}02\,\%$) zwischen dem Form-Farbe Index im RORSCHACH-Test (der ein Maß für „Gefühlsbetontheit" sein soll) und den maximalen autonomen Reaktionen einer Gruppe von 26 männlichen Collegestudenten. Die Verwendung getrennter autonomer Maße derselben Gruppe erbrachte keine signifikanten Korrelationen.
In einem anderen Ansatz berechnete TERRY (81) Interkorrelationen zwischen 22 autonomen Maßen, die er an 85 männlichen Collegestudenten unter Ruhe- und milden Streßbedingungen erhoben hatte. In einer Faktorenanalyse (sie wird im Kapitel 10 besprochen) fand er drei getrennte Faktoren, die er als Hautwiderstand, Herzschlag und Blutdruck bezeichnete.

Biochemische Bedingungen

Die chemische Zusammensetzung des Blutes, die die interne Umwelt eines Organismus ausmacht, ist von besonderer Wichtigkeit für das normale Funktionieren eines Individuums und das Aufrechterhalten des Lebens selbst. Zahlreiche Untersuchungen haben deutliche Verhaltenssymptome ausgemacht, die auf Veränderungen in folgenden Bedingungen folgen: Temperatur, Oxygengehalt, Zuckergehalt oder Säure- Base-Gleichgewicht des Blutes. Ein Beispiel dafür sind die bekannten Wirkungen der Oxygenverdünnung – z. B. in großen Höhen. Sie bestehen aus deutlichen Veränderungen in den sensorischen, motorischen, intellektuellen und emotionalen Reaktionen. Einige Blutbedingungen, die zeitweilige Störungen cerebraler Funktionen bedingen, können offensichtlich zu irreversiblen Veränderungen in den Hirnzellen führen und dadurch fortdauernde Verhaltensänderungen beim Individuum bewirken. Besonders bedeutsam sind diese Agenzien, wenn sie in der frühen Kindheit oder während des pränatalen Lebens wirken. Schwere Anoxie (Oxygenmangel) bei der Geburt z. B. kann zu einer Hirnschädigung führen, die für das ganze Leben zu motorischen, intellektuellen oder emotionalen Störungen führt.
Eine andere Frage ist, ob individuelle Unterschiede in der chemischen Zusammensetzung des Blutes bei normalen Erwachsenen irgendetwas mit Verhaltensunterschieden zu tun haben. Hierbei muß man bedenken, daß der Körper eine Reihe von Regulationsmechanismen hat, die für die Stabilität der internen Umwelt innerhalb sehr enger Grenzen sorgen. Die Aufrechterhaltung dieses relativ stabilen Status nennt man Homöostase. Ein wichtiger Regulationsmechanismus liegt in der Tätigkeit verschiedener endokriner Drüsen, die chemischen Defiziten oder Überschüssen in der Blutzusammenset-

zung entgegenwirken. Diesen inneren Wächtern ist es zu verdanken, daß die Blutzusammensetzung inter- und intraindividuell *unter üblichen Bedingungen* nicht sehr weit streut. Trotz dieser Tatsache hat man zahlreiche Hypothesen über die Beziehung zwischen individuellen Unterschieden in der Blutzusammensetzung und intellektuellen und Persönlichkeitsmerkmalen aufgestellt. Heutzutage ist die Suche nach Verhaltenskorrelaten der chemischen Blutzusammensetzung ein vielverbreitetes Forschungsgebiet. Aber bisher sind die Daten widersprüchlich und enttäuschend. Sehr eingehend hat man die mögliche Beziehung zwischen emotionaler Stabilität und Homöostase diskutiert. Einige Ergebnisse (29) lassen vermuten, neurotischere Individuen zeigten täglich größere Fluktuationen in der Blutzusammensetzung als besser angepaßte Personen. Bestenfalls führen jedoch die Ergebnisse über Blutzusammensetzung und Verhalten zu interessanten Ansatzpunkten für künftige Forschungen.
Einen verwandten Ansatz verfolgen WILLIAMS und seine Mitarbeiter (s. 88, 89) mit biochemischen Forschungen. Kernpunkt ihrer Befunde ist, daß es starke individuelle Unterschiede im Stoffwechsel gibt, die sich im Anteil verschiedener Bestandteile in Speichel und Urin zeigen. Obwohl sich WILLIAMS in zwei populären Büchern für gemeinsame biochemische und Verhaltensstudien stark gemacht und ausführlich über mögliche Beziehungen zwischen individuellen Unterschieden in psychischen und biochemischen Merkmalen spekuliert hat, konnte er bisher keine Daten vorlegen, die solch eine Verbindung belegen. Weiterhin wimmelt es in seinen Ausflügen in psychologische Themen von vagen und mißverständlichen Aussagen (s. 3).
Biochemische Korrelate des Verhaltens stellen zweifellos ein hoffnungsvolles Forschungsgebiet dar. Untersuchungen an bestimmten seltenen Formen der Minderbegabung haben z.B. die weitreichenden psychischen Effekte von bestimmten Stoffwechselstörungen belegt (s. Kapitel 12). Ob aber „biochemische Individualität“ innerhalb des normalen Variationsbereiches in Beziehung zu psychischen Merkmalen steht, bleibt im Moment noch eine unbeantwortete Frage.

Drüsentätigkeit

Bekanntermaßen kann jede deutliche Über- oder Unteraktivität irgendeiner endokrinen Drüse deutliche Spuren im Verhalten hinterlassen (s. 9). Für den normalen Variationsbereich hat man eindeutig jedoch noch keine signifikante Beziehung zwischen der Drüsenfunktion und intellektuellen oder emotionalen Merkmalen nachgewiesen. Eines der am leichtesten zu erhebenden Indizes für Drüsenaktivität ist der bekannte *Grundumsatz* (GU). Damit wird das Ausmaß angegeben, in dem ein Körper Oxygen verbraucht. Das wiederum hängt vom Aktivitätsgrad der Schilddrüse ab. Ein anomal niedriger GU kann durch die Gabe von Thyrioid-Extrakt gesteigert werden. Extreme Unteraktivität der Schilddrüse führt zum Kretinismus – er ist durch Minderbegabung und eine Reihe klar erkennbarer physischer Symptome charakterisiert. Geringere Variationen des GU bei normalen Erwachsenen oder Jugendlichen[2] haben andererseits in zahlreichen Untersuchungen konsistent nur geringe oder Nullkorrelationen mit Intelligenztestwerten erbracht.

Für eine mögliche Beziehung zwischen geringen Drüsenanomalien und Persönlichkeitsstörungen sprechen die häufigen Drüsenstörungen bei „Problemkindern". In einer Erhebung (54) an 1000 Kindern, die als verhaltensgestört klassifiziert worden waren, zeigten 20% einen Drüsendefekt. In 10% der Fälle schien der Drüseneffekt ein Kausalfaktor für die Verhaltensstörung zu sein. Daß die Beziehung wohl nicht so direkt ist, wie diese Daten es nahelegen, läßt die Vielfalt von Verhaltensstörungen vermuten, die mit derselben Drüsenstörung assoziiert sind. Umgekehrt findet man dieselbe Verhaltensstörung bei Kindern mit völlig unterschiedlichen Drüsendefekten. Für viele physischen Bedingungen gilt, daß die Beziehung zum Verhalten allgemein und nicht spezifisch ist. Eine plausible Hypothese über die beobachtete Beziehung zwischen Drüsenstörungen und Verhaltensschwierigkeiten basiert auf den indirekten sozialen Konsequenzen aus der anomalen physischen Bedingung, d. h. auf somatopsychischen Defekten. Wenn ein Drüsendefekt ein Kind behindert oder irgendwie von anderen Kindern abhebt, kann die Verhaltensstörung einfach die Reaktion des Kindes auf seine anomale Situation widerspiegeln.

Ernährungsfaktoren

Die schweren Nahrungsbeschränkungen in vielen Ländern nach dem zweiten Weltkrieg waren ein spezieller Anlaß, die Folgen unzulänglicher Ernährung zu untersuchen. Das schnelle Wachstum der jungen Ernährungswissenschaft führte ebenso dazu, dem Umfang und der Art der Nahrungsaufnahme Aufmerksamkeit zu schenken. Uns interessiert hier die Frage, ob es psychische Effekte der Ernährungsweise gibt, abgesehen von den wohlbekannten physischen Folgen.

Einige frühe Studien über Fehlernährung amerikanischer und englischer Schulkinder ließen geringe Effekte auf die intellektuelle Leistung erkennen (s. 41; 62, Kapitel 6). Diese Ergebnisse sind aus verschiedenen Gründen zweifelhaft und nicht überzeugend. In einigen Studien läßt fehlende Kontrolle des

2 Daten über den GU bei Kindern werden im Abschnitt über Entwicklungsbeziehungen wiedergegeben.

sozioökonomischen Status jede gefundene Korrelation zwischen Ernährungszustand und Intelligenz suspekt erscheinen. Wenn man die Wirkungen verbesserter Ernährung untersucht, kann man oft nicht zwischen dem Ernährungseinfluß und der Wirkung unkontrollierter motivationaler Faktoren unterscheiden, die mit der besonderen Fürsorge für die Vg verbunden sind. Schließlich – und vielleicht am allerwichtigsten – waren die Grade der untersuchten Fehlernährungen gering. Deshalb sind diese Ergebnisse für die schweren Hungersnöte nicht zu gebrauchen, die in vielen Teilen der Welt vorherrschen.

Eine der wenigen ausführlichen und gut kontrollierten experimentellen Studien über die Folgen von Mangelernährung auf menschliches Verhalten haben KEYS und seine Mitarbeiter (44) an der Universität von Minnesota durchgeführt. 36 männliche Freiwillige im Alter zwischen 21 und 33 Jahren ließ man 6 Monate eine Hungerdiät einhalten. Diese Diät sollte charakteristisch für die europäische Hungersnot sein. Als Standardwert erfaßte man in einer vorangegangenen dreimonatigen Periode mit ausreichender Nahrung die normale Leistung jedes Pb. Die tägliche Nahrungsaufnahme betrug in der normalen Vorperiode im Durchschnitt 3 150 Kalorien, in der zweiten experimentellen Periode 1 755 Kalorien. Der durchschnittliche Gewichtsverlust der Pbn während der Hungerperiode belief sich auf ungefähr 25 %.

Die deutlichste Verhaltensänderung in der experimentellen Periode lag im Nachlassen der Stärke und Ausdauer bei motorischen Aufgaben und einem weniger deutlichen, aber signifikanten Abfall in motorischer Schnelligkeit und Koordination. In einer Testserie für intellektuelle Funktionen beobachtete man keine Veränderungen, weder in der Geschwindigkeit noch im Leistungsniveau. Auch das Lernen war nicht beeinträchtigt. Im Gegensatz zu der fehlenden Herabminderung, wie sie durch objektive Tests festgestellt wurde, glaubten die Pbn selbst aber, sie hätten sich stark verschlechtert. Selbsteinschätzungen hinsichtlich der Wachsamkeit, Konzentration, des Verständnisses und der Urteilsfähigkeit sanken im Verlauf der experimentellen Periode deutlich ab. Diese Unterschiede stehen wahrscheinlich mit den deutlichen Persönlichkeitsveränderungen in Beziehung. Statistisch signifikant stiegen in Persönlichkeitstests die Werte für Depression, Hysterie, Hypochondrie, nervöse Symptome, Gefühle der Unangepaßtheit und Unterlegenheit und Introversion an. Man beobachtete ebenfalls ein Absinken der allgemeinen Aktivität, sozialen Rückzug, Nachlassen des Sexualtriebes, Einengung der Interessen und wahnhaftes Gefangensein in Gedanken an Nahrung. Nach den Autoren bestätigen diese Befunde generell jene aus Feldstudien an Gefangenen, die aus Konzentrationslagern entlassen worden waren, und an Personen, die in Gesellschaften mit schwerer Lebensmittelknappheit lebten.

Das dritte Stadium des Experimentes bestand aus einer 12wöchigen kontrollierten Periode mit wieder zunehmender Nahrungsmenge. Hierbei wurde in verschiedenen Untergruppen die Kalorienaufnahme unterschiedlich stark heraufgesetzt. Die Folgen auf die motorischen, intellektuellen und Persönlichkeitsfaktoren verliefen parallel, nur in umgekehrter Richtung zu den vorangegangenen Veränderungen in der Hungerperiode. Die Verbesserung bei den motorischen Funktionen und den Persönlichkeitsmerkmalen war groß, aber man fand keine signifikante Veränderung in intellektuellen Funktionen. Dieses Experiment belegt, daß hungerbedingte Verhaltensänderungen reversibel und heilbar sind. Dennoch sei vermerkt, daß diese Ergebnisse auf eine 6monatige Mangelernährung Erwachsener zutreffen. Was bei einem Kind oder nach einer längeren Mangelzeit eintreten kann, läßt sich daraus nicht schließen.

Die Ernährungsforschung hat gezeigt, daß die *qualitativen Aspekte* der Ernährung noch viel wichtiger sind als die quantitativen. Tierexperimente und klinische Beobachtungen an Menschen haben klar gezeigt, daß aus dem Fehlen eines einzigen oder mehrerer Nahrungsgrundelemente schwere physische Störungen resultieren können. Wegen der bekannten physiologischen Effekte der Vitamin-B-Gruppe auf das Nervensystem, hat man sich besonders für diese Vitamine interessiert (s. 44, 74). Gut belegt ist, daß ein Mangel an B-Vitaminen die physische Stärke und Ausdauer vermindert (12, 15). Klinische Berichte über Patienten mit Vitamin-B-Mangel erwähnen übereinstimmend Reizbarkeit, Verdrießlichkeit und mangelnde Mitarbeit. Bei schwerem Mangel beobachtet man Apathie, Depression und emotionale Instabilität. Es liegen relativ wenige gut kontrollierte experimentelle Studien über die Wirkung von Vitaminmangel auf das Verhalten vor. Die meisten Untersuchungen arbeiten mit zu wenig Fällen, um eindeutig zu sein. Im allgemeinen fand man in diesen Studien keine Verminderung intellektueller Funktionen, sondern nur motorische und Persönlichkeitsveränderungen (12, 30). Auch die Gabe von Überdosen Vitamin B an normale Individuen hatte keine konsistenten Verhaltensänderungen zur Folge.

Andererseits scheint die Gabe von *Thiamin* (ein B-Vitamin) an Kinder mit Vitamin-B-Mangel zu signifikanten Verbesserungen in bestimmten Verhaltensfunktionen zu führen. HARRELL (31) führte ein gut kontrolliertes Experiment an parallelen Paaren von Waisenkindern durch, deren normale Nahrung relativ wenig Vitamine enthielt. Ein Kind aus jedem Paar erhielt regelmäßig Thiamintabletten, während das andere nur ein Placebo erhielt. Bei diesem Vorgehen wußten weder die Kinder, noch irgendein Mitglied des Waisenhauspersonals, welches das Experimental- und welches das Kontrollkind war. In Nachuntersuchungen zwei Jahre später fand man signifikante Differenzen zugunsten der Thiamin-Gruppe in Tests für die Sehschärfe, das Übungsgedächtnis und Code-Lernen. Die Art der Tests lassen vermuten, daß der Vorsprung der Vg weitgehend auf größerer Wachheit und besserer Konzentrationsfähigkeit beruht.

Eine spätere Studie von HARRELL et al. (32) belegte, daß eine Anreicherung der mütterlichen Diät mit Thiamin und anderen Vitaminen während der Schwangerschaft und in der Stillzeit die intellektuelle Entwicklung des Kindes beeinflussen kann. Die Forscher arbeiteten mit einer Müttergruppe aus einer niedrigen sozioökonomischen Schicht, deren normale Ernährung mangelhaft war. Kinder von Müttern, die Vitaminanreicherung erhalten hatten, erreichten im Alter von 3 und 4 Jahren einen signifikant höheren IQ im Stanford-Binet als Kinder, deren Mütter Placebos erhalten hatten. Die Ergebnisse dieser Studie stimmen mit Experimenten an weißen Ratten überein, die den Einfluß von pränatalen Nahrungsdefiziten auf das Lernverhalten nachweisen konnten (s. 32).
Ein kontroverser Forschungszweig beschäftigt sich mit den Effekten der *Glutaminsäure* auf die intellektuelle Entwicklung geistig retardierter Kinder. Man glaubt, Glutaminsäure, eines der wichtigsten Aminosäurenderivate der Proteine, könne die intellektuelle Entwicklung durch ihre Wirkung auf den Hirnstoffwechsel beeinflussen. ZIMMERMAN und seine Mitarbeiter (94, 95, 96), sehr heftige Verfechter dieser Hypothese, berichteten von signifikanten IQ-Gewinnen geistig behinderter Kinder, die vorher Glutaminsäuren eingenommen hatten. Aber ihre Ergebnisse sind aufgrund verschiedener methodischer Schwächen zweifelhaft. Außerdem erbrachten andere Studien von anderen Forschern widersprechende Ergebnisse (s. 4, 25, 57). Selbst wenn man positive Resultate eindeutig nachgewiesen hat, so fragt sich immer noch, ob die Gewinne in den Testwerten auf der spezifischen biochemischen Wirkung der Glutaminsäure auf das Gehirn beruhen oder auf allgemeineren Effekten wie verbesserter Gesundheit und Wachheit. Dieser Frage muß man bei der abschließenden Interpretation jeder Studie über Ernährungsfaktoren nachgehen.

Sinnesschwächen

Sensorische Behinderungen haben einen direkteren Einfluß auf das Verhalten als die meisten anderen Arten physischer Defizite, da sie etwas von der Umweltstimulation abschneiden. Das so beeinträchtigte Individuum ist teilweise von sozialen Kontakten ausgeschlossen. Für Menschen sind Seh- und Hördefekte offensichtlich die schwersten Störungen. Da die menschliche Kultur in solch großem Maße auf Sprachfundamenten aufbaut – eine Sprache wird prinzipiell durch Auge und Ohr erworben – , sind Mängel in diesen Sinnesmodalitäten von grundlegender Bedeutung.
Die Forschungsliteratur nach dem 2. Weltkrieg über Blindheit und Taubheit ist beeindruckend umfangreich. Man hat riesige Fortschritte bei der Entwick-

lung spezieller, auf diese Leiden adaptierter Unterrichtsverfahren gemacht (s. 7, 11, 19, 61, 93). Heutigen Trends entsprechend hat man sich auch immer mehr der Verbesserung der emotionalen und sozialen Anpassung blinder und tauber Personen zugewendet.

Jede überschlagsmäßige Schätzung des durchschnittlichen Intelligenzniveaus tauber oder blinder Kinder als einer Gruppe muß aus vielen Gründen sinnlos sein und bleiben. Erstens, deckt Blindheit und Taubheit eine große Streubreite und eine große Vielzahl von Schädigungen ab. Man hat sich auch noch auf keine gemeinsame Definition oder ein Klassifikationssystem für diese Störungen geeinigt. Zweitens, hat man die meisten Untersuchungen an Kindern durchgeführt, die Spezialklassen oder Internate für Taube oder Blinde besuchten. Diese Gruppen bestehen wahrscheinlich aus Fällen mit vielfältigen Störungen, auch neurologischen Schäden, die die intellektuelle Entwicklung stark einengen. Auch bestimmte Selektionsfaktoren können beteiligt sein, wenn die Überweisung an diese Spezial-Programme ausgesprochen wird. Ein intelligentes Kind mit eingeschränkter Seh- oder Hörfähigkeit z.B. wird wahrscheinlich eine reguläre Schulsituation meistern, während ein unintelligentes Kind mit demselben Schädigungsausmaß wohl versagen wird und deshalb in eine Spezialschule geschickt wird. Auch aus diesem Grund kann man unechte negative Beziehungen zwischen der Schwere eines Wahrnehmungsschadens und dem intellektuellen Niveau in einer institutionalisierten Population finden.

Drittens, können Kinder aus Internaten intellektuelle oder emotionale Merkmale aufweisen, die mit dem Heimleben zu tun haben und keineswegs direkte Folgen ihrer sensorischen Schäden sind. Viertens, hängt die intellektuelle Leistung tauber und blinder Personen auch vom Ausmaß und der Art der speziellen Beschulung ab, die für sie erreichbar war. Ein Training kann die sensorische Isolation kompensieren, indem es für den notwendigen Kontakt mit der sozialen Umwelt durch andere Wahrnehmungskanäle sorgt. Wegen der stark verbesserten Methoden spezieller Trainingsverfahren müßte der durchschnittliche IQ von wahrnehmungsgeschädigten Kindern heutzutage höher sein als er es vor 20 Jahren war und in 20 Jahren müßte er wieder höher sein als er heute ist.

Fünftens, steht wahrscheinlich das Alter, in dem Blindheit oder Taubheit auftritt, in Beziehung zum intellektuellen und emotionalen Status, wenn diese Beziehung auch nicht simpel ist. Einerseits: Je später der Verlust eintritt, desto mehr Möglichkeiten normaler Erziehungserfahrungen dürfte ein Individuum gehabt haben. Andererseits: Solch ein Individuum wird weniger Zeit haben, sich dem Defekt anzupassen. Es wird vielleicht auf mehr Widerstände bei dem Erwerb neuer Reaktionssysteme treffen, die sein Zustand verlangt. Diese zwei gegensätzlichen Einflüsse sind vielleicht dafür verantwortlich, daß man oft keine Übereinstimmung zwischen dem Alter fand, in dem ein Wahrnehmungsdefizit auftrat, und der Intelligenztest – oder Schulleistung. Ein sechster Faktor beeinflußt die intellektuelle Entwicklung eines tauben oder blinden Kindes: die emotionale Reaktion auf die Schädigung. Die Einstellungen der Familie und der Freunde, die allgemeine Beschaffenheit des häuslichen Milieus und viele andere Begleitumstände werden bestimmen, wie wirkungsvoll sich ein Individuum mit seiner Behinderung auseinandersetzt. Dadurch beeinflussen sie indirekt seinen Bildungs- und intellektuellen Fortschritt.

Visuelle Störungen

Wie jedes andere psychische Merkmal folgt auch die Sichtigkeit in der Gesamtpopulation einer Normalverteilung. Zwischen der großen „normalen" Gruppe und den völlig Blinden findet man entlang einer nahezu kontinuierlichen Skala unzählige Abstufungen. Scharf unterschiedene Kategorien findet man hier ebenso wenig wie für andere Aspekte individueller Unterschiede. Aus praktischen Gründen verwendet man gewöhnlich eine grobe dreiteilige Klassifikation. Sie umfaßt Personen mit korrigierbaren Defekten, jene die teilweise sehen und Blinde (87). *Korrigierbare Sehschwächen* haben, wenn sie wirklich durch die Benutzung von Brillen korrigiert sind, keinen Einfluß auf die intellektuelle Entwicklung. Trägt ein Kind von der Zeit an, in der der Defekt erkennbar wird, eine Brille, tritt keine Störung des normalen Umweltkontaktes ein. Wenn der Defekt jedoch nicht mit Hilfe von Linsen kompensiert wird, leidet normalerweise die Schulleistung des Kindes – und indirekt seine intellektuelle Entwicklung. Unaufmerksamkeit, mangelndes Schulinteresse, Verlust des Selbstvertrauens und schlechtere Leistungen, können auf unentdeckte visuelle Schwächen folgen.
Der Ausdruck *"partiell sehend"* wird auf Kinder angewandt, deren Sehschwäche so ernsthaft ist, daß sie spezieller Lehrtechniken bedürfen, die ihrer Sehschwäche angepaßt sind. Die Grenzen für diese Kategorie liegen ungefähr bei 20/70 und 20/100 Sehfähigkeit für das bessere Auge, das schon optimal korrigiert worden ist. Doch müssen auch andere Faktoren berücksichtigt werden. Kinder in sehbehinderten Klassen stellen eine sehr heterogene Gruppe dar, über die man schwerlich Verallgemeinerungen treffen kann. Es liegen keine Daten über die Intelligenztestleistung oder den akademischen Erfolg einer repräsentativen Stichprobe dieser Fälle vor. Das somatopsychische Bild wird zusätzlich durch das Vorkommen von Gesichtsmißbildungen bei einer Reihe dieser Kinder verkompliziert.
Als *blind* klassifiziert man Personen, die man auf visuellem Wege nicht schulen kann. Untersuchungen an sehr vielen Blindenschulen haben einen durchschnittlichen schulischen Rückstand von zwei bis drei Jahren festgestellt, aber

nur geringe oder gar keine Unterlegenheit in der durchschnittlichen Intelligenztestleistung (7, 33, 53). In einer Erhebung an 17 Schulen mit 2372 Schülern fand man im Gesamtdurchschnitt einen IQ von 98,8, wobei die Mittelwerte bei den verschiedenen Schulen von 108,1 bis 92 streuten (33). Die Verteilungen enthielten einen etwas geringeren Anteil sehr hoher IQ-Werte und einen deutlich größeren Anteil niedriger IQ-Werte als in der normalsichtigen Population. Der verwendete Test war eine von HAYES speziell für Blinde adaptierte Fassung des Stanford-Binet. Ähnliche Ergebnisse erhielt man mit Sonderformen der WECHSLER-Skalen für Kinder und Erwachsene (s. 8). Aus den oben angeführten Gründen kann man diese Ergebnisse nur als Beschreibungen der untersuchten institutionalisierten Populationen ansehen.

Es gibt keinen Beleg für die Volksmeinung, Blinde hätten in anderen Sinnesmodalitäten eine feinere Unterscheidungsfähigkeit als die Sehenden, z.B. im Gehörs- und Tastsinn. Die bemerkenswerten Kunststücke blinder Personen im Gebrauch anderer Sinne ist auf die wirksamere Verwendung von Wahrnehmungsreizen zurückzuführen und nicht auf die Überlegenheit der Sinne selbst. Durch langes Training kann ein Individuum die Fähigkeit erlangen, auf sehr geringe Hinweise, die sonst ignoriert werden, zu reagieren. Der sogenannte Hindernissinn des Blinden, der ihn befähigt, Hindernisse auf seinem Weg wahrzunehmen, besteht, wie man zeigen konnte, primär aus erlernten Reaktionen auf auditive Reize (18, 91, 92).

In der Persönlichkeitsentwicklung variiert die der Sehschwäche entgegengebrachte Einstellung interindividuell sehr stark. Die Streubreite der Persönlichkeitsmerkmale ist bei Blinden ebenso groß wie bei Sichtigen.

BARKER et al. (7) und LOWENFELD (53) haben die Daten analysiert, die über die sozialen und emotionalen Probleme blinder Personen vorliegen, und über die verschiedenen Wege, auf denen sich die Individuen damit auseinandersetzen. Bei der Beurteilung der Ergebnisse, die man vorwiegend mit Persönlichkeitstests gewonnen hat, muß man berücksichtigen, daß viele Items unterschiedliche Bedeutung für Blinde und Sehende haben. Deshalb sind Vergleiche spezifischer Reaktionen sinnvoller als Gesamtschätzungen der Fehlanpassung. Darüber hinaus scheint nicht der Defekt selbst, sondern seine sozialen Implikationen die Grundlage für Unsicherheit und andere emotionale Schwierigkeiten der Blinden zu sein.

Hörschwächen

Entgegen landläufiger Meinung stellen Hörstörungen ernsthaftere Beeinträchtigungen der intellektuellen Entwicklung dar als Sehschwächen. Taubheit in der frühen Kindheit behindert die normale Sprachentwicklung und damit normale soziale Kontakte stärker als Blindheit. In der Bemühung, das Ausmaß intellektueller Beeinträchtigung durch Hörschäden zu bestimmen, begegnen wir den verschiedenen methodischen Problemen, die eingangs angesprochen worden sind. Besonders wichtig ist dabei die Frage der Definition und Klassifikation.

Häufig wird zwischen Schwerhörigen und Tauben unterschieden. Generell stimmt man darin überein, daß der letztgenannte Begriff eine ernstere Störung anspricht als der erste – damit endet die Übereinstimmung. Einige Autoritäten richten sich bei der Unterscheidung zwischen Tauben und Schwerhörigen danach, ob der Hörausfall eintrat, bevor oder nachdem das Individuum zu sprechen gelernt hat (87). Danach muß ein Tauber, wenn er überhaupt sprechen lernen will, das auf nichtauditivem Wege tun. Andere Autoritäten bestehen darauf, die einzig praktikable Klassifikation richte sich nach dem Ausmaß der Schädigung. Der Taube sei eine Person, bei der das Gehör für keinen üblichen Zweck funktioniere, während bei Schwerhörigen funktionelles Hören mit oder ohne Hörhilfe möglich sei (s. 60, S. 124). In einer eingehenden Analyse des gesamten Problems hat MYERSON (60) den Vorschlag gemacht, die Klassifikationsversuche aufzugeben. Stattdessen solle man die individuellen Fälle mit verschiedenen Parametern beschreiben, z. B. mit dem Grad der Hörschädigung, der besonders auf die Fähigkeit zum Sprachverständnis bezogen werden sollte; mit dem Alter, in dem der Defekt aufgetreten ist; mit der Art der benutzten Kommunikationsform (Sprache, Lippenlesen, Fingersprache usw.); mit der emotionalen und sozialen Einstellung zu der Störung.

Wenden wir uns jedoch den vorhandenen Untersuchungen über Hörschäden zu, so finden wir, daß man die Pbn nach den oben vorgestellten vage definierten Kategorien klassifiziert hat. Allgemein haben sich die Studien über „Schwerhörigkeit" weitgehend mit geringen Hörschäden beschäftigt, die man in einer normalen Schulklasse antreffen kann. Demgegenüber arbeiten Untersuchungen über „Taubheit" mit Pbn aus Tages- oder Internatsschulen für Taube, wo spezielle Lehrmethoden verwendet werden. Doch keine Gruppe ist in Bezug auf die Art oder das Ausmaß der Schädigung homogen, es gibt Überlappungen zwischen ihnen.

Bei den *Schwerhörigen* kann der Hördefekt unentdeckt bleiben, bis man einen audiometrischen Test anwendet. Das Verhalten von relativ leicht hörgeschädigten Kindern kann mißverstanden werden als Sorglosigkeit, Indifferenz, Frechheit oder Dummheit. Mögliche Folgen dieser Schäden auf das Kind können unter anderem sein: Schlechte Schulleistung, Sprachfehler, fehlendes Schulinteresse, soziale Isolation und Mißtrauen. Bemerkenswerterweise werden Kinder mit Hörschäden von Lehrern oft als verhaltensschwierig bezeichnet (23). In verbalen Intelligenztests fallen schwerhörige Kinder im Durchschnitt leicht unter die Normen. Diese Differenz verschwindet jedoch, wenn stattdessen sprachfreie Tests angewendet werden (s. 60). In Schulleistungstests liegen schwerhörige Kinder meist im Rückstand, wenn man sie mit normal hörenden Klassenkameraden vergleicht, die dieselben sprachfreien Testwerte haben (24, 75).

An Schulen für Taube (s. 60) hat man eine Reihe ausführlicher Testerhebungen durchgeführt. Danach liegen diese Gruppen bildungsmäßig drei bis vier Jahre zurück. Ihre Rückstände sind in Fächern wie Rechnen und Buchstabieren am geringsten, am größten im verbalen Verständnis. In den üblichen verbalen Intelligenztests haben Taube große Schwierigkeiten, da sie die Sprache und die linguistischen Konzepte nur ungenügend beherrschen. Dieses Hindernis ist so groß, daß verbale Tests nach allgemeiner Auffassung an tauben Kindern nicht anwendbar sind, selbst wenn diese Tests keine gesprochene Sprache erfordern. Das Testproblem bei Tauben war dann auch eines der Hauptgründe für PINTNER und andere, die ersten sprachfreien Tests und Handlungsskalen zu entwickeln.

Selbst in Tests wie dem sprachfreien Test von PINTNER weisen taube Kinder einen Rückstand auf: Ihr mittlerer IQ liegt bei 85 (s. 60). In individuellen Handlungstests, die das Manipulieren an Objekten und nicht die Verwendung von Papier und Bleistift verlangen, liegt der IQ tauber Kinder näher an der Norm. Das variiert aber mit den verschiedenen Tests. Wahrscheinlich hängt ein Teil der Variation von dem Ausmaß ab, in dem sprachliche Konzepte die Erledigung der Tests erleichtern. Da Sprache bei vielen Denkprozessen eine wichtige Funktion ausübt, kann die taubheitsbedingte sprachliche Retardation das Individuum in weiten Bereichen intellektueller Aktivität behindern. Relevant sind hier auch die Ergebnisse einer gut kontrollierten Untersuchung von TEMPLIN (79, 80). Danach liegen taube Kinder in einer Reihe von Tests für abstraktes Denken zwischen 4 und 8 Jahre zurück.

Natürlich sollte man bedenken, daß sich alle diese Ergebnisse mit der weiteren Entwicklung spezieller Lehrverfahren ändern können. MYERSON drückt es so aus: „Wahrscheinlich spiegeln die vorliegenden Daten viel stärker unser Unwissen um die Erziehung von Kindern mit geschädigtem Hörvermögen wider, als daß sie irgendein angeborenes Merkmal von Tauben anzeigen" (60, S. 139). Einen Beleg für diese Meinung stellen diejenigen Individuen dar, die früher als „taubstumm" bezeichnet wurden. Diese Personen zeigen lebendig, welchen Einfluß Umweltreize auf die Entwicklung einer wichtigen Verhaltensfunktion haben können. Ohne jemals die menschliche Stimme gehört zu haben, kann der „Taubstumme" nicht sprechen, obwohl seine Sprechorgane völlig intakt sind. Das Vorhandensein menschlicher Sprechorgane selbst führt nicht zur Entwicklung menschlicher Sprache. Mehr als jede andere Funktion ist sie an das Erscheinen der normalerweise mit ihr assoziierten Funktion gebunden. Das Defizit „Taubstummer" liegt in den Reizen. Das belegt die Tatsache, daß diese Individuen mit Hilfe moderner Lehrverfahren, die andere Wahrnehmungsreize verwenden, das Sprechen erlernen können.

Im Hinblick auf die Persönlichkeit zeigen Taube Verhaltensmerkmale wie andere behinderte Personen (s. 7, 60). Testerhebungen an Kindern aus Taubstummenschulen decken mehr Symptome für Fehlanpassungen und mehr Verhaltensschwierigkeiten auf als bei normal Hörenden. Oft beobachtet man Schüchternheit und Unsicherheit. Taube Heimkinder liegen oft unterhalb der Normen für soziale Reife. Wieviel von dieser Differenz auf das Heimleben und wieviel auf die Taubheit zurückzuführen ist, kann man kaum sagen. Weiterhin mögen wie bei blinden Kindern einige Reaktionen der Tauben normale, adäquate Reaktionen auf ihre eigene Lebenssituation darstellen. Besonders interessant ist folgendes Ergebnis einer Erhebung: Taube Kinder aus Häusern, in denen taube Erwachsene leben, scheinen besser angepaßt zu sein als solche, die in Häusern groß geworden sind, in denen nur normal hörende Erwachsene leben (64). Demnach scheint die emotionale Anpassung tauber Kinder davon abzuhängen, ob die Erwachsenen die Probleme der Kinder in ihren Entwicklungsjahren richtig verstehen. Die Anwesenheit einer oder mehrerer Personen, die seine Behinderung teilen, kann dem Kind auch das Gefühl vermitteln, weniger „verschieden" und isoliert zu sein.

Anatomische Dimensionen

Anatomische Merkmale stellen ganz andere Faktoren dar, deren Beziehungen zum Verhalten man aus ganz verschiedenen Blickwinkeln betrachtet hat. Hierher gehören: Größe und Form des Kopfes, Form von Gesicht und Händen und die allgemeine Körpergröße. Daten über diese Faktoren illustrieren einige Typen von Beziehungen zwischen physischen und psychischen Merkmalen, wie sie zu Beginn dieses Kapitels skizziert worden sind. Anatomisches Aussehen spielt auch eine Hauptrolle in den pseudowissenschaftlichen Persönlichkeitsanalysen, die von Zeit zu Zeit von Scharlatanen ausgebeutet werden.

Kopfgröße und -form

Wir haben schon auf die Phrenologie hingewiesen, die auf einer Fehlinterpretation der cerebralen Cortexfunktionen aufbaut. Beginnend mit GALL im 18. Jahrhundert behaupteten Phrenologen, unterschiedliche Hirnregionen kontrollierten spezifische Verhaltensfunktionen, z.B. mechanische Begabung, Verehrung, Häuslichkeit und andere ebenso komplexe, wie vage definierte Aktivitäten. Sie machten weiterhin weiß, Über- und Unterentwicklung dieser Eigenschaften könne durch Untersuchungen der Ausbuchtungen des Schädels

diagnostiziert werden. Der Ort einer bestimmten „Beule“ sollte bedeuten, daß die Funktion, die angeblich von dem entsprechenden corticalen Gebiet kontrolliert wird, bei diesem Individuum stark entwickelt sei.
Es wäre unnötig, solch eine offenkundig unhaltbare Doktrin zurückzuweisen, gäbe es nicht ihre langdauernde Popularität bei den Leichtgläubigen, die auch heute noch die kontinuierliche Praxis von Scharlatanen ermöglichen. Als erstes: Phrenologie baut auf der irrigen Annahme auf, es gäbe eine enge Entsprechung zwischen der Schädel- und Gehirnform. Solch eine Übereinstimmung kann man kaum erwarten, wenn man an die cerebrospinale Flüssigkeit denkt und an die verschiedenen Membranschichten zwischen Gehirn und Schädeldecke. Weiterhin stellt die Größe keinen befriedigenden Index für den Entwicklungsgrad des Nervensystems dar. Die Komplexität der Verknüpfungen zwischen den winzigen Nervenzellen und anderen mikroskopischen Merkmalen des Nervens dürften wohl eher mit der Wirksamkeit von Funktionen zu tun haben. Weiterhin sind die Eigenschaftsarten, die Phrenologen den einzelnen Hirnregionen zuschreiben, den Funktionen recht unähnlich, die man durch Untersuchungen corticaler Anordnungen entdeckt hat. Man hat Verbindungen zwischen bestimmten Muskelgruppen oder Wahrnehmungsorganen und spezifischen Hirnarealen nachweisen können. Das hat aber mit der Lokalisation „literarischer Neigungen“ oder „Liebe zu stummen Tieren“ auf dem Cortex herzlich wenig zu tun!
Wenden wir uns nun weniger schrulligen Hypothesen zu. Wir finden eine Reihe umfangreicher Untersuchungen über die Beziehung zwischen Kopfgröße und Intelligenz, die in den ersten drei Jahrzehnten dieses Jahrhunderts durchgeführt worden sind (s. 14; 62, Kapitel 3). Maße wie Kopflänge, -breite und -höhe wie auch verschieden berechnete Schätzungen des räumlichen Schädelvolumens hat man mit Indices für Intelligenz korreliert, die auf Lehrerurteilen, Schulleistungen oder Intelligenztestleistungen basierten. Daten an College- und Universitätsstudenten, an Grund- und Oberschülern ergaben Korrelationen von 0,10 bis ungefähr 0,20. Obwohl diese Korrelationen wegen der großen Anzahl der Fälle in den untersuchten Stichproben meist auf dem 1 %-Niveau signifikant sind, weisen sie nur auf eine kaum erkennbare Tendenz hin, daß größere Kopfgröße mit höherer Intelligenz einhergeht. Solange die Kopfgröße außerdem mit der allgemeinen Körpergröße zu tun hat, kann die schwache Beziehung aus diesen Untersuchungen lediglich die Verbindung zwischen Körpergröße und Intelligenz widerspiegeln. Darüber werden wir in einem späteren Abschnitt diskutieren.
Einige Autoren stellten die Hypothese auf, langköpfige Personen seien intelligenter (s. 62, S. 116 – 121). Andere vertraten mit demselben Nachdruck die gegensätzliche Hypothese: Breitköpfigkeit sei mit höherer Intelligenz assoziiert (s. 62, S. 122). Diese Hypothesen waren besonders wegen der Rassenunterschiede in der Kopfform (siehe Kapitel 16) interessant. Am häufigsten hat

man als Maß für die Kopfform den Schädelindex (Si) oder das Verhältnis von Kopfbreite zu Kopflänge verwendet.

$$S = \frac{\text{Kopfbreite} \times 100}{\text{Kopflänge}}$$

Die Kopflänge maß man von dem Raum zwischen den Augenbrauen bis zu dem am weitesten herausragenden Punkt des Hinterkopfes. Kopfbreite ist die Distanz von der linken zur rechten Seite, wobei man die Punkte der stärksten Erhebung über jedem Ohr erfaßt. Man klassifiziert den Schädelindex wie folgt:

Dolichocephal (langköpfig)	Si unter 75
Mesocephal (mittelköpfig)	Si zwischen 75 und 80
Brachycephal (breitköpfig)	Si über 80

Untersuchungen an großen Stichproben von Schulkindern und Universitätsstudenten in Europa und Amerika konnten übereinstimmend keine signifikante Beziehung zwischen dem Schädelindex und der Intelligenz finden. Weder Dolichocephalie noch Brachycephalie ist ein Anzeichen überragender intellektueller Fähigkeiten.

Gesicht- und Handform

Man hat eine Reihe von Charakteristika in populäre Systeme der Physiognomie für die Persönlichkeitsanalyse zusammengefaßt. Sie betreffen die Gesichtsgestalt, die Handform, Hautoberfläche, Haar- und Augenfarbe und ähnliches. Diese Systeme haben nicht mehr Anspruch auf wissenschaftliche Gültigkeit als die Phrenologie. Dennoch haben sich von Zeit zu Zeit Psychologen dafür interessiert, nach möglichen Beziehungen zwischen einigen dieser anatomischen Formen und intellektuellen oder Persönlichkeitsmerkmalen zu suchen. Eine theoretische Begründung für solche Assoziationen läßt sich in endokrinen Funktionen finden. Bekanntlich kann sich Über- oder Unteraktivität bestimmter endokriner Drüsen deutlich in Körpergröße und -proportionen, Form des Gesichtes und der Hände, Rauheit von Haut und Haaren und anderen äußeren Aspekten niederschlagen. Ein klarer Beleg für den gemeinsamen Effekt einer endokrinen Dysfunktion auf Physis und Verhalten stellt der Kretinismus dar, der auf eine Schilddrüsenunterfunktion zurückzuführen ist. Solche pathologischen Bedingungen sagen natürlich nichts über eine Assoziation im normalen Variationsbereich aus. Aber sie können zumindest zu plausiblen Forschungshypothesen führen.

Mehrere Studien unter der Leitung von HULL (39, Kap. 4) haben sich mit der Beziehung zwischen sorgfältig gemessenen Dimensionen und Merkmalen des Gesichtes und der Hände und Fähigkeits- und Persönlichkeitsvariablen befaßt. Psychologische Tests und Bekanntenurteile dienten als Verhaltensmaße. Untersuchte physische Merkmale waren u.a. die konvexe Profilform, Stirnhöhe, Blondheit und viele andere Maße für Gesicht und Hände. Das Ziel war, die traditionellen Aussagen von Ausdruckskundlern, Handlesern und ähnlichen zu überprüfen. Keine der untersuchten Beziehungen war statistisch signifikant.
Kürzlich hat WOLFF (90) in England mehrere Hypothesen über Handmerkmale und emotionale Reaktionen aufgestellt. Obwohl sie behauptet, Belege zur Unterstützung dieser Hypothese gefunden zu haben, hat zumindest ein Versuch in diesem Land, die angebliche Beziehung zwischen Daumenlänge und Dominanz zu verifizieren, zu völlig negativen Ergebnissen geführt (58). Auch einige frühere Daten von einem Schüler HULLs widersprechen den spezifischen Behauptungen in WOLLFs Buch.

Körpergestalt

Stehen grobe Indizes für die Gestalt wie Höhe und Gewicht in Beziehung zur Intelligenz? Verkümmerte Gestalten finden sich häufiger unter Minderbegabten als unter intellektuell normalen oder überdurchschnittlichen Personen. Das läßt sich leicht an den verschiedenen klinischen Formen der Minderbegabung demonstrieren (s. Kapitel 12). Wollen wir die Beziehung zwischen Physis und Intellekt in der Gesamtpopulation untersuchen, müssen wir jedoch diese pathologischen Fälle ausschließen, da sie das Bild nur verwirren.
Frühe Studien über die Beziehung zwischen Länge und Gewicht und akademischem Erfolg und Intelligenztestwerten haben bei Collegestudenten niedrige und insignifikante Korrelationen ergeben. Einige Gruppen waren jedoch klein, so daß die Ergebnisse nicht endgültig sind. Außerdem sind Collegestudenten in ihrer Intelligenz wesentlich homogener als die Gesamtbevölkerung, ein Faktum, daß die Korrelationen vermindert.
Während des 2. Weltkrieges hat man eine Untersuchung an einer Stichprobe von 700 Soldaten durchgeführt. Es zeigten sich zwischen Untergruppen, die man nach ihren Werten im Army General Classification Test (2) zusammengestellt hatte, konsistente Unterschiede in den Mittelwerten für Höhe und Gewicht. Die Unterschiede zwischen extremen Untergruppen waren groß genug, um statistisch signifikant zu werden. Auch in zwei Zufallsstichproben mit 20jährigen schwedischen Männern, die man zu Beginn ihrer Wehrpflichtzeit untersuchte, betrugen die Korrelationen zwischen Körperlänge und Intelligenztestwerten 0,22 (N = 2257) bzw. 0,20 (N = 4061) (40). Bei-

de Korrelationen sind weit unterhalb des 1 %-Niveaus signifikant. In mehreren ähnlichen Stichproben mit insgesamt über 7000 Fällen betrugen die Korrelationen zwischen Gewicht und Intelligenztestwerten durchschnittlich 0,09. Obwohl auch diese Korrelationen auf demselben Niveau signifikant sind, liegen sie weit unter denen für die Länge. Die Korrelationen zwischen Länge und Gewicht und der Intelligenz bleiben auch fast unverändert, wenn man sie für Stichproben mit einem relativ homogenen sozioökonomischen Hintergrund, z.B. für Landarbeiter, berechnet. Doch selbst in der letztgenannten Gruppe bleibt zweifellos bemerkenswerte Variation im sozioökonomischen Status der Elternhäuser bestehen. Die plausibelste Erklärung für die gefundenen niedrigen, aber signifikanten Korrelationen scheint jedoch zu sein, daß der sozioökonomische Status sowohl die physische Entwicklung insgesamt als auch die Möglichkeiten des intellektuellen Angebotes beeinflußt. Es gibt z.B. ausreichende Belege dafür, daß die durchschnittliche Körperlänge über aufeinanderfolgende Generationen einer Bevölkerung angestiegen sind, nachdem sich die hygienischen Ernährungs- und medizinischen Bedingungen verbessert hatten.
Bestimmte Theorien nehmen Bezug auf psychologische Merkmale: Nicht auf absolute Länge, sondern auf die Körpergestalt. Unterscheiden sich kurze, schwere Menschen in ihrer Persönlichkeit von langen, schlanken Individuen? Stehen Körperproportionen mit dem Verhalten in Beziehung? Fragen dieser Art bilden einen wesentlichen Bestandteil verschiedener Konstitutionstypologien, die man von Zeit zu Zeit aufgestellt hat. Da der typologische Ansatz neben der Beziehung zwischen Physis und Verhalten andere wichtige Implikationen für die Differentielle Psychologie besitzt, sind diese Theorien dem 6. Kapitel vorbehalten.

Entwicklungsbeziehungen

Bei Eigenschaften, die deutlichen Altersveränderungen unterliegen, sollte man jede Korrelation, die man bei Kindern findet, getrennt von ähnlichen Korrelationen bei Erwachsenen betrachten. Eine Eigenschaft, die im heranwachsenden Organismus vorhanden ist, kann beim Erreichen der Reife verschwinden. Denn sie kann einfach auf Entwicklungseinflüssen beruhen. Offensichtlich wird ein 10jähriger einen 5jährigen im Rechnen und auch in der Körpergröße überragen. Faßt man 10jährige und 5jährige in dieselbe Gruppe zusammen, wird man deshalb eine artifizielle Korrelation zwischen der Rechenleistung und dem Längenwachstum erhalten. Eine solche unechte Korrelation vermeidet man, wenn man relative Maße (z.B. IQ) verwendet oder Vergleiche innerhalb einer einzelnen Altersgruppe anstellt. Aber diese Verfahren heben nicht den gesamten Beitrag von Entwicklungsunterschieden auf. Denn *Kinder desselben Lebensalters können sich sehr stark in dem bereits erreichten physischen Entwicklungsstand unterscheiden.*

Es gibt keine konsistente Beziehung zwischen der Entwicklungsgeschwindigkeit und dem erwachsenen Status in physischen Merkmalen. Daten über das Alter, in dem die Pubertät einsetzt, sind dafür ein gutes Beispiel. Individuen, die früher ihre sexuelle Reife erreichen, sind allgemein seit früher Kindheit in ihrer physischen Entwicklung beschleunigt (72). Deshalb ist das Eintrittsalter in die Pubertät eine Manifestation der individuellen allgemeinen Entwicklungsgeschwindigkeit. Während ihrer Kindheit sind frühreife Individuen größer, schwerer und in den meisten physischen Merkmalen weiter entwickelt als jene, die die Pubertät erst später erreichen. Als Erwachsene aber sind die früher Pubertierenden *nicht* größer oder schwerer. Tatsächlich fand man eine leichte Tendenz bei früher herangereiften Mädchen, Ende 20 relativ kürzer zu werden (72, 77). Das längste Kind in einer Gruppe ist nicht unbedingt das längste zwanzig Jahre später. Die Physis eines Kindes hängt zum Teil von bestimmten absoluten Faktoren ab, die einige Individuen z.B. für das ganze Leben größer werden lassen als andere. Sie hängt zum Teil von individuellen Unterschieden in der Entwicklungsgeschwindigkeit ab.

Angesichts dieser Überlegungen ist es wohl nicht erstaunlich, daß die Korrelationen zwischen anatomischen oder physischen Merkmalen und der Intelligenz bei Kindern meist höher ist als bei Erwachsenen. Diese Korrelationen sind recht niedrig, selten übersteigen sie 0,30, aber sie sind oft hoch genug, um eine statistisch signifikante Beziehung anzuzeigen (s. 20, 37, 62). In einer ausführlichen Studie fand ABERNETHY (1) z.B. in allen Altersstufen von 8 bis 17 Jahren positive Korrelationen zwischen verschiedenen anatomischen Maßen und der Intelligenz. Aber die Korrelationen waren in Gruppen, die sich der Reife näherten, niedriger. Bei einer vergleichbaren Erwachsenengruppe in dieser Studie waren die Korrelationen fast Null. Es gibt auch Belege dafür, daß das „Skelett-Alter", wie es durch Röntgen-Aufnahmen der Knochenstruktur bestimmt wird, bei Kindern signifikant mit der Intelligenz korreliert ist und daß diese Korrelation mit dem Alter schwindet (20). HINTON (35) berichtete über einige erstaunlich hohe Korrelationen zwischen dem Grundumsatzwert und dem IQ bei einer Gruppe von 200 Kindern im Alter zwischen 6 und 15 Jahren. Diese Korrelationen lagen bei den 6 bis 9jährigen Gruppen nahe an 0,80; von 10 Jahren an sanken sie recht konsistent und erreichten einen Wert von 0,50 bei den 15jährigen. Zur Erinnerung: Untersuchungen an Jugendlichen und Erwachsenen erbrachten nahezu Nullkorrelationen zwischen dem GU und der Intelligenz. Lassen sich HILTONs Ergebnisse durch andere Studien bestätigen, so stellen sie wohl interessante Illustrationen für Altersveränderungen in der Beziehung zwischen körperlichen Bedingungen und dem Verhalten dar. Bekanntlich ist der GU etwas höher in Perioden starken Wachstums. Läßt sich nun zeigen, daß der GU signifikante Beziehungen zum intellektuellen Niveau in der Kindheit hat, dann mag das zur Erklärung vieler anderer Korrelationen beitragen.

Man hat angenommen, einige Individuen schritten in ihrer physischen und psychischen Entwicklung gleichermaßen während der gesamten Wachstumsperiode schneller voran als andere. Nach dieser Hypothese könnten die Unterschiede in der *Entwicklungsgeschwindigkeit* für die geringen positiven Korrelationen verantwortlich sein, die man zwischen der Intelligenz und bestimmten körperlichen Merkmalen bei Kindern gefunden hat. Es sei jedoch vermerkt, daß Wachstum bei einem Individuum nicht in einheitlichen oder regelmäßigen Schüben erfolgt, sondern viele unregelmäßige Spurts und Pausen aufweist. Diese zeitlichen Fluktuationen in der Wachstumsrate sind recht spezifisch und man hat keine Parallelen zwischen physischen und psychischen Schwankungen in den individuellen Wachstumskurven entdecken können. Deshalb sind die monatlichen oder jährlichen *Zuwächse* im strukturellen und im intellektuellen Status allgemein unkorreliert (1, 20). Vermutlich ist die Beziehung – welcher Art auch immer – zwischen körperlicher und verhaltensmäßiger Entwicklung indirekt. Ein Kind z.B., das physisch akzeleriert ist, wird wahrscheinlich früher laufen und möglicherweise früher sprechen lernen. Denn es weitet seine Umweltkontakte früher aus als das langsamer reifende Individuum. Dieser Vorteil könnte zu einem geringen Unterschied in der intellektuellen Entwicklung zugunsten des frühreifen Kindes führen. Andererseits scheint das temporäre Auf und Ab in der physischen und psychischen Entwicklung auf einer Vielzahl unabhängiger Faktoren zu beruhen und die Theorie von einer „allgemein zugrundeliegenden Wachstumstendenz" nicht zu stützen.

Die Wirkung der Pubertät auf die Verhaltensentwicklung ist ausführlich diskutiert worden. Entgegen der landläufigen Meinung gibt es keine Belege dafür, daß die intellektuelle Entwicklung durch das Erscheinen der Sexualreife übereinstimmend beschleunigt oder verlangsamt wird (1, 20). Es gibt auch keinerlei Verbindung zwischen dem Zeitpunkt der Sexualreife und intellektuellen oder Persönlichkeitsmerkmalen der Erwachsenen, hält man rassische und kulturelle Unterschiede konstant (1, 77). Der Eintritt in die Pubertät leitet allgemein Veränderungen in Einstellungen, Interessen und emotionalen Reaktionen ein. In einer Untersuchung (78) fand man bei Mädchen, die gleich alt waren und vergleichbaren sozioökonomischen und kulturellen Status hatten, vor und nach der Pubertät signifikante Unterschiede zwischen Antworten auf einen Persönlichkeitstest. Soziale Faktoren spielen zweifellos eine bedeutende Rolle beim Hervorbringen dieser Persönlichkeitsänderungen. Das haben BARKER et al. (7) sehr lebendig in ihrer Diskussion über psychosomatische Effekte der Pubertät aufgezeigt.

Zusammenfassung

Beziehungen zwischen physischen und psychischen Merkmalen sind für kausale Verhaltensanalysen, für Theorien der Eigenschaftsorganisation und für praktische Probleme der Menschenbeurteilung von Bedeutung. Pseudowissenschaftliche Systeme, die Phrenologie, Ausdruckskunde oder eine Reihe landläufiger Stereotypien, basieren auf angeblichen Beziehungen zwischen der Physis und der Intelligenz oder Persönlichkeit. Obwohl sie falsch sind, überleben diese Behauptungen leicht. Denn normalerweise zitiert man ausgewählte Fälle und übersieht negative Beispiele; man verallgemeinert von pathologischen Abweichungen auf die normalen Variationen; soziale Stereotypien beeinflussen das individuelle Selbstbild und die Art, wie andere das Individuum wahrnehmen.

Korrelationen zwischen physischen und psychischen Merkmalen können bedeuten, daß die Physis Verhalten beeinflußt (z.B. neurologische oder Drüsenstörungen, somatopsychische Effekte) oder das Verhalten die Physis beeinflußt (z.B. Muskeltraining, psychosomatische Störungen) oder das beide von einem dritten Faktor abhängen (z.B. vom sozioökonomischen Status).

Pathologische Bedingungen können vielfältig auf Verhalten einwirken. Schwere intellektuelle oder emotionale Störungen, z.B. Kretinismus, Parese oder Delirium tremens, sind direkt auf starke Drüsen- oder cerebrale Dysfunktionen zurückzuführen. Für andere Störungen, z.B. für die Schizophrenie, hat man viele Hinweise auf physische Korrelate gesammelt, aber die Kausalmechanismen sind immer noch unbekannt. Zumindest einige Fälle emotionaler und intellektueller Störungen können rein funktionell sein, ohne eine organische Grundlage zu besitzen.

Erhebungen an Schulkindern wiesen allgemein eine leichte Tendenz nach, daß verschiedenste physische Defekte bei unintelligenten Schülern häufiger vorkommen als bei intelligenten. Vermutlich sind zum Teil sozioökonomische Unterschiede für diese Beziehung verantwortlich. Langdauernde oder stark erschöpfende Krankheit hat auf der anderen Seite wahrscheinlich somatopsychische Auswirkungen.

Von den *physiologischen Faktoren*, deren Beziehung zum Verhalten untersucht worden ist, seien folgende genannt: EEG, autonome Reaktionen, biochemische Bedingungen, Drüsenaktivität und Ernährung. Bisher haben die meisten Forschungsarbeiten nur wenig positive Informationen über Verhaltensvariationen im Normalbereich erbracht. Dennoch bieten einzelne Forschungsrichtungen hoffnungsvolle Wege an. Psychische Folgen von schweren Nahrungsdefiziten, die in Feldstudien beobachtet wurden, hat man unter kontrollierten Bedingungen verifizieren können. Das zeigen die Untersuchungen des Minnesota Hungerprojektes. Ergebnisse über die experimentellen Gaben von Thiamin und Glutaminsäure sind noch vorläufig.

Sensorische Störungen, wie Taubheit und Blindheit, stehen einer intellektuellen Entwicklung im Wege, da sie die Umweltkontakte einschränken. Moderne Verfahren zur speziellen Schulung sollen diese Beschränkungen umgehen. Für ein Kind ist Taubheit eine schwerere psychische Behinderung als Blindheit. Denn Hören spielt für die Sprachentwicklung eine bedeutende Rolle. Definition und Klassifikation von Taubheits- und Blindheitsgraden sind noch ungelöste methodische Probleme. Sie lassen vorliegende Testergebnisse auf diesem Gebiet mehrdeutig werden.

Psychologen haben die Beziehung zwischen intellektuellen und Persönlichkeitsmerkmalen und einer Reihe *anatomischer Dimensionen* und anderer äußerer Merkmale untersucht. Kopf- und Körpergröße korrelieren signifikant positiv aber niedrig mit der Intelligenz. Der Schädelindex (für die Kopfform) steht in keiner Beziehung zur Fähigkeit. Es gibt auch keine Unterstützung für die Behauptungen, Gesichts- und Handmerkmale hätten etwas mit der Persönlichkeit zu tun. Man hat bestimmte Korrelationen zwischen der Intelligenz und anatomischen oder physiologischen Merkmalen bei Kindern gefunden. Sie spiegeln wohl nur *Entwicklungsbeziehungen* wider. In solchen Fällen verschwindet die Korrelation, wenn die Reife erreicht ist.

Zusammengefaßt, hat die vorhandene Forschung über Physis und Verhalten keine eindeutigen Beziehungen aufgedeckt, die für praktische Zwecke eng genug wären. Man kann nicht aufgrund physischer Merkmale Fähigkeiten oder Persönlichkeit beurteilen. Solche Forschung hat jedoch Kausalerklärungen für einige pathologische Bedingungen ermöglicht. Und sie hat hoffnungsvolle Wege eröffnet zur Erforschung kausaler Faktoren für Verhaltensunterschiede im Normalbereich – selbst wenn bisher noch keine klaren Beziehungen eindeutig aufgezeigt worden sind.

Literaturverzeichnis

1. Abernethy, Ethel M. Relationships between mental and physical growth. *Monogr. Soc. Res. Child Developm.*, 1936, 1, No. 7.
2. Altus, W. D. The height and weight of soldiers in association with scores earned on the Army General Classification Test. *J. soc. Psychol.*, 1949, 29, 201–210.
3. Anastasi, Anne. Review of R. J. Williams, "Free and unequal: the biological basis of individual liberty." *Hum. Biol.*, 1955, 27, 243–246.
4. Arbitman, H. D. The present status of glutamic acid therapy for mental deficiency. *Train. Sch. Bull.*, 1952, 48, 187–199.
5. Association for Research in Nervous and Mental Diseases. *Life stress and bodily disease*. Baltimore: Williams & Wilkins, 1950.
6. Ayres, L. P. The effect of physical defects on school progress. *Psychol. Clin.*, 1909–10, 3, 71–77.

7. Barker, R. G., *et al., Adjustment to physical handicap and illness: a survey of the social psychology of physique and disability.* (Rev. Ed.) N.Y.: Soc. Sci Res. Coun., 1953.
8. Bauman, Mary K., and Hayes, S. P. *A manual for the psychological examination of the adult blind.* N.Y.: Psychol. Corp., 1951.
9. Beach, F. A. *Hormones and behavior; a survey of interrelationships between endocrine secretions and patterns of overt responses.* N.Y.: Hoeber, 1948.
10. Beach, F. A. "Psychosomatic" phenomena in animals. *Psychosom. Med.*, 1952, 14, 261–276.
11. Berlinsky, S. Measurement of the intelligence and personality of the deaf: a review of the literature. *J. Speech Hearing Disorders,* 1952, 17, 39–54.
12. Berryman, G. H., *et al.* Effects upon young men consuming restricted quantities of B-complex vitamins and protein, and changes associated with supplementation. *Amer. J. Physiol.*, 1947, 148, 618–647.
13. Brackbill, G. A. Studies of brain dysfunction in schizophrenia. *Psychol. Bull.*, 1956, 53, 210–226.
14. Broom, M. E. Cranial capacity and intelligence. *Sch. and Soc.*, 1932, 36, 703–704.
15. Brozek, J., Guetzkow, H., Mickelsen, O., and Keys, A. Motor performance of normal young men maintained on restricted intakes of vitamin B complex. *J. appl. Psychol.*, 1946, 30, 359–379.
16. Catalano, F. L. The comparative performance of a group of cerebral palsied children in different intellectual functions. Unpublished doctoral dissertation, Fordham Univer., 1955.
17. Cattell, J. P., and Pacella, B. L. An electroencephalographic and clinical study of children with primary behavior disorders. *Amer. J. Psychiat.*, 1950, 107, 25–33.
18. Cotzin, M., and Dallenbach, K. M. "Facial vision": the role of pitch and loudness in the perception of obstacles by the blind. *Amer. J. Psychol.*, 1950, 63, 485–515.
19. Cruickshank, W. M. (Ed.) *Psychology of exceptional children and youth.* N.Y.: Prentice-Hall, 1955.
20. Dearborn, W. F., and Rothney, J. *Predicting the child's development.* Cambridge, Mass.: Sci-Art Pub., 1941.
21. Dunbar, Flanders. *Emotions and bodily changes.* (4th Ed.) N.Y.: Columbia Univer. Press, 1954.
22. Ellingson, R. J. Brain waves and problems of psychology. *Psychol. Bull.*, 1956, 53, 1–34.
23. Fiedler, Miriam F. Teachers' problems with hard of hearing children. *J. educ. Res.*, 1949, 42, 618–622.
24. Finger, F. W. Hearing deficiency and scholastic deficiency. *Amer. Psychologist,* 1948, 3, 293.
25. Gadson, E. J. Glutamic acid and mental deficiency–a review. *Amer. J. men. Def.*, 1951, 55, 521–528.
26. Garrett, J. F. (Ed.) *Psychological aspects of physical disability.* Washington, D.C.: U.S. Govt. Printing Office, 1952.
27. Gengerelli, J. A., and Kirkner, F. J. (Eds.) *The psychological variables in human cancer.* Berkeley and Los Angeles: Univer. Calif. Press, 1954.

28. Gibbs, F. A., and Gibbs, Erna L. *Atlas of electroencephalography.* (2nd Ed.) Cambridge, Mass.: Addison-Wesley Press, 1950–1952. (Vol. I and II.)
29. Goldstein, H. The biochemical variability of the individual in relation to personality and intelligence. *J. exp. Psychol.*, 1935, 18, 348–371.
30. Guetzkow, H., and Brozek, J. Intellectual functions with restricted intake of B-complex vitamins. *Amer. J. Psychol.*, 1946, 59, 358–381.
31. Harrell, Ruth F. Further effects of added thiamin on learning and other processes. *Teach. Coll., Columbia Univer., Contrib. Educ.*, 1947, No. 928.
32. Harrell, Ruth F., Woodyard, Ella, and Gates, A. I. *The effect of mothers' diets on the intelligence of the offspring.* N.Y.: Teach. Coll. Bur. Publ., 1955.
33. Hayes, S. P. *Contributions to a psychology of blindness.* N.Y.: Amer. Found. Blind, 1941.
34. Henry, C. E., and Knott, J. R. A note on the relationship between personality and the alpha rhythm of the electroencephalogram. *J. exp. Psychol.*, 1941, 28, 362–366.
35. Hinton, R. T. A further study on the role of the basal metabolic rate in the intelligence of children. *J. educ. Psychol.*, 1939, 30, 309–314.
36. Hoefer, C., and Hardy, M. C. The influence of improvement in physical condition on intelligence and educational achievement. *27th Yearb., Nat. Soc. Stud. Educ.*, 1928, Part I, 371–387.
37. Honzik, Marjorie P., and Jones, H. E. Mental-physical relationships during the preschool period. *J. exp. Educ.*, 1937, 6, 139–146.
38. Horwitt, M. K. Fact and artifact in the biology of schizophrenia. *Science*, 1956, 124, 429–430.
39. Hull, C. L. *Aptitude testing.* Yonkers-on-Hudson: World Book Co,. 1928.
40. Husén, T. Undersökningar rörande sambanden mellan somatiska föhållanden och intellektuell prestationsförmåga. *Särtryck ur Tidskrift i militär Hälsovård*, 1951, 76, 41–74. (English summary)
41. Jones, H. E. The environment and mental development. In L. Carmichael (Ed.), *Manual of child psychology.* (2nd Ed.) N.Y.: Wiley, 1954. Pp. 631–696.
42. Kempf, G. A., and Collins, S. D. A study of the relation between mental and physical status of children in two counties of Illinois. *U.S. Publ. Health Rep.* 1929, 44, No. 29, 1743–1784.
43. Kennard, Margaret A. Inheritance of electroencephalogram patterns in children with behavior disorders. *Psychosom. Med.*, 1949, 11, 151–157.
44. Keys, A., *et al. The biology of human starvation.* Minneapolis: Univer. Minn. Press, 1950. 2 vols.
45. Knott, J. R., Friedman, H., and Bardsley, R. Some electroencephalographic correlates of intelligence in eight-year-old and twelve-year-old children. *J. exp. Psychol.*, 1942, 30, 380–391.
46. Kreezer, G. L. The relation of intelligence level and the electroencephalogram. *39th Yearb., Nat. Soc. Stud. Educ.*, 1940, Part I, 130–133.
47. Kreezer, G. L., and Smith, F. W. The relation of the alpha rhythm of the electroencephalogram and intelligence level in the non-differentiated familial type of mental deficiency. *J. Psychol.*, 1950, 29, 47–51.
48. Lacey, J. I., Bateman, Dorothy E., and Van Lehn, Ruth. Autonomic response specificity and Rorschach color responses. *Psychosom. Med.*, 1952, 14, 256–260.

49. Lacey, J. I., Bateman, Dorothy E., and Van Lehn, Ruth. Autonomic response specificity. *Psychosom. Med.*, 1953, 15, 8–21.
50. Lennox, W. G., Gibbs, Erna L., and Gibbs, F. A. Inheritance of cerebral dysrhythmia and epilepsy. In E. A. Strecker, F. G. Ebaugh, and J. R. Ewalt (Eds.), *Practical clinical psychiatry*. Philadelphia: Blakiston, 1947. Pp. 124–125.
51. Lindsley, D. B. Electroencephalography. In J. McV. Hunt (Ed.), *Personality and the behavior disorders*. N.Y.: Ronald, 1944. Vol. 2. Pp. 1033–1103.
52. Lowe, G. M. Mental changes after removing tonsils and adenoids. *Psychol. Clin.*, 1923, 15, 92–100.
53. Lowenfeld, B. Psychological problems of children with impaired vision. In W. M. Cruickshank (Ed.), *Psychology of exceptional children and youth*. N.Y.: Prentice-Hall, 1955. Pp. 214–283.
54. Lurie, L. A. Endocrinology and the understanding and treatment of the exceptional child. *J. Amer. med. Ass.*, 1938, 110, 1531–1536.
55. Mallory, J. N. A study of the relation of some physical defects to achievement in the elementary school. *George Peabody Coll. Teach., Contrib. Educ.*, 1922, No. 9.
56. Miller, C. A., and Lennox, Margaret A. Electroencephalography in behavior problem children. *J. Pediat.*, 1948, 33, 753–761.
57. Milliken, J. R., and Standen, J. L. An investigation into the effects of glutamic acid on human intelligence. *J. Neurol. Neurosurg. Psychiat.* 1951, 14, 47–54.
58. Misiak, H., and Franghiadi, G. J. The thumb and personality. *J. gen. Psychol.*, 1953, 48, 241–244.
59. Morgan, C. F., and Stellar, E. *Physiological psychology*. (Rev. Ed.) N.Y.: McGraw-Hill, 1950.
60. Myerson, L. A psychology of impaired hearing. In W. M. Cruickshank (Ed.), *Psychology of exceptional children and youth*. N.Y.: Prentice-Hall, 1955. Pp. 120–183.
61. Myklebust, H. R. Towards a new understanding of the deaf child. *Amer. Ann. Deaf*, 1953, 98, 345–357.
62. Paterson, D. G. *Physique and intellect*. N.Y.: Appleton-Century-Crofts, 1930.
63. Phillips, E. L., Berman, Isabel R., and Hanson, H. B. Intelligence and personality factors associated with poliomyelitis among school age children. *Monogr. Soc. Res. Child Develpm.*, 1947, 12, No. 2.
64. Pintner, R., and Brunschwig, Lily. Some personality adjustments of deaf children in relation to two different factors. *J. genet. Psychol.*, 1936, 49, 377–388.
65. Richey, A. The effects of diseased tonsils and adenoids on intelligence quotients of 204 children. *J. juv. Res.*, 1934, 18, 1–4.
66. Rogers, Margaret C. Adenoids and diseased tonsils, their effects on general intelligence. *Arch. Psychol.*, 1922, No. 50.
67. Sandwick, R. L. Correlation of physical health and mental efficiency. *J. educ. Res.*, 1920, 1, 199–203.
68. Sarason, S. B. *Psychological problems in mental deficiency*. (Rev. Ed.) N.Y.: Harper, 1953.
69. Saul, L. J., Davis, H., and Davis, P. A. Psychological correlations with the electroencephalogram. *Psychosom. Med.*, 1949, 11, 361–376.

70. Secord, P. F., Dukes, W. F., and Bevan, W. Personalities in faces: I. An experiment in social perceiving. *Genet. Psychol. Monogr.*, 1954, 49, 231–279.
71. Shagass, C. An attempt to correlate the occipital alpha frequency of the electroencephalogram with performance on a mental ability test. *J. exp. Psychol.*, 1946, 36, 88–92.
72. Shuttleworth, F. K. Sexual maturation and the physical growth of girls aged six to nineteen. *Monogr. Soc. Res. Child Develpm.*, 1937, 2, No. 12.
73. Smillie, W. G., and Spencer, Cassie R. Mental retardation in school children infested with hookworms. *J. educ. Psychol.*, 1926, 17, 314–321.
74. Spillane, J. D. *Nutritional disorders of the nervous system.* Baltimore: Williams & Wilkins, 1947.
75. Sprunt, Julie W., and Finger, F. W. Auditory deficiency and academic achievement. *J. Speech-Hearing Disorders*, 1949, 14, 26–32.
76. Stalnaker, E., and Roller, R. D., Jr. A study of one hundred non-promoted children. *J. educ. Res.*, 1927, 16, 265–270.
77. Stone, C. P., and Barker, R. G. On the relationships between menarcheal age and certain aspects of personality, intelligence and physique in college women. *J. genet. Psychol.*, 1934, 45, 121–135.
78. Stone, C. P., and Barker, R. G. The attitudes and interests of premenarcheal and postmenarcheal girls. *J. genet. Psychol.*, 1939, 54, 27–71.
79. Templin, Mildred C. *The development of reasoning in children with normal and defective hearing.* Minneapolis: Univer. Minnesota Press, 1950.
80. Templin, Mildred C. A qualitative analysis of explanations of physical causality: I. Comparison of hearing and defective hearing subjects. *Amer. Ann. Deaf*, 1954, 99, 252–269.
81. Terry, R. A. Autonomic balance and temperament. *J. comp. physiol. Psychol.*, 1953, 46, 454–460.
82. Wenger, M. A. The measurement of individual differences in autonomic balance. *Psychosom. Med.*, 1941, 3, 427–434.
83. Wenger, M. A. The stability of measurement of autonomic balance. *Psychosom. Med.*, 1942, 4, 94–95.
84. Wenger, M. A. Preliminary study of the significance of measures of autonomic balance. *Psychosom. Med.*, 1947, 9, 301–309.
85. Wenger, M. A. Studies of autonomic balance in Army Air Forces personnel. *Comp. Psychol. Monogr.*, 1948, 19, 1–111.
86. Wertenberger, E. J. A study of the influence of physical defects upon intelligence and achievement. *Catholic Univer. Amer. Educ. Res. Bull.*, 1927, 2, No. 9.
87. White House Conference on Child Health and Protection. *Special education: the handicapped and the gifted.* N.Y.: Appleton-Century-Crofts, 1931.
88. Williams, R. J. *The human frontier.* N.Y.: Harcourt, Brace, 1946.
89. Williams, R. J. *Free and unequal: the biological basis of individual liberty.* Austin: Univer. Texas Press, 1953.
90. Wolff, Charlotte. *The human hand.* London: Methuen, 1942.
91. Worchel, P., and Dallenbach, K. M. "Facial vision," perception of obstacles by the deaf-blind. *Amer. J. Psychol.*, 1947, 60, 502–553.
92. Worchel, P., and Mauney, J. The effect of practice on the perception of obstacles by the blind. *J. exp. Psychol.*, 1951, 41, 170–176.

93. Zahl, P. A. (Ed.) *Blindness; modern approaches to the unseen environment.* Princeton, N.J.: Princeton Univer. Press, 1950.
94. Zimmerman, F. T., and Burgemeister, Bessie B. Permanency of glutamic acid treatment. *Arch. Neurol. Psychiat.*, 1951, 65, 291–298.
95. Zimmerman, F. T., Burgemeister, Bessie B., and Putnam, T. J. A group study of the effect of glutamic acid upon mental functioning in children and adolescents. *Psychosom. Med.*, 1947, 9, 175–183.
96. Zimmerman, F. T., Burgemeister, Bessie B., and Putnam, T. J. The effect of glutamic acid upon the mental and physical growth of mongols. *Amer. J. Psychiat.*, 1949, 105, 661–668.

Kapitel 6
Konstitutionstypen

Auch im Hinblick auf Konstitutionstypen hat man die Beziehung zwischen physischen und psychischen Merkmalen untersucht. Um die fast unzähligen beobachtbaren Variationen zwischen Individuen zu vereinfachen, hat man bestimmte grundlegende Menschentypen vorgeschlagen. Ein spezifisches Individuum läßt sich dann als eine mehr oder weniger enge Annäherung an einen von nur wenigen Typen beschreiben. Solche Konstitutionstypen sollen ein Individuum insgesamt charakterisieren – mit all seinen physischen, intellektuellen und emotionalen Eigenschaften. Sie sollen nicht irgendwelche isolierten Qualitäten des Individuums sein. Man macht auch weitreichende Annahmen über die angeborene oder vererbte Basis der Typenentwicklung. Da eine Theorie über Konstitutionstypen einen hohen Übereinstimmungsgrad der verschiedenen Charakteristika eines Individuums voraussetzt, werden diese Charakteristika schließlich zugrundeliegenden Erbfaktoren zugeschrieben.

Typenlehren haben eine lange Geschichte. Schon im 5. Jahrhundert vor Christi wies der griechische Arzt Hippokrates auf eine Beziehung zwischen dem Körperbau und der Anfälligkeit für verschiedene Krankheiten hin. Die frühen Arbeiten über Typologien haben WERTHEIMER und HESKETH (56), PATERSON (39, S. 220 – 248) und EYSENCK (16, 3. Kapitel) zusammengestellt. Die moderne psychologische Forschung über Konstitutionstypen wurde hauptsächlich durch die Veröffentlichung von KRETSCHMERs Buch angeregt, dessen erste englische Übersetzung 1925 (33) erschien. In diesem Buch arbeitete KRETSCHMER detailliert eine Theorie über die Beziehung zwischen Körperbau und Persönlichkeit aus. In jüngerer Zeit hat SHELDONs Arbeit dazu gedient, das Interesse an diesen Problemen wieder aufzufrischen. In den ersten beiden Abschnitten des Kapitels sollen die typologischen Systeme von KRETSCHMER und SHELDON zusammen mit den relevanten Daten besprochen werden.

Grundsätzlich beinhalten Konstitutionstypologien zwei Hauptkonzepte. Eines bezieht sich auf das typologische im Gegensatz zu einem dimensionalen (Eigenschafts-) System zur Beschreibung individueller Unterschiede. Eine solche Unterscheidung gilt, ob wir nun physische oder psychische Merkmale behandeln. Die Folgerungen aus diesen zwei Systemen und ihre relativen Verdienste wollen wir im dritten Abschnitt des Kapitels behandeln. Das andere Konzept befaßt sich mit der Beziehung zwischen physischen und psychischen Merkmalen. Alle Konstitutionstypologien, wie die von KRETSCHMER und SHELDON, nehmen eindeutige Assoziationen zwischen dem Körperbau und der Persönlichkeit an. Unter diesem Aspekt repräsentieren Konstitutionstypologien einen anderen Zugang zu dem Problem von Physis und Verhalten (s. Kapitel 5). Einige Folgerungen aus diesem Aspekt der Typentheorien wollen wir im vierten Abschnitt dieses Kapitels untersuchen. Wichtig ist, daß die beiden Hauptkonzepte von Konstitutionstypologien logisch voneinander unabhängig sind. Jedes von beiden kann unabhängig vom anderen angenommen oder verworfen werden.

Kretschmers Typologie

KRETSCHMER (33, 34) teilt den Körperbau nach vier Typen ein: pyknisch, athletisch, leptosom und dysplastisch. Der typische *Pyniker* ist kurz und beleibt, er hat einen relativ langen Rumpf und kurze Beine, einen runden Brustkorb, abgerundete Schultern, kurze Hände und Füße. Der *Athletiker* hat eine proportioniertere Entwicklung von Rumpf und Gliedmaßen, gut entwickelte Knochen und Muskeln, breite Schultern und lange Hände und Füße. Der *Leptosome* läßt sich allgemein charakterisieren durch geringe Körperfülle im Verhältnis zur Länge. Er ist groß und schlank mit relativ schmalem Brustkorb, langen Beinen, verlängertem Gesicht und langen, schmalen Händen und Füßen. In die *dysplastische* Kategorie fallen alle Individuen, die eine nicht zusammenpassende Mixtur aus Typencharakteristika in ihrer physischen Entwicklung aufweisen. KRETSCHMER hat viele verschiedene Maße vorgeschlagen, die ein Experimentator in seiner klinischen Diagnose verwenden kann, um zwischen diesen Körperbautypen zu unterscheiden.

KRETSCHMERS Theorie besagt grundsätzlich, daß eine Beziehung besteht zwischen den von ihm beschriebenen Körperbautypen und zwei völlig entgegengesetzten „Temperamenten“, dem zycloiden und dem schizoiden Temperament. Das *zycloide* Individuum manifestiert Persönlichkeitseigenschaften, die in ihren extremen Ausprägungsgraden der zyklischen oder manisch-depressiven Psychose zugeordnet werden. In dieser Psychose schwankt der Patient typischerweise zwischen den Extremen der Aufgeregtheit und Depression. Der *Schizoide* tendiert zur Schizophrenie, die charakterisiert ist durch extreme Introversion und mangelndes Interesse an der eigenen Umwelt. KRETSCHMER behauptet, der Zycloide sei gewöhnlich pyknisch, während der Schizoide leptosom oder weniger häufig athletisch sei. Obwohl ursprünglich auf die verschiedenen Formen geistiger Störungen angewendet, wurde die

Theorie später ausgeweitet, um auch normale Individuen miteinzubeziehen, die keine Persönlichkeitsstörung zeigen.
Die Begriffe „Zyclothym“ und „Schizothym“ wurden eingeführt, um diese normalen Biotypen zu kennzeichnen. Der erstgenannte wird beschrieben als sozial, freundlich, lebhaft, praktisch und realistisch; der letztgenannte als ruhig, reserviert, mehr zurückgezogen, furchtsam und verschlossen. Man erkennt, daß diese Beschreibungen recht gut den JUNGschen extra- und introvertierten Typen entsprechen.
Man hat aus vielen Quellen Daten zusammengetragen, um KRETSCHMERS Hypothese zu prüfen. Da die Theorie in KRETSCHMERS Beobachtungen an psychotischen Patienten ihren Ursprung hat, hat man viele Daten an solchen Fällen erhoben. Untersuchungen von KRETSCHMER (33, 34) und anderen (5, 56, 57) haben im allgemeinen die vorhergesagte Korrespondenz zwischen Körperbau und Psychose bestätigt. Ergebnisse aus einer dieser Studien an über 8000 Fällen sind in Tabelle 3 zusammengefaßt.

Tabelle 3: Prozentsatz von Schizophrenen, Manisch-Depressiven und Epileptikern, die in die verschiedenen Kategorien für den Körperbau fallen (aus WESTPHAL, 57, S. 97)

Körperbau	Schizophrene (N = 5233)	Manisch-Depressive (N = 1361)	Epileptiker (N = 1505)
pyknisch	13,7	64,6	5,5
athletisch	16,0	6,7	28,9
leptosom	50,3	19,2	25,1
dysplastisch	10,5	1,1	29,5
zweifelhaft	8,6	8,4	11,0

Man sieht, daß der größte Prozentsatz von Schizophrenen (50,3) in die Leptosomen-Kategorie fällt, während 64,6 % der Manisch-Depressiven als pyknisch klassifiziert wurden. Diese Untersuchung schloß auch eine Gruppe von Epileptikern mit ein, die in ihrem Körperbau stärker streuten. Im Gegensatz zu den Schizophrenen und Manisch-Depressiven besteht das wichtigste Unterscheidungsmerkmal der Epileptiker darin, daß sie relativ häufig athletisch und dysplastisch aussehen.
Die Interpretation dieser Daten von psychotischen Fällen wird durch eine Reihe unkontrollierter Faktoren erschwert. Der wichtigste Faktor ist das *Alter*. Schizophrenie kommt häufiger bei Jüngeren vor, während Ältere anfälliger für manisch-depressive Psychosen sind. Sicherlich kann man Pykniker unter jungen Leuten und Leptosome in älteren Gruppen finden; und viele Individuen behalten während ihres ganzen Lebens denselben Körperbau bei. Aber

der allgemeine Trend läßt sich dadurch kennzeichnen, daß er eine unechte Beziehung zwischen Körperbau und psychotischen Tendenzen begünstigt. Aus diesem Grund müssen bei jedem Vergleich der Körperbautypen von verschiedenen psychotischen Gruppen unbedingt Altersunterschiede ausgeglichen werden.

GARVEY (21) suchte für eine Untersuchung 130 Manisch-Depressive und 130 Schizophrene aus, die hinsichtlich des Alters annähernd parallel waren. Man wählte nur eindeutige Fälle, die von der Krankenhausleitung übereinstimmend klassifiziert worden waren (nicht vom Experimentator). Nachdem man die Patienten nach allgemeiner Beobachtung in schwere und schlanke Typen eingeteilt hatte, ließen sich einige Hinweise auf KRETSCHMERS Behauptungen finden – wenn auch die Beziehung schwach war. Für eine präzisere Klassifikation führte man ausführliche physische Messungen durch und bestimmte verschiedene Relationen zwischen horizontalen und vertikalen Körperdimensionen. Alle ergaben eine *fast vollständige Überlappung* der beiden psychotischen Gruppen. Nicht nur die Mittelwerte waren sehr ähnlich, sondern auch die Streubreite und die allgemeine Verteilungsform waren für die beiden Gruppen nahezu identisch.

BURCHARD (5) hat eine andere sorgfältig kontrollierte Untersuchung über die Beziehung zwischen Körperbautypen und Psychosen durchgeführt. Insgesamt wählte er 407 weiße männliche Patienten aus verschiedenen Nervenheilanstalten für diese Erhebung aus. Von diesen waren 125 vom Hospital eindeutig als Schizophrene und 125 als Manisch-Depressive diagnostiziert worden. Die übrigen 157 Patienten wiesen vielfältige psychotische und neurotische Störungen auf und dienten als Kg. Die Pbn aus allen drei Gruppen wurden nach „allgemeinem Eindruck" als Pykniker, Athletiker oder Leptosome klassifiziert. Anschließend stellte man aufgrund zahlreicher anthropometrischer Messungen und Indizes Vergleiche an. Man fand in der gesamten Stichprobe nur 7 Dysplastiker und schloß sie von weiterer Betrachtung aus. Alle anderen Pbn wurden untersucht. Die mittleren oder gemischten Typen ordnete man dem morphologischen Typ zu, dem sie am meisten ähnelten. Tabelle

Tabelle 4: Prozentsatz von Schizophrenen, Manisch-Depressiven und Kontrollpersonen (Kg), die pyknische, athletische und leptosome Körperbautypen aufweisen (aus BURCHARD, 5, S. 31)

Körperbau	Manisch-Depressive (N = 125)	Schizophrene (N = 125)	Kg (N = 157)
pyknisch	63,2	36,3	55,6
athletisch	8,8	17,7	11,3
leptosom	28,0	46,0	33,1

4 enthält die Prozentsätze von Pyknikern, Athletikern und Leptosomen, die man in der manisch-depressiven, der schizophrenen bzw. der Kontrollgruppe nach der allgemeinen Eindrucksklassifikation gefunden hat.
Der allgemeine Trend dieser Werte scheint mit KRETSCHMERs Theorie übereinzustimmen. Der größte Prozentsatz von Manisch-Depressiven ist nicht nur pyknisch und der größte Prozentsatz von Schizophrenen leptosom, sondern auch die Kg nimmt eine mittlere Position zwischen diesen beiden Gruppen ein. Vergleicht man Schizophrene mit Manisch-Depressiven in ihren anthropometrischen Maßen, zeigt sich auch eine gewisse Differenzierung. Man fand zuverlässige Unterschiede zwischen den Durchschnittswerten der beiden Gruppen in drei von neun physischen Maßen und in zwei von drei Körperbauindizes. Dennoch war das Überlappen der beiden Gruppen in allen diesen Maßen beträchtlich. Das illustriert Abbildung 33, die die Häufigkeitsverteilungen für den WERTHEIMER-HESKETH-Index[1] des Körperbaus wiedergibt. Dieser Index ergab die größten Unterschiede zwischen den beiden Gruppen. Abgesehen von den statistisch signifikanten Differenzen in den Durchschnittswerten, kann man offensichtlich Schizophrene finden, die pyknischer sind als bestimmte Manisch-Depressive und umgekehrt.

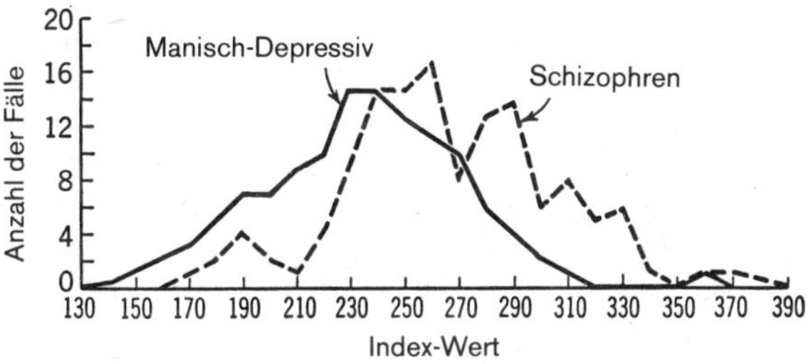

Abb. 33: Häufigkeitsverteilungen von 125 Manisch-Depressiven und 125 Schizophrenen im WERTHEIMER-HESKETH-Index für den Körperbau (aus BURCHARD, 5, S. 47)

Doch die kleinen Unterschiede in den Durchschnittswerten der beiden Gruppen können das Ergebnis anderer unkontrollierter Faktoren sein. BURCHARD erkannte diese Schwierigkeit und unternahm eine detaillierte Analyse seiner manisch-depressiven und schizophrenen Gruppe. In Bezug auf rassische und nationale Merkmale, Beruf und Bildungsstatus konnte er keine deutlichen oder konsistenten Unterschiede entdecken. Im Alter waren die Unterschiede

1 WERTHEIMER-HESKETH-Index (56, S. 415)

$$\frac{\text{Beinlänge} \cdot 10^3}{\text{transversaler Brustdurchmesser} \times \text{sagittaler Brustdurchmesser} \times \text{Rumpflänge}} \cdot 100$$

jedoch beträchtlich: Das durchschnittliche Alter der Schizophrenen, der Kg und der Manisch-Depressiven betrug 30,97, 42,90 bzw. 49,65. Eine weitere Analyse deckte eine eindeutige Beziehung zwischen Alter und Körperbau auf. Die Werte sind in Tabelle 5 wiedergegeben. Diese Tabelle enthält die mittleren WERTHEIMER-HESKETH-Indizes für Personen in gestaffelten Altersjahrzehnten – für die gesamte Stichprobe und jede einzelne Gruppe. Eine deutliche Tendenz zum mehr pyknischen Körperbau bei zunehmendem Alter ist deutlich. Dies zeigt sich *innerhalb jeder psychotischen Gruppe* und auch bei der Gesamtstichprobe. Eine weitere Bestätigung für diese Befunde liegt in der Korrelation von − 0,256 zwischen Alter und WERTHEIMER-HESKETH-Index. Diese Korrelation ist auf dem 1 %-Niveau signifikant.

Tabelle 5: WERTHEIMER-HESKETH-Index für den Körperbau in Beziehung zum Alter und Psychosetyp (aus BURCHARD, 5, S. 64)

	Durchschnittlicher WERTHEIMER-HESKETH-Index			
Alter	Gesamt-Gruppe (N = 407)	Schizo-phrene (N = 125)	Manisch-Depressive (N = 125)	Kg (N = 157)
15–19	306,11	297,25	262,66	321,00
20–29	275,10	279,77	252,00	273,48
30–39	260,82	272,00	256,33	253,86
40–49	249,34	252,50	246,52	249,41
50–59	253,68	277,50	247,29	257,16
60–69	236,50	243,33	241,67	228,75

Ein Großteil des beobachteten Unterschiedes zwischen den zwei psychotischen Gruppen kann also dem Alter zugeschrieben werden. Dennoch haben innerhalb jedes Lebensjahrzehntes die Schizophrenen im Mittel einen höheren Index als die Manisch-Depressiven, d.h. sie haben eine stärkere Tendenz zum leptosomen Körperbau. Sicherlich werden diese Unterschiede durch Ausgleichen des Alters deutlich vermindert, die Kg behält nicht mehr ihre mittlere Position. Doch eine gewisse Differenz in der erwarteten Richtung bleibt. Diese Differenz könnte möglicherweise auf andere, unerwartete Faktoren zurückführbar sein, hinsichtlich derer die beiden Gruppen nicht gleich sind. Oder sie kann für eine wirkliche, wenn auch schwache Beziehung zwischen Körperbau und Psychosetyp stehen.

EYSENCK (16, S. 85) hat auf weitere Schwierigkeiten bei der Interpretation derartiger Daten hingewiesen. Er meint, die verschiedenen Schizophrenie-Untergruppen unterschieden sich in ihrem Körperbau untereinander fast so sehr, wie sich Schizophrene von Manisch-Depressiven unterscheiden. Bekanntlich ist Schizophrenie eine breite psychiatrische Kategorie, die eine Vielzahl spezifischer Symptome abdeckt. In eigenen Untersuchungen an 1000 erwachsenen Neurotikern fand EYSENCK (16, S. 89 – 94) Belege dafür, daß der ängstliche, gehemmte Typ zum Leptosomen hinneigt, während die hysterische impulsivere Gruppe zum Pyknischen tendiert. Innerhalb des untersuchten Altersbereiches fand sich keine Beziehung zwischen Alter und Körperbau. Um die Korrespondenz zwischen Körperbau und Persönlichkeit bei *Normalen* zu prüfen, hat man etliche Ansätze verfolgt. Einige frühe Studien an Collegestudenten konzentrierten sich auf die Beziehung zwischen Längen-Gewichts-Verhältnis oder anderen differenzierteren Körperbau-Indizes und Intelligenztestwerten, Werten aus Persönlichkeitsfragebogen oder Bekannteneinschätzungen in einer Vielzahl von Persönlichkeitsmerkmalen (20, 26, 37, 46, 47). Fast alle Korrelationen erwiesen sich als nicht signifikant. Diejenigen, die gerade statistische Signifikanz erreichten, waren niedrig und können auf einem unkontrollierten Altersfaktor beruhen.

Vertreter der Konstitutionstypologie könnten jedoch einwenden, solche geringen Korrelationen seien vielleicht auf das Vorhandensein vieler Mischtypen zurückzuführen, bei denen sich keine konsistente Beziehung zwischen Physis und Persönlichkeit zeigen kann. Diese Individuen – wahrscheinlich die Mehrheit – würde jede eindeutige Beziehung bei den „reinen Typen verschleiern". Auch hat man so argumentiert: Selbst wenn ein Forscher Indizes statt isolierter Dimensionen verwendet, wird er kein Bild von der individuellen Physis in ihrer Gesamtheit gewinnen. Und letzteres sei die Grundlage jeglichen Konzeptes von Konstitutionstypen.

Die meisten der zahlreichen deutschen Untersuchungen über Typen sind so vorgegangen, daß sie auf der Grundlage von physischen Maßen oder Beobachtungen geeignete Vertreter jedes Typs *aussuchten* und an diesen ausgewählten Gruppen dann vielfältige psychologische Testwerte erhoben. Durch diese Methode kam man z.B. zu Aussagen wie: Pykniker sind störbarer als Leptosome, sie haben eine größere Aufmerksamkeitsspanne, zeigen ein besseres Einfallsgedächtnis, reagieren eher „synthetisch" als „analytisch" auf eine komplizierte Wahrnehmung, sind sensitiver für Farben als für Formen, sind in motorischen Aufgaben überlegen, außer diese Aufgaben erforderten Feinmotorik, und geben extravertiertere Reaktionen. Dieses sind die Hauptunterschiede, die deutsche Untersucher anführen[2].

Viele dieser Studien sind ernsthaft zu kritisieren. Deshalb ist die Bewertung ihrer Ergebnisse schwierig. Die untersuchten Gruppen sind gewöhnlich klein. Durchschnittswerte werden mitgeteilt ohne Angabe der Variabilität in jeder Gruppe oder des Ausmaßes der Überlappungen zwischen den Gruppen. Häufig fehlen quantitative Daten und es werden nur beschreibende Beobachtun-

2 Eine Übersicht über die frühen Untersuchungen geben KLINEBERG et al. (31). Kürzlich hat EYSENCK die europäischen Forschungen zusammengefaßt (16, 17, 18).

gen wiedergegeben. Tests sind oft inadäquat oder schlecht standardisiert. Die Gruppen selbst – hauptsächlich nach dem physischen Typ ausgewählt – unterscheiden sich oft in wichtigen anderen Aspekten. So hat man den relativen Anteil von Frauen und Männern nicht in allen Gruppen konstant gehalten. Oder die Pykniker waren älter als die Leptosomen, so daß der Altersunterschied für die beobachteten psychischen Unterschiede verantwortlich sein kann. Selten oder nie hat man diesen Altersfaktor zu kontrollieren versucht – in einigen Studien variieren die Pbn von Jugendlichen bis zu 60jährigen. Auch der soziale und kulturelle Hintergrund kann die Ergebnisse beeinflußt haben. Es scheint z. B. als gäbe es mehr Leptosome in den höheren Sozial- und Bildungsschichten. Da es auch intellektuelle und vielleicht emotionale Differenzen von einer sozioökonomischen oder Bildungsschicht zur nächsten gibt, müssen solche Faktoren konstant gehalten werden.

KLINEBERG, ASCH und BLOCK (31) haben in einer Studie versucht, die KRETSCHMERschen Typen unter strenger kontrollierten Bedingungen miteinander zu vergleichen. Die Studie beschränkte sich auf Collegestudenten, so daß Variationen im Alter und im sozialen und sozioökonomischen Status bedeutend eingeschränkt waren. Die Pbn waren auch hinsichtlich des rassischen und kulturellen Hintergrundes sehr homogen. Aus einer Gruppe von 153 Männern eines einzelnen Colleges – im durchschnittlichen Alter von 19 Jahren und 9 Monaten – konnte man 56 relativ reine Pykniker und 59 relativ reine Leptosome auswählen. Die Klassifikation des Körperbautyps baute auf fünf Indizes auf, die man aus physischen Messungen berechnet hatte, und auf der Beobachtungsdiagnose der Experimentatoren. Abbildung 34 belegt, daß die beiden ausgesuchten Gruppen in ihrer Physis eindeutig verschieden waren. Hier finden sich die Verteilungen der Pykniker und Leptosomen im PIGNET-Index[3], eines der zur Selektion verwendeten Kriterien.

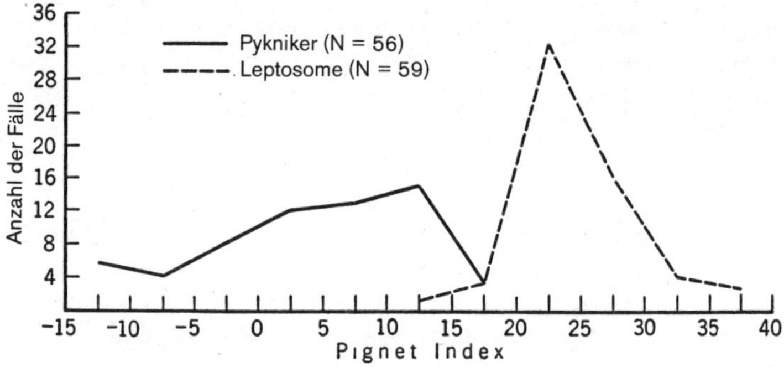

Abb. 34: Verteilungen der Werte von Leptosomen und Pyknikern im PIGNET-Index (aus KLINEBERG, ASCH und BLOCK, 31, S. 180)

3 PIGNET-Index = Länge – (Gewicht + Brustumfang)

Im scharfen Gegensatz zu dieser Verteilung steht Abbildung 35. Sie gibt die Werte von Leptosomen und Pyknikern in einem der psychologischen Tests wieder, nämlich im Buchstabenausstreichen. Hier überschneiden sich die beiden Gruppen fast völlig. Ähnliche Ergebnisse brachten alle anderen Tests, z. B. Tests für die Intelligenz und emotionale Anpassung, sowie 6 speziell konstruierte Tests zur Messung vermuteter Merkmale der beiden gegensätzlichen Konstitutionstypen. In keinem Fall war die Differenz zwischen den beiden Gruppen statistisch signifikant. Korrelationen mit Maßen von 110 Pbn bestätigten diese Befunde. Die Korrelationen zwischen physischen Indizes und Testwerten lagen alle nahe bei Null. Interkorrelationen der verschiedenen psychischen Tests waren ebenfalls zu vernachlässigen. Wäre die von den Typentheorien angenommene zugrundeliegende Übereinstimmung vorhanden, hätte man eine recht enge Korrelation zwischen verschiedenen diagnostischen Tests finden müssen. Aus jedem Blickwinkel betrachtet sind die Ergebnisse absolut negativ.

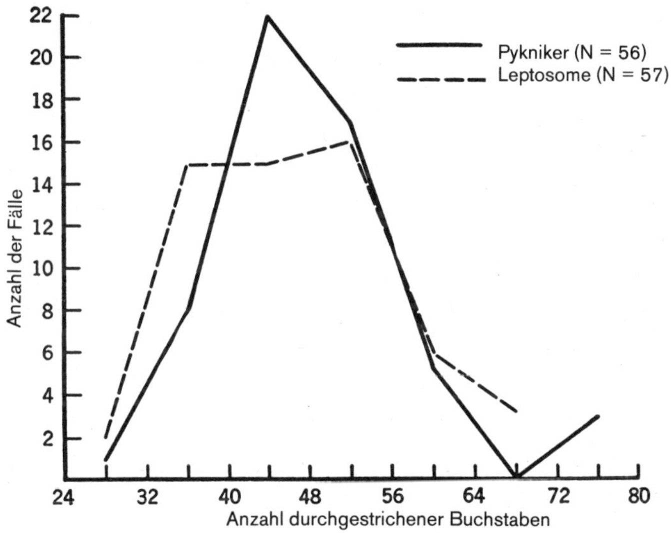

Abb. 35: Verteilungen der Werte von Leptosomen und Pyknikern beim Buchstabendurchstreichen (aus KLINEBERG, ASCH und BLOCK, 31, S. 180)

KLINEBERG, FJELD und FOLEY (32) haben eine ähnliche Untersuchung über Persönlichkeitsmerkmale von physischen Typen durchgeführt. Pbn waren wieder Studenten, die man aus einigen Colleges aus New York City und Umgebung ausgewählt hatte. Insgesamt untersuchte man 200 Männer und 229 Frauen. Aus jeder Gruppe wählte man diejenigen als Leptosome bzw. Pykniker aus, die die oberen oder unteren 25 % der Verteilung im PIGNET-Index ausmachten. Das ergab 50 Leptosome und 50 Pykniker bei den Männern und 57 Leptosome und 57 Pykniker bei den Frauen. Diese gegensätzlichen physischen Typen zeigten auch signifikante Unterschiede in fast allen physischen Maßen und Indizes, die man in der Studie erhoben hatte. Damit dürften sie mit Sicherheit in ihrer Physis als unterschiedlich gelten. Man fand nur geringe oder keine Überlappung in allen diesen Maßen. Allen Pbn legte man das BERNREUTER Persönlichkeits-Inventar, die ALLPORT-VERNON Study of Values und einen speziell geschaffenen Test für Suggestibilität vor. Ein großer Teil der Gruppe führte auch einen Ehrlichkeitstest durch (MALLER Test of Sports and Hobbies), und einen Test für Ausdauer (unlösbares Fingerlabyrinth).

In Tabelle 6 finden sich die Mittelwerte für männliche und weibliche Leptosome und Pykniker in jedem Test. Die Signifikanzen für die Differenzen zwischen den Mittelwerten sind ebenfalls angegeben. Die Ergebnisse dieser sorgfältig kontrollierten Studie sind eindeutig negativ, was die Konstitutionsty-

Tabelle 6: Mittelwerte von Leptosomen und Pyknikern in Persönlichkeitstests (aus KLINEBERG, FJELD und FOLEY, 32)

Test	männlich			weiblich		
	Leptosome (N = 50)	Pykniker (N = 50)	kritischer Bruch	Leptosome (N = 57)	Pykniker (N = 57)	kritischer Bruch
BERNREUTER						
1. B_1N: Neurotizismus	−37,50	−39,76	0,14	−40,51	−45,60	0,34
2. B_2S: Eigenständigkeit	+34,30	+29,22	0,49	− 0,26	+18,02	1,88
3. B_3I: Introversion	−14,98	−17,88	0,30	−18,47	−27,00	0,95
4. B_4D: Dominanz	+39,20	+42,18	0,26	+30,32	+38,54	0,72
5. F_1C: Selbstvertrauen	− 8,54	− 8,46	0,005	+ 4,67	−13,67	1,19
6. F_2S: Soziabilität	+ 1,22	− 6,66	0,62	−29,79	−18,39	0,97
ALLPORT-VERNON-Wertstudie						
1. Theoretisch	31,82	31,46	0,23	28,57	29,32	0,54
2. Ökonomisch	28,67	29,98	0,96	27,42	26,71	0,61
3. Ästhetisch	27,27	28,40	0,61	34,77	32,91	1,15
4. Sozial	32,29	31,82	0,39	30,25	32,63	2,22*
5. Politisch	30,30	31,72	1,08	29,65	29,54	0,09
6. Religiös	29,65	26,62	1,47	29,34	28,89	0,28
Suggestibilität	11,02	10,82	0,23	11,89	11,43	0,56
Ausdauer	6,00	10,94	2,22*	6,94	8,71	1,32
Ehrlichkeit	97,58	94,77	1,61	99,00	99,14	0,25

* signifikant auf dem 5 %-Niveau

pen anbelangt. Keine Differenz zwischen Leptosomen und Pyknikern ist auf dem 1%-Niveau signifikant. Nur 2 der 30 Differenzen erreichen das 5%-Signifikanz-Niveau – ein Ergebnis, das zufällig entstanden sein kann. Außerdem entsprachen die Mittelwerte aller Gruppen ungefähr den Normen für Männer und Frauen im College. Schließlich sind die Streubreiten für Leptosome und Pykniker nahezu identisch. Das spiegelt ein fast vollständiges Überlappen der Verteilungen in allen Tests wider.
Diese Studien beschränken sich natürlich auf Populationen an amerikanischen Colleges. Möglicherweise weisen andere normale Populationen irgendeine Beziehung zwischen Körperbau und psychischen Charakteristika auf. Andere Indizes für Persönlichkeit könnten sich ebenfalls als erfolgreicher zur Trennung von Gruppen erweisen. Europäische Untersucher, z. B. EYSENCK, berichten von einigen bestätigenden Ergebnissen für KRETSCHMERs Theorie, obwohl diese Hinweise wegen methodischer Mängel schwer zu interpretieren sind. Allgemein scheint jedoch klar: Selbst wenn man eindeutig eine signifikante Beziehung zwischen KRETSCHMERs Körperbautypen und der Persönlichkeit nachweisen könnte, so dürfte diese Beziehung zweifellos sehr gering sein.

Sheldons Typologie

Ein neueres System einer Konstitutionstypologie haben SHELDON und seine Mitarbeiter entwickelt (48, 49, 50, 51). Das unterschiedliche Aussehen dieses Systems liegt darin, daß jedes Individuum auf einer 7stufigen Skala für jeden der drei Körpertypen und auch auf jeder von drei korrespondierenden Kategorien für das Temperament beurteilt wird. Das Individuum wird also nicht mit dem Typ charakterisiert, dem es am meisten ähnelt, sondern es wird auf einem Kontinuum für jedes der drei physischen und der drei Temperamentskomponenten plaziert.
Die drei Komponenten der Physis wählte und definierte man nach detaillierten Beobachtungen der Fotografien von 4000 Collegeangehörigen. Wie Abbildung 36 zeigt, wurde jede Person nackt in standardisierter Stellung fotografiert: Von vorn, von der Seite und von hinten. Nachdem man die drei Komponenten durch diese Inspektionsanalyse gewonnen hatte, wählte man dafür passende physische Maße nach Versuch und Irrtum aus. Die Messungen führte man direkt an den Fotografien mit Stechzirkeln durch.
Ein paralleles Verfahren verfolgte man bei der Erstellung der Grundkomponenten für das Temperament. Als erstes stellten die Autoren eine Liste von 650 angeblichen „Temperamentseigenschaften“ zusammen, die in der Literatur beschrieben werden und von denen sich die meisten auf Introversion –

Extraversion beziehen. Sie fügten einige wenige aus eigenen Beobachtungen hinzu, ordneten sie, faßten sie zusammen und konnten schließlich die Liste auf 50 Begriffe verkürzen, die alle wichtigen Charakteristika anzusprechen schienen. Dann ließ man eine Gruppe von 33 jungen Männern, meist fortgeschrittenen Studenten und Tutoren, auf 7stufigen Skalen hinsichtlich aller 50 Merkmale einschätzen. Die Schätzurteile basierten auf einer Serie von 20 intensiven Interviews durch die VI. Sie erstreckten sich über einen Zeitraum von einem Jahr und wurden durch tägliche Beobachtungen angereichert. Man berechnete dann alle 1225 Interkorrelationen zwischen den Schätzurteilen der 50 Eigenschaften. Nach einer Inspektion dieser Interkorrelationstabelle nahmen die Autoren an, die Merkmale fielen in drei Hauptcluster, d.h. die Tests innerhalb eines jeden Clusters waren untereinander positiv und mit allen Tests außerhalb des Clusters negativ korreliert. An diesem Punkt entschied man sich, nur die Eigenschaften oder Items beizubehalten, die eine positive Korrelation von 0,60 oder mehr mit den anderen Items des Clusters zeigten und eine negative Korrelation von − 0,30 oder mehr mit Items außerhalb des Clusters. Auf dieser Basis behielt man 22 von den ursprünglich 50 Eigenschaften bei. Im Verlauf späterer Studien an mehr Pbn bearbeiteten die Untersucher die anfänglichen 22 Items, definierten sie neu und fügten andere hinzu, die ebenfalls dem oben genannten Korrelationskriterium entsprachen. Die endgültige Skala, die man mit dieser Technik entwickelt hatte, bestand aus 60 Eigenschaften – für jedes Cluster 20.
Die drei physischen und die korrespondierenden Temperamentskomponenten lassen sich kurz wie folgt beschreiben:

Physis	Temperament
1. Endomorphie – Vorherrschen von sanfter Rundlichkeit; relative Überentwicklung des Verdauungsapparates.	1. Viscerotonie – Tendenz zur Entspannung, Vorliebe für physischen Komfort, Freude am Essen, Soziabilität.
2. Mesomorphie – Vorherrschen von Knochen, Muskeln und Bindegewebe; schwere, strenge, rechteckige Physis.	2. Somatotonie – Tendenz zum Sichbehaupten, tatkräftige Aktivität, Vorliebe für Gewalt und Risiko, physischer Mut.
3. Ektomorphie – Vorherrschen der Geradheit und Zerbrechlichkeit; relativ zu seiner Masse hat der Ektomorphe die größte sensorische Ausstattung, das größte Gehirn und Nervensystem.	3. Cerebrotonie – Tendenz zur Zurückhaltung, Introversion, Vorliebe für Stille und Einsamkeit, Hemmung.

Jeder individuelle Somatypus wird durch drei Ziffern gekennzeichnet, die jeweils Einschätzungen der Endomorphie, Mesomorphie bzw. Ektomorphie entsprechen. So zeigt 7-1-1 extreme Endomorphie an. 2-6-2 und 3-6-2 stehen beide für starke Mesomorphie, wobei der Letztgenannte stärkere Endomorphie zeigt als der Erstgenannte. Theoretisch gibt es 210 somatotypische Kombinationen, die sich aus den auf 7stufigen Skalen geschätzten Komponenten ergeben. Aber einige Kombinationen sind physisch unmöglich, wie die hypothetischen Kombinationen 7-7-7 oder 1-1-1. SHELDON beschreibt 88 Somatotypen, die man auch wirklich beobachtet hat. Die Verwendung einer 7stufigen Skala ist natürlich willkürlich und beruht auf Konventionen. Man könnte dafür auch 5, 10 oder irgendeine andere Zahl von Stufen setzen, wodurch die Gesamtzahl von Somatotypen anstiege oder vermindert würde.

SHELDONs System wurde ursprünglich an Männern entwickelt. Man arbeitet an einer Ausweitung des Systems auf Frauen und plant einen *Atlas für Frauen*, entsprechend dem kürzlich publizierten *Atlas für Männer*. Aufgrund der Anwendung des originalen Somatotypensystems auf Frauen fand SHELDON,

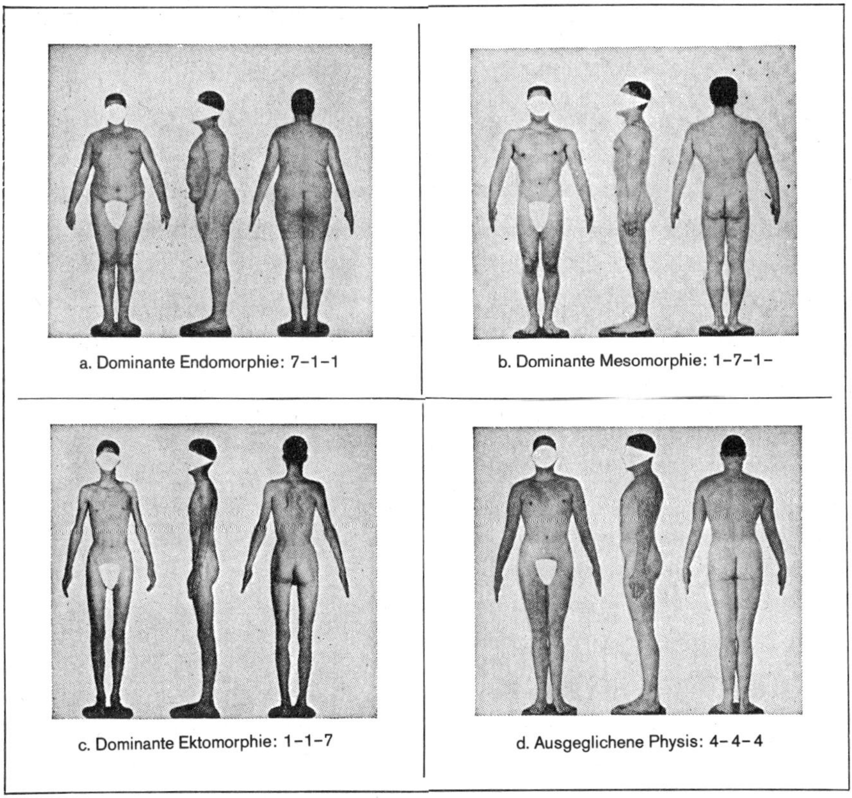

Abb. 36: Beispiele für SHELDONs Somatotypen (aus SHELDON, 49, S. 37, 66, 225, 325)

daß Frauen stärker zur Endomorphie tendieren als Männer. Man hat 6 neue Somatotypen der endomorphen Gruppe bei Frauen identifiziert, die man bei männlichen Stichproben früher nicht gefunden hatte. Der bei 4000 Collegestudentinnen am häufigsten auftretende Somatotypus ist 5-3-3.

In Abbildung 36 finden sich Fotografien von vier Somatotypen, die extreme Endomorphie (7-1-1), Mesomorphie (1-7-1) und Ektomorphie (1-1-7), sowie einen nahezu in den drei Komponenten ausgeglichenen Typus (4-4-4) illustrieren.

Der häufigste Typ bei Collegestudenten – den ursprünglichen Pbn von SHELDON – war 3-4-4. Bei der Aufstellung des Somatotypus werden die drei Komponenten an mindestens fünf verschiedenen Körperregionen eingeschätzt und dann daraus der Durchschnitt gebildet. Die getrennten Schätzungen für den Typ 7-1-1 aus Abbildung 36a z.B. waren: 6 1/2-1-1 1/2; 7-1-1; 7-1-1 1/2; 7-1-1; 7-2-1. Die Ähnlichkeit dieser Somatotypen mit KRETSCHMERs Typen ist deutlich. Der vorherrschend Endomorphe aus Abbildung 36 entspricht KRETSCHMERs Pykniker, der vorwiegend Mesomorphe und Ektomorphe repräsentiert den athlethischen bzw. leptosomen Typ. Der Somatotyp von Abbildung 36d würde in KRETSCHMERs System als mittlerer oder Mischtyp klassifiziert werden.

Jede der drei Temperamentskomponenten in SHELDONs System wird ebenfalls auf einer 7stufigen Skala eingeschätzt. Den ersten Hinweis auf eine Verbindung zwischen Somatotypus – und Temperamentsschätzungen leitete man aus einer Studie ab, in der SHELDON über einen Zeitraum von 5 Jahren 200 Universitätsangehörige im Alter von 17 bis 31 Jahren beobachtete (50). Die Korrelationen zwischen den korrespondierenden Komponenten für Physis und Temperament in dieser Gruppe waren wie folgt:

Endomorphie und Viscerotonie	0,79
Mesomorphie und Somatotonie	0,82
Ektomorphie und Cerebrotonie	0,83

Aufgrund weiterer Analysen an denselben Pbn stellten die Autoren die Hypothese auf, bestimmte *Diskrepanzen* zwischen Somatotypus und Temperamentsindex könnten bei einem Individuum zur Fehlanpassung führen und behinderten seine Leistung (50, Kapitel 7).

Die Korrelationen zwischen strukturellen und Temperamentskomponenten bei SHELDON sind sicherlich viel höher, als die früher gefundenen. SHELDON und seine Mitarbeiter führen diese Differenz darauf zurück, daß sie sich auf die „wirklich zugrundeliegenden Komponenten“ von Physis und Temperament bezogen hätten, während die älteren Untersucher nur relativ oberflächliche oder fragmentarische Maße verwandt hätten. SHELDON behauptet z.B., Leistungs- oder Persönlichkeitstests könnten nicht die „tieferen und dauer-

hafteren“ Aspekte des Temperaments so an das Tageslicht bringen, wie er es durch seine Interviewreihe erreicht hätte (11, S. 33). Aus diesem Grunde erreichten Testwerte nicht solche hohen Korrelationen mit den Somatotypen, wie sie SHELDON unter Verwendung von Schätzurteilen gefunden hätte. Das Gegenargument besagt, der bekannte „Haloeffekt“ habe künstlich hohe Entsprechungen zwischen Physis und Temperamentsindex hervorgerufen, denn dieselben Beobachter nahmen beide Arten von Schätzurteilen vor. Als stärkste Verteidigung gegen den Haloeffekt führt SHELDON an, die Experimentatoren seien sich dessen bewußt und seien deshalb besonders auf der Hut gewesen. Die Wirksamkeit solchen Schutzes läßt sich natürlich anzweifeln.
Nachfolgende Studien durch andere Autoren konnten die hohe Beziehung zwischen Physis und Temperament, wie sie SHELDON berichtete, nicht bestätigen. Korrelierte man Schätzurteile mit Somatotypen, erhielt man allgemein signifikante Korrelationen, die allerdings viel niedriger als die von SHELDON waren (10, 24, 44, 45). Man fand auch signifikante Korrelationen, als man die Werte in der ALLPORT-Vernon-Study of Values den Somatotypen gegenüberstellte, die aus Selbsteinschätzungen physischer Qualitäten gewonnen worden waren (12). In allen diesen Studien bleibt die Möglichkeit bestehen, falsche Korrelationen könnten aus dem Haloeffekt, sozialen Stereotypen und ähnlichen Faktoren resultieren. Untersuchungen, in denen unabhängige Maße für Somatotypen mit Werten aus Persönlichkeits- und Leistungstests verglichen wurden, erbrachten dann auch nur weniger oder gar keine signifikanten Korrelationen (11, 19, 29, 53). Angesichts dieser Befunde kann man nur schließen, daß SHELDONs Hauptaussage über die Assoziation zwischen Somatotypus und Temperament bei normalen Personen unbelegt geblieben ist.
In einer weiteren Ausweitung seiner Theorie wandte SHELDON seine Konstitutionsklassifikation auf psychiatrische Patienten und Delinquenten an (48, 58). Für diese Zwecke stellte er Kategorien auf, die einen pathologischen Mangel in den vorher beschriebenen Temperamentskomponenten beinhalten. Indem er die Endsilbe -„penia“ verwandte, um diese negativen Merkmale zu charakterisieren, schlug er folgende Klassifikation vor:

Cerebropenia – Mangel an Hemmung
Visceropenia – Mangel an Mitgefühl und entspannten, weichen Qualitäten
Somatopenia – Mangel an Energie und Drang nach offener Aktivität

Auf psychotischem Gebiet verband SHELDON die manisch-depressiven Formen mit Cerebropenia, die paranoiden Formen mit Visceropenia und hebephrene Schizophrenie mit Somatopenia. Mildere Arten derselben Krankheiten sollen nach SHELDON die entsprechenden Neurosen hervorbringen, die als Hysterie, Psychasthenie bzw. Neurasthenie bekannt sind. Einige Hinweise zur Stützung dieser Theorie stammen von einer Studie, die an 167 männlichen Patienten des Elgin State Hospital durchgeführt wurde (58; 48, S. 66 –

78). Signifikante Korrelationen in den erwarteten Richtungen fand man zwischen Beurteilungen der psychiatrischen Reaktionstypen auf der einen und sowohl Somatotypen als auch Temperamentseinschätzungen auf der anderen Seite. In dieser Untersuchung wurden die psychiatrischen Schätzungen unabhängig von den Urteilen für Somatotypen und Temperament erhoben. Dadurch war der Haloeffekt bei diesen Korrelationen ausgeschaltet. Ein Teil des Zusammenhanges kann jedoch auf Unterschiede im Alter, sozioökonomischen Status und anderen unkontrollierten Faktoren bei psychiatrischen Gruppen zurückzuführen sein. Daten über diese Faktoren werden in der Veröffentlichung dieser Studie nicht mitgeteilt.

In einer 10 Jahre dauernden Studie an 200 Delinquenten in einer Erziehungsanstalt fand SHELDON (48), daß endomorphe Mesomorphe vorherrschten. Die meisten Somatotypen lagen zwischen den mesomorphen und endomorphen Extremen, waren aber deutlich näher an der Mesomorphie. Ektomorphie fehlte eindeutig. SHELDON betrachtet diese Befunde als weitere Absicherung seiner Hypothese. Denn der häufigste Somatotypus in der Delinquentengruppe wäre in seinem System mit Cerebropenia verbunden oder dem Mangel an Hemmung. Gleichzeitig darf der Somatotypus nicht als Indikator für Delinquenz angesehen werden. Wie SHELDON selbst ausführt, sei endomorphe Mesomorphie ebenfalls charakteristisch für hervorragende Generäle, Staatsmänner und leitende Geschäftsleute. Außerdem fand SUTHERLAND (54) in einer Reanalyse der von SHELDON veröffentlichten Daten keine signifikante Beziehung zwischen dem Somatotypus und dem Kriminalitätsgrad, der aus Fallgeschichten bestimmt worden war.

In einer etwas besser kontrollierten Studie verglichen die GLUECKs (22) 500 delinquente mit 500 nicht delinquenten Personen. Die Gruppen waren nahezu parallel hinsichtlich des Alters, des IQn, der nationalen Herkunft und des Wohnens in unterpreviligierter Umgebung. Generell bestätigten die Ergebnisse über den Körperbau diejenigen von SHELDON. Unter den Delinquenten gab es einen signifikant höheren Prozentanteil mesomorpher und einen signifikant kleineren Prozentanteil ektomorpher Gestalten als bei der Kg. Weiterhin lag eine der größten Gruppendifferenzen bei den endomorphen Mesomorphen, die bei den Delinquenten viermal so oft zu finden waren wie bei der Kg.

Die Belege von SHELDON zur Stützung seines Systems der Klassifikation von Persönlichkeitsmerkmalen und die Belege, die angeblich eine enge Beziehung zwischen Physis und Persönlichkeit zeigen, müssen sorgfältig untersucht werden. Die mögliche Wirkung eines Haloeffektes, wenn dieselben Beobachter Physis und Temperament beurteilen, wurde schon erwähnt. Es wurde auch schon auf das Vorhandensein solch unkontrollierter Faktoren wie Alter und sozioökonomischer Status bei der Untersuchung psychiatrischer Patienten hingewiesen.

Die ursprüngliche Identifikation der drei Temperamentskomponenten (Viscerotonie, Somatotonie und Cerebrotonie) kann ebenfalls wegen unangemessener Daten (s. 1) in Frage gestellt werden. Schließlich steht oder fällt der gesamte Beweisaufbau für das Vorhandensein dieser einzelnen Komponenten mit der Gültigkeit des Eingangsexperimentes an 33 Collegestudenten. Sicherlich hat man später Untersuchungen an größeren Gruppen durchgeführt. Aber diese Studien stellte man nur an, um die ursprünglich ausgewählte Liste von 22 „Merkmalen" zur Messung der drei Temperamentskomponenten umzudefinieren, zu klären und auszuweiten. Die Angemessenheit der Komponenten selbst wurde dabei nicht überprüft. Das zeigt sich klar in der Vorgehensweise des Autors. Das Kriterium zur Hinzunahme eines neuen Merkmals in die Liste war, daß das Merkmal hoch positiv mit den Merkmalen eines der ursprünglichen Cluster und negativ mit den Merkmalen in den beiden anderen Clustern korrelieren mußte. So hängt die spätere Modifikation oder Addition von Merkmalen sehr stark von den Ergebnissen des ersten Experimentes ab. Die geringe Zahl und irrepräsentative Zusammensetzung der Pbn im ersten Experiment sind eigentlich nicht dazu geeignet, eine derartig fundamentale Rolle bei der Entwicklung des gesamten Systems zur Temperamentsklassifikation zu spielen.

Weiterhin überläßt die Technik der Identifizierung von Komponenten durch *Inspektion* der Korrelationstabelle dem subjektiven Urteil zu viel Spielraum. So weit SHELDONs Hauptbeitrag in der Betonung von Komponenten und nicht von Typen liegt, hätte die beste verfügbare Technik zur Identifizierung dieser Komponenten angewendet werden müssen. Diese Techniken – insgesamt als „Faktorenanalyse" bekannt – basieren auf einer weiteren Analyse von Interkorrelationstabellen. Sie sollen im 10. Kapitel eingehender besprochen werden. In diesem Zusammenhang genügt der Hinweis, daß andere Forscher begonnen haben, diese Techniken auf die Analyse von Körperbau und Persönlichkeitsmerkmalen anzuwenden. Ihre Ergebnisse unterstützen SHELDONs dreiteilige Klassifikation nur wenig. Noch erschütternder sind die Befunde von LUBIN (36). Danach sind einige der Koeffizienten aus der von SHELDON veröffentlichten Interkorrelationstabelle für die Temperamentsbeurteilungen arithmetisch unmöglich. Die Basisdaten, aus denen man die Temperamentskomponenten abgeleitet hat, scheinen also Berechnungsfehler zu enthalten!

Was die Klassifikation der *Physis* anbelangt, muß man bedenken, daß Alter (38) und Ernährungsstatus (4) den Somatotypus beeinflussen, auch wenn SHELDON ursprünglich das Gegenteil behauptete. SHELDON meint z.B., Gewichtsverlust werde Endomorphe nicht zu Mesomorphen oder Ektomorphen machen – „sie werden einfach nur zu mageren Endomorphen" (50, S. 8). In neueren Schriften hat er solche Behauptungen etwas eingeschränkt. Er führt nun aus, der Somatotypus sei ein Indikator für individuellen Körperbau „un-

ter standardisierten Ernährungsbedingungen und ohne grob störende Pathologie“ (49, S. 19).
Abgesehen von spezieller Kritik an den *Belegen* gibt es grundlegendere Fragen, die man an den gesamten Ansatz von SHELDON stellen kann. Ist das Drei-Komponenten-Schema das wirkungsvollste System zur Klassifikation von Menschen nach ihrer Physis oder dem Temperament? Sind die beobachteten Beziehungen zwischen Körperbau und Verhaltensmerkmalen – vorausgesetzt man hat sie zuverlässig festgestellt – Anzeichen für eine grundlegende vererbte konstitutionelle Beziehung, wie SHELDON behauptet? Oder gibt es alternative Erklärungen für die gefundenen Korrespondenzen, wie sie z.B. im 5. Kapitel angesprochen wurden? Diese Fragen werden uns in den nächsten beiden Abschnitten beschäftigen – nicht nur in Bezug auf SHELDONs Theorie, sondern auf Konstitutionstypologien ganz allgemein.

Typen- gegen Dimensionssysteme

Landläufige Bemerkungen über „Typen“ meinen die Klassifikation von Menschen in scharf voneinander getrennte Kategorien. Es gibt dem Wesen nach qualitative Schemata, die sich nicht mit den kontinuierlichen, quantitativen Abstufungen vertragen, die man immer erhält, wenn man irgendein menschliches Merkmal mißt. Moderne Konstitutionstypologen verwenden den Begriff „Typ“ nicht in diesem landläufigen Sinne. SHELDONs System wurde ausdrücklich in Komponenten formuliert, entlang derer Individuen graduell variieren können. „Reine“ Endomorphe (7-1-1) Mesomorphe (1-7-1) und Ektomorphe (1-1-7) sind in diesem Klassifikationsschema relativ selten. Die meisten Personen nehmen mittlere Positionen in jeder Komponente ein. Auch KRETSCHMERs Theorie, die doch in Bezug auf extreme Typenkategorien formuliert ist, kennt quantitative Variationen. In seinen eigenen Schriften hat KRETSCHMER wiederholt erklärt, seine „Typen“ seien nur Brennpunkte oder Wendepunkte in einer kontinuierlichen Verteilung (34). Individuen können überall zwischen diesen Brennpunkten lokalisiert sein. EYSENCK (16, 17) und EKMAN (14, 15) haben beide auf diesen Aspekt der KRETSCHMERschen Theorie hingewiesen und auf dessen verbreitete Fehlinterpretation durch amerikanische und englische Psychologen.
Da Diskontinuität der Verteilung nicht implizit im typologischen Ansatz enthalten ist, was ist dann der Hauptunterschied zwischen Typen- und Dimensionssystemen zur Klassifikation von Menschen? Grundsätzlich beschreibt eine Typologie jedes Individuum, indem es seine Ähnlichkeit mit einer „typischen Person“ angibt. Wie nahe kommt z.B. eine Person dem typisch pyknischen, leptosomen oder athletischen Körperbau? Das prinzipiell andere Aus-

sehen eines solchen Systems besteht darin, daß sich seine Kategorien immer irgendwie gegenseitig ausschließen. Je mehr ein Individuum einem Typ ähnelt, desto geringer wird seine Ähnlichkeit mit den anderen sein. Die Kategorien sind so definiert, daß ein einzelnes Individuum nicht gleichzeitig niedrig oder hoch in allen liegen kann. Der typologische Ansatz verwendet im Grunde eher ein relatives als ein absolutes Maßsystem.

Obwohl SHELDONs System an der Oberfläche mit Dimensionen arbeitet, weist es dennoch diese fundamentale Eigenheit von Typologien auf. Zur Erinnerung: Somatotypen mit den Werten 7-7-7, 1-1-1 z. B. und viele andere Kombinationen sind physisch nicht möglich. Das beruht auf der Definition der drei Komponenten. Sobald die individuelle Einschätzung in einer Komponente steigt, müssen die anderen Schätzurteile sinken.

Eine gründliche Analyse der Unterschiede zwischen typologischen und dimensionalen Systemen findet sich in zwei Artikeln von EKMAN (14, 15). Zum vollen Verständnis des Problems sollten sie gelesen werden. In der vorliegenden Diskussion werden wir nur einige der wichtigsten Punkte berühren.

Wir können beginnen, indem wir das einfache hypothetische Beispiel aus Abbildung 37 betrachten. Angenommen, wir wollten Personen hinsichtlich zweier Faktoren oder Dimensionen (in statistischem Sinne) beschreiben, nämlich hinsichtlich Länge und Breite. Wir haben nun Länge gemessen und auch ein befriedigendes Maß für Breite – das vielleicht auf einer Kombination von Messungen an verschiedenen Körperpartien basiert. Jede Person kann nun durch einen Punkt repräsentiert werden, der zugleich Höhe und Breite anzeigt. In Abbildung 37 wurden so 6 Personen eingezeichnet. Ersetzt man nun dieses Dimensionssystem durch ein typologisches System, so können wir von einem Kurz-Breit-Typ (A) und einem Lang-Schlank-Typ (B) sprechen. Jede Person kann dann entsprechend ihrer Nähe zu dem einen oder anderen Extremtyp beschrieben werden.

Man sieht in Abbildung 37, daß Individuum 1 nahe bei Typ A liegt, Individuum 2 nahe bei Typ B und daß die Individuen 3 und 4 mittlere oder Mischtypen repräsentieren. Alle vier liegen entlang einer Linie, die Typ A und Typ B verbindet. Doch die Individuen 5 und 6 fallen aus dem gegebenen typologischen System heraus. Eine Person, die gleichzeitig groß und breit oder kurz und schlank ist, kann durch das Zwei-Typen-System nicht angemessen charakterisiert werden. Solch ein Zwei-Typen-System ist nur voll anwendbar, wenn alle Individuen entlang der Geraden zwischen Typ A und Typ B liegen. Der Leser, der sich in Statistik auskennt, wird bemerken, daß hier eine Korrelation zwischen Höhe und Breite von − 1,0 bestehen müßte. Unter diesen Bedingungen würde jedoch ein *einziges Maß* entlang der Geraden AB genügen, um das Individuum zu charakterisieren. Benutzten wir also ein dimensionales System, benötigten wir nur eine Dimension, um dasselbe zu erreichen wie zwei Typen.

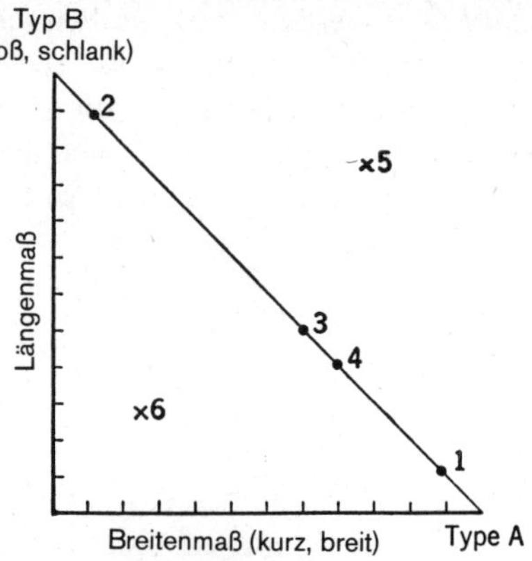

Abb. 37: Schematische Darstellung eines typologischen und eines dimensionalen Systems (übernommen aus EKMAN, 14, S. 5)

EKMAN (14) hat gezeigt, daß sich dieses Argument auf alle typologischen Systeme verallgemeinern läßt. In einem Drei-Typen-System z. B. müssen die Interkorrelationen zwischen den Typen-Kategorien im Durchschnitt $-0{,}50$ für alle Individuen betragen, für die das System gilt[4]. Trifft diese Bedingung zu, genügen zwei Dimensionen, um jedes Individuum zu identifizieren. In anderen Worten: Jeder Datensatz der adäquat durch n Typen beschrieben werden kann, läßt sich gleich gut durch n – 1 Dimensionen beschreiben. Unter diesen Umständen scheint eine Beibehaltung des typologischen Ansatzes nicht mehr gerechtfertigt zu sein.

Wie verhält es sich nun mit SHELDONs drei „Komponenten" für Physis und Persönlichkeit? Handelt es sich hier um Typen oder Dimensionen? EKMAN hat gezeigt, daß SHELDONs System in Wirklichkeit typologisch ist und durch ein vereinfachtes dimensionales System ersetzt werden kann. Unter Verwendung von SHELDONs eigenen Daten über Somatotypen fand EKMAN eine durchschnittliche Interkorrelation der drei Komponenten von nahezu $-.50$. Sie wird für ein Dreitypen-System benötigt. Das bedeutet natürlich, daß SHELDON seine Komponenten so definiert hat, daß sich bestimmte Werte gegenseitig ausschließen.

Abbildung 38 ist eine schematische Darstellung der typologischen Systeme von KRETSCHMER und SHELDON. Die Darstellung repräsentiert eine dreieckige Pyramide, deren Basis auf der Papierebene liegt. Die Daten, die in dieses typologische System passen, müssen innerhalb dieser dreieckigen Basis lie-

4 Für n-Typen muß die mittlere Korrelation zwischen den Dimensionsvariablen $-\frac{1}{n-1}$ sein.

gen (die typologische Ebene ist hier ersetzt worden durch die typologischen Linien eines Zweitypen-Systems). EKMAN zeigte, daß die Daten von SHELDON mit geringen Anpassungen diese Bedingungen erfüllen. Daraus folgt, daß dieselben Daten nur durch zwei Dimensionen adäquat beschrieben werden können.

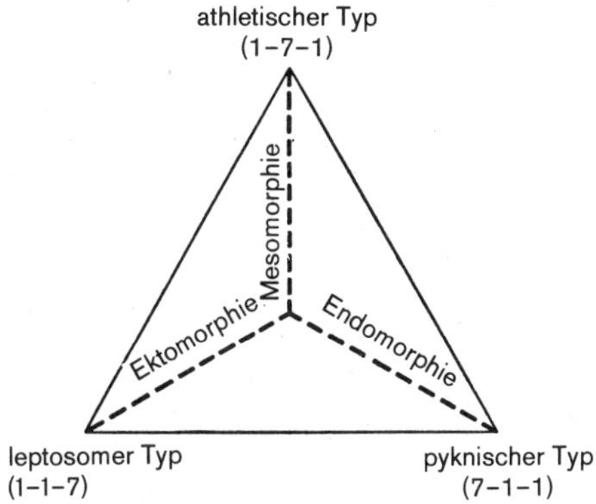

Abb. 38: Schematische Darstellung der typologischen Systeme von KRETSCHMER u. SHELDON (aus EKMAN, 14, S. 18)

Zur Illustration hat EKMAN (15) ein revidiertes somatotypisches System ausgearbeitet, das nur Endomorphie und Mesomorphie enthält. In diesem System besteht Ektomorphie in gleichzeitigen niedrigen Beurteilungen der Endomorphie und Mesomorphie. Abgesehen von rein statistischen Überlegungen scheint es denkbar, extreme Ektomorphe (oder Leptosome) als Typen zu beschreiben, denen gleichzeitig Merkmale der Mesomorphie und Endomorphie fehlen: Sie haben weder übermäßig Fettgewebe, noch Muskeln oder Knochengewebe entwickelt und zeichnen sich nur durch die negative Qualität „Zerbrechlichkeit“ aus.

In Abbildung 39 ist dieses modifizierte zweidimensionale Klassifikationssystem schematisch dargestellt Sie zeigt die Position der Typen von KRETSCHMER und SHELDON in dem neuen System. EKMAN betont, seine Umwandlung des SHELDON-Systems in ein zweidimensionales Schema diene nur der Demonstration der beteiligten formalen Prinzipien. Will man ein Dimensionssystem zur adäquaten Beschreibung menschlicher Physis ausarbeiten, so wird man wahrscheinlich die ursprünglichen Mesomorphie- und Endomorphie-Dimensionen neu definieren und umformulieren müssen. Möglicherweise müßte man auch andere Dimensionen, die nicht von SHELDONs System abgedeckt werden, hinzufügen. Mit einem anderen statistischen Ansatz hat später HUMPHREYS (28) EKMANs Überlegungen bestätigt. Er zeigte, daß SHELDONs Daten nur Belege für zwei unabhängige Typen der Physis und des Temperaments erbringen. Während sich Typologen mit verführerischen Verallgemeinerungen beschäftigten, hat eine Reihe von Forschern weniger spektakulär den dimensionalen Zugang zum Körperbau verfolgt (6, 7, 8, 18, 23, 25, 27, 35, 40, 41, 42, 43, 52, 55). Eine Zusammenfassung des Großteils dieser Forschung findet man bei EYSENCK (18, 5. Kapitel). Das übliche Vorgehen in diesen Studien besteht darin, zahlreiche Körpermaße an großen Gruppen von Frauen und Männern zu erheben und alle Interkorrelationen zwischen diesen Maßen zu berechnen. Die vollständige Interkorrelationstabelle wird dann faktorenanalysiert (s. Kapitel 10), um die Dimensionen zu identifizieren, die zur Beschreibung der gegebenen Daten benötigt werden.

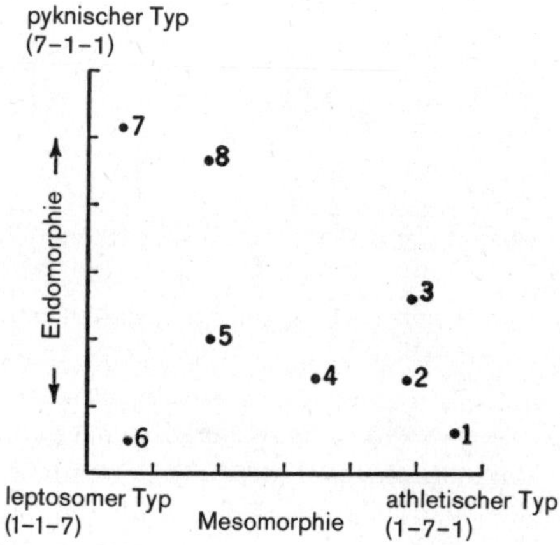

Abb. 39: Schematische Darstellung eines 3-Typensystems mit Hilfe eines zweidimensionalen Systems

BURT (6, 7, 8) hat als erster die Faktorenanalyse auf den Körperbau angewendet. Seine Methoden haben weitgehend andere englische Forscher wie REES und EYSENCK (40, 41, 42, 43) übernommen. Alle diese Studien haben übereinstimmend einen allgemeinen Größenfaktor und einen zweiten bipolaren Formfaktor gefunden, der Länge versus Breite entspricht. Der zweite Faktor ist positiv korreliert mit Längenmaßen und negativ mit Querschnitt- und Umfangmaßen. Ein Körperbauindex, der auf diesem zweiten Faktor basiert, ist bei Männern und Frauen normal verteilt (8, 42). Eine Reihe anderer Faktoren mit geringerer Reichweite wie Beinlänge, Größe der Extremitäten und Kopfgröße hat man in spezifischen Studien identifiziert. Aber solche Faktoren sind gewöhnlich nur für einen geringen Varianzanteil der Messungen verantwortlich. Von besonderem Interesse sind zwei jüngere Studien (25, 52) die EKMANs zweidimensionales System zu stützen scheinen. Beide Untersucher identifizierten Faktoren, die der Entwicklung von Fettgewebe bzw. von Knochen und Muskeln zu entsprechen scheinen.

In diesem Stadium wäre jede Aussage über die Klassifikation des Körperbaus voreilig. Die meisten Psychologen stimmen jedoch darin überein, daß weiterer Fortschritt auf diesem Gebiet einen dimensionalen und nicht einen typologischen Ansatz erfordere.

Die Konstitutionshypothese

Abgesehen von dem verwendeten Meßsystem gehen alle Konstitutionstheorien von folgenden Annahmen aus: 1. Körperbau und Verhalten sind signifikant aufeinander bezogen. 2. Diese Beziehung ist „konstitutioneller" Natur. Man hat die exakte Beschaffenheit dieser konstitutionellen Beziehung noch nicht vollständig ausgeführt, aber aus den Schriften der Konstitutionspsychologen ist deutlich, daß sie eine Vererbungsgrundlage für diese Verbindung annehmen. Weiterhin glauben die Autoren, Körperbau und Persönlichkeit resultiere aus einer dritten, fundamentaleren Faktorenmenge – möglicherweise Drüsen oder Nerven. Gleichzeitig haben Konstitutionspsychologen eindeutig der Vielzahl möglicher psychosomatischer und somatopsychischer Beziehungen (siehe Kap. 5) nicht viel Bedeutung beigemessen.
Was die erste Annahme anbelangt, lassen bisher sowohl Daten an normalen als auch anomalen Pbn vermuten, daß es wahrscheinlich signifikante Beziehungen zwischen Körperbau und Verhaltensmerkmalen gibt. Dennoch sind die Korrelationen nicht so hoch, wie einige Konstitutionspsychologen behaupten. Die Ergebnisse, die in früheren Abschnitten in Verbindung mit KRETSCHMERs und SHELDONs Typologien zitiert wurden, deuten auf solch eine Beziehung hin. Auch die Forschungen britischer Psychologen mit einem Dimensionsansatz weisen auf die Wahrscheinlichkeit hin, daß eine Beziehung zwischen Physis und Verhaltensentwicklung existiert (s. 16, 41).
Was diese Beziehungen bedeuten, ist schwerer zu beantworten. Konstitutionspsychologen haben selten oder gar nicht versucht, den *modus operandi* der Beziehungen zwischen Physis und Persönlichkeit zu verfolgen. Die meisten begannen mit einer vage formulierten Annahme einer erbbedingten Verbindung und gingen dann nicht weiter. Offensichtlich passen aber auch alternative Erklärungen auf die Daten und sind einiger Überlegung wert.
Es besteht z.B. die Wahrscheinlichkeit, daß der Körperbau z.T. das Resultat von Verhalten ist. Jahre tätiger Übungen hinterlassen ihre Zeichen in der Muskelentwicklung. Gewohnheitsmäßiges Überessen führt zur Ansammlung von Fettgewebe. Interessant ist in Verbindung damit, daß neuere Literatur über abnormale Psychologie wie über psychosomatische Medizin zahlreiche Bemerkungen über „psychologisches Überessen" enthält, das auf Frustration

und andere emotionale Probleme zurückzuführen ist. Offensichtlich gibt es viele Wege, auf denen die emotionale Anpassung eines Individuums, seine Interessen und Neigungen die Entwicklung seines Körperbaus beeinflussen können. Der Leser wird leicht andere Beispiele den genannten hinzufügen können.

Man kann einwenden – wie es einige Konstitutionspsychologen getan haben –, die Grundmerkmale des Körperbaus seien erbbedingt und die Veränderungen durch gewohnheitsmäßige Aktivität sehr gering. Wäre das der Fall, hätten die oben genannten psychosomatischen Effekte relativ geringe Bedeutung. Dennoch müßte man dann noch immer andere Einflußgrößen in Erwägung ziehen, nämlich die somatopsychischen. BARKER et al. (2) diskutierten die somatopsychischen Probleme sehr langer, kurzer und fetter Personen, wenn auch nur wenige direkte Untersuchungen an solchen Individuen vorliegen. Der Schwächling mag ein Interesse an Büchern oder an Musik kultivieren, da er mit seinen Altersgenossen nicht erfolgreich in anstrengenderen Aktivitäten konkurrieren kann. Der Junge mit einem starken, muskulösen Körper engagiert sich wahrscheinlich eher in sportlichen Aktivitäten und wird sich einen aktiveren Beruf aussuchen als wenn ihm diese physischen Qualifikationen fehlten. In Klammern sei hinzugefügt, daß eine starke Physis ein wichtiger Grund für viele offen aggressive Taten jugendlicher Delinquenten ist. Das kann eine simple Erklärung für das Vorherrschen von endomorphen Mesomorphen in delinquenten Stichproben sein, die von SHELDON und den GLUECKS untersucht worden sind. Klar, daß nicht alle Formen der Delinquenz physische Gewalt erfordern. Aber es gibt auch Delinquente, die keine Mesomorphen sind. Die Daten zeigen lediglich einen signifikant größeren *Anteil* von Mesomorphen in delinquenten als in nicht delinquenten Gruppen. Auf versteckterer Stufe kann die Persönlichkeitsentwicklung Unterschiede in der sozialen Behandlung widerspiegeln, die Individuen von unterschiedlicher Physis erfahren haben. So weit soziale Stereotype mit der Physis identifiziert werden, beeinflussen sie tendenziell die Reaktionen, die ein Individuum bei seinen Bekannten hervorruft und auch sein eigenes Selbstbild. Das mag besonders für Kindheit und Jugendzeit gelten, wo physische Größe, Tapferkeit und Stärke, Wendigkeit und andere physische Merkmale wahrscheinlich stärker die sozialen Interaktionen und den Status beeinflussen. Untersuchungen an Kindern und Jugendlichen haben z. B. wiederholt ergeben, daß in diesen Altersstufen Anführer eher länger und schwerer sind als ihre Kameraden (s. 30). Weiterhin werden Anführer in der Highschool auch leichter wieder Anführer im College als diejenigen, die in der Highschool nicht Anführer waren. Dieselben Individuen werden auch nach dem Verlassen des College eher Gemeinschaftsführer (s. 13, S. 300 – 301). Die Erfahrung, die sie als Schulanführer gewonnen haben, scheint solche Individuen auf spätere erfolgreiche Führerschaft vorzubereiten, einmal abgesehen von anderen Faktoren.

Es gibt auch ansehnliche Belege für die Annahme, zumindest in der heutigen amerikanischen Kultur sei Mesomorphie mit bestimmten sozialen Vorteilen verknüpft. SHELDON bezog sich wiederholt auf den mesomorphen Körperbau „erfolgreicher“ Männer in verschiedenen Lebensbereichen. In einer Studie von CHILD und SHELDON (11) war eine der höchsten Korrelationen die zwischen Mesomorphie und Dominanz. Relevante Daten findet man auch in einer Untersuchung von CABOT (9), der riesige Serien von Testwerten, Schätzurteilen und Interviewdaten von 212 Jungen einer Highschool verarbeitet hat. In dieser Gruppe wurden 9 Jungen klar und übereinstimmend als Pykniker klassifiziert, 25 als Athletiker und 28 als Leptosome. Die Hauptvergleiche stellte man zwischen diesen drei Gruppen an. Eine Prüfung der Persönlichkeitsmaße ergab die größten Unterschiede zwischen den Athletikern auf der einen und den Pyknikern und Leptosomen auf der anderen Seite. Die Athletiker tendierten dazu, dominanter, extravertierter und als soziale Anführer aktiver zu sein. Man *beurteilte* sie auch höher in Kreativität, Vorstellungskraft, Verantwortung und Einfluß auf ihre Kameraden. Auf dieser Basis stellte CABOT eine Theorie des „sozio-biologischen Vorteils“ auf, nach der eine „gute“ Physis (d.h. athletisch oder mesomorph) dem Individuum bestimmte Vorteile in seiner sozialen Umwelt verschafft.
Diese Erklärung findet gewisse Bestätigung durch eine spätere Studie von HANLEY (24). Man wandte die Somatotypen-Technik von SHELDON auf die Fotografien von 122 jungen Männern im Alter von 16 – 20 an, die man vier bis fünf Jahre vorher in der Junior Highschool untersucht hatte. In der Zeit hatte man einen soziometrischen „Reputationstest“ angewendet, um die Merkmale aufzudecken, die jedem Individuum von seinem Klassenkameraden zugeschrieben wurden. Man fand einige signifikante Korrelationen zwischen Physis und sozialem Ansehen. Einige der höchsten waren die zwischen Mesomorphie und Beschreibungen wie „richtiger Junge“, „nimmt seine Chance wahr“, „Anführer“, „kämpft“, „erwachsen“, „gut bei Spielen“. Der Autor meint, die mit Mesomorphie assoziierten Merkmale beschrieben zusammengenommen das Stereotyp des „erfolgreichen amerikanischen Jungen“. Er vermutet, das Vorhandensein dieses Stereotyps könne für die hohe Korrelation verantwortlich sein.
Eine noch direktere Prüfung solcher Stereotypien unternahm BRODSKY (3). Pbn waren 125 Männer, darunter 75 schwarze Medizin- und Zahnmedizinstudenten und 50 weiße Collegestudenten. Man fertigte fünf Silhouetten an, die, ausgehend von SHELDONs Fotografien, folgende Somatotypen repräsentieren sollten: Endomorph, endo-mesomorph, mesomorph, ekto-mesomorph, ektomorph. Man legte den Pbn diese Silhouetten vor. Gleichzeitig erhielten sie 50 Fragen, die positive und negative Aspekte von 25 Merkmalen abdeckten, z.B. 1. Wer aus dieser Gruppe von 5 Männern ist am aggressivsten? 2. Wer aus dieser Gruppe von 5 Männern ist am wenigsten aggressiv? Da sich

zwischen den beiden Pbn-Gruppen keine signifikanten Unterschiede in den Wahlhäufigkeiten für die Figuren ergaben, wurden sie für die weiteren statistischen Analysen zusammengefaßt. Die Wahlen schienen ebenfalls relativ unabhängig vom eigenen Somatotypus der Pbn zu sein.
Die Ergebnisse erbrachten einen hohen Grad der Übereinstimmung in der Assoziation eines vorgegebenen Somatotypus mit spezifischen Merkmalen. So wurde bei 45 von 50 Fragen von über 30 % der Pbn dieselbe Figur ausgewählt; bei 35 Fragen stimmten mehr als 40 % in der Wahl einer Figur überein und bei 18 Fragen wählten mehr als 50 % eine einzige Figur. Allgemein wählte man den Endomorphen für vorwiegend unerwünschte Merkmale. Das steht für das Stereotyp einer selbstsüchtigen, tölpelhaften Person. Der Ektomorphe wurde als unfreundlich und emotional schlecht angepaßt charakterisiert. Der Mesomorphe wurde dagegen am häufigsten als ein Anführer und angenehmer Freund beschrieben. Unangenehme Merkmale jeglicher Art wurden ihm am seltensten zugeschrieben. Die beiden Mischtypen erhielten relativ wenig Wahlen. Amüsant ist dennoch, daß die einzige Frage, für die der Endo-Mesomorphe von mehr als 30 % der Pbn gewählt wurde, sich darauf bezog, wer „der beste Universitätspräsident" sein könnte. Es sei daran erinnert, daß dieser Somatotypus nach SHELDON und den GUECKS besonders unter jugendlichen Delinquenten vorherrscht!

Zusammenfassung

Die Konstitutionstypologie beschäftigt sich mit der Beziehung zwischen physischen und psychischen Merkmalen. Obwohl Typentheorien eine lange Geschichte haben, zentrierte sich der größte Teil psychologischer Forschung über Konstitutionstypen um die heutigen Theorien von KRETSCHMER und SHELDON. KRETSCHMER nimmt drei Haupttypen an – den Pykniker, den Athletiker und den Leptosomen – und dazu gemischte und dysplastische Kategorien. Er behauptet, in ihren psychischen Merkmalen tendierten die Pykniker zum Zyklothymen und Leptosome zum Schizothymen hin. Auf Psychosen angewendet impliziert eine solche Assoziation, daß bei Manisch-Depressiven die Pykniker vorherrschen und bei den Schizophrenen die Leptosomen. In SHELDONs System wird jedes Individuum auf 7stufigen Skalen hinsichtlich dreier Komponenten der Physis (Endomorphie, Mesomorphie und Ektomorphie) und drei entsprechender Komponenten des Temperamentes (Viscerotonie, Somatotonie und Cerebrotonie) eingeschätzt. Dieses System unterscheidet sich nicht grundsätzlich von dem KRETSCHMERs. Die Ähnlichkeit wird offenbar, wenn wir folgendes bedenken: Auf der einen Seite bemerkt KRETSCHMER eher Abstufungen der Ähnlichkeit mit seinen fokalen Typen,

als daß er scharfe Unterscheidungen annimmt; auf der anderen Seite ist SHELDONs System in Wirklichkeit eine Typologie, da sich seine Komponenten in gewissem Maße ausschließen.
Daten von normalen und anomalen Fällen lassen vermuten, daß eine gewisse Assoziation zwischen Physis und Persönlichkeit existiert, wie sie KRETSCHMER und SHELDON beschrieben haben. Dennoch ist sie viel schwächer als ursprünglich angenommen. In Untersuchungen zur Überprüfung dieser Theorien müssen unbedingt Faktoren wie Alter und sozioökonomischer Status kontrolliert werden.
Konstitutionstypologien lassen sich auf zwei Fragen hin überprüfen: Typen- versus Dimensionssysteme der Klassifikation; Konstitutions- versus andere Arten der Beziehung zwischen Physis und Verhalten. Was die erste Frage anbelangt, kann gezeigt werden, daß Dimensionssysteme, die Individuen mit Faktoren, Merkmalen oder Dimensionen beschreiben, einfacher und allgemeiner anwendbar sind als Typensysteme. Übersetzt man die Typensysteme von KRETSCHMER und SHELDON in Dimensionssysteme, reichen zwei Dimensionen aus, um die beobachteten individuellen Unterschiede in der Physis zu beschreiben.
Die Konstitutionsbeziehung impliziert, Physis und Verhalten sei rückführbar auf eine gemeinsame Erbbasis. Alternative Hypothesen zur Erklärung der signifikanten, aber niedrigen Korrelationen zwischen Körperbau und psychischen Merkmalen beinhalten eine Vielzahl psychosomatischer und somatopsychischer Beziehungen. Dabei muß auch das Vorhandensein sozialer Stereotypien über den Körperbau berücksichtigt werden. In der heutigen amerikanischen Kultur – möglicherweise in anderen Kulturen ebenso – ist die athletische, mesomorphe Erscheinung mit Führerschaft auf vielen Gebieten assoziiert und ruft wünschenswerte soziale Reaktionen hervor.

Literaturverzeichnis

1. Anastasi, Anne. Review of W. H. Sheldon and S. S. Stevens, "The varieties of temperament." *Psychol. Bull.*, 1943, 40, 146–149.
2. Barker, R. G., *et al. Adjustment to physical handicap and illness: a survey of the social psychology of physique and disability.* (Rev. Ed.) N.Y.: Soc. Sci. Res. Coun., 1953.
3. Brodsky, C. M. A study of norms for body form-behavior relationship. *Anthrop. Quart.*, 1954, 27, 91–101.
4. Brozek, J., and Keys, A. Body build and body composition. *Science*, 1952, 116, 140–142.
5. Burchard, E. M. L. Physique and psychosis: an analysis of the postulated relationship between bodily constitution and mental disease syndrome. *Comp. Psychol. Monogr.*, 1936, 13, No. 1.

6. Burt, C. The analysis of temperament. *Brit. J. med. Psychol.*, 1937, 17, 158–188.
7. Burt, C. Factor analysis and physical types. *Psychometrika*, 1947, 12, 171–188.
8. Burt, C., and Banks, C. A factor analysis of body measurements for British adult males. *Ann. Eugen.*, 1947, 13, 238–256.
9. Cabot, P. S. de Q. The relationship between characteristics of personality and physique in adolescents. *Genet. Psychol. Monogr.*, 1938, 20, 3–120.
10. Child, I. L. The relation of somatotype to self-ratings on Sheldon's temperamental traits. *J. Pers.*, 1950, 18, 440–453.
11. Child, I. L., and Sheldon, W. H. The correlation between components of physique and scores on certain psychological tests. *Char. and Pers.*, 1941, 10, 23–34.
12. Coffin, T. E. A three-component theory of leadership. *J. abnorm. soc. Psychol.*, 1944, 39, 63–83.
13. Cole, Luella. *Psychology of adolescence.* (4th Ed.) N.Y.: Rinehart, 1954.
14. Ekman, G. On typological and dimensional systems of reference in describing personality. *Acta psychol.*, 1951, 8, 1–24.
15. Ekman, G. On the number and definition of dimensions in Kretschmer's and Sheldon's constitutional systems. In *Essays in psychology dedicated to David Katz.* Uppsala: Almquist and Wiksells, 1951. Pp. 72–103.
16. Eysenck, H. J. *Dimensions of personality.* London: Routledge & Kegan Paul, 1947.
17. Eysenck, H. J. Personality. *Ann. Rev. Psychol.*, 1952, 3, 151–174.
18. Eysenck, H. J. *The structure of human personality.* N.Y.: Wiley, 1953.
19. Fiske, D. W. A study of relationships to somatotype. *J. appl. Psychol.*, 1944, 28, 504–519.
20. Garrett, H. E., and Kellogg, W. N. The relation of physical constitution to general intelligence, social intelligence, and emotional stability. *J. exp. Psychol.*, 1928, 11, 113–129.
21. Garvey, C. R. Comparative body build of manic-depressive and schizophrenic patients. *Psychol. Bull.*, 1933, 30, 567–568, 739.
22. Glueck, S., and Glueck, Eleanor T. *Unraveling juvenile delinquency.* N.Y.: Commonwealth Fund, 1950.
23. Hammond, W. H. An application of Burt's multiple general factor analysis to the delineation of physical types. *Man*, 1942, 42, 4–11.
24. Hanley, C. Physique and reputation of junior high school boys. *Child Develpm.*, 1951, 22, 247–260.
25. Heath, Helen. A factor analysis of women's measurements taken for garment and pattern construction. *Psychometrika*, 1952, 17, 87–100.
26. Heidbreder, Edna. Intelligence and the height-weight ratio. *J. appl. Psychol.*, 1926, 10, 52–62.
27. Howells, W. W. A factorial study of constitutional types. *Amer. J. phys. Anthrop.*, 1952, 10, 91–118.
28. Humphreys, L. G. Characteristics of type concepts with special reference to Sheldon's typology. *Psychol. Bull.*, 1957, 54, 218–228.
29. Janoff, Irma Z., Beck, L. H., and Child, I. L. The relation of somatotype to reaction time, resistance to pain, and expressive movement. *J. Pers.*, 1950, 18, 454–460.

30. Jenkins, W. O. A review of leadership studies with particular reference to military problems. *Psychol. Bull.*, 1947, 44, 54–79.
31. Klineberg, O., Asch, S. E., and Block, Helen. An experimental study of constitutional types. *Genet. Psychol. Monogr.*, 1934, 16, 140–221.
32. Klineberg, O., Fjeld, Harriet A., and Foley, J. P., Jr. An experimental study of personality differences among constitutional, "racial," and cultural groups. Unpubl. Project Report, 1936.
33. Kretschmer, E. *Physique and character.* (Transl. from 2nd ed. by W. J. H. Sprott.) N.Y.: Harcourt, Brace, 1925.
34. Kretschmer, E. *Körperbau und Charakter.* (20th Ed.) Berlin: Springer, 1951.
35. Lorr, M., and Fields, V. A factorial study of body types. *J. clin. Psychol.*, 1954, 10, 182–185.
36. Lubin, A. A note on Sheldon's table of correlations between temperamental traits. *Brit. J. Psychol., statist. Sect.*, 1950, 3, 186–189.
37. Naccarati, S. The morphologic aspect of intelligence. *Arch. Psychol.*, 1921. No. 45.
38. Newman, R. B. Age changes in body build. *Amer. J. phys. Anthrop.*, 1952, 10, 75–90.
39. Paterson, D. G. *Physique and intellect.* N.Y.: Appleton-Century-Crofts, 1930.
40. Rees, L. The physical constitution and mental illness. *Eugen. Rev.*, 1947, 39, 50–55.
41. Rees, L. Body build, personality and neurosis in women. *J. ment. Sci.*, 1950, 96, 426–434.
42. Rees, L. A factorial study of physical constitution in women. *J. ment. Sci.*, 1950, 96, 619–632.
43. Rees, L., and Eysenck, H. J. A factorial study of some morphological and psychological aspects of human constitution. *J. ment. Sci.*, 1945, 91, 8–21.
44. Sanford, R. N. Physical and physiological correlates of personality structure. In C. Kluckhohn and H. A. Murray (Eds.), *Personality.* (2nd Ed.) N.Y.: Knopf, 1953. Ch. 5.
45. Seltzer, C. C., Wells, F. L., and McTernan, E. B. A relationship between Sheldonian somatotype and psychotype. *J. Pers.*, 1948, 16, 431–436.
46. Sheldon, W. H. Morphologic types and mental ability. *J. personnel Res.*, 1927, 5, 447–451.
47. Sheldon, W. H. Social traits and morphologic types. *J. personnel Res.*, 1927, 6, 47–55.
48. Sheldon, W. H. *Varieties of delinquent youth.* N.Y.: Harper, 1949.
49. Sheldon, W. H. *Atlas of men.* N.Y.: Harper, 1954.
50. Sheldon, W. H., and Stevens, S. S. *The varieties of temperament.* N.Y.: Harper, 1942.
51. Sheldon, W. H., Stevens, S. S., and Tucker, W. B. *The varieties of human physique.* N.Y.: Harper, 1940.
52. Sills, F. D. A factor analysis of somatotypes and of their relationship to achievement in motor skills. *Res. Quart. Amer. Ass. Hlth. phys. Educ.*, 1950, 21, 424–437.
53. Smith, H. C. Psychometric checks on hypotheses derived from Sheldon's work on physique and temperament. *J. Pers.*, 1949, 17, 310–320.

54. Sutherland, E. H. Critique of Sheldon's varieties of delinquent youth. *Amer. sociol. Rev.*, 1951, 16, 10–13.
55. Thurstone, L. L. Factor analysis and body types. *Psychometrika*, 1946, 11, 15–21.
56. Wertheimer, F. I., and Hesketh, F. E. The significance of the physical constitution in mental disease. *Medicine*, 1926, 5, 375–463.
57. Westphal, K. Körperbau und Charakter der Epileptiker. *Nervenartz*, 1931, 4, 96–99.
58. Wittman, Phyllis, Sheldon, W. H., and Katz, C. J. A study of the relationship between constitutional variations and fundamental psychotic behavior reactions. *J. nerv. ment. Dis.*, 1948, 108, 470–476.

Kapitel 7
Training und individuelle Unterschiede

Eine Reihe wichtiger Fragen nach den Ursprüngen individueller Unterschiede zentriert sich auf den Anteil, den Training an der Verhaltensentwicklung hat. Spricht ein Psychologe von „Training" so verwendet er diesen Begriff in breiterer Bedeutung als es für die Alltagssprache in anderen spezialisierten Gebieten üblich ist. Mit „Training" meint der Psychologe gewöhnlich jede Aktivität oder Serie von Erfahrungen, die dazu geschaffen ist, die Leistung zu verbessern. Training reicht daher von wiederholter Ausführung einfacher motorischer Leistungen über komplexe Anweisungsverfahren bis hin zu den weniger faßbaren Phasen der Erziehung. Der Vorgang, wie ein neuer Arbeiter an das Fließband gewöhnt wird; ein Konversationskurs in Französisch; Klavierstunden; Vorlesungsreihen über griechische Dramen und ein Schulprogramm mit dem Ziel, die Bürgerverantwortung zu entwickeln, fallen in diesem Sinne alle unter die Überschrift Training.
Im 4. Kapitel wurden verschiedene Arten von Trainingsuntersuchungen zusammengetragen, die auf eine Analyse von Reifungs- und Lernfaktoren bei der Verhaltensentwicklung abzielten. Trainingsexperimente an Tieren und menschlichen Kindern sind im Zusammenhang damit besprochen worden. Dem 12. Kapitel bleibt die Prüfung einer anderen Gruppe von Trainingsstudien vorbehalten, die sich mit der Rehabilitation Minderbegabter beschäftigt. Im vorliegenden Kapitel werden wir uns auf bestimmte Trainingsprobleme konzentrieren, die man an normalen Erwachsenen und Schulkindern untersucht hat. Alle zu besprechenden Studien haben psychologische Tests verschiedener Art verwendet. Einige haben den Lernverlauf unter kontrollierten Laborbedingungen untersucht. Viele haben sich mit den Effekten formaler Schulung auf die intellektuelle Entwicklung beschäftigt.

Übung, Drill und Testerfahrung

Die Psychologen haben sich von der alten Idee weit entfernt, der „IQ" sei eine Eigenart des Organismus und durch Vererbung festgelegt. Jetzt hat man allgemein erkannt, daß ein IQ lediglich ein Wert in einem einzelnen Test darstellt. Als solcher variiert er nicht nur mit der Art und dem Inhalt des Tests, sondern ist auch allen Einflüssen ausgesetzt, die auf Verhalten einwirken. Für eine richtige Interpretation jedes IQ benötigt man Information über: (1) den Test, mit dem er gewonnen wurde; (2) den Erfahrungshintergrund des Individuums, soweit er die Verhaltensfunktionen, die in den Test eingehen, beeinflußt haben kann.

Spezifischere Fragen richten sich auf die vorangegangene Testerfahrung des Individuums. In welchem Ausmaß verbessert Übung im Testdurchführen die Leistung? Kann Drill in psychologischen Tests die Werte deutlich erhöhen? Etliche Studien liefern Daten über die Effekte von Wiederholungen mit *demselben* Test in Zeiträumen von einigen Tagen bis zu einem Jahr (1, 6, 9, 10, 25, 26). Man hat mit Erwachsenen und Kindern, Normalen und Minderbegabten gearbeitet. Die meisten Studien verwandten Gruppentests, wenn auch einige Daten über Einzeltests vorliegen. Alle zeigen übereinstimmend signifikante mittlere Gewinne in den Werten der Wiederholungstests. Auch ist die Verbesserung nicht unbedingt auf die erste Wiederholung beschränkt. Ob die Gewinne stabil bleiben oder bei folgenden Vorgaben verschwinden, scheint von der Schwierigkeit des Tests und dem Fähigkeitsniveau der Pbn abzuhängen (9, 25, 26).

Die Folgerungen aus diesen Befunden drücken sich z.B. darin aus, daß ein Autor ausführt, die Bedeutung eines IQ in einem bestimmten Test könne sich bedeutsam in wiederholten Retests verändern. So kann ein IQ von 100 beim ersten Testen dem 47. Percentil in einer Gruppe entsprechen, jedoch dem 17. Percentil, wenn er in späteren Testdurchgängen erreicht wird (10, S. 134). In anderen Worten: Ein IQ, der beim ersten Testen annähernd durchschnittliche Fähigkeit anzeigt, kann in einem Retest eine Fähigkeit widerspiegeln, die im untersten Viertel der Verteilung liegt.

Außerdem kann Wiederholung die Natur eines Tests verändern, da unterschiedliche *Bearbeitungsmethoden* vor und nach einer Übung zur Lösung derselben Probleme herangezogen werden können. Im allgemeinen zeigen solche Tests, bei denen sich die Bearbeitungsmethoden bei Wiederholungen nur wenig ändern, auch geringe Erhöhung der Werte als Resultat der Übung. Diejenigen Tests dagegen, deren Bearbeitung großen qualitativen Veränderungen unterliegt, zeigen bei Wiederholungen große Gewinne. Belege für diese Beziehung erbrachte eine Studie an College-Studenten, in der neben objektiven Testwerten qualitative Beobachtungen der Bearbeitung und introspektive Berichte über die beim Problemlösen verwendeten Methoden erhoben wurden (22). In dieser Studie zeigten sich in Tests zur Geschwindigkeitsmessung einfacher Bewegungen und in Tests der Gehördiskrimination geringe oder keine Übungseffekte. In diese Tests gingen bei den ersten wie bei den letzten Durchgängen grundsätzlich dieselben Funktionen ein. Tests, die Bewegungspräzision verlangten, und solche, die von früherer Information abhingen (z. B. Wortschatz), ergaben Retestgewinne von 6 bis 25 Prozent gegenüber den Eingangswerten. Labyrinth- und Mosaiktests, für die man während des ersten Durchganges eine allgemeine Regel formulieren kann, zeigten Punktwertanstiege von 76 bis 200 Prozent. Noch größer waren die Verbesserungen in mechanischen Leistungstests, in denen Objekte aus Teilen zusammengesetzt werden müssen – hier können die früheren Lösungen erinnert und im Retest ohne Änderungen wieder übernommen werden.

Punktegewinne kommen auch bei Retests mit Parallelformen desselben Tests vor. Solche Gewinne sind allerdings meist geringer. Signifikante mittlere Gewinne fand man, als man andere Formen eines Tests in direkter Aufeinanderfolge vorgab (53), in Eintagesintervallen (53) und noch einen Monat später (44, 45). Ähnliche Ergebnisse erhielt man bei britischen Kindern (44, 45), normalen und intellektuell begabten amerikanischen Schulkindern (53) und amerikanischen Highschool-, College- und graduierten Studenten (53).

Heutige Testkonstrukteure wissen um solch einen Übungseffekt und berücksichtigen ihn oft. In der Minnesota Preschool Skala z. B. sollen 3 IQ-Punkte als Korrektur für einen Übungseffekt abgezogen werden, wenn innerhalb weniger Wochen andere Formen vorgegeben werden (19). Ähnlich nennt die Handanweisung des Stanford-Binet einen mittleren Anstieg von ungefähr 2,5 IQ-Punkten, wenn innerhalb weniger Tage Form M der From L folgt oder umgekehrt (52).

Es gibt auch Hinweise auf einen allgemeineren Effekt, den der *Testerfahrung* (26, 47). Das bedeutet einfach, daß ein Individuum mit ausgedehnten Erfahrungen im Umgang mit Tests jeder Art einen gewissen Vorsprung in der Testleistung vor jemandem hat, der zum ersten Mal einen Test mitmacht. Teilweise stammt dieser Vorsprung aus der Überwindung anfänglicher Gefühle des Unbehagens, der Entwicklung von mehr Selbstvertrauen und besserem Testverhalten. Teilweise resultiert er auch aus einem gewissen Überschneiden der Inhalte und Funktionen, die in vielen Tests vorkommen und gefordert werden. Wahrscheinlich wirken noch andere Faktoren in verdeckterer und indirekterer Weise. Man muß unbedingt die Testerfahrung mitberücksichtigen, wenn man Ergebnisse von Kindern aus unterschiedlichen Schultypen, in denen unterschiedlich viel getestet wird, miteinander vergleicht.

Eine Reihe von Untersuchungen hat sich mit den Wirkungen des *Drills* auf die Testleistung befaßt. Einige frühe Studien mit dem Stanford-Binet zeigten, daß man Kindern beibringen kann, Intelligenztestitems zu bearbeiten, die sie vorher nicht richtig lösen konnten (5, 23). In einem Experiment erzielte man große signifikante IQ-Gewinne als Ergebnis zweistündigen Drills in Tests, die die Kinder bei einer früheren Anwendung des Stanford-Binet nicht lösen konnten (23). Gruppen, die man an ähnlichem, aber mit dem Testinhalt nicht identischem Material üben ließ, zeigten geringere Gewinne. Die Effekte der Übungen nahmen in folgenden Retests ab, nach drei Jahren fanden sich keine signifikanten Unterschiede mehr zwischen den Gruppen, die an identischem oder ähnlichem Material gedrillt worden waren und der Kg, die keine dazwischenliegenden Übungen erhalten hatte. Solch ein Ergebnis entspricht den Erwartungen, teils weil vergessen wird und teils weil der Inhalt der Stanford-Binet-Aufgaben zwischen den verschiedenen Altersstufen variiert. Die Kinder wurden also mit Aufgaben getestet, die denen nicht ähnelten, an denen sie geübt hatten.

Neuere Forschungen an etlichen Gruppen- und Einzeltests haben ebenfalls ergeben, daß Übung im allgemeinen zu signifikanten Gewinnen in den Mittelwerten führt (8, 12, 15, 31, 63, 70, 71, 73). Viele dieser Studien haben britische Psychologen durchgeführt. Sie haben sich mit den Effekten von Übung und Drill auf Tests befaßt, die man verwendet, um 11jährige Kinder den verschiedenen Arten von Secondary Schools zuzuweisen. Erwartungsgemäß hängt der Gewinn von der Fähigkeit und den vorangegangenen Erziehungserfahrungen der Pbn ab, der Art der Tests und dem Ausmaß und Typus des angewandten Drills. Pbn mit mangelndem Erziehungshintergrund gewinnen eher durch spezielles Üben als Pbn, die bessere Erziehungsmöglichkeiten hatten und bereits zur guten Testleistung befähigt sind. Offensichtlich gilt auch: Je größer die Ähnlichkeit zwischen Testinhalt und Übungsmaterial, desto größer der Gewinn in den Testwerten. Andererseits kann die Wirksamkeit der Übung davon abhängen, wie sehr den Pbn Prinzipien oder Informationstypen beigebracht werden, die sie auf viele verschiedene Situationen anwenden können.

Zum letzten Punkt hat man einige vielversprechende Daten beigebracht, die belegen, daß große Gewinne in Intelligenztestwerten durch spezielles Training in Semantik und Logik erreicht werden können (40, 60). Diese Resultate an College-Studenten, die man vor und nach einem derartigen Training getestet hat, lassen weitere Untersuchungen in dieser Richtung als wünschenswert erscheinen.

Einen ähnlichen Ansatz stellen die speziellen Übungen dar, die die Schulreife verbessern und die Entwicklung verschiedener intellektueller Funktionen fördern sollen. Man hat z.B. versucht, die Wirksamkeit solcher Instruktionen (28) zu testen, indem man mit zwei Kindergartengruppen von insgesamt 53 Kindern ein 14tägiges Programm durchführte, das auf den „Learning to think"-Serien aufbaute (57, 58). Vor und nach diesem Programm legte man den Kindern die Primary Mental Abilities Tests von THURSTONE und die Intelligenzskala für Kinder von WECHSLER vor. Zwei Kg-Gruppen mit 54 Kindern wurden dieselben Vor- und Nachtests, jedoch ohne dazwischenliegendem Training, vorgelegt. Alle Gruppen verbesserten sich beim zweiten Testen. In den Primary Mental Abilities Tests hatten die Trainingsgruppen signifikant größere Gewinne zu verzeichnen als die Kg. Im WECHSLER jedoch verbesserten sich alle Gruppen signifikant auf dem 1 %-Niveau, wobei die Trainingsgruppen keinen Vorteil vor den Kgn hatten. Die Gewinne in der WECHSLER-Skala konnten also nicht dem Trainingsprogramm zugeschrieben werden. Die Ergebnisse lassen vermuten, daß das Training mit den „Learning to think"-Serien spezifisch für die Primary Mental Abilities Tests ist und keine allgemeine Verbesserung mit sich bringt. Das Trainingsmaterial ist ja auch den Testitems sehr ähnlich.

Studien wie die drei zuletzt zitierten werfen die Frage auf, ob es sich hier um Training für psychologische Tests handelt oder um allgemeine Bildung. Die Antwort auf diese Frage hängt von der *Breite des Effektes* ab. Ist die Verbesserung auf spezifische Testitems oder sehr ähnliches Material beschränkt, dann muß das Training als Drill betrachtet werden. Solch ein Drill würde die Validität des Tests für Vorhersagezwecke vermindern. Erstreckt sich die Verbesserung jedoch auf den ausgedehnten Verhaltensbereich, den der Test messen soll, dann kann man das Training zu Recht als Bildung ansehen und es würde keineswegs den Test invalide machen. In diesem Falle gibt der Testwert immer noch ein exaktes Bild von der Position des Individuums in Bezug auf die betrachteten Leistungen. Offensichtlich sollte sich jede Erfahrung des Individuums, formeller oder informeller Art, innerhalb oder außerhalb der Schule in seiner Leistung in Tests niederschlagen, wenn die Tests relevante Aspekte des Verhaltens erfassen.

Einen anderen Punkt muß man bei der Interpretation individueller Unterschiede in Testwerten beachten: Die vorhin erwähnte Frage nach den Arbeitsmethoden. Führen Übungen oder Drill in einem Test zur Verwendung anderer Arbeitsmethoden bei der Lösung derselben Probleme, dann *können Unterschiede in den Arbeitsmethoden für individuelle Unterschiede bei der ersten Testvorgabe verantwortlich sein.* Haben Individuen z. B. umfangreiche Erfahrungen in der Lösung arithmetischer Probleme, die vom Anteil verbrauchten und gesparten Geldes am Wochenlohn handeln oder von der Anzahl von Federn, die man für eine bestimmte Geldmenge kaufen kann, dann werden sie in einem Test mit solchen Problemen eher mit dem Gedächtnis und routinemäßigen Lösungen als mit Nachdenken arbeiten. Das Umgekehrte gilt für Individuen ohne diese Erfahrung. Noch deutlicher wird das in Tests für mechanisches Zusammenbauen. Hier wird die Anfangsleistung einer Person, die oft Klingeln, Wecker, Schlösser und andere mechanische Teile auseinander – und wieder zusammengebaut hat, erst mit dem dritten Versuch einer mechanisch unerfahrenen Person vergleichbar sein und nicht mit deren Leistung im ersten Versuch.

Übung und Variabilität

Mehrere miteinander verknüpfte Fragen hat man über die Relation zwischen Übung und individuellen Unterschieden gestellt. Nehmen individuelle Unterschiede durch Übung zu oder ab? Neigen Individuen dazu, ihre relative Position im Training beizubehalten? In welchem Maße sind Unterschiede in der Übungsmenge für individuelle Unterschiede verantwortlich? Solche Fragen ziehen sowohl praktische als auch theoretische Folgerungen nach sich. Sie haben einen direkten Bezug zur Personalauslese und -besetzung, zur Berufs- und Erziehungsberatung und jedem anderen Vorgehen, das eine Vorhersage darüber nötig macht, was Individuen nach einem Training leisten werden. Aus theoretischer Sicht haben einige Psychologen versucht, Experimente über Übung und Variabilität als einen Zugang zur Analyse von Erbe- und Umweltbeiträgen zur Verhaltensentwicklung zu verwenden.
Die Antworten auf diese Fragen haben sich jedoch als nicht so einfach erwiesen, wie ursprünglich angenommen. Frühe Untersucher erhielten oft widersprüchliche Ergebnisse, die durch etliche methodische Schwierigkeiten verursacht waren[1]. Viele Diskrepanzen entstehen, wie sich zeigen läßt, aus der spezifischen Formulierung der Probleme. Eine Diskrepanz betrifft hier das *Maß für die abgeleistete Übung*. Wenn man von zwei Personen sagt, sie hätten gleiche Übung, haben sie dann gleich lange geübt oder haben sie die gleiche Arbeit in ihrer Übung geleistet? Haben sie z. B. beide zwei Stunden lang arithmetische Probleme bearbeitet oder haben sie beide zehn Übungsaufgaben gelöst?
Eine andere Schwierigkeit liegt in der Verwendung von Mengen- oder Zeitwerten als *Maße für den Fortschritt*. Das erste Maß bezieht sich auf die Arbeitsmenge, die in einem gegebenen Zeitraum korrekt abgeleistet wurde; das zweite Maß bezieht sich auf die benötigte Zeit für die Erledigung einer vorgegebenen Arbeitsmenge. Die Ergebnisse von Übungsexperimenten hängen auch davon ab, ob *absolute oder relative Variabilitätsmaße* verwendet werden (s. Kap. 2). Soll das Ausmaß individueller Unterschiede durch den Streubereich, die Standardabweichung oder ähnliche absolute Maße ausgedrückt werden, oder durch ein Verhältnismaß wie den Variationskoeffizienten?
Ein letztes Problem hat mit der *Ungleichheit der Intervalle* zu tun. In vielen psychologischen Tests entsprechen aufeinanderfolgende Punktwerte nicht dem gleichen Anstieg in der Schwierigkeit. So kann es schwieriger sein, fünf Punkte zu einem Anfangswert von 30 als zu einem Anfangswert von 20 hinzuzugewinnen. Weiterhin beeinflussen wahrscheinlich Änderungen in den Arbeitsmethoden, wie sie oft im Trainingsverlauf vorkommen, die relative

1 Eine Zusammenfassung dieser Literatur und eine Analyse der methodischen Probleme finden sich bei ANASTASI (2).

Distanz zwischen aufeinanderfolgenden Werteeinheiten. Erfordert z.B. der Fortschritt über einen bestimmten Wert hinaus eine komplexere Organisation einfacher Handlungen oder die Entwicklung eines wirksameren Vorgehens, dann entsprechen den Werteintervallen an diesem Punkt wahrscheinlich größere Schritte in der Schwierigkeitsskala. Wechsel in der Länge von Rohpunkteinheiten können auch bei Aufgaben vorkommen, in denen sehr schnell eine „physiologische Grenze“ erreicht ist. Das gilt häufig für motorische Aufgaben und viele Aufgaben, für die Geschwindigkeit besonders bedeutsam ist. Hier können physiologische oder strukturell gesetzte Begrenzungen einen Fortschritt über einen bestimmten Punkt hinaus unmöglich machen. Ist dieser Punkt erreicht, wird es zunehmend schwieriger einen Wert zu erhöhen; die folgenden Werteinheiten entsprechen also progressiv größer werdenden Unterschieden in der Schwierigkeit. Derselbe Effekt tritt ein, wenn ein Fortschritt künstlich durch die Testdecke eingeschränkt ist. Ist für die Pbn die Decke zu niedrig, so würden dadurch individuelle Übungsunterschiede künstlich vermindert. Denn willkürlich wird jeder Fortschritt an einem relativ niedrigen Niveau abgeschnitten, obwohl etliche Individuen sehr viel mehr leisten könnten, wenn sie Gelegenheit dazu hätten.
Aus theoretischen und praktischen Erwägungen heraus kann folgende Formulierung des Problems von Übung und Variabilität als die sinnvollste gelten: Veränderungen in der absoluten Variabilität von Mengenwerten folgen gleich langen Zeitperioden, die alle Pbn übend verbracht haben (s. 2). Treffen diese Bedingungen zu, zeigen die meisten Untersuchungen übereinstimmend eine Zunahme individueller Unterschiede nach Übung. Typische Resultate finden sich in einer Studie von ANASTASI (2). Vier Gruppen mit je 114 bis 200 Collegestudenten erhielten kontinuierliche Übungen in einem der vier folgenden Tests:

Durchstreichen:	Durchkreuzen des „A“ auf einem Blatt mit durcheinandergewürfelten Buchstaben.
Symbol-Ziffer:	Einem Schlüssel entsprechend unter jedes Symbol die richtige Ziffer schreiben.
Wörter:	Einem Schlüssel entsprechend zu jeder gegebenen Silbe die passende sinnlose Silbe schreiben.
versteckte Wörter:	Unterstreichen aller vielbuchstabigen englischen Wörter auf einem Blatt mit durcheinandergewürfelten Buchstaben.

Die Übung bestand aus 15 4minütigen Versuchen für die versteckten Wörter und 20 2minütigen Versuchen für die anderen Tests. Jeden Test leistete eine andere Pbn-Gruppe ab. Alle Werte wurden in eine Intervallskala übertragen, die vorher an einer einzelnen Stichprobe mit 1000 Pbn konstruiert worden war.

Die Mittelwerte und Standardabweichungen der Werte in jedem Durchgang sind in Tab. 7 wiedergegeben. Man sieht, daß die Standardabweichungen mit der Übung in jedem Test anwachsen. Obwohl es geringe Fluktuationen von einem Durchgang zum nächsten gibt, ist der Trend eindeutig. Für jeden Test ist der Unterschied zwischen dem ersten und letzten SD auf dem 1 %-Niveau signifikant. Die Ergebnisse zeigen also, daß Individuen, wenn sie eine Periode gleicher Übung hinter sich haben, eher *unähnlicher* werden als vorher.

Tabelle 7: Mittelwerte und Standardabweichungen der Werte von aufeinanderfolgenden Bearbeitungsdurchgängen in vier Tests (aus ANASTASI, 2, S. 40–42)

Durchgang	Durchstreichen (N = 200)		Symbolziffer (N = 134)		Wortschatz (N = 123)		versteckte Wörter (N = 114)	
	$\bar{X}$	SD	$\bar{X}$	SD	$\bar{X}$	SD	$\bar{X}$	SD
1	40,63	6,78	41,15	7,58	39,06	6,84	43,58	6,94
2	44,99	6,42	47,63	7,38	46,30	6,03	44,63	6,90
3	47,00	6,60	52,69	7,30	45,22	6,95	49,00	7,52
4	48,00	6,52	54,57	8,04	47,74	5,88	51,25	7,74
5	50,75	6,60	57,90	7,94	49,19	6,86	54,49	7,86
6	50,30	6,68	58,63	8,34	48,80	6,78	55,12	8,24
7	51,68	6,62	61,02	8,66	52,06	7,22	58,18	9,28
8	52,74	7,04	62,25	8,44	48,97	7,89	60,40	8,90
9	53,06	7,28	63,79	8,08	51,59	7,16	61,30	9,10
10	55,83	7,24	64,52	8,36	52,50	8,34	64,40	10,22
11	54,70	7,24	65,22	7,94	53,08	8,90	62,19	10,46
12	55,08	7,22	65,70	9,40	55,35	8,10	63,26	10,96
13	56,09	7,70	67,04	8,06	54,54	7,98	67,02	11,36
14	55,50	7,12	67,51	8,40	54,74	7,26	68,47	12,96
15	57,88	7,54	67,78	8,72	56,02	8,49	69,28	11,44
16	56,67	7,70	69,13	9,78	56,48	8,46		
17	57,01	7,32	68,19	8,92	57,83	8,59		
18	57,62	7,58	68,81	8,80	56,63	9,13		
19	57,08	7,36	69,17	8,40	56,97	8,89		
20	59,60	7,88	70,07	9,98	59,28	8,87		

Erwähnenswert sind hier die Hinweise, nach denen individuelle Unterschiede im Verlauf von *Vergessen* zunehmen. In einem Überblick über Daten aus vielen unveröffentlichten Lernexperimenten fand TILTON (59), daß Standardabweichungen meist größer werden, wenn man Pbn nach einer langen Zeit noch einmal testet. Unterschiedliches Vergessen scheint eine zusätzliche Quelle der Leistungsvariation zu sein.

Allgemein hat man auch gefunden, daß Individuen im Verlauf von Übung überwiegend dieselbe relative Position in ihrer Gruppe beibehalten. In einer Zusammenfassung früher Studien berichtet KINCAID (34), daß die Korrelationen zwischen Eingangs- und Schlußwerten gewöhnlich über 0,60 betrugen. In der gerade zitierten Untersuchung von ANASTASI (2), waren die Korrelationen zwischen dem ersten und dem letzten Versuch alle positiv und signifikant auf dem 1 %-Niveau. Die Korrelationen für die vier Tests betrugen:

Durchstreichen	0,6725
Symbol-Ziffer	0,2981
Wörter	0,5073
versteckte Wörter	0,8239

Solche Resultate zeigen an, daß Vorhersagen individueller Nachtrainingsleistung aufgrund von Vortrainingswerten immer besser als der Zufall sind. Die Genauigkeit der Vorhersage variiert mit der Art der Funktionen und dem Ausmaß dazwischenliegender Übung (27). Aber für die meisten Aktivitäten sind die Korrelationen hoch genug, um Vorhersagen zu ermöglichen.

Die Tatsache, daß Individuen tendenziell ihre relative Position beibehalten und nach gleicher Übungszeit eher divergieren als konvergieren, haben einige frühe Autoren als Beleg für eine vorherrschend erbliche Grundlage individueller Unterschiede interpretiert. Man behauptete dabei: Wenn die anfänglichen Unterschiede weitgehend auf unterschiedlicher Vorerfahrung basierten, müßte eine Periode gleichen Trainings solche Unterschiede drastisch vermindern. Das ist eine fragwürdige Argumentationsweise. Der Einfluß von Umweltfaktoren auf die Entwicklung von Fähigkeiten ist kumulativ. Befähigt frühere Erfahrung ein Individuum mehr für eine bestimmte Aufgabe, dann sollten wir auch erwarten, daß es besser dazu geeignet ist, von weiterem Training zu profitieren. Der zu Beginn mehr Leistende bringt für die Aufgabe Arbeitsmethoden, Haltungen, Fähigkeiten und Informationen mit, die auch seinen weiteren Fortschritt beschleunigen. Je mehr ein Individuum in der Vergangenheit gelernt hat, desto eher wird es in der Gegenwart zu lernen imstande sein. Weiterhin sollte man beachten, daß „gleiches Training" nur in begrenztem Sinne gleich sein kann. Was das Individuum wirklich in solch einem Training tut – und was es dann daraus lernt – hängt wiederum von seinen relevanten früheren Erfahrungen ab.

Einige Autoren haben versucht, den *relativen Anteil der Übung an individuellen Unterschieden* zu bestimmen. Angenommen, wir würden die Senioren einer bestimmten High School einer Lateinprüfung unterziehen. Die Schüler hätten zwischen einem und vier Jahren Lateinunterricht hinter sich. Wir könnten dann fragen: „Wieviel von der gesamten Variabilität in der Klasse geht zu Lasten der Dauer des Lateinunterrichts und wieviel zu Lasten individueller Unterschiede innerhalb der Gruppen, die die gleiche Unterrichtsdauer hinter sich haben?" Von dem, was wir über die Leistungsstreubreite innerhalb einer Klasse in irgendeiner Schule wissen, würden wir eine starke Überlappung der erreichten Testwerte für die unterschiedlich unterrichteten Gruppen erwarten. Es ist z. B. nicht unwahrscheinlich, daß der beste Schüler in der 1-Jahresgruppe eine bessere Prüfung ablegte als der schlechteste Schüler in der 4-Jahresgruppe. Es ist natürlich klar, daß in der beschriebenen Situation die Dauer des Lateinunterrichts nicht die *einzige* Quelle für die Variation der Testwerte sein kann. Durch angemessene statistische Analysen könnte man bestimmen, welcher Anteil an der Gesamtvarianz der Lateintestwerte in dieser Gruppe zu Lasten der Unterrichtsdauer und welcher Anteil zu Lasten individueller Unterschiede innerhalb der Unterrichtsgruppen geht[2].

Untersuchungen zur Beantwortung derartiger Fragestellungen haben sowohl Schulkurse als auch kontrollierte Übung im Laboratorium herangezogen (16, 24, 41, 42, 54). Einige dieser Studien haben aus vielerlei Gründen einen falschen Eindruck hervorgerufen. Erstens, sind einige veröffentlichte Schätzungen des relativen Anteils von Übung und individuellen Unterschieden an der Gesamtvarianz falsch, da unangemessene statistische Techniken verwendet wurden (s. Kritiken in 21, S. 162; 24, S. 5– 8). Zweitens lassen sich, wie HAMILTON (24) in einer sorgfältigen Problemanalyse ausführte, nicht alle individuellen Unterschiede bei konstantem Trainingsausmaß auf die Vererbung zurückführen. Solch eine Interpretation – von einigen frühen Autoren vorgetragen – ignoriert die kumulativen Effekte früherer Umweltfaktoren (s. o.). Wird das untersuchte Training im normalen Schulunterricht gegeben, so ist der Effekt früherer Unterschiede in der Motivation, den Lerngewohnheiten, bereits gespeicherten Informationen und in erworbenen Fertigkeiten auf die Schulleistung der Schüler von besonderer Bedeutung. Daß sich Schüler für denselben Kurs eingeschrieben haben, muß außerdem nicht unbedingt bedeuten, daß sie auch die gleiche Zeit mit Lernen zugebracht haben!

Der dritte und fundamentale Einwand gegen die meisten dieser Studien ist folgender: Sie geben anscheinend verallgemeinerte Schätzungen für den relativen Anteil von Übung und individuellen Unterschieden an der Gesamtvarianz ab. Daß solche allgemeinen Schätzungen sinnlos sind, hat HAMILTON (24) in einer gut geplanten Studie demonstriert. Kinder aus fünften Klassen führten 20 Versuche in drei Lerntests durch – Verbindungen finden, Symbol-Ziffern-Ersetzen und künstliche Sprache. Die Anzahl der Pbn für die verschiedenen Tests variierte von 22 bis 28. Der relative Beitrag der Übung an der Gesamtvarianz wurde für jeden Test und für die verschiedenen Übungsstadien bestimmt. Die Analyse basierte im wesentlichen auf einem Vergleich des Ausmaßes individueller Unterschiede in jedem Versuch mit den Veränderungen in allen Werten zwischen den Versuchen.

---

2 Die für diesen Zweck anzuwendende Technik basiert auf FISHERS Varianzanalyse. Die Varianz ist das Quadrat der Standardabweichungen oder $\frac{\Sigma(x - M)^2}{N}$

HAMILTONs Analyse zeigte, daß bei jedem Test der relative Anteil der Übung stark variierte. Das hing von der Menge vorangegangener Übung ab. Die Daten aus Tabelle 8 illustrieren das. Als man die durchschnittliche Leistung in den ersten beiden Versuchen mit der der letzten beiden verglich, war der relative Anteil der Übung übereinstimmend größer als der von anderen Residualfaktoren, die für individuelle Unterschiede in einem Versuch verantwortlich sind. Verglich man jedoch aufeinanderfolgende Versuchspaare, schienen die restlichen individuellen Unterschiede weit bedeutsamer für die gesamte Varianz zu sein als die Übung.

Tabelle 8: Anteil der Übung an der gesamten Testvarianz (aus HAMILTON, 24, S. 32 bis 34)

	Versuche 1–2 vs. 19–20		Versuche 1–2 vs. 3–4	
	Prozentsatz der gesamten Testvarianz zu Lasten von:		Prozentsatz der gesamten Testvarianz zu Lasten von:	
	Übung	individuellen Unterschieden	Übung	individuellen Unterschieden
Verbindungen finden	84,15	15,85	32,16	67,84
Symbol-Ziffer	55,65	44,35	25,57	74,43
Kunstsprache	71,43	28,57	34,38	65,62

HAMILTON schließt daraus, daß man sinnvollerweise keine allgemeine Schätzung abgeben kann. Denn der relative Anteil der Übung hängt von folgendem ab: (1) dem Punkt der Lernkurve, an dem die individuellen Unterschiede gemessen werden, (2) dem Ausmaß der Übung zwischen den verglichenen Versuchen, (3) der Heterogenität der Gruppen in Bezug auf andere relevante Merkmale und (4) der Art der Aufgabe oder untersuchten Fertigkeit. Der Leser mag in dieser Kritik an generalisierten Schätzungen relativer Anteile bekannte Töne vernommen haben. Wir haben denselben Punkt besprochen, als wir im Kapitel 3 die Interaktion zwischen Erbe und Umweltfaktoren diskutierten. Dort wurde ausgeführt, daß man in Gruppen verschiedener Vererbung oder aus heterogenen Umwelten unterschiedliche Schätzungen für die relativen Anteile von Erbe und Umwelt erhält. So hat bei Gruppen mit relativ uniformer Umwelt der Erbfaktor ein größeres Gewicht bei der Bestimmung individueller Unterschiede. Umgekehrt üben in einer Gruppe mit relativ homogener Vererbung Umweltfaktoren relativ größeren Einfluß auf die Entwicklung individueller Unterschiede aus. Dieselbe Beziehung gilt, wenn wir die relativen Gewichte zweier verschiedener Umweltfaktoren oder zweier verschiedener Erbfaktoren bestimmen. Wenn wir also in HAMILTONs Experiment den relativen Anteil unmittelbarer Übung (Anzahl der Versuche oder

Dauer des Trainings) mit dem Anteil vorangegangener Faktoren (Umwelt oder Vererbung) vergleichen wollten, würde die Schätzung variieren, je nachdem ob die Übung oder die früheren Bedingungen variieren. Betrachten wir z.B. nur die Werte in einem einzelnen Versuch, so wäre der Anteil der Übung an der Gesamtvarianz offensichtlich nahezu Null. Vergliche man dann Werte aus aufeinanderfolgenden Versuchen, erschiene die Bedeutung der Übung für Punktunterschiede relativ gering. Vergliche man jedoch weit auseinanderliegende Versuche, so erschiene der Anteil der Übung sehr viel größer als der der individuellen Unterschiede.

Studien an Vorschulen

Man hat über 50 Untersuchungen durchgeführt, um zu bestimmen, welche Wirkung überhaupt der vorschulische Besuch eines Kindergartens oder einer Vorschule auf die spätere intellektuelle Entwicklung von Kindern hat. Das Interesse an diesem Problem erreichte seinen Höhepunkt in den frühen 40er Jahren dieses Jahrhunderts, als eine Studienreihe der Universität von Iowa erschien. In den psychologischen Zeitschriften entstand eine lebhafte Kontroverse mit Kritiken, Antworten, Entgegnungen und Gegenerwiderungen. Obwohl Vorschuluntersuchungen nur wenig zu unserem Wissen über die Ursachen individueller Unterschiede beigetragen haben, haben sie ein gründliches Durchdenken der Methoden von Längsschnittstudien in Gang gesetzt. Als ein Nebenprodukt der Kontroverse wandte man sich den experimentellen und statistischen Anforderungen an solche Untersuchungen zu. Das Ergebnis war ein positiver Beitrag zur Entwicklung einwandfreier Forschungsmethoden.
1945 hat WELLMAN (66) die bis dahin veröffentlichten Ergebnisse von Vorschulstudien zusammengefaßt. Wegen geringer Stichprobengröße, fehlender Kgn und anderer Einschränkungen können viele Untersuchungen nicht überzeugen. Einige geben z.B. nur die Intelligenztestwerte einer Vorschulgruppe vor und nach dem Besuch einer Vorschule an. In diesen Studien kann man unmöglich angeben, welche Veränderung in den Testwerten auf das Retesten zurückzuführen ist oder auf den Zeitpunkt, an dem getestet wird. Dafür wäre eine Kg notwendig. Andere Studien geben nur die relative Leistung in der ersten Klasse (oder späteren Klassenstufen) von zwei Gruppen an, von denen die eine eine Vorschule besucht hat und die andere nicht. Die Schwierigkeit bei diesem Vorgehen liegt darin, daß der Vorschulbesuch selbst schon selektiv gewirkt haben kann. Selbst wenn sich die Gruppen gleichen, was Erziehung und Beruf der Eltern und andere breite Kategorien anbelangt, so kann Selektion auch innerhalb dieser Kategorien stattgefunden haben. So können sich

aus Familien mit demselben Erziehungs-, Berufs- und sozioökonomischen Status doch solche Eltern, die ihre Kinder in Vorschulen schicken, in ihrer Intelligenz, ihren Persönlichkeitsmerkmalen, ihrem Interesse an ihren Kindern und in anderer verdeckter und undurchschaubarer Weise herausheben. Aus allen diesen Gründen besteht das einzig befriedigende Vorgehen darin, eine Kindergruppe vor und nach dem Vorschulbesuch zu testen, während gleichzeitig eine entsprechende Kg im gleichen Zeitintervall getestet wird. Eine Betrachtung der ausführlichen und viel zitierten Untersuchungen von WELLMAN und ihren Mitarbeitern an der Universität von Iowa (65) soll als Illustration für Vorschulstudien dienen. In einem Iowa-Projekt sammelte man Daten von 652 Kindern im Alter von 18 bis 77 Monaten, die alle die von der Universität betriebene Vorschule oder den Kindergarten besuchten. Den Pbn legte man den Stanford-Binet oder den Kuhlmann-Binet im Herbst und dann wieder im Frühjahr jedes Jahres während der Vorschulzeit vor. Im ersten Jahr stiegen die Werte im Mittel um 6,6 IQ-Punkte an. Kinder, die über zwei oder drei Jahre den Schulbesuch fortsetzten, zeigten weitere mittlere IQ-Gewinne. Die Gewinne wurden jedoch mit jedem Jahr immer kleiner. Man fand keine signifikanten Korrelationen zwischen dem IQ-Gewinn und der Anzahl von Tagen, in denen die Schule im Jahr besucht wurde (das variierte von 37 bis 148 Tagen).

Eine Bewertung der obigen Befunde ist natürlich ohne Vergleichsdaten einer Kg nicht möglich. Zu diesem Zweck parallelisierte WELLMAN 34 Vorschulkinder mit 34 Kindern ohne Vorschulbesuch hinsichtlich des Lebensalters und ihres ersten IQ. Vom Herbst bis zum Frühling gewann diese Vorschulgruppe durchschnittlich 7,0 Punkte, während die Kg durchschnittlich 3,8 Punkte verlor. Die mittlere Differenz von fast 11 Punkten zwischen den beiden Gruppen im Frühling war statistisch signifikant. Auf den ersten Blick scheint dieses Ergebnis einen echten, doch geringen Effekt des Vorschulbesuches auf den IQ zu belegen – und die Iowa-Untersucher interpretierten es auch so. Diese Folgerung jedoch löste einen Sturm von Einwänden aus (s. 17, 18, 37, 38, 68). Einige der fundamentalen methodischen und interpretativen Fragen, die von diesen Kritikern gestellt wurden, verdienen wegen ihrer allgemeinen Folgerungen Beachtung.

Die kontinuierliche Verbesserung der Kinder, die für zwei oder drei Jahre die Vorschule besuchten, kann wahrscheinlich weitgehend auf *Übung und Testerfahrung* zurückgeführt werden, wie wir es in einem früheren Abschnitt dieses Kapitels besprochen haben. Allgemein gilt: Je länger ein Kind in der Vorschule bleibt, desto häufiger wird es getestet. Direkte Angaben zu dieser Frage finden sich in einer Studie von JONES und JORGENSEN (33) von der Universität von Kalifornien. Diese Autoren fanden eine Korrelation von 0,34 zwischen IQ-Gewinn und der Dauer des Vorschulbesuches. Hielt man jedoch durch Partialkorrelationen die Häufigkeit der Testungen konstant, so verringerte sich die Korrelation zwischen IQ-Gewinn und Dauer des Vorschulbesuchs auf einen minimalen, nicht signifikanten Wert.

Verbesserung der Testleistung als Folge von Vorschulbesuch läßt sich auch z.T. mit der besseren *emotionalen und motivationalen Anpassung* an die Testsituation erklären. In einer sorgfältig kontrollierten Vorschulstudie von GOODENOUGH und MAURER (20), Universität von Minnesota, versuchte man diesen Faktor auszuschalten, indem man die Kinder nicht testete, wenn sie ablehnendes Verhalten zeigten. Weiterhin schloß man jedes Kind aus, das bei wiederholten Besuchen immer wieder keine kooperative Haltung zeigte. Als weitere Vorsichtsmaßnahme hatte kein Vl etwas mit der Vorschule zu tun. Dadurch war die Vertrautheit zwischen Vl und Kind bei den Vorschulkindern nicht größer als bei den anderen aus der Kg. Unter diesen Bedingungen zeigten die Vorschulkinder als Folge ihres Schulbesuches keine bedeutsamen IQ-Gewinne. In Paranthese sei vermerkt, daß diese Studie vielleicht zu viel ausgeschlossen hat. Im Bemühen, spezifische Faktoren auszuschalten, die das Testverhalten beeinflussen, haben die Autoren vielleicht die Möglichkeit übersehen, daß Vorschulbesuch die Einstellung fremdbestimmten Aufgaben gegenüber ganz allgemein verbesserte. Solche Verbesserung kann wiederum späteres Lernen und die intellektuelle Entwicklung erleichtern. Wie bei den vorher diskutierten Übungsuntersuchungen richtet sich die Frage auf die Breite oder Allgemeinheit des Effektes.

Weitere methodische Schwierigkeiten zentrieren sich um die Verwendung *schon differenzierter Populationen*, bei denen ein Prozeß des „Selbstordnens" eingesetzt hat. Im idealen Falle sollten parallele Gruppen von Vl zufällig aus einer einzigen Population ausgewählt werden. Wenn man die Wirkungen des Vorschulbesuchs prüfen will, sollte man z.B. zunächst aufgrund von Parallelisierungsmerkmalen aus den Kindern Paare bilden, jeweils ein Kind aus jedem Paar sollte dann, nach Zufall ausgewählt, der Vorschulgruppe zugeordnet werden, das andere der Kg. In der Praxis jedoch haben Schuluntersuchungen *a posteriori* Parallelgruppen gebildet. Bestimmte Kinder aus einer Gemeinschaft werden aufgrund der Entscheidung ihrer Eltern auf eine Vorschule geschickt. Solch eine Entscheidung kann selbst Merkmale widerspiegeln, hinsichtlich derer sich die Eltern, ihr Zuhause oder ihre Kinder von anderen in der Gemeinschaft unterscheiden. Nun tritt der Untersucher auf und versucht andere Kinder in der Gemeinschaft zu finden, die zu diesen Vorschulkindern in den Merkmalen „passen", die er für seine Studie für wichtig erachtet.

Bei einem *a posteriori* Parallelisieren unterscheiden sich die Gruppen wahrscheinlich in einem oder in mehreren Merkmalen, deren Relevanz für das zu untersuchende Problem übersehen worden sein kann. Werden z.B. Kinder aus mehr „intellektuell orientierten" Häusern zu Vorschulen geschickt, kann der systematische Unterschied in der häuslichen Atmosphäre zum Vorteil der

Vorschulgruppe mit der Zeit zu einer besseren Entwicklung dieser Gruppe führen. Oder es werden möglicherweise eher Kinder in eine Vorschule geschickt, die zur Schüchternheit neigen und dort die Schwierigkeit zu überwinden lernen sollen. Hier könnte die Schüchternheit die Kinder in ihrem ersten Intelligenztest behindern und zu einem offensichtlichen Gewinn in einem späteren Test führen, wenn die Schüchternheit in der ungewohnten Situation abgenommen hat. Teilt der Experimentator Kinder nach dem Zufall in Vorschulgruppe und Kg ein, tendieren alle unkontrollierten Merkmale dazu, sich nach dem Zufall auf beide Gruppen gleich zu verteilen. Wenn aber spezielle Faktoren, z. B. der Entschluß der Eltern zur Anmeldung ihres Kindes in einer Vorschule, die Plazierung in Vg und Kg bestimmen, können unkontrollierte Merkmale systematisch variieren. So kann ein Kindertyp nur in *einer* der Gruppen besonders oft vertreten sein.

Ein noch ernsthafterer Einwand gegen die Verwendung paralleler Gruppen aus vorher differenzierten Populationen basiert auf dem sogenannten *Regressionseffekt.* Regression wirkt immer dann, wenn man Vergleiche zwischen zwei nicht perfekt miteinander korrelierenden Maßen anstellt. Diese Bedingung gilt für jeden Retest, ob nun derselbe Test wiederholt wird, oder zwei verschiedene Formen zu zwei Gelegenheiten angewendet werden. Bekanntlich hat kein Test einen Reliabilitätskoeffizienten von 1,00 (s. Kapitel 1). Oder anders ausgedrückt: Individuelle Werte zeigen allgemein in einem Retest gewisse Zufallsvariation. Regression bedeutet einfach, daß durch Zufallsvariation extreme Werte dazu tendieren, beim Retest zum Mittelwert zu „regredieren". Legt man z. B. Kindern die Form L des Stanford-Binet vor und testet sie 6 Monate später mit der Form M, dann wird es eine Tendenz für jene geben, die im ersten Test über dem Durchschnitt lagen, im zweiten Test näher an den Mittelwert heranzurücken. Ähnlich tendieren Kinder mit sehr niedrigen Werten im ersten Test dazu, beim zweiten Test zum Mittelwert hin aufzusteigen.

Regression resultiert aus dem Vorhandensein unkorrelierter Zufallsfaktoren, die auf die Werte bei den zwei Gelegenheiten einwirken. Einige Individuen erreichen hohe Anfangswerte zum Teil deshalb, weil bestimmte Zufallsfaktoren ihren Wert zu einer bestimmten Gelegenheit oder in einer bestimmten Testform ansteigen lassen. Solche Individuen haben also im ersten Test einen Vorteil. Da jedoch Zufallsfaktoren mit den beiden Tests nicht korrelieren, werden diese Individuen beim Retest nicht genauso bevorzugt und ihre Werte werden eher sinken als steigen oder gleichbleiben. Natürlich verhindert das Vorhandensein dieser Zufallsfaktoren eine perfekte Korrelation zwischen den zwei Tests. Hier sei auch erwähnt, daß die Reliabilität von Vorschultests meist niedriger ist als die von Tests für ältere Personen. Da Zufallsfaktoren bei Testwerten im Vorschulalter eine größere Rolle spielen, ist der Regressionseffekt relativ groß.

Eine schematische Illustration der Regression gibt Abbildung 40. Die obere Zeichnung stellt die Verteilung der IQn im ersten Test, die untere Zeichnung diejenigen im zeiten Test dar. Regression wird für 10 Fälle gezeigt, die alle im ersten Test einen IQ von 120 erreichten.

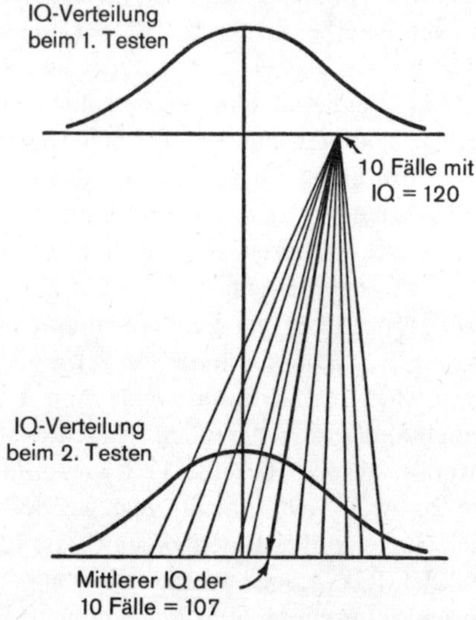

Abb. 40: „Regressionseffekt" beim Retest

Aufgrund von unkorrelierten Zufallsfaktoren bei den zwei Testungen „schwärmen" die Werte der 10 Personen beim zweiten Test über einen weiten Bereich „aus". Der durchschnittliche IQ (107) der 10 im Retest liegt näher am Gruppenmittel als die Ausgangswerte von 120. Eine solche Regression läßt dabei den Gesamtbereich der Verteilung unangetastet. Individuen tauschen nur ihre Plätze, wobei sich die gesamte Variabilität in der Gruppe nicht vermindert.

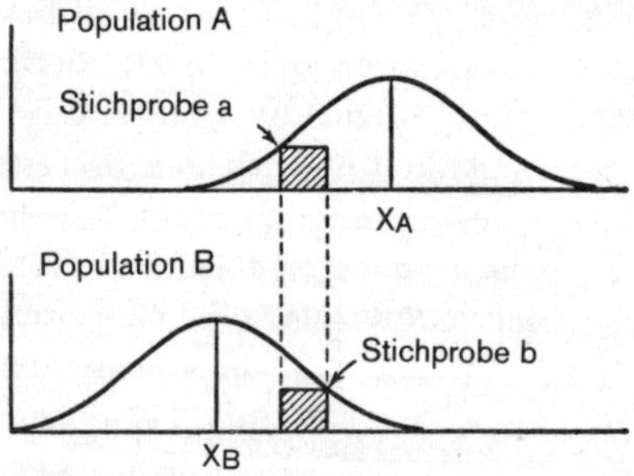

Abb. 41: Parallele Stichproben aus ungleichen Populationen

Wie verhält sich die Regression beim Gebrauch paralleler Gruppen? Ein Blick auf Abbildung 41 gibt die Antwort. Wahrscheinlich kommen Kinder, die z.B. eine Universitätsvorschule besuchen, aus gehobenem Elternhaus und haben einen höheren IQ als andere Kinder in der Gesellschaft. Betrachten wir nun die IQ-Verteilung der Kinder mit Vorschulerfahrung und ohne insgesamt, so finden wir vielleicht eine Situation vor, die der von Population A und Population B in Abbildung 41 ähnelt.

Wenn nun ein Untersucher parallele Gruppen aus diesen beiden Populationen zusammenstellt, kann er das nur tun, indem er Kinder auswählt, die unter dem Populationsmittelwert von A liegen und über dem Mittelwert von Population B. Beim Retest werden deshalb die Individuen in Gruppe A (Vorschule) zu ihrem Populationsmittel hin tendieren, d.h. ihre IQn werden steigen. Aus demselben Grund werden die IQn von Gruppe B (Kg) sinken. Das wäre eine mögliche Erklärung für den mittleren IQ-Gewinn der Vorschulgruppe und den mittleren IQ-Verlust der Kg, wie man sie in der Iowa-Studie gefunden hat. Die Wertedifferenz zwischen den beiden Gruppen kann deshalb lediglich ein statistisches Artefakt sein, das auf der Art, in der die parallelen Gruppen zusammengestellt worden sind, beruht[3].

Angesichts der methodischen Schwierigkeiten der Iowa-Untersuchung – und angesichts der negativen Ergebnisse anderer ähnlicher Studien – lassen sich natürlich keine eindeutigen Effekte des Vorschulbesuches auf den IQ nachweisen. Es sei jedoch erwähnt, daß die oben diskutierte Iowa-Studie an einer Universitäts-Vorschule durchgeführt wurde. Dasselbe gilt für die meisten anderen Vorschuluntersuchungen, auch die erwähnten Projekte in Kalifornien und Minnesota. Die Tatsache, daß Kinder aus derartigen Vorschulen insgesamt eher aus gehobenen Elternhäusern stammen, minimalisiert jeden nur möglichen Effekt einer Vorschule. Leben die Kinder schon in einer Umwelt, die für die intellektuelle Entwicklung sehr förderlich ist, so dürfte zusätzliche Vorschulerfahrung keinen erkennbaren Unterschied hervorbringen. Aus diesem Grund stellen Untersuchungen an unterpriviligierten Kindern eine bessere Prüfung der Wirksamkeit von Vorschulen dar.

Hierüber liegen vielversprechende Resultate einer anderen Iowa-Studie in einem Waisenhaus vor (67). Die Kinder hatten zu Beginn einen unterdurchschnittlichen IQ, kamen aus unteren sozioökonomischen Schichten und lebten in einer relativ reizarmen Heimumwelt. In diese Bedingungen führten die Untersucher eine Vorschule ein, deren Aktivitäten einen echten Kontrast zu dem eintönigen Waisenhausleben boten. Da man die Pbn nach dem Zufall in eine Vorschulgruppe und eine Kg eingeteilt hatte, verfälschten keine Selbst-

---

3 Eine vollständige Erklärung der Regression und ihrer Implikationen für Experimente mit parallelen Gruppen findet der Leser in einem Artikel von THORNDIKE (55).

ordnung oder Regressionseffekte die Daten. Die Pbn wurden nach ihrem IQ parallelisiert, nach dem Alter, Geschlecht, Ernährungszustand und Dauer des Heimaufenthaltes. Leider blieben die Gruppen nicht die vollen drei Jahre des Projektes über gut parallelisiert, da Pbn selektiv durch Adoption ausschieden. Berücksichtigt man diese Schwierigkeiten, so weisen die Daten dennoch einen signifikanten Effekt des Vorschulbesuches auf den IQ nach (39, 67). Von den Kindern, die 400 Tage oder länger im Heim lebten, erreichten diejenigen, die 50 % oder mehr täglich in der Vorschule waren, einen mittleren IQ-Gewinn von 6,8 Punkten. Der mittlere IQ dieser Gruppe am Schluß war signifikant höher als der der Kg.

Dauer der Schulbildung und Intelligenz

Die Wirkung der Schulbildung auf die intellektuelle Entwicklung hat man auch durch eine Analyse der Beziehung zwischen der Dauer der Ausbildung und Intelligenztestwerten bei Erwachsenen untersucht. Erhebungen in der amerikanischen Armee während der beiden Weltkriege z. B. erbrachten Korrelationen von 0,73 und 0,74 zwischen Intelligenztestwerten (Army Alpha oder AGCT) und der zuletzt erreichten Schulklasse (62, 74). Es gibt natürlich zwei alternative Erklärungen für solche Korrelationen: (1) Erziehung hebt das intellektuelle Niveau an; (2) die intelligenteren Individuen „überleben" eher die zunehmend strengeren Ausleseverfahren der höheren Klassenstufen. Daß die Dauer der Ausbildung für irgendein Individuum nicht ausschließlich von seiner Fähigkeit abhängt, ist offensichtlich.
Finanzieller Rückhalt, Familientradition und -einstellung, Erziehungsmöglichkeiten in verschiedenen Regionen und eine Reihe anderer nichtintellektueller Faktoren lassen sich leicht aufzählen. Andererseits findet zweifellos in den verschiedenen Klassenstufen eine intellektuelle Auswahl oberhalb der Pflichtschulzeit statt.
Jahrelange Längsschnittstudien an denselben Pbn stellen einen direkteren Zugang zu diesem Problem dar. LORGE (36) berichtete die Ergebnisse einer wiederholten Testung an 131 Männern, die 20 Jahre zuvor in der 8. Klasse an New Yorker Grundschulen getestet worden waren. Die Pbn wurden zunächst nach ihren ersten Werten in der 8. Klasse klassifiziert. Innerhalb jedes Intervalls dieser ersten Werte stiegen die später erhobenen Werte mit zunehmender Dauer der inzwischen genossenen Ausbildung an. Von den Männern z. B., deren Anfangswerte zwischen 69 und 78 lagen, hatten diejenigen, die mit der 8. Klasse abschlossen, am Ende einen mittleren Wert von 20,70. Dagegen lagen die Werte derjenigen mit Graduierten-Ausbildung im Durchschnitt bei 38,0.

Die Vergleiche aus der LORGE-Studie sind wegen der geringen Anzahl verfügbarer Fälle nur beschränkt gültig. Dadurch wird das Auffinden signifikanter Trends schwierig. Außerdem ist die Datenanalyse Regressionseffekten unterworfen. So hatten wahrscheinlich von den Pbn mit denselben Anfangswerten diejenigen gehäuft „negative Zufallsfehler“ in ihren Anfangswerten, die später eine längere Ausbildung genossen. Dagegen hatten diejenigen, die ihre Ausbildung früher abbrachen, mehr „positive Zufallsfehler“ in ihren Werten. Bei den erstgenannten würde man deshalb ein Ansteigen bei den letztgenannten ein Absinken ihrer letzten Werte erwarten. So lange man die Pbn für jede Untergruppe aufgrund ihrer Eingangswerte auswählt, muß man solch einen Regressionseffekt erwarten.

Jüngst hat man jedoch andere Längsschnitt-Studien mit größeren Stichproben und besser kontrollierten Bedingungen durchgeführt. In einer schwedischen Untersuchung verglich HUSÉN (30) die Testleistung von 722 jüngeren Männern bei ihrer Einberufung zum Militär mit den Werten, die sie 10 Jahre zuvor erreichten, als sie die dritte Klasse der Grundschule in Malmö besuchten[4]. Man teilte die Stichprobe nach der Höhe ihrer Ausbildung in 5 Untergruppen. Die Höhe der Ausbildung variierte von 7 Pflichtschuljahren auf der Grundschule bis zu 12 – 13 Jahren. Innerhalb jeder Gruppe verglich man den ersten mit dem zuletzt erhobenen IQ. Relativ zur Gesamtstichprobe sanken die Werte der am wenigsten gebildeten Gruppe durchschnittlich um 1,2 IQ-Punkte; die anderen Gruppen zeigten im Mittel einen relativen Gewinn von 2,1; 3,0; 7,2 bzw. 11,0 Punkten. Fortgesetzte Bildung ist also mit größeren Gewinnen in Testwerten assoziiert. Die letzten drei genannten mittleren Gewinne sind auf dem 1 %-Niveau signifikant. In derselben Studie korrelierte die Dauer der Schulbildung zu 0,61 mit den ersten und zu 0,80 mit den zuletzt erhobenen Testwerten (29).

Daß die zweite Korrelation höher ist, spricht ebenfalls für den direkten Effekt von Bildung auf die Testleistung.

Relevant ist auch eine amerikanische Untersuchung von OWENS (43) an einer enger begrenzten Stichprobe. Eine Gruppe mit 127 Männern wurde 1950 mit dem Army Alpha getestet, nachdem sie diesen Test 30 Jahre zuvor bei ihrem Eintritt in das Iowa State College schon einmal abgeleistet hatte. Die Retestwerte zeigten signifikante mittlere Gewinne, die konsistent mit dem Ausmaß der College- oder Graduiertenausbildung im Anschluß an den ersten Test zugenommen hatten.

---

4 Eine ähnliche Untersuchung läuft in Norwegen. Sie begann 1953, als man praktisch alle Schüler der 7. Klasse in einem Gebiet Südnorwegens testete (32). Man plant einen Retest der fast 4000 Jungen dieser Stichprobe, wenn sie im Alter von 19 Jahren zum Militärdienst einberufen werden – fast 5 Jahre nach dem ersten Test. Retests sollen auch an Untergruppen beider Geschlechter gemacht werden, sobald sie die verschiedenen Mittelschulen absolvieren.

Die Art der Analyse von HUSÉN und OWENs umgeht den Regressionseffekt, der auf der mangelnden Reliabilität der Testwerte basiert. Denn die Pbn wurden nicht nach ihren Testleistungen ausgewählt, parallelisiert oder gruppiert. HUSÉN konnte außerdem zeigen, daß in seinen Daten die Bildungsunterschiede wirklich den Regressionseffekt ausglichen (30). Genau gesagt: Es fanden sich in den Gruppen mit längerer Ausbildungszeit mehr Pbn, die am Anfang hohe Werte hatten als in den Gruppen mit kürzerer Ausbildungsdauer. Hätte der Regressionseffekt gewirkt, hätten die besser gebildeten Gruppen ein Absinken von den ersten zu den zweiten Werten und nicht relativ große Gewinne zeigen müssen, wie es aber tatsächlich geschah.
Doch selbst diese Art des experimentellen Designs kann keine eindeutigen Belege für die Effekte der Erziehung auf die intellektuelle Entwicklung erbringen. Solange man Individuen gestattet, sich „selbst" in Gruppen „einzuordnen", kann man folgendes einwenden: 1. können zu Beginn signifikante Unterschiede zwischen ihnen vorhanden gewesen sein, die das Einordnen beeinflußten; 2. können diese Anfangsunterschiede und nicht die verschieden lange Ausbildungsdauer für die Gruppenunterschiede in den Schlußwerten verantwortlich sein. Es ist z. B. denkbar, daß Personen mit größerer Bildung eine stärkere Motivation zum Vorankommen haben, ausdauernder sind oder aus Häusern kommen, die intellektuell anregender sind. Solche Faktoren könnten eher als die Unterschiede in der formalen Ausbildung die relativ größeren Gewinne in den Testwerten dieser Personen verursacht haben. Sicherlich sollten dieselben Faktoren auch auf die Eingangswerte gewirkt haben. Aber ihr Einfluß kann verstärkt oder nur sehr viel deutlicher geworden sein vom Zeitpunkt des ersten bis zu dem des zweiten Tests.
Es ist auch nicht möglich, den Einfluß *aller* beteiligten Faktoren zu analysieren oder irgendwie auszuschalten. Denn theoretisch kann man niemals sicher sein, nicht doch irgendeinen bedeutsamen Faktor übersehen zu haben. In der HUSÉNschen Studie z. B. verursachten Einkommensstufe und soziale Schicht geringere IQ-Änderungen als die, die man bei der Untersuchung der Ausbildungsdauer fand (30). Es bleiben jedoch zahlreiche ungenannte andere Bedingungen, die für die IQ-Veränderungen verantwortlich sein könnten. Offensichtlich kann man eine eindeutige Antwort nur mit einem experimentellen Design gewinnen, in dem der Experimentator entscheidet, wer in jedem Stadium mit der Ausbildung fortfährt und wer nicht. Dabei müßten die Pbn nach dem Zufall den verschiedenen Ausbildungsgruppen zugewiesen werden. Man muß auch bedenken, daß die höchste erreichte Ausbildungsstufe nur ein recht grober Standard zur Bestimmung der Ausbildungsdauer ist. Der gleichen Zahl von Jahren, die an verschiedenen Schulen verbracht worden sind, entsprechen nicht unbedingt äquivalente Ausbildungsgrade, selbst wenn nominell übereinstimmende Anforderungen gestellt werden. Man hat einige Versuche gemacht, die Effekte *qualitativer Ausbildungsunterschiede* auf die

intellektuelle Entwicklung zu untersuchen. Doch Auswahlverfahren und andere methodische Probleme erschweren Vergleiche. Wenig überzeugende oder negative Resultate erbrachten einige Untersuchungen an Schülern, die eine Universitäts-Grundschule (64) oder höhere Privatschulen (56) besuchten oder die spezielle Curricula absolvierten (35, 46).

In einer Untersuchung verglich man Kinder der ersten drei Klassen aus ländlichen Zwergschulen mit Kindern, die Mittelpunktschulen in demselben Gebiet besuchten (72). Man erhob 2 Jahre lang im Frühjahr und Herbst die IQn im Stanford-Binet. Die Kinder der Mittelpunktschule zeigten im Verlauf der Schulzeit signifikante Gewinne, während in den Zwergschulen nur geringe Veränderungen oder ein Verlust verzeichnet wurde. Dieser Unterschied wurde nicht mit dem familiären Hintergrund oder der häuslichen Umwelt in Beziehung gesetzt, sondern die Autoren führten ihn auf die besseren Bildungsmöglichkeiten der Mittelpunktschule zurück. Ein möglicher unkontrollierter Faktor in solch einer Studie ist jedoch die relative Häufigkeit von Testuntersuchungen an den beiden Schultypen.

Eine Beobachtung an holländischen Schulkindern ist ebenfalls von Bedeutung (11). Die Intelligenztestwerte von Anwärtern auf eine industrielle Lehrlingsschule in Holland zeigten während der Kriegsjahre einen signifikanten mittleren IQ-Abfall. Das Wissen um die Schulbedingungen in der Kriegs- und Besatzungszeit lassen vermuten, daß solch ein Absinken das Ergebnis schlechterer schulischer Ausbildung war. Diese Hypothese wird durch Befunde aus den Jahren 1949 – 1951 gestützt. Danach stiegen nach der Wiederherstellung friedensmäßiger Schulbedingungen die mittleren IQn wieder auf ihr Vorkriegsniveau an.

Längsschnittstudien an Populationen

Die übliche Anwendung der Längsschnittmethode in der psychologischen Forschung beinhaltet wiederholtes Testen derselben Individuen über einen längeren Zeitraum hinweg. Eine Vorgehensvariante ist die Längsschnittstudie an Populationen. Hierbei werden unterschiedliche, aber vergleichbare Stichproben aus derselben Population zu entsprechenden Zeitpunkten ihrer eigenen Entwicklung untersucht. Ein herausragendes Beispiel für diesen Ansatz stellen die schottischen Erhebungen (48, 49, 50) dar. 1932 legte man nahezu allen 11jährigen Kindern in Schottland einen Gruppenintelligenztest vor. Der identische Test wurde 1947 wiederholt, wobei man wiederum versuchte, alle nun 11jährigen Kinder zu erfassen. Die beiden Stichproben bestanden aus 87 498 bzw. 70 805 Kindern. Das sind 87 bzw. 88 % der geschätzten Gesamtzahl aller 11jährigen, die zu diesen beiden Zeitpunkten in Schottland lebten. Die Stichproben sollen vollständig gewesen sein. Ausgeschlossen waren Kinder, deren sensorische oder motorische Behinderungen ein valides Testen unmöglich machten; die Kinder, die am Testtag in der Schule fehlten und einige Kinder von bestimmten Privatschulen, für die man die erforderlichen Familiendaten nicht aufnehmen konnte. In beiden Erhebungen legte man auch kleineren Zufallsstichproben den Stanford-Binet als Einzeltest vor.

Ein Vergleich der Mittelwerte aus den schottischen Erhebungen von 1932 und 1947 erbrachte eine kleine, aber statistisch signifikante Verbesserung nach den 15 Jahren. Dieser Befund war besonders interessant, da er dem vorhergesagten Absinken der Intelligenz widersprach, das man mit den negativen Korrelationen begründete, die man allgemein zwischen Intelligenz und Familiengröße gefunden hatte (s. 3). Diese Korrelationen lagen in vielen Ländern in der Regel um − 0,30. Einige Autoren folgerten daraus: Da Kinder aus größeren Familien eher einen niedrigeren IQ haben als die aus kleineren Familien, müsse jede folgende Generation ein geringes Absinken des intellektuellen Niveaus zeigen. Weitere Analysen zeigten jedoch, daß das Problem weit komplexer ist als ursprünglich angenommen und daß solch vorhergesagtes Absinken höchst zweifelhaft ist[5].

Obwohl nicht so ausführlich und gut kontrolliert wie die schottischen Erhebungen, haben in England ähnliche Nachuntersuchungen BURT (4), CATTELL (7) und EMMETT (13) durchgeführt. Diese Studien konnten ebenfalls das erwartete Absinken der Testwerte nicht bestätigen. Zu vermerken ist, daß eine Untersuchung der Intelligenztestleistung amerikanischer Highschool-Studenten über eine Periode von 20 Jahren hinweg ebenfalls zeigt, daß sie sich verbessert hat – abgesehen vom deutlichen Anstieg des Anteils von Studenten an High Schools (14). Da ein größerer Teil der Gesamtbevölkerung am Ende der 20 Jahre eine High School besuchte als am Anfang, hätte man ein Sinken der Mittelwerte in der High-School-Gruppe erwartet – es sei denn, die Gesamtbevölkerung hätte sich genügend verbessert, um solch einem Absinken entgegenzuwirken.

Unter allen Umweltfaktoren, die zu einem Anstieg der mittleren Intelligenztestwerte führen könnten, ist die Verbesserung der Bildungsmöglichkeiten und des allgemeinen kulturellen Niveaus in den dazwischenliegenden Jahren am wichtigsten. Man hat auch vermutet, die zunehmende Vertrautheit mit psychologischen Tests spiele eine Rolle, obwohl in den schottischen Erhebungen Hinweise dafür zu finden sind, daß dies kein signifikanter Faktor war (s. 3, S. 199). Eine Stützung der Bildungshypothese stellen die relativ großen Testgewinne dar, die man erhält, wenn Schulen und andere Umweltbedingungen in einer bestimmten Gemeinde deutlich verbessert worden sind. Von

5 Eine Diskussion der methodischen Probleme und der zugehörigen Ergebnisse findet sich bei ANASTASI (3).

besonderem Interesse ist eine Studie an Bergkindern in Osttennessee (69). Man legte 1940 über 3000 Kindern aus 40 ländlichen Schulen Gruppenintelligenztests vor. Die Ergebnisse verglich man mit den Werten, die man 1930 mit ähnlichen Tests an Kindern aus demselben Gebiet und weitgehend aus denselben Familien erhalten hatte. In den dazwischenliegenden Jahren hatte sich der ökonomische, soziale und bildungsmäßige Status dieser Gebiete erheblich gebessert. Parallel zu solchen Umweltverbesserungen stellte man einen Anstieg des IQ von der ersten zur zweiten Stichprobe in allen Altersstufen und Klassen fest. Die IQn lagen 1930 im Median bei 82 und 1940 bei 93. Auch bei Grundschulkindern in Honolulu fand man einen signifikanten Anstieg der Intelligenztestwerte nach einem Zeitraum von 14 Jahren, in denen die Bildungsmöglichkeiten große Fortschritte gemacht hatten (51).
Relevante Daten stammen auch aus einem Vergleich des Intelligenzniveaus amerikanischer Soldaten im 1. und 2. Weltkrieg (61). Einer Gruppe von 768 Einberufenen, repräsentativ für die Gesamtpopulation weißer einberufener Soldaten des 2. Weltkrieges, legte man den neuen Army General Classification Test (AGCT) und eine Revision des Army Alpha aus dem 1. Weltkrieg vor. Die Verteilung dieser Gruppe im AGCT kam der Verteilung der Gesamtarmee sehr nahe. Im Alpha lag der Median bei 104 – im Gegensatz zu einem Median von 62 im 1. Weltkrieg. Die Größe dieser Differenz erkennt man deutlich, wenn man bedenkt, daß der Median der Stichprobe des 2. Weltkrieges dem 83. Percentil des 1. Weltkrieges entsprach. Anders ausgedrückt: 83 Prozent der Gruppe im 1. Weltkrieg lag unter dem Medianwert der Stichprobe im 2. Weltkrieg. Eine Reihe von Faktoren mag zu dieser riesigen Verbesserung des Intelligenzniveaus in 25 Jahren geführt haben. Darunter fällt auch die größere Erfahrung der späteren Gruppe im Umgang mit Tests in Schulen, in der Industrie und der Armee selbst. Der mögliche Einfluß besserer physischer Ausstattung, das Resultat besserer öffentlicher Gesundheitsfürsorge und Ernährung, sollte auch in Betracht gezogen werden. Der Hauptfaktor scheint jedoch das höhere Bildungsniveau der Gesamtbevölkerung zu sein und die möglichen Verbesserungen in den Lehrverfahren, der Länge der Schulzeit und ähnlichem. In der Stichprobe aus dem 2. Weltkrieg betrug die durchschnittliche Bildungsdauer 10,0 Jahre, das bedeutet 2 Jahre High School. Der vergleichbare Durchschnittswert des 1. Weltkrieges lag bei 8,0 oder dem Grundschulabschluß.

Zusammenfassung

In der Diskussion über die Beziehung zwischen Training und individuellen Differenzen definiert man „Training" sehr weit, um jegliche Aktivität und Erfahrung miteinzuschließen, die Leistung verbessert. Bestimmte Forschungsansätze über fortgesetztes Training wurden im 4. Kapitel besprochen; andere werden im Kapitel 12 eingehender untersucht. Das vorliegende Kapitel beschäftigte sich mit Untersuchungen, die standardisierte psychologische Tests verwendet und prinzipiell mit normalen Erwachsenen und Schulkindern gearbeitet haben.

Studien mit verschiedenen Intelligenztests belegen, daß signifikante mittlere Gewinne in den Werten erreicht werden können, wenn entweder die identische oder eine parallele Testform wiederholt angewendet wird; durch Drill an identischem oder ähnlichem Material oder durch allgemeine „Testerfahrung". In der Bewertung all dieser Effekte muß man besonders die Weite des Einflusses oder das Ausmaß beachten, in dem die Verbesserung sich über die unmittelbare Testsituation hinaus erstreckt.

Auf die Frage: „Nehmen individuelle Unterschiede durch Übung zu oder ab?", gibt es verschiedene mögliche Antworten. Das hängt von der jeweiligen Formulierung des Problems ab. Die Ergebnisse hängen von der Definition identischer Übung ab, von der Verwendung von Mengen- oder Zeitwerten, der Messung der absoluten oder relativen Variabilität und der Art der benutzten Skala. Formuliert man die Frage so, daß sie am ehesten praktischen und theoretischen Anforderungen entspricht, nehmen individuelle Unterschiede gewöhnlich mit Übung zu. Personen haben die Tendenz, dieselbe relative Position das ganze Training über beizubehalten. Der relative Beitrag der Übung und früherer individueller Unterschiede an der Gesamtvarianz einer Gruppe hängt vom Ausmaß der Übungsunterschiede in der Gruppe ebenso ab wie von dem Streubereich der früheren individuellen Unterschiede. Allgemein gesagt: Das ist eine sinnlose und nicht zu beantwortende Frage.

Man hat etliche Ansätze verfolgt, um die Effekte der Schulbildung auf die getestete Intelligenz zu bestimmen. Studien an Vorschulkindern werden durch methodische Probleme erschwert, z. B. durch Testerfahrung, die Wirkung emotionaler und motivationaler Faktoren auf die Testleistung, die Verwendung von vorher getrennten Populationen und durch statistische Regression. Resultate von Kindern, die Universitätsvorschulen besuchten und meist aus gehobenem Elternhaus stammten, wiesen nur geringe oder gar keine Wirkung des Vorschulbesuches auf den IQ auf. Kinder aus unterpriviligierten Elternhäusern jedoch können als Folge vorschulischer Erfahrung deutliche IQ-Gewinne erzielen.

Bei Erwachsenen korreliert die Ausbildungsdauer hoch mit Intelligenztestwerten. Nachuntersuchungen lassen vermuten, daß mindestens ein Teil dieser

Korrelation der direkten Wirkung der Ausbildung auf die getesteten Fähigkeiten zugeschrieben werden kann. Dennoch verhindert die Verwendung experimenteller Designs mit vorher getrennten Populationen eine endgültige Interpretation der Ergebnisse aus solchen Studien.
Längsschnittuntersuchungen an Populationen über einen Zeitraum von 10 – 25 Jahren haben einen geringen, aber signifikanten Trend dafür erkennen lassen, daß die Intelligenztestleistung steigt. Solche Gewinne können teilweise das Ergebnis dazwischenliegender Veränderungen in den Bildungs- und allgemeinen kulturellen Möglichkeiten sein. Haben sich Schul- und andere Umweltbedingungen in einer bestimmten Gesellschaft deutlich verbessert, hat man relativ große Anstiege in den Testwerten beobachtet.

Literaturverzeichnis

1. Adkins, Dorothy C. The effects of practice on intelligence test scores. *J. educ. Psychol.*, 1937, 28, 222–231.
2. Anastasi, Anne. Practice and variability. *Psychol. Monogr.*, 1934, 45, No. 5.
3. Anastasi, Anne. Intelligence and family size. *Psychol. Bull.*, 1956, 53, 187–209.
4. Burt, C. *Intelligence and fertility*. London: Hamilton, 1946.
5. Casey, Mary L., Davidson, Helen P., and Harter, Doris I. Three studies on the effect of training in similar and identical material upon Stanford-Binet test scores. *27th Yearb., Nat. Soc. Stud. Educ.*, 1928, Part I, 431–439.
6. Cattell, Psyche. Constant changes in Stanford-Binet IQ. *J. educ. Psychol.*, 1931, 22, 544–550.
7. Cattell, R. B. The fate of national intelligence: a test of a thirteen-year prediction. *Eugen. Rev.*, 1951, 42, 136–148.
8. Cattell, R. B., Feingold, S. N., and Sarason, S. B. A culture-free intelligence test: II. Evaluation of cultural influences on test performance. *J. educ. Psychol.*, 1941, 32, 81–100.
9. Crane, V. R., and Heim, Alice W. The effects of repeated retesting: III. Further experiments and general conclusions. *Quart. J. exp. Psychol.*, 1950, 2, 182–197.
10. Dearborn, W. F., and Rothney, J. *Predicting the child's development*. Cambridge, Mass.: Sci-Art Pub., 1941.
11. de Groot, A. D. War and the intelligence of youth. *J. abnorm. soc. Psychol.*, 1951, 46, 596–597.
12. Dempster, J. J. B. Symposium on the effects of coaching and practice in intelligence tests. III. Southampton investigation and procedure. *Brit. J. educ. Psychol.*, 1954, 24, 1–4.
13. Emmett, W. G. The trend of intelligence in certain districts of England. *Popul. Stud.*, 1950, 3, 324–337.
14. Finch, F. H. Enrollment increases and changes in the mental level. *Appl. Psychol. Monogr.*, 1946, No. 10.

15. French, J. W. An answer to test coaching. *College Board Rev.*, 1955, 27, 5–7.
16. Garrett, H. E. Variability in learning under massed and spaced practice. *J. exp. Psychol.*, 1940, 26, 547–567.
17. Goodenough, Florence L. New evidence on environmental influence on intelligence. *39th Yearb., Nat. Soc. Stud. Educ.*, 1940, Part I, 307–365.
18. Goodenough, Florence L. Some special problems of nature-nurture research. *39th Yearb., Nat. Soc. Stud. Educ.*, 1940, Part I, 367–384.
19. Goodenough, Florence L., Foster, J. G., and Van Wagenen, M. J. *The Minnesota Preschool Tests.* Minneapolis: Educ. Test Bur., 1932.
20. Goodenough, Florence L., and Maurer, Katherine M. The mental development of nursery-school children compared with that of non-nursery school children. *39th Yearb., Nat. Soc. Stud. Educ.*, 1940, Part II, 161–178.
21. Grant, D. A. On "the analysis of variance in psychological research." *Psychol. Bull.*, 1944, 41, 158–166.
22. Greene, E. B. Practice effects on various types of standard tests. *Amer. J. Psychol.*, 1937, 49, 67–75.
23. Greene, Katharine B. The influence of specialized training on tests of general intelligence. *27th Yearb., Nat. Soc. Stud. Educ.*, 1928, Part I, 421–428.
24. Hamilton, Mildred E. The contribution of practice differences to group variability. *Arch. Psychol.*, 1943, No. 278.
25. Heim, Alice W., and Wallace, Jean G. The effects of repeatedly retesting the same group on the same intelligence test. Part I: Normal adults. *Quart. J. exp. Psychol.*, 1949, 1, 151–159.
26. Heim, Alice W., and Wallace, Jean G. The effects of repeatedly retesting the same group on the same intelligence test: II. High grade mental defectives. *Quart. J. exp. Psychol.*, 1950, 2, 19–32.
27. Hertzman, M. Specificity of correlations between initial and final abilities in learning. *Psychol. Rev.*, 1939, 46, 163–175.
28. Holloway, H. D. Effects of training on the SRA Primary Mental Abilities (Primary) and WISC. *Child Develpm.*, 1954, 25, 253–263.
29. Husén, T. *Testresultatens prognosvärde.* Stockholm: Gebers, 1950. (English summary)
30. Husén, T. The influence of schooling upon IQ. *Theoria*, 1951, 17, 61–88.
31. James, W. S. Symposium on the effects of coaching and practice in intelligence tests. II. Coaching for all recommended. *Brit. J. Psychol.*, 1953, 23, 155–162.
32. Jarl, V. Coucheron. Intellectual abilities and schooling as a psychological and social issue. Paper read at Fourteenth Internatl. Congr. Psychol., Montreal, June, 1954.
33. Jones, H. E., and Jorgensen, A. P. Mental growth as related to nursery-school attendance. *39th Yearb., Nat. Soc. Stud. Educ.*, 1940, Part II, 207–222.
34. Kincaid, Margaret. A study of individual differences in learning. *Psychol. Rev.*, 1925, 32, 34–53.
35. Lamson, Edna E. To what extent are intelligence quotients increased by children who participate in a rich, vital school curriculum? *J. educ. Psychol.*, 1938, 29, 67–70.
36. Lorge, I. Schooling makes a difference. *Teach. Coll. Rec.*, 1945, 46, 483–492.

37. McNemar, Q. A critical examination of the University of Iowa studies of environmental influences upon the IQ. *Psychol. Bull.*, 1940, 37, 63–92.
38. McNemar, Q. More on the Iowa IQ studies. *J. Psychol.*, 1940, 10, 237–240.
39. McNemar, Q. Note on Wellman's re-analysis of IQ changes of orphanage preschool children. *J. genet. Psychol.*, 1945, 67, 215–219.
40. Melzer, J. H. Functional logic. *J. higher Educ.*, 1949, 20, 143–146, 170.
41. Owens, W. A., Jr. Intra-individual differences versus inter-individual differences in motor skills. *Educ. psychol. Measmt.*, 1942, 2, 299–314.
42. Owens, W. A., Jr. A new technic in studying the effects of practice upon individual differences. *J. exp. Psychol.*, 1942, 30, 180–183.
43. Owens, W. A., Jr. Age and mental abilities: a longitudinal study. *Genet. Psychol., Monogr.*, 1953, 48, 3–54.
44. Peel, E. A. A note on practice effects in intelligence tests. *Brit. J. educ. Psychol.*, 1951, 21, 122–125.
45. Peel, E. A. Practice effects between three consecutive tests of intelligence. *Brit. J. educ. Psychol.*, 1952, 22, 196–199.
46. Pritchard, Miriam C., Horan, Kathryn M., and Hollingworth, Leta S. The course of mental development in slow learners under an "experience curriculum." *39th Yearb., Nat. Soc. Stud. Educ.*, 1940, Part II, 245–254.
47. Rodger, A. G. The application of six group intelligence tests to the same children, and the effects of practice. *Brit. J. educ. Psychol.*, 1936, 6, 291–305.
48. Scottish Council for Research in Education. *The intelligence of Scottish children: a national survey of an age group.* London: Univer. London Press, 1933.
49. Scottish Council for Research in Education. *The trend of Scottish intelligence.* London: Univer. London Press, 1949.
50. Scottish Council for Research in Education. *Social implications of the 1947 mental survey.* London: Univer. London Press, 1953.
51. Smith, S. Language and non-verbal test performance of racial groups in Honolulu before and after a 14-year interval. *J. gen. Psychol.*, 1942, 26, 51–93.
52. Terman, L. M., and Merrill, Maud A. *Measuring intelligence* Boston: Houghton Mifflin, 1937.
53. Thorndike, E. L. Practice effects on intelligence tests. *J. exp. Psychol.*, 1922, 5, 101–107.
54. Thorndike, E. L. Heredity and environment. *J. educ. Psychol.*, 1938, 29, 161–166.
55. Thorndike, R. L. Regression fallacies in the matched groups experiment. *Psychometrika*, 1942, 7, 85–102.
56. Thorndike, R. L., *et al.* Retest changes in the IQ in certain superior schools. *39th Yearb., Nat. Soc. Stud. Educ.*, 1940, Part II, 351-361.
57. Thurstone, Thelma G. *Learning to think series. The red book.* Chicago: Science Research Associates, 1948.
58. Thurstone, Thelma G. *Learning to think series. Teacher's manual for play and learn. The red book.* Chicago: Science Research Associates, 1948.
59. Tilton, J. W. The effect of forgetting upon individual differences. *Psychol. Monogr.*, 1936, 47, 173–185.

60. Trainor, J. C. Experimental results of training in general semantics upon intelligence test scores. *Papers from the First American Congress for General Semantics,* Ellensburg, Wash., March, 1935. Pp. 58–67.
61. Tuddenham, R. D. Soldier intelligence in World Wars I and II. *Amer. Psychologist,* 1948, 3, 54–56.
62. United States Army, The Adjutant General's Office, Personnel Research Section. The Army General Classification Test. *Psychol. Bull.,* 1945, 42, 760–768.
63. Vernon, P. E. Symposium on the effects of coaching and practice in intelligence tests: V. Conclusions. *Brit. J. educ. Psychol.,* 1954, 24, 57–63.
64. Wellman, Beth L. Growth in intelligence under differing school environments. *J. exp. Educ.,* 1934–35, 3, 59–83.
65. Wellman, Beth L. Iowa studies on the effects of schooling. *39th Yearb., Nat. Soc. Stud. Educ.,* 1940, Part II, 377–399.
66. Wellman, Beth L. IQ changes of preschool and non-preschool groups during the preschool years: a summary of the literature. *J. Psychol.,* 1945, 20, 347–368.
67. Wellman, Beth L., and Pegram, Edna L. Binet IQ changes of orphanage preschool children: a re-analysis. *J. genet. Psychol.,* 1944, 65, 239–263.
68. Wellman, Beth L., Skeels, H. M., and Skodak, Marie. Review of McNemar's critical examination of Iowa studies. *Psychol. Bull.,* 1940, 37, 93–111.
69. Wheeler, L. R. A comparative study of the intelligence of East Tennessee mountain children. *J. educ. Psychol.,* 1942, 33, 321–334.
70. Wiseman, S. Symposium on the effects of coaching and practice in intelligence tests. IV. The Manchester experiment. *Brit. J. educ. Psychol.,* 1954, 24, 5–8.
71. Wiseman, S., and Wrigley, J. The comparative effects of coaching and practice on the results of verbal intelligence tests. *Brit. J. Psychol.,* 1953, 44, 83–94.
72. Worbois, G. M. Changes in Stanford-Binet IQ for rural consolidated and rural one-room school children. *J. exp. Educ.,* 1942, 11, 210–214.
73. Yates, A. Symposium on the effects of coaching and practice in intelligence tests. *Brit. J. educ. Psychol.,* 1953, 23, 147–154.
74. Yerkes, R. M. (Ed.) Psychological examining in the United States Army. *Mem. Nat. Acad. Sci.,* 1921, 15.

Kapitel 8
Altersunterschiede

Die zeitliche Abfolge des Verhaltens im Leben eines Individuums ist eine der reichsten Datenquellen über menschliche Variation. Psychische Unterschiede zwischen einem Säugling, einem Teenager und einem 80jährigen sind ebenso deutlich wie Unterschiede in der physischen Erscheinung. Ein großer Teil der Psychologie über Kindheit und Jugend hat sich traditionsgemäß der Untersuchung von Veränderungen gewidmet, die beim Heranwachsen des Individuums auftreten. Heute hilft der riesige Fortschritt der Forschung über die Reife und das Alter, unser Wissen über den gesamten Lebenszyklus zu vervollständigen.

An den differentiellen Psychologen stellen Altersveränderungen in Fähigkeiten und Persönlichkeitsmerkmalen eine Reihe wichtiger Fragen. Welche Rolle spielen Übung und strukturelles Wachstum bei der Verhaltensentwicklung? In welchem Ausmaß spiegeln Unterschiede zwischen gleichzeitig lebenden Altersgruppen allgemeinen kulturellen Wandel wider? In welcher Beziehung stehen Gewinne und Verluste in Testleistungen über Jahre hinweg mit dazwischenliegenden Erfahrungen? Wie stabil ist die relative Position eines Individuums in seiner eigenen Altersgruppe? Gibt es grundlegende Regelmäßigkeiten im Entwicklungsverlauf? Was besagen individuelle Unterschiede innerhalb einzelner Altersgruppen in Bezug auf Aussagen über Altersunterschiede? Immer wieder werden wir in diesem Kapitel auf derartige Fragen stoßen.

Den Begriff „Wachstum" hat man traditionell verwendet, um Altersveränderungen vor der Reife zu kennzeichnen. Wenn wir von „Wachstum" sprechen, denken wir gewöhnlich an eine feste Folge von Entwicklungsstadien in den strukturellen Merkmalen eines Individuums. Wird ein Kind größer, nimmt z.B. seine Länge zu, seine Körperproportionen verändern sich und es treten viele andere wohlbekannte physische Modifikationen ein. Solche Veränderungen finden unabhängig von spezifischen Übungen eines Individuums statt.

So wie sich die Strukturen mit dem Alter verändern, können wir auch erwarten, daß ihre Funktionen Veränderungen unterworfen sind. Mit stärkeren Muskeln kann das ältere Kind lernen zu laufen, Treppen zu steigen, aufzusitzen und viele andere Aufgaben sehr viel leichter zu erledigen als sein jüngerer Bruder. Man kann vernünftigerweise erwarten, daß in relativ festen Stufen generell ganz bestimmte Aktivitätsarten erscheinen. Denn sie erfordern zu ihrer Ausführung einen spezifischen Grad struktureller Entwicklung. Sehr intensives Training in jüngerem Alter kann nur zu kaum erkennbaren Effekten führen, wenn man die Leistungen eines älteren Kindes dagegen hält, das nur minimal geübt hat.

Da ein großer Teil kindlichen Verhaltens aus dem Erwerb motorischer Fähigkeiten und sensomotorischer Koordination (Aktivitäten, die in enger Beziehung zu strukturellen Faktoren stehen) besteht, scheint eher physisches Wachstum als Übung die Hauptrolle bei der frühen Verhaltensentwicklung zu spielen. Belege, wie sie im Kapitel 4 genannt wurden, unterstützen eine derartige Auffassung. Es ist jedoch eine völlig andere Sache, das Konzept des Wachstums zu verwenden, um die intellektuelle und emotionale Entwicklung älterer Kinder zu beschreiben.

Angewandt auf psychische Funktionen betrifft die Unterscheidung zwischen Übungs- und Wachstumsuntersuchungen nur die Oberfläche. Nur weil es üblich ist, wurden die ersteren im vorangegangenen Kapitel behandelt und die letzteren diesem Kapitel vorbehalten. Die Daten über beide Themenbereiche sollten gemeinsam betrachtet werden. Tatsächlich könnte man einige Studien beiden Kategorien zuordnen. Das vorliegende Kapitel wird sich mit Untersuchungen beschäftigen, in denen man altersbedingte psychische Veränderungen beobachtet und nicht versucht hat, den normalen Entwicklungsverlauf zu ändern. Das bedeutet natürlich nicht, daß während der Intervalle kein Training stattgefunden hätte. Training wurde einfach vom Experimentator nicht zusätzlich eingeführt oder von ihm kontrolliert.

Querschnitts- und Längsschnittansätze

Wegen der praktischen Schwierigkeit, dieselben Individuen über Jahre hinweg zu beobachten, haben viele Studien über Altersunterschiede zu Querschnittverfahren Zuflucht genommen. So testet man z.B. gleichzeitig Pbn-Gruppen in den Altersstufen von 10 – 18 Jahren. Der Mittelwert jeder einzelnen Altersgruppe wird dann getrennt ermittelt. Man nimmt an, diese Mittelwerte zeigten den normalen Entwicklungsverlauf an und kämen den Werten sehr nahe, die man erhalten hätte, wenn man 10jährige jährlich immer getestet hätte, bis sie 18 Jahre alt sind.

Solch eine Annahme ist zumindest für einige der getesteten Gruppen fragwürdig. Verschiedene Altersgruppen können wegen der Wirkung *selektiver Faktoren* nicht vergleichbar sein. Die Abgänger von High Schools z.B. stellen eine weit stärker selegierte Gruppe dar als die Neuzugänger, da die schlechteren Schüler nach kürzerem Schulbesuch meist abgehen. Wenn, wie oft geschehen, die Pbn aus Schulen stammen, kann der höhere Durchschnittswert der älteren Pbn z.T. auf dem selektiven Abgang schlechterer Schüler beruhen. Hätte man *dieselben* Pbn im Jahr des Neuzuganges und Abganges einer High School getestet, müßte demnach der mittlere Gewinn sehr viel geringer sein.

Ein weiterer Einwand gegen den Querschnittsansatz besteht darin, daß die *Erfahrungshintergründe* verschiedener Altersgruppen unvergleichbar sein können. Das wird besonders deutlich, wenn man weit auseinanderliegende Altersgruppen vergleicht. Man kann z.B. die Unterschiede zwischen heutigen 40jährigen und heutigen 15jährigen nicht ausschließlich Altersfaktoren zuschreiben. Zu der Zeit, als der 40jährige 15 Jahre alt war, waren die Schulmöglichkeiten schlechter, es gab weniger oder gar keine Gelegenheit zu bestimmten Aktivitäten und viele soziale Einstellungen waren wahrscheinlich sehr anders, als die heute üblichen. Derartige Vergleiche werden also dadurch erschwert, daß ältere und jüngere Gruppen unter verschiedenen Bedingungen aufgewachsen sind, die durch ständig stattfindende allgemeine kulturelle Wandlungen bedingt sind.

Teils in Erkenntnis der methodischen Mängel der Querschnittsmethode und teils wegen der Verfügbarkeit besserer Forschungsmöglichkeiten, macht man jetzt immer mehr von dem Längsschnittansatz Gebrauch. Untersuchungen an Individuen über lange Zeiträume hinweg werden an zahlreichen Forschungszentren unternommen. Einige wenige Beispiele sollen genügen, um die Art und den Ablauf solcher Projekte zu kennzeichnen. Die ausführlichste Studie ist fraglos die von der Stanford Universität an begabten Kindern, in der über 1 500 kalifornische Kinder aufgrund ihrer hohen IQn ausgesucht und in wiederholten Nachuntersuchungen intensiv beobachtet und getestet worden sind (91, 92). Einen großen Teil der Gruppe hat man bereits bis in das späte Erwachsenenalter hinein untersucht. Man hat auch Daten über die Eheleute und Kinder der ursprünglichen Pbn gesammelt. Man plant auch kontinuierliche Nachuntersuchungen an beiden Generationen. Ein detaillierterer Bericht über diese Untersuchung findet sich im 13. Kapitel in Verbindung mit der Diskussion über das Genie.

Zwei herausragende Längsschnittuntersuchungen stellen die Berkeley Growth Study (8, 9, 10, 11) und die Guidance Study (58) dar, die am Istitut für Kinderfürsorge der Universität von Kalifornien durchgeführt wurden. Die erstgenannte begann mit 61 Kindern im Alter von einem Monat. Sie erstreckte sich über 25 Jahre, als ungefähr die Hälfte der ursprünglichen Pbn noch zur Untersuchung zur Verfügung standen. Im ersten Jahr wurden die Kinder monatlich mit der California First Year Mental Scale getestet; spätere Retests in zunehmend längeren Intervallen verwandten die California Preschool Scale, den Stanford Binet, den Terman-McNemar Gruppentest und die Wechsler-Bellevue Adult Intelligence Scale.

In der Guidance Studie konzentrierte man sich hauptsächlich auf Verhaltensprobleme und nicht auf die intellektuelle Entwicklung. Das Projekt begann 1929 mit einer Untersuchung an einer Zufallsstichprobe von 252 Kindern aus Berkeley. Die Pbn teilte man in zwei Untergruppen mit je 126 Personen, die man nach etlichen sozioökonomischen, erziehungs- und anderen elterlichen Merkmalen parallelisiert hatte. Bei einer der beiden Untergruppen, der Guidance Gruppe, führten die Experimentatoren mit den Eltern intensive Diskussionen über Themen wie Eheprobleme, Eltern-Kind-Beziehungen und Verfahren zur Kindererziehung. Die andere Gruppe diente als Kg. Gleichzeitig wurden periodisch Daten in Nachuntersuchungen an beiden Gruppen erhoben. Es handelte sich dabei um physische Prüfungen, Intelligenztests und einen Verhaltensfragebogen, der nach Interviews mit den Müttern ausgefüllt wurde. Der erste Hauptbericht mit den Befunden wurde 1954 veröffentlicht. Er besteht aus einer Analyse der Häufigkeiten bestimmter Verhaltensstörungen in der Kg für die Altersstufen von 21 Monaten bis 14 Jahren. Das Hauptziel dieses Projektteiles war es, Normdaten über Verhaltensprobleme für Alter und Geschlecht an einer Zufallsstichprobe zu gewinnen. Ein anderes Ziel verfolgte die Growth Study aus Harvard (21), die Daten über die physische, intellektuelle und erziehungsmäßige Entwicklung von fast 3500 Schulkindern aus Massachusetts sammelte. Diese Kinder wurden zum ersten Mal bei ihrem Eintritt in die erste Klasse getestet und dann jährlich über 12 Jahre hinweg Wiederholungstests unterzogen. Es muß auch das Projekt erwähnt werden, das vom Fels Research Institute (86, 87) durchgeführt wurde. Es befaßte sich mit nahezu jeder Entwicklungsphase des Individuums, von der Empfängnis bis zur Reife. Fast 300 Kinder und ihre Familien, die in benachbarten Gemeinden lebten, waren die Pbn der Fels Studien. Längsschnittuntersuchungen hat man auch in etlichen europäischen Ländern begonnen. Ein spezielles Merkmal einiger dieser Studien ist, daß sie zu einer vergleichenden Analyse der Ergebnisse aus verschiedenen Ländern beitragen. Von besonderem Interesse ist die Erhebung, die gleichzeitig in verschiedenen Ländern unter der Schirmherrschaft des internationalen Kinderzentrums durchgeführt wird (25, 26).

Doch auch die Längsschnittmethode hat ihre eigenen speziellen Schwierigkeiten. Wenn sich die Nachfolgeuntersuchungen über einen Zeitraum von mehreren Jahren erstrecken, kann die Anzahl der Pbn, die während dieser Zeit für die Studie ausfallen, beträchtlich sein. Als Folge davon basieren die späten Nachuntersuchungen auf einer stark geschrumpften Stichprobe. Die teilnehmenden Gruppen sind wahrscheinlich auch selegiert in Bezug auf ihre Wohnstabilität und andauernde Mitarbeit mit dem Untersucher. Pbn, die nach diesen Bedingungen selegiert sind, können wiederum andere Merkmale in Bezug auf das kulturelle Niveau, die Eltern-Kind-Beziehungen, Interessen, Einstellungen und anderes aufweisen. Aus diesen Gründen sind wahrscheinlich die Stichproben aus Längsschnittuntersuchungen der allgemeinen Population meist irgendwie überlegen. Das Umgekehrte mag für institutionalisierte Stichproben, z.B. Waisenhauskinder, gelten. Hier können z.B. die überlegeneren Mitglieder häufiger durch Adoption ausscheiden. Die bleibende Stichprobe würde dann eine schlechtere Auswahl repräsentieren. In beiden Fällen müssen Verallgemeinerungen von Längsschnittstichproben auf die Gesamtpopulation mit Vorsicht gezogen werden. Man muß die selektiven Faktoren berücksichtigen, die in der jeweiligen Situation gewirkt haben könnten. Im schlechtesten Falle begrenzt diese Selektion die Reichweite der Ergebnisse. Sie macht sie aber nicht ungültig, wenn die Population, für die sie gelten soll, genau spezifiziert wird.

Ein weiteres methodisches Problem betrifft den möglichen Effekt, den die fortgesetzte Teilnahme an der Studie selbst auf das Verhalten der Pbn haben kann. Übung im Umgang mit Tests, wiederholte Kontakte mit dem Projektteam, Identifikation mit einer speziellen Gruppe und ähnliche Bedingungen in Verbindung mit der Studie können die Testleistung der Pbn, ihre Einstellungen, Motivationen, die emotionale Anpassung und andere Merkmale beeinflussen.

Selbst wenn Zeit und Möglichkeiten ihren Gebrauch ermöglichen, scheint auch die Längsschnittmethode nicht zu einer völlig befriedigenden Lösung zu führen. Unter bestimmten Bedingungen sind Kombinationen aus den Längsschnitt- und Querschnittansätzen wünschenswert. Ein vorgeschlagenes Vorgehen besteht aus dem Testen verschiedener Altersgruppen im Querschnitt in Verbindung mit Nachuntersuchungen in kurzen Abständen (13). Man kann z.B. 8- und 10jährige Kinder dreimal in einem Zeitraum von zwei Jahren testen. Prüfungen auf Vergleichbarkeit und Kontinuität der beiden Altersstichproben können an den Leistungen beider Gruppen im Alter von 10 Jahren vorgenommen werden und an den Trends der Retestveränderungen innerhalb der beiden Gruppen. Besteht eine solche Vergleichbarkeit, können die Daten über die zweijährige Periode für beide Gruppen gemeinsam behandelt werden, um Veränderungen zwischen den Altersstufen von 8 bis 12 Jahren aufzuzeigen.

Ein anderer experimenteller Aufbau erfordert die Kombination aus Querschnitterhebungen und Längsschnittuntersuchungen von Populationen (s. 70). Es sei daran erinnert, daß bestimmte Untersuchungen Daten über verschiedene, aber nahezu vergleichbare Stichproben aus derselben Grundgesamtheit erbringen, die nach Ablauf etlicher Jahre getestet werden (s. Kap. 7). Wird solch eine Längsschnittstudie einer Population kombiniert mit einer Querschnittserhebung an verschiedenen Altersgruppen, können Altersveränderungen leichter von kulturellen Veränderungen getrennt werden. Man kann z.B. 1940 20jährige und 40jährige getestet haben und 1960 wiederum ähnliche Stichproben desselben Alters. Jede Differenz zwischen den Werten der 20jährigen von 1940 und der 20jährigen von 1960 kann man kultureller Veränderung zuschreiben. Unterschiede zwischen 20- und 40jährigen, die gleichzeitig getestet wurden (1940 oder 1960) würden Altersveränderungen plus Kulturveränderungen widerspiegeln; besonders Unterschiede in den Bedingungen, unter denen die beiden Altersgruppen aufgewachsen sind. Schließlich würde ein Vergleich der 20jährigen von 1940 mit den 40jährigen von 1960 die gemeinsamen Effekte alters- und dazwischenliegender kultureller Änderungen anzeigen, die das Verhalten der Pbn nach dem Alter von 20 Jahren modifiziert haben können. Selbst wenn man dieselbe Stichprobe, die man 1940 als 20jährige getestet hat, 1960 wieder testete, könnte man inzwischen erfolgte kulturelle Veränderungen nicht von Altersveränderungen trennen. Das wäre nur möglich, wenn man vergleichbare Daten von Gruppen *desselben* Alters, die zu beiden Gelegenheiten getestet wurden, hätte.

Wachstumskurven

Anwendungen auf psychologische Daten

Wachstumskurven zeichnete man zunächst, um altersbedingte Veränderungen in physischen Merkmalen aufzuzeigen, z.B. in der Länge, dem Gewicht, den Körperproportionen, wie sie durch verschiedene Indizes angezeigt werden u.ä. Als eine deskriptive Technik zur lebendigen Darstellung des Entwicklungsverlaufes struktureller Merkmale hat sich die Wachstumskurve als sehr hilfreich und vernünftig erwiesen. Physische Daten sind eindeutig und relativ leicht zu interpretieren. Per Analogie hat man jedoch versucht, Kurven für das „geistige Wachstum" aufzustellen. Dieses Vorgehen hat zu bestimmten Mißverständnissen geführt. Bestenfalls sind diese Kurven einfach eine deskriptive Zusammenfassung der Veränderungen, die durch eine Faktorenvielzahl hervorgerufen werden. Indem man alle diese Faktoren zusammenwirft und ihnen das Aussehen systematischen Wachstums gibt, können die Hauptergebnisse verschleiert werden.
Angewendet auf Testwerte und andere Verhaltensdaten, zeigen „Wachstumskurven" die Leistungen eines Individuums in verschiedenen Altersstufen in irgendeiner standardisierten Testsituation. Solch eine Kurve unterscheidet sich in keinem bedeutsamen Aspekt von einer *Lernkurve*. In beiden Fällen testet man ein Individuum unter ähnlichen Bedingungen in aufeinanderfolgenden Intervallen. Sein Fortschritt wird auf einer Kurve abgetragen. Lernkurven erstrecken sich natürlich gewöhnlich über einen kürzeren Zeitraum als Wachstumskurven, obwohl ein Übungsexperiment theoretisch mehrere Jahre dauern könnte. Der größte Unterschied zwischen Lern- und Wachstumskurven scheint darin zu bestehen, daß im erstgenannten Fall der Pb spe-

ziellem Training unter streng kontrollierten experimentellen Bedingungen unterworfen wird, während er im letztgenannten eigenen Bemühungen überlassen bleibt. Die meisten psychologischen Wachstumskurven entsprechen im Grunde Lernkurven, die man ohne kontrollierte Bedingungen erhoben hat. Solche Kurven reflektieren kumulative Effekte alltäglichen Trainings und Erfahrungen. Im Verlaufe der frühen Kindheit beeinflussen sensomotorische und andere strukturelle Veränderungen den Verlauf der Kurve, indem sie der Verhaltensentwicklung bestimmte Grenzen setzen. Aber es ist unwahrscheinlich, daß nach dem Schuleintrittsalter der intellektuelle Fortschritt systematisch an weitere strukturelle Veränderungen gebunden ist.

Aus dieser Diskussion folgt, daß Wachstumskurven mit dem kulturellen Milieu, in dem sie gewonnen werden, variieren können. Differieren die Lernbedingungen von einer Gruppe zur anderen, kann man auch von den Kurven des psychischen Wachstums ähnliche Änderungen erwarten. Solche „Wachstumskurven" behalten noch einen nützlichen Zweck als Diskriptionsmittel. Als solche können sie den allgemeinen Entwicklungsverlauf verschiedener Funktionen unter den *gegebenen kulturellen Bedingungen* kennzeichnen und Individuen verschiedener Altersstufen innerhalb einer *spezifischen Population* charakterisieren. Für derartige Kurven erschiene der Begriff „Altersfortschrittskurve" eine genauere Bezeichnung zu sein als „Wachstumskurve". Denn dieser Begriff beschreibt realistischer den Datentyp, von dem die Kurven abgeleitet werden.

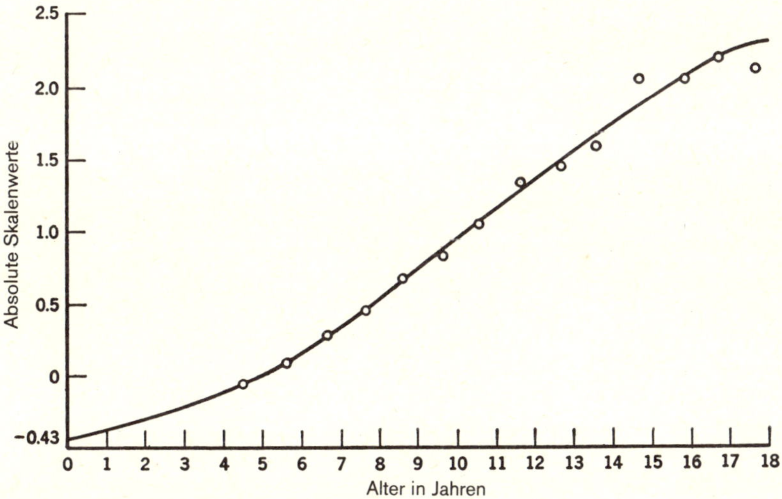

Abb. 42: Altersveränderungen in der Stanford-Binet-Leistung: Querschnittsdaten (aus THURSTONE u. ACKERSON, 100, S. 576)

In den Abbildungen 42, 43 und 44 finden sich Beispiele für einige der am sorgfältigsten vorbereiteten Kurven des Altersfortschritts für die Intelligenztestleistung. Die erste zeichneten THURSTONE und ACKERSON (100) aus den Werten im Stanford-Binet von 4208 Pbn im Alter von 3 bis 18 Jahren.
Deutlich steigt die Kurve zunächst nur langsam, dann steiler und dann wieder langsam, wenn das endgültige Spitzenniveau erreicht ist. Solch eine Kurve ist in den frühen Stadien positiv und später negativ beschleunigt, wie man sagt. Den Kurventeil unter 3 Jahren fand man durch Extrapolation aufgrund einer Gleichung, die man aus den vorliegenden Daten ableitete. Es gab jedoch empirische Bestätigung für diesen Verlauf, als man die Längsschnittdaten der Berkeley Growth Study für die ersten 5 Jahre in denselben Skaleneinheiten aufzeichnete (10, S. 809).
Eine Kurve, die allgemein der von THURSTONE und ACKERSON ähnelt, fand man in der Harvard Growth Study (21). Die Retestwerte von 522 Kindern im Alter von 8 bis 15 Jahren führten zu dem Graphen, der in Abbildung 43 zu sehen ist. Die Befunde der früheren Querschnittsstudie werden danach durch eine Längsschnittuntersuchung über einen engeren Altersbereich bestätigt.

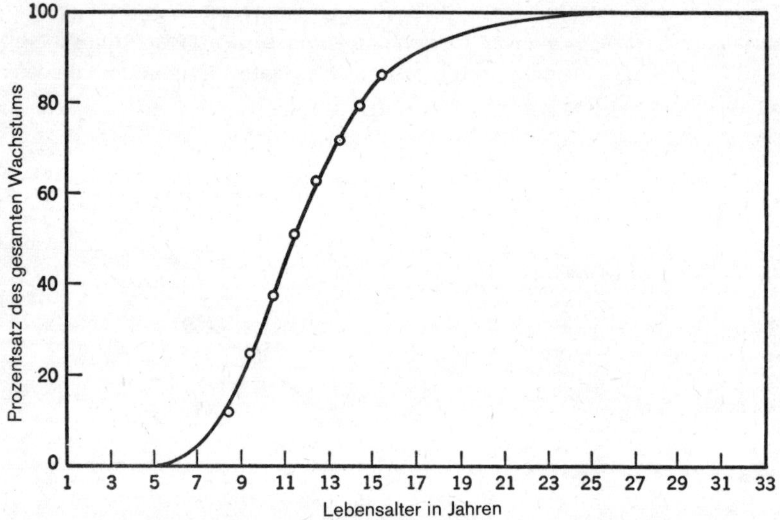

Abb. 43: Altersveränderungen in den Intelligenztestwerten einer Gruppe von 522 Kindern, die von 8 bis 15 Jahren wiederholt getestet wurden (aus DEARBORN u. ROTHNEY, 21, S. 215)

Man muß jedoch hinzufügen, daß eine Reanalyse der Intelligenztestwerte aus der Harvard Growth Study deutliche individuelle Unterschiede im Verlauf der Altersveränderungen aufgedeckt hat (19). Die Kurven teilten sich in 4

Haupttypen (mit kleineren Varianten) auf, die sich grundlegend in der Wachstumsgeschwindigkeit während der Jugendjahre unterschieden.

Obwohl sie sich auf eine viel kleinere Stichprobe beziehen, decken die Daten der Berkeley Growth Study einen größeren Altersbereich ab als die beiden anderen Untersuchungen. Die Ergebnisse dieser Längsschnittstudie erstrecken sich vom Alter eines Monats bis zu 21 Jahren. In Abbildung 44 sind sie graphisch wiedergegeben. Wieder hat man eine Kurve derselben allgemeinen Form erhalten. Der Graph zeigt auch eine Tendenz zu größeren individuellen Differenzen mit zunehmendem Alter. Das zeigt sich in der Größe der Standardabweichung.

Untersucht man nur kurze Perioden, von fünf Jahren z. B., so scheint besonders in der mittleren Kindheit die Kurve für den Altersfortschritt in den meisten Intelligenztests nahezu eine Gerade zu sein. Auf den Verlauf der Kurve für den Altersfortschritt können auch eine Reihe technischer und methodischer Faktoren einwirken. Sie sollen in den folgenden Abschnitten untersucht werden. Kenntnis dieser Punkte ist die Voraussetzung für eine richtige Interpretation jeder Alterskurve.

Gleichheit der Skaleneinheiten

Anders als die physikalischen Einheiten Pfund und Meter entsprechen die Werte in psychologischen Tests nicht gleichen Leistungseinheiten. Solche Unregelmäßigkeiten in der Meßskala können Alterskurven vielfältig beeinträchtigen. Angenommen, in einem bestimmten Test sei der Unterschied in der Fä-

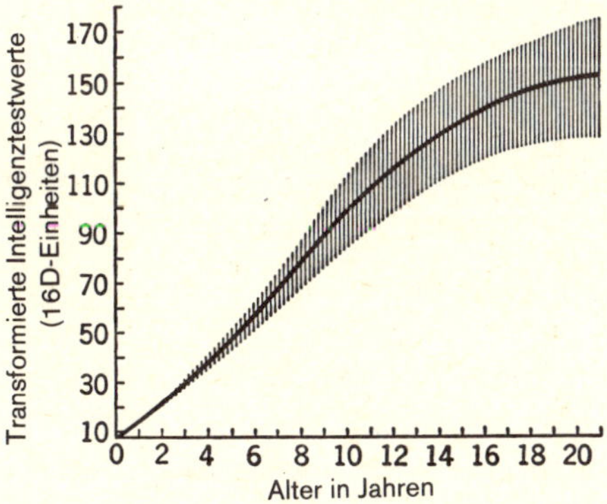

Abb. 44: Altersveränderungen in Intelligenztestwerten in der Berkeley Growth Study. N variiert von 61 im Alter von 1 Monat bis 33 im Alter von 21 Jahren. Das schraffierte Gebiet bezeichnet die anwachsende Variabilität (SD) mit dem Alter (aus BAYLEY, 10, S. 811)

higkeit, sich von 50 auf 51 Punkte zu verbessern, deutlich größer als der, von 20 auf 21 Punkte zu kommen. Eine solche Diskrepanz führt dazu, den Fortschritt in späteren Altersabschnitten langsamer *erscheinen* zu lassen. Denn der Schritt von 50 auf 51 fällt wahrscheinlich eher in den Leistungsbereich älterer Pbn und der Schritt von 20 auf 21 fällt in den jüngerer Pbn.

Eine spezielle Illustration des Einflusses von Testintervallen auf den Verlauf einer Wachstumskurve stellen die Kurven für das *Intelligenzalter* dar. Zeichnet man das durchschnittliche Intelligenzalter gegen das Lebensalter auf, so wird man eine Gerade erhalten. Jede Abweichung von der Geraden in solch einem Graphen zeigt einfach Unähnlichkeiten zwischen der beobachteten Gruppe an und der Gruppe, an der der Test standardisiert worden ist. Altersskalen werden ja so konstruiert, daß das durchschnittliche Kind mit jedem Jahr seines Lebensalters auch ein Jahr an Intelligenzalter gewinnt.

Die aufeinanderfolgenden Intelligenzalter-Intervalle sind so angepaßt, daß sie automatisch jeden Unterschied im Ausmaß der jährlichen Verbesserung ausschalten. Solche Einheiten sind für eine Untersuchung des Verlaufes intellektueller Entwicklung ungeeignet. Denn die resultierende Alterskurve ist ein Artefakt der Teststandardisierung.

Verschiedene Autoren haben das Problem der Intervalle unterschiedlich zu lösen versucht[1]. THURSTONE und ACKERSON verwandten bei der Erstellung der Kurve aus Abb. 42 eine Technik, die „absolutes Skalieren" genannt wird. Sie war vorher von THURSTONE entwickelt worden. Dasselbe Skalierungsverfahren wandte man in der Kurve der Harvard Growth Study an (s. Abb. 43). Die Skala, die man in der Berkeley Growth Study (Abb. 44) benutzt hat, wurde jedoch primär entwickelt, um Vergleichbarkeit zwischen den Werten in verschiedenen Tests zu erreichen. Die gewählte Einheit war die Standardabweichung der Werte von 16jährigen im Wechsler-Bellevue. Die Werte in allen Tests und in allen Altersstufen wurden in diesen Einheiten ausgedrückt – daher der Name 16 D-Werte. Obwohl nicht ausdrücklich wegen der Gleichheit der Intervalle geschaffen, erbrachte diese Skala wahrscheinlich Werte, die denen sehr nahe kommen, die man durch absolutes Skalieren erreicht hätte.

Schwierigkeitsniveau eines Tests

Der Verlauf der Alterskurve wird auch durch Merkmale des Tests oder Meßinstrumentes beeinflußt, mit dem das Fortschrittsausmaß abgeschätzt werden soll. Einer dieser Faktoren ist das allgemeine Schwierigkeitsniveau eines Tests.

---

1 Eine Diskussion dieses Problems auf mehr technischem Niveau findet sich bei SHOCK (79) und THURSTONE und ACKERSON (100). Erläuterungen zu Verfahren der Intervall- und Verhältnisskalierung findet man in Büchern über psychologische Statistik.

Bei einer relativ einfachen Aufgabe wird die Leistung in den ersten Jahren rapide und dann langsamer ansteigen, wenn sie sich dem Maximalwert nähert. Bei einer relativ schwierigen Aufgabe jedoch oder einer Aufgabe, die ein bestimmtes Ausmaß allgemeiner Information oder die Beherrschung einer Technik zur Lösung verlangt, wird der Fortschritt zunächst langsam und dann, in den oberen Altersstufen, sehr viel schneller sein. Diese Aufgabe würde also eine positive und nicht eine negative beschleunigte Kurve ergeben.
Wenn weiterhin der Schwierigkeitsbereich in einem Test eng ist, kann die Leistung künstlich abgeschnitten werden: an den oberen, an den unteren oder an beiden Endpunkten. Wenn also die „Decke" eines Tests zu niedrig für die Fähigkeiten der älteren getesteten Pbn ist, gibt es nicht genügend Items für das schwierige Ende der Skala, um diesen Pbn Verbesserungen zu ermöglichen. Obwohl die Fähigkeit der Pbn in Wirklichkeit noch von 18 bis 19 Jahren z.B. ansteigen kann, können ihre Werte in einem derartigen Test geringen oder gar keinen Fortschritt aufweisen. Denn ihre Leistung liegt schon in der Nähe des Maximalwertes. Das bewirkt wahrscheinlich einen Kurvenverlauf, wie er schematisch in Abbildung 45 dargestellt ist.

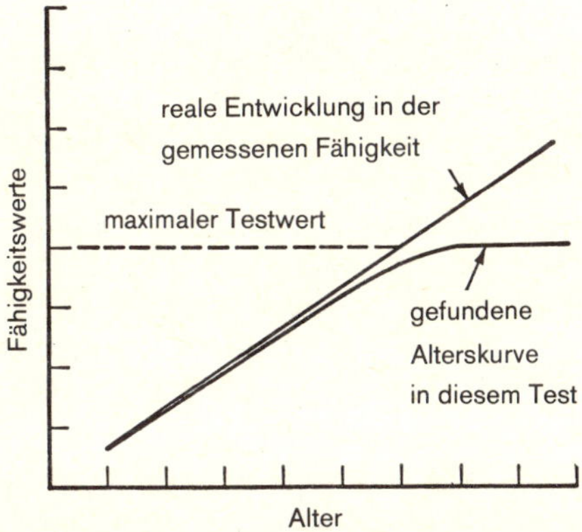

Abb. 45: Wirkung einer niedrigen Testdecke auf den Verlauf einer Kurve für den Altersfortschritt

Obwohl die gemessene Fähigkeit in aufeinanderfolgenden Jahren kontinuierlich in gleichen Beträgen anwachsen kann (d.h. entlang einer Geraden), beginnen die Werte abzuflachen, wenn sie sich der willkürlichen Testdecke nähern, und hören insgesamt auf zu steigen, wenn der Maximalwert erreicht ist. Eine ebenso künstliche Verlangsamung des Fortschritts kann sich in den frühen Altersstufen ergeben, wenn der willkürliche *Nullpunkt* eines Tests für die Pbn zu hoch ist. Wenn also ein bestimmter Test zu wenig einfache Items enthält, um die Leistung jüngerer Pbn adäquat zu fordern, wird die Kurve wahrscheinlich zunächst langsam und dann schnell steigen, d.h. man erhielte eine positiv beschleunigte Kurve.

Mit dem Alter wechselnde Zusammensetzung der „Intelligenz“

Eine besondere Komplikation bei der Interpretation zahlreicher „Wachstumskurven der Intelligenz“ beruht auf der Tatsache, daß in verschiedenen Altersstufen verschiedene Fähigkeitskompositionen gemessen werden können. In weitreichenden Nachuntersuchungen muß man gewöhnlich, wenn die Pbn älter werden, unterschiedliche Tests anwenden. Sowohl die Harvard als auch die Berkeley Studie haben z.B. diese Praxis verfolgt. Würden alle „Intelligenztests“ nur eine einzelne fundamentale Funktion messen, wäre der Ersatz durch alternative Instrumente nur eine winzige Fehlerquelle. Aber eine solche Möglichkeit belegen weder Analysen von Testwerten (8, 10) noch die Forschung über die Fähigkeitsorganisation (s. Kap. 10 und 11). Vielmehr scheint das, was als „Intelligenz“ betrachtet und mit den landläufigen Intelligenztests gemessen wird, mit dem Alter radikalem Wandel unterworfen zu sein. Eine Analyse (37) der Daten für die ersten 18 Jahre aus der Berkeley Growth Study läßt vermuten, daß die gemessenen Funktionen der ersten beiden Jahre weitgehend als „sensomotorische Gewandtheit“ beschrieben werden können; die der 2. bis 4. Jahre als „Ausdauer“ und die später gemessenen Funktionen als „Manipulation von Symbolen“.
Auch die Verwendung eines einzigen Intelligenztests in allen Altersbereichen ist kein angemessener Schutz gegen einen derartig sich ändernden Geltungsbereich der Fähigkeiten. Wendet man eine komplexe Skala wie den Stanford-Binet an, werden wahrscheinlich in den verschiedenen Altersklassen unterschiedliche Fähigkeiten gemessen. In den oberen Altersbereichen sind die meisten Intelligenztests hoch mit verbalen Funktionen und anderen abstrakten oder symbolischen Aufgaben geladen. Die Kleinkindertests am anderen Extrem basieren weitgehend auf der sensomotorischen Entwicklung. Möglicherweise kann auch das, was oberflächlich als eine einheitliche Aufgabe erscheint, auf verschiedenen Altersstufen verschiedene Aktivitäten provozieren. Dasselbe Formlegebrett z.B., das im Alter von 4 Jahren hauptsächlich Raumwahrnehmung mißt, kann im Alter von 10 Jahren primär motorische Geschwindigkeit erfassen. Offensichtlich kann deshalb jede Alterskurve in Wirklichkeit aus einigen sich *überschneidenden Kurven für verschiedene Funktionen* bestehen.

Selbst auf einer einzelnen Altersstufe sind die Funktionen, die von psychologischen Tests gefordert werden, vielfältig und komplex. Ein individueller Wert in solch einem Test hängt im allgemeinen von Fähigkeiten in zahlreichen verschiedenen Funktionen ab. Selbst wenn grundsätzlich dieselben Funktionen über den getesteten Altersbereich hinweg durch solche Werte gemessen werden, gilt dennoch, daß die resultierende Kurve aus einzelnen Kurven zusammengesetzt ist. Jede der beteiligten Funktionen kann sich unterschiedlich schnell entwickeln und in verschiedenen Altersstufen „die Reife" erreichen. Wenn die Zusammensetzung konsistent und eindeutig bestimmt ist, können sicherlich Altersveränderungen einer solchen Komposition in sich selbst bedeutsam sein. Die Wachstumskurve für die Länge z. B. kann aufgelöst werden in getrennte Wachstumskurven für die Gliedmaßen und den Rumpf, die sich unterschiedlich schnell entwickeln. Dennoch ist es sowohl aus praktischen als auch aus theoretischen Gründen nützlich, Altersveränderungen in der Gesamtlänge zu messen. Aber die zusammengesetzten Längenmaße der verschiedenen Untersucher haben dieselbe Zusammensetzung – das gilt eindeutig nicht für die verschiedenen Intelligenztests. Viele angeblich äquivalente psychologische Tests können zu verschiedenen Alterskurven führen, da die Funktionskombinationen, die in jeden Test eingehen, unterschiedlich sind.

Wir wollen drei Beispiele für derartig zusammengesetzte Verhaltensindizes betrachten. Das erste bezieht sich auf das Aktivitätsausmaß des menschlichen

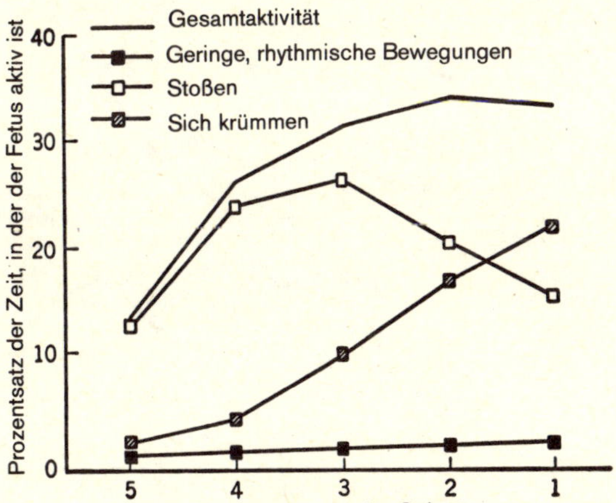

Abb. 46: Alterskurven für die verschiedenen Bewegungsarten im pränatalen Leben (aus SONTAG, 85, S. 152)

Fetus in den verschiedenen pränatalen Altersstufen. Abbildung 46 gibt die Durchschnittwerte für 16 Feten wieder, die man im Verlaufe einer normalen Schwangerschaft beobachtet hat. Die oberste Kurve bezeichnet den Prozentsatz der Zeit, in der der Fetus in den verschiedenen Altersstufen aktiv ist. Sie ähnelt der bekannten negativ beschleunigten Wachstumskurve. Teilt man jedoch die gesamte Aktivität des Feten in die drei gewöhnlich beobachteten Typen ein, erhält man drei sehr verschiedene Kurven.

Kleine rhythmische Bewegungen zeigen wenig oder keinen Anstieg mit dem Alter. Das Stoßen nimmt von dem 5. bis zu dem 3. Monat vor der Geburt stark zu, dem folgt ein Abstieg. Krümmungsbewegungen jedoch steigen in ihrer Häufigkeit über den gesamten Beobachtungszeitraum hinweg an. Sie werden zunächst langsam und dann später immer schneller häufiger.

Die zweite Illustration dreht sich um die Häufigkeit des Weinens bei Säuglingen in ihrem ersten Lebensjahr (7). In der Berkeley Growth Study erfaßte man alle Fälle, in denen die 61 Säuglinge im Verlauf der monatlichen physischen und psychischen Untersuchungen weinten. Die Abbildungen insgesamt lassen eine Tendenz erkennen, daß das Ausmaß des Weinens (Häufigkeit und

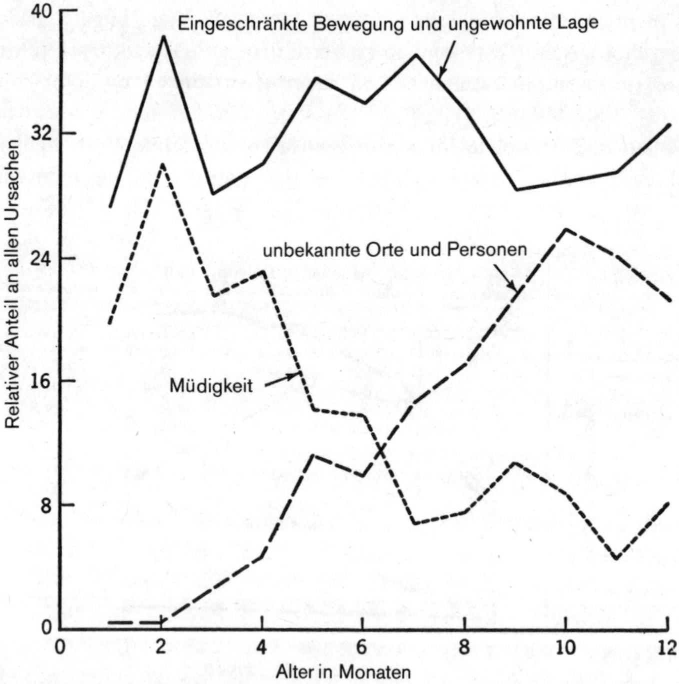

Abb. 47: Altersveränderungen beim Weinen als Reaktion auf verschiedene Reizarten (aus Bayley, S. 320)

Dauer) bis zum Alter von 4 Monaten abnimmt und dann wieder ansteigt, insbesondere nach 6 Monaten. Das Ausmaß des Weinens sinkt danach noch einmal, steigt jedoch leicht zum Ende des ersten Jahres hin an. Oberflächlich könnten solche Befunde für eine zyklische Entwicklung des emotionalen Verhaltens beim Säugling sprechen. Die deutliche Periodizität kann jedoch aus den vereinten Effekten zahlreicher voneinander unabhängig variierender Faktoren resultieren. In der Berkeley Studie ergab Weinen als Reaktion auf *verschiedene Reizarten* Alterskurven, die sich in Form und Richtung unterscheiden. Drei dieser Kurven sind in Abbildung 47 wiedergegeben.

Deutlich behält „Weinen als Folge eingeschränkter Bewegung und ungewohnter Lage" eine relativ große Häufigkeit das ganze erste Jahr hindurch bei. Es gibt keinen konsistenten Trend nach oben oder unten. „Weinen aus Müdigkeit" zeigt ein recht stetiges Absinken von dem ersten bis zum 12. Monat. Der umgekehrte Trend ist deutlich beim „Weinen, weil Personen oder Orte unbekannt sind". Es nimmt während des ganzen Jahres stark zu. Die offensichtliche Periodizität der „Emotionalität" wäre somit das Resultat einer Kombination aus vielen spezifischen emotionalen Reaktionen, die jede ihren eigenen unabhängigen Entwicklungsverlauf nimmt. Diese Ergebnisse lassen für eine andere Untersuchung einen anderen Trend für die zusammengesetzte Weinkurve vermuten. Sie könnte durch Änderung der relativen Häufigkeit für die spezifischen Reize, die Weinen hervorrufen, entstanden sein.

Die dritte Illustration stammt von Werten, die man bei der Standardisierung der Minnesota Mechanical Aptitude Battery (s. 46) erhalten hat, als man eine

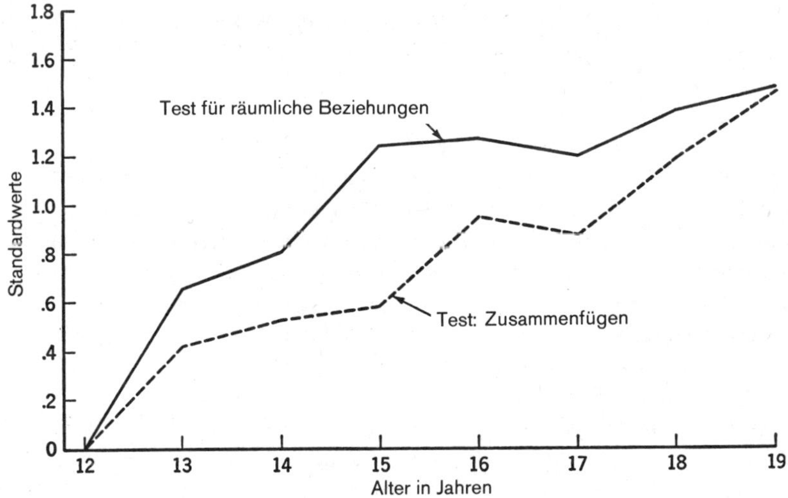

Abb. 48: Altersveränderungen in zwei mechanischen Leistungstests (aus JONES und SEASHORE, 46, S. 141)

Gruppe heranwachsender Jungen testete. Abbildung 48 gibt die Altersunterschiede in den mittleren Standardwerten für zwei Tests aus dieser Batterie wieder: Den Test für räumliche Beziehungen und den Test „Zusammenfügen". Die Kurve für die räumlichen Beziehungen zeigt eindeutig negative Beschleunigung, indem sie steiler bis zum Alter von 15 Jahren ansteigt und dann langsam ausschwingt. Die Kurve für den Test Zusammenfügen folgt jedoch einem geradezu geradlinigen Trend und kleineren Fluktuationen.
Ähnliche Beispiele könnte man aus den verschiedenen Phasen der Sprachentwicklung anführen, aus Altersveränderungen in den verschiedenen Gedächtnistests und aus der Entwicklung zahlreicher anderer Funktionen. Es sollte deutlich geworden sein, daß die sogenannte Kurve für geistiges Wachstum nicht eine, sondern viele Kurven ist. Einige dieser Kurven verlaufen parallel, andere simultan, aber in unterschiedlichen Geschwindigkeiten, während wiederum andere sich gegenseitig in überschneidenden Schritten überholen.

Durchschnitts- versus Individualkurven

Ein weiterer Nachteil des Querschnittansatzes liegt darin, daß er nur die Aufstellung von Durchschnittskurven erlaubt. Da in jeder Altersstufe verschiedene Personen getestet werden, kann man offenkundig nicht den Fortschritt individueller Fälle verfolgen. Selbst wenn Längsschnittdaten zusammengetragen worden sind, besteht die übliche Praxis im Aufzeichnen von Durchschnittswerten für jedes Alter. Solch ein Vorgehen kann signifikante Variationen zwischen den Individuen verdecken. Wenn die Entwicklung einer bestimmten Funktion zwischen verschiedenen Individuen deutlich variierte, dann würden solche Differenzen wahrscheinlich in einer Durchschnittskurve ausgeglichen. Die resultierende Kurve kann deshalb dem wirklichen Entwicklungsverlauf jedes einzelnen Individuums recht unähnlich sein.
Eine eindeutige Illustration für die möglichen Effekte der Durchschnittsbildung über individuelle Wachstumskurven liefern die Befunde über den *präpubertären Wachstumsschub* (22, 82). Individuelle Wachstumskurven für viele physische Merkmale weisen einen Schub, eine plötzliche Zunahme der Wachstumsgeschwindigkeit, kurz vor der Pubertät auf. Da sich Individuen in dem Alter unterscheiden, in dem sie die Pubertät erreichen, fällt solch ein Wachstumsschub für verschiedene Personen auf verschiedene Teile der Wachstumskurve. Eine Kurve, die auf Gruppenmittelwerten basierte, würde deshalb zu keinem Zeitpunkt einen Schub aufweisen. Denn dieses Phänomen würde vollständig verdeckt oder verschwände ganz. Wenn man jedoch nur Individuen zusammenfaßt, die in demselben Alter die Pubertät erreichen, wird der präpubertäre Wachstumsschub eindeutig klar, wie Abbildung 49 zeigt.

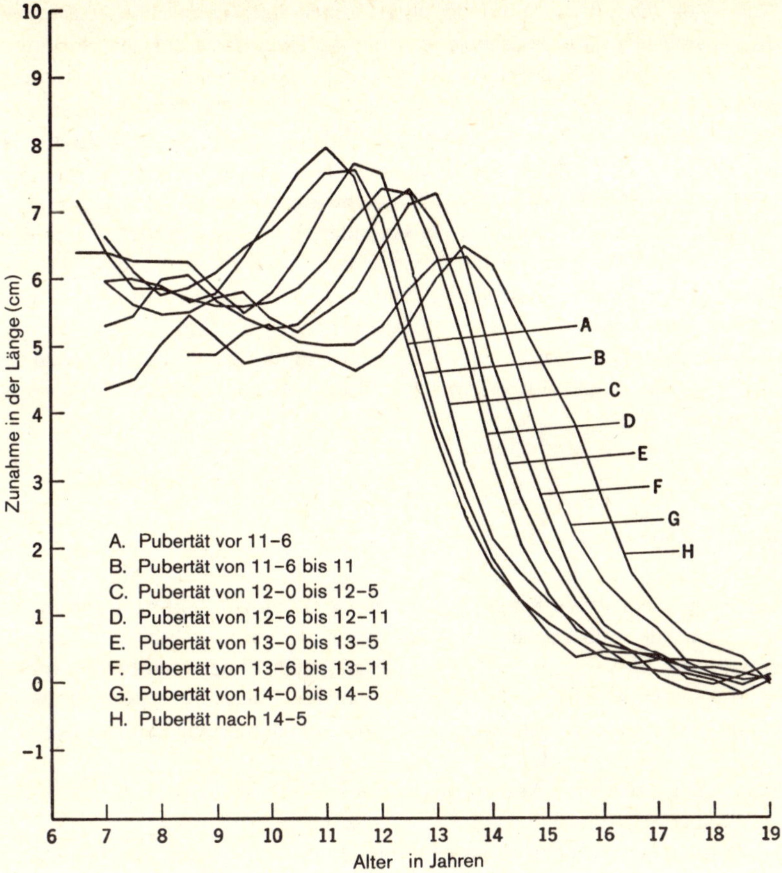

Abb. 49: Mittlere Jahreszunahme in der Standhöhe bei 8 Gruppen von Mädchen, die in verschiedenem Alter die Pubertät erreichten (aus Shuttleworth, 82, S. 32)

Diese Kurve stammt aus der Harvard Studie und zeigt die durchschnittliche jährliche Längenzunahme für jede von 8 Mädchengruppen, die man nach ihrem Pubertätsalter klassifiziert hat. Die Gruppe, die z.B. die Pubertät vor dem Alter von 11 1/2 Jahren erreicht, hat ihren maximalen Wachstumsschub mit 11 Jahren. Auf dem anderen Extrem zeigen diejenigen mit einer Pubertät nach 14 1/2 Jahren ihr schnellstes Wachstum mit ungefähr 14 Jahren.
Was die psychischen Funktionen anbelangt, haben Längsschnittstudien deutliche individuelle Unterschiede in der Wachstumsgeschwindigkeit und der Form der Alterskurven nachgewiesen. Zyklen langsamer oder schneller Entwicklung, Schübe, Plateaus und sogar Regressionen auf niedere Leistungsni-

veaus erscheinen in vielen individuellen Kurven. Dabei gibt es nur wenig oder keine Regelmäßigkeit von einer Person zur anderen (10, 19, 21, 32, 44). Kleinere Unregelmäßigkeiten gehen zweifellos zu Lasten mangelnder Testreliabilitäten und anderer zeitweiliger Zufallsfaktoren. Größere Veränderungen von längerer Dauer jedoch spiegeln wahrscheinlich Änderungen in den Umwelteinflüssen wider, in der Gesundheit, der emotionalen Anpassung und den anderen Bedingungen, die auf die kindliche Entwicklung einwirken. Andere Variationsquellen lassen sich in der veränderten Art der getesteten Fähigkeiten in den verschiedenen Altersstufen finden. So wird ein Kind, das relativ schlecht bei verbalen Aufgaben ist, einen geringeren Fortschritt zeigen, wenn es mit einem vornehmlich verbalen Test geprüft wird. Generell wird der detaillierte Verlauf der Verhaltensentwicklung durch viele Faktoren – struktureller und erfahrungsmäßiger Art – beeinflußt, die notwendig interindividuell variieren.

Die Konstanz des IQ

Eine Frage des vorigen Kapitels (über die Wirkung von Übung auf individuelle Unterschiede) bezog sich auf die Konsistenz der relativen Position eines Individuums im Verlauf eines Trainings. Behält der hoch Bewertete aus dem ersten Versuch seine Überlegenheit bei? Waren die schlecht Leistenden des ersten Versuches entsprechend schlecht am Ende der Übung? Die gleiche Frage hat man bei Alterskurven gestellt. Wie stabil ist die Position eines Individuums relativ zu seinen Altersgenossen über die Jahre hinweg? „Konstanz des IQ“ ist historisch die Überschrift für diese Frage. Das ist das Ergebnis des frühen Interesses an dem IQ als einem möglichen Index für eine einheitliche, zugrundeliegende allgemeine Intelligenz. Obwohl diese Überschrift bis heute überlebt hat, erkennen wir, daß der IQ nur eine allgemein anerkannte Art ist, die Werte in bestimmten Testarten auszudrücken und daß man ihn als solchen interpretieren sollte.
Eingangs sei auch erwähnt, daß die traditionelle Frage nach der „Konstanz des IQ“ eigentlich zwei getrennte Fragen beinhaltet. Die erste ist die rein empirische, praktische, aktuarische Frage nach der *Vorhersage*. Wir wissen z.B., daß sich ein intellektuell hochbegabtes Schulkind wahrscheinlich zu einem herausragenden Erwachsenen entwickeln wird und daß ein minderbegabtes Kind fast mit Sicherheit als Erwachsener unterdurchschnittlich sein wird. Doch wie genau können solche Vorhersagen gemacht werden und wie früh im Leben eines Individuums? Dies sind die praktischen Fragen der Vorhersage, die nur von den beobachteten Trends in Testwerten ausgeht. Die zweite Frage ist theoretischer Art. In ihr wird der Konstanzgrad des IQ als

ein Index für die *Regelmäßigkeit der intellektuellen Entwicklung betrachtet.* Diese Frage läßt sich durch die Überprüfung individueller Alterskurven oder durch eine Analyse jährlicher Zuwächse in Testwerten untersuchen. Wir werden sehen, daß die Antwort auf die erste Frage nicht notwendig zu einer entsprechenden Antwort auf die zweite führen muß.

Vorhersagewert des IQ

Empirisch bleibt der IQ, wie man gefunden hat, während der Grundschuljahre genügend konstant, um eine Vorhersage über mehrere Jahre hinweg zu ermöglichen. Bei älteren Personen zeigt das intellektuelle Niveau ebenfalls deutliche Stabilität, besonders wenn sich die Individuen in recht gleichbleibenden Umwelten aufhalten. So korrelieren die Intelligenztestwerte von Collegestudenten sehr hoch mit ihren Werten in der High School oder sogar mit ihren Werten in den oberen Grundschulklassen (24, 97). In einer Studie z.B. fand man eine Korrelation von 0,80 zwischen den Werten in der American Council on Education Psychological Examination (ACE), die bei Collegeeintritt aufgenommen wurden, und den Intelligenztestwerten, die man bereits in der 7. Klasse der Grundschule erhoben hatte (24, S. 476).
Bei der Interpretation der letztgenannten Resultate muß man bedenken, daß sie nur Pbn betreffen, die ihre Bildung bis zum Collegeniveau fortgesetzt haben. Hätten die Untersucher von dem anderen Ende her gearbeitet, indem sie eine Gruppe von Elementarschülern insgesamt getestet und sie dann nach 5 oder 6 Jahren wieder getestet hätten, wären die Korrelationen wahrscheinlich niedriger gewesen. Denn die dazwischenliegende Ausbildung und andere Erfahrungen der Pbn hätten zweifellos weit stärker variiert. In einer Gruppe mit vergleichbar konstanten Bildungserfahrungen tendieren die Individuen dazu, dieselbe relative Position in Intelligenztestwerten über viele Jahre hinweg beizubehalten. Andererseits stellen Collegestudenten eine stark intellektuell selegierte Gruppe dar und sind deshalb in Intelligenztestwerten homogener als eine Zufallsstichprobe der Gesamtpopulation. Diese Tatsache senkt der Tendenz nach die Korrelation zwischen den Anfangs- und Endwerten in einer Collegegruppe. Daten über eine sehr viel heterogenere Gruppe hat HUSÉN (41) in einer schwedischen Studie gesammelt. Er fand eine Korrelation von 0,72 zwischen den Testwerten von 613 Jungen der 3. Klasse und ihren Werten zehn Jahre später, bei ihrem Eintritt in den Wehrdienst. In den dazwischenliegenden zehn Jahren hatten diese Pbn unterschiedlich lange Ausbildungsgänge absolviert.
Retestkorrelationen hängen offensichtlich von dem *Intervall zwischen den Tests* ab. Die Länge der Zeit, für die die Vorhersagen gelten sollen, wirkt sich auf die Genauigkeit der Vorhersagen aus. Diese Beziehung hat THORNDIKE

in seiner Analyse früher veröffentlichter Daten über Schulkinder klar demonstriert (95). Indem er die Ergebnisse jener Studien mit recht einheitlichen Intervallen zwischen Test und Retest zusammenfaßte und dann eine Kurve für diese Daten aufzeichnete, erhielt THORNDIKE eine Gleichung, die die Beziehung zwischen dem Zeitintervall und der erwarteten Korrelation widerspiegelte. Davon ausgehend schätzte er z. B., daß die Korrelation zwischen Test und Retest 0,90 bei einem unmittelbar anschließenden Retest sein müßte, während sie auf 0,70 in einem Zeitintervall von 5 Jahren sinken würde. Die Korrelationen, die man in späteren Untersuchungen empirisch bei Schulkindern gefunden hat, bestätigen im allgemeinen die vorhergesagten Werte dieser Kurve (s. 96).

Ein zweiter Faktor, der die Vorhersagegenauigkeit beeinflußt, ist das *Alter, an dem der erste Test gemacht wird.* Im allgemeinen gilt: Je älter der Pb, desto größer wird die Konstanz seiner Testwerte sein. Nach den Grundschuljahren findet man selbst über relativ lange Zeitintervalle recht stabile Ergebnisse. So sind bei Tests, die man Collegestudenten vorgelegt hat, die Korrelationen mit früheren Tests, die im ersten Jahr auf der High School bearbeitet wurden, fast ebenso hoch wie mit Tests aus dem Abgangsjahr in der High School (97). Am anderen Extrem ergeben Vorschultests sehr niedrige Korrelationen mit Testwerten aus der späten Kindheit, wie wir noch im folgenden Abschnitt sehen werden.

Schließlich muß man bedenken: Selbst wenn die Retestkorrelationen über ein bestimmtes Zeitintervall sehr hoch sind, können doch große Wandlungen in individuellen Fällen eintreten. Wiederholte Bestätigung dieser Tatsache findet man in der Berkeley Studie (9, 10) und in der Guidance Studie (58). In einer Analyse der Daten von 222 Fällen aus dem letztgenannten Projekt berichten HONZIK, MACFARLANE und ALLEN von individuellen IQ-Veränderungen bis zu 50 Punkten. Im Alter von 6 bis 18 Jahren, wenn die Korrelationen im allgemeinen hoch sind, veränderten sich 59 % der Pbn um 15 oder mehr IQ-Punkte, 37 % veränderten sich um 20 oder mehr Punkte und 9 % um 30 oder mehr Punkte.

Die meisten dieser individuellen Veränderungen sind auch nicht zufällig oder regellos. Einige Kinder zeigten über mehrere Jahre konsistente Trends aufwärts oder abwärts. Weiterhin tendieren die Werteveränderungen in Richtung auf das Familienniveau, das man nach der elterlichen Bildung oder dem sozioökonomischen Status eingeschätzt hatte. So stieg z. B. in der Berkeley Studie die Korrelation zwischen dem IQ der Kinder und der elterlichen Bildung von nahezu Null kurz nach der Geburt auf 0,55 im Alter von 5 Jahren[2]

2 Die reine Tatsache einer ansteigenden Korrelation könnte theoretisch sowohl dem Erbe als auch der Umwelt zugeschrieben werden. Mit ansteigendem Alter ergeben sich mehr Möglichkeiten für verschiedene Erbfaktoren, sich in der intellektuellen Entwicklung des Kindes zu manifestieren – eine Situation, die zu steigender Eltern-

(10). In der Guidance Studie zeigten gründliche Untersuchungen der häuslichen Bedingungen, der Beziehungen zwischen Eltern und Kind und anderer Umweltfaktoren, daß ausgedehnte Aufwärts- oder Abwärtsbewegungen des IQ etwas mit dem kulturellen Milieu und dem emotionalen Klima zu tun hatten, in dem die Kinder heranwuchsen. Allgemein verlieren Kinder aus unterprivilegierten Umwelten mit dem Alter relativ zu den Testnormen, jene aus besseren Umwelten gewinnen. Und drastische Umweltveränderungen in der Kindheit führen wahrscheinlich zu gesondertem Anstieg oder Absinken des IQ. Aus der Möglichkeit großer Wandlungen in individuellen Fällen heraus, schlossen die kalifornischen Untersucher, daß einzelne Werte – oder sogar zwei Werte – von Schulkindern mit der allergrößten Vorsicht interpretiert werden müßten (39).

Instabilität früher IQn

Heute hat man allgemein erkannt, daß die verfügbaren Vorschultests nur eine dürftige Basis zur Vorhersage des späteren intellektuellen Status eines Individuums bieten. Selbst über Intervalle von nur wenigen Jahren sind die Retestkorrelationen für eine Vorhersage zu niedrig. Sie liegen im allgemeinen um 0,30. Daten darüber finden sich in zahlreichen Längsschnittstudien (4, 10, 15, 34, 39, 67, 107). In einer Gruppe mit 123 Kindern korrelierte die Leistung in der Yale Developmental Examination im Alter von 6 Monaten nur zu 0,37 mit den Werten im Merrill-Palmer zwei Jahre später (67). In derselben Gruppe korrelierten die ersten Yale-Werte zu 0,46 mit dem Stanford-Binet-IQ im Alter von 3 Jahren. Noch weniger Belege für die Vorhersagevalidität fand WITTENBORN (107) in einer neueren Untersuchung. Um die Validität der verschiedenen Leistungen in der Yale Developmental Examination zu bestimmen, arbeitete man mit zahlreichen unterschiedlichen Kriterien, z.B. dem Stanford-Binet, der Arthur Performance Skala, Schulleistungstests, Maßen für motorische und physische Entwicklung und ausführlichen Daten über die persönlich-soziale Entwicklung, die man durch Interviews und Beurteilungsverfahren erhoben hatte. Die Vorhersagevalidität wurde an der Leistung einer 5 bis 6jährigen Gruppe mit 114 Kindern und an der Leistung einer 7 bis 9jährigen Gruppe mit 81 Kindern überprüft. Man fand keine signifikanten Korrelationen mit irgendeinem der Kriteriumsmaße.

Kind-Ähnlichkeit führt. Andererseits könnten die beobachteten IQ-Änderungen den ständigen Einfluß elterlichen Umgangs und die verschiedenen Arten heimischer Umwelten reflektieren, die Eltern mit unterschiedlicher Intelligenz schaffen. Die Korrelationen selbst bieten keine Basis für eine Wahl einer der beiden alternativen Erklärungen. Die Ergebnisse müssen im Licht anderen allgemeinen Wissens über die Art und Wirkung von Erbe und Umwelt betrachtet werden.

Aus den Daten der Berkeley Studie folgerte BAYLEY (9, 10), daß Tests an 4jährigen Kindern Schulleistungsvorhersagen in weitgefaßten Kategorien erlauben; daß Tests an 2 bis 4jährigen mit einigem Erfolg die Leistung von 8 bis 9jährigen vorherzusagen gestatten; daß aber Testwerte im Alter von 18 Monaten zur Vorhersage der Fähigkeiten im Schulalter völlig ungeeignet seien. In dieser Untersuchung erbrachten Werte von Kindern im Alter von 18 Monaten Null- oder sogar niedrige negative Korrelationen mit späterer Leistung. Die Guidance-Studie wies ebenfalls den niedrigen Vorhersagewert früher IQn nach (38). Tests, die zuerst im Alter von 21 Monaten gegeben wurden, korrelierten nur zu 0,30 mit Retests im Alter von 5 oder 6 Jahren. Etwas bessere Vorhersagen ermöglichten Tests, die in den oberen Vorschulaltersstufen gegeben wurden. Aber die Korrelationen waren für abhängige individuelle Vorhersagen noch zu niedrig. Zu genau derselben Feststellung gelangten GOODENOUGH und MAURER (34) in Nachuntersuchungen an 200 Kindern, die vor dem Alter von 6 Jahren den Minnesota Vorschultest abgeleistet hatten. Korrelationen dieser Erstwerte mit dem Stanford-Binet im Alter von 7 bis 12 Jahren reichten von 0,15 bis 0,45. Man bestimmte auch Korrelationen für kleinere Gruppen, die man bis in die Collegezeit untersucht hat. Die Korrelationen zwischen Vorschultests und den Werten im ACE bei dem Eintritt in das College betrugen 0,12 (mit Tests, die vor dem Alter von 4 Jahren durchgeführt worden waren), 0,29 (mit Tests im Alter von 4 und 5 Jahren) und 0,39 (mit Tests im Alter von 5 und 6 Jahren).
Selbst wenn derselbe Test wiederholt wird, sind die Korrelationen zwischen dem Vorschul-IQ und späteren Werten niedrig. BRADWAY (15) testete 138 Kinder im Alter von 2 bis 6 Jahren. Es handelte sich um einen Teil der Standardisierungsstichprobe des Stanford-Binet. Zehn Jahre später prüfte er sie wieder. Eine Analyse der IQ-Veränderungen führte zu der Auffassung, daß dieser Test, obwohl „so gut oder besser als jeder andere objektive Index zur Vorhersage künftiger intellektueller Leistungen eines Vorschulkindes ist,... ein individueller IQ von Kindern unter 6 Jahren mit Vorsicht interpretiert werden muß.“ Aus der Gesamtgruppe von 138 Pbn suchte man für eine spezielle Studie (16) die 50 Kinder aus, die die größten Veränderungen im Retest zeigten. Ergebnis von Hausbesuchen und Interviews mit den Eltern dieser Kinder war, daß ein signifikanter Anstieg oder ein Sinken des IQ im Verlauf der 10 Jahre mit den verschiedenen untersuchten familiären und häuslichen Merkmalen in Beziehung stand. Diese Befunde ähneln jenen, die man in der Berkeley und in der Guidance Studie an Vorschul- und älteren Kindern erhoben hat.

Faktoren, die die Stabilität von Testwerten beeinflussen

Eine Reihe von Bedingungen kann für die Instabilität früher IQn und für die zunehmende Konstanz der Werte mit dem Alter verantwortlich sein. Zunächst sind die *Standardisierungsstichproben* für die Normen von Vorschul- oder Kleinkinderskalen gewöhnlich kleiner und weniger repräsentativ als die für die älteren Jahresstufen. Die Normen, nach denen die Werte eingestuft werden, können deshalb weniger stabil sein. Die Natur von Kleinkindertests kann ebenfalls verschulden, daß die Standardisierung der *Testdurchführung* weniger exakt ist.

Ein anderes Merkmal eines Meßinstrumentes kann zu unechten Sprüngen in den Werten führen: Die Skaleneinheiten, die man zur Bewertung heranzieht. So können zwar zwei Tests IQn verwenden, doch sind solche IQn nicht vergleichbar, wenn ihre Standardabweichungen differieren[3]. Ein IQ von 120 in dem einen Test kann in Wirklichkeit einem IQ von 140 in einem anderen Test äquivalent sein. Weiterhin werden manchmal IQn in Tests berechnet, die nicht die Voraussetzungen zur Verwendung dieses Wertes erfüllen. Folglich kann sogar in demselben Test die Bedeutung eines IQ mit dem Alter variieren. In der Merrill-Palmer-Skala z.B. kann ein IQ von 114 in einer Altersstufe dasselbe Herausragen über die Altersnorm anzeigen wie ein IQ von 141 in einer anderen Altersstufe.

Eine weitere Variationsquelle für frühe IQn liegt in bestimmten Verhaltensmerkmalen kleiner Kinder, die die *Testreliabilitäten* vermindern können. Eine Beziehung herzustellen und die Testmotivation zu kontrollieren, ist sicherlich vor dem Schulbeginn besonders schwierig. Schüchternheit, Störbarkeit, Negativismus und ähnliche emotionale Reaktionen, die oft bei Vorschulkindern beobachtet werden, können Testwerte bei einer bestimmten Gelegenheit unnötig herabsetzen.

All diese Bedingungen beziehen sich auf Merkmale eines Tests selbst, seine Anwendung und Auswertung. Sie können zweifellos den Vorhersagewert jedes beliebigen Testwertes vermindern. Große Fluktuationen in irgendeinem individuellen Fall sollten sicherlich unter Berücksichtigung dieser Faktoren untersucht werden. Andererseits erscheint es in den besser kontrollierten Langzeitstudien als unwahrscheinlich, daß diese Faktoren eine Hauptrolle gespielt haben. Der Vorhersagewert von Kleinkindertests bleibt niedrig, selbst wenn relativ gut standardisierte Tests angewandt und die Werte in vergleichbaren Einheiten ausgedrückt werden. Auch zeigen einige Kleinkinder- oder Vorschultests hohe Reliabilitäts-Koeffizienten für kurze Zeitintervalle (s. 1, Kap. 11). Kleinkinder- und Vorschultests scheinen einen zufriedenstellenden

3 Eine Erklärung dafür findet man bei ANASTASI (1, S. 73–77)

Index für den augenblicklichen Status eines Kindes zu liefern. Nur weitreichende Vorhersagen gelingen nicht.

Die Instabilität früher IQn hängt nur zum Teil von Fehlern des Meßinstrumentes ab. Der Vorhersagewert eines IQ für mehr als ein Jahr darf nicht als Synonym für die Testreliabilität in der anerkannten Bedeutung angesehen werden (s. 1, Kap. 5). Wenn wirklich Veränderungen im Leistungsniveau in solch einem Intervall auftreten, werden sich die Werte in einem hoch reliablen Instrument – und sie sollten es tun – verändern. Das Körpergewicht mit 8 Monaten kann z.B. sehr gering mit dem Körpergewicht mit 40 Jahren korrelieren. Eine Vorhersage vom ersten auf das zweite Maß wäre gewagt, und doch könnten derartige Maße von Skalen mit nahezu perfekter Reliabilität abgelesen worden sein. Logischerweise kann ein Test in einer bestimmten Altersstufe hohe Reliabilität und Validität haben, auch abgesehen davon, daß er keine weitreichende Vorhersage gestattet. Aus praktischer Sicht wäre ein derartiger Test noch immer diagnostisch nützlich, d.h. man könnte Verallgemeinerungen von der spezifischen Testverhaltens-Stichprobe auf anderes Verhalten des Kindes in dieser einen Altersstufe machen.

Weitere Gründe für die Instabilität früher IQn können in grundsätzlichen Merkmalen der Verhaltensentwicklung selbst liegen. So ist das individuelle Niveau intellektueller Funktionen wahrscheinlich am Lebensbeginn für *Umwelteinflüsse* empfänglicher. Auch die Art der „Intelligenz" variiert mit dem Alter – dieser Wandel spiegelt sich im *Inhalt der Intelligenztests* für die verschiedenen Altersstufen wider. Es ist unwahrscheinlich, daß sich die primär verbalen und abstrakten Funktionen der Intelligenztests für das Schulalter genau vorhersagen lassen aus den vornehmlich sensomotorischen Tests für die Säuglingszeit und die frühe Kindheit. Ob man einmal Vorschultests erstellen wird, die genügend verbal sind, um hoch mit späteren Werten zu korrelieren, läßt sich nicht beantworten. Weiterhin sind die meisten Kinder vor ihrem Schuleintritt noch nicht genügend vielen *einheitlichen Erfahrungen* – wie später durch die relativ standardisierten Schulcurricula – ausgesetzt gewesen, um einem Test zu erlauben, eine angemessene Stichprobe gemeinsamer intellektueller Aufgaben zu stellen. Der steile Anstieg der Stabilität von Intelligenztestwerten nach dem Schuleintritt kann mit diesem anwachsenden gemeinsamen Erfahrungsschatz in Beziehung stehen.

Schließlich ist ein wichtiger Faktor für die mit dem Alter zunehmende Stabilität des IQ die *kumulative Eigenschaft der Verhaltensentwicklung*. Das individuelle Verhaltensrepertoire in jedem Alter schließt allgemein jedes frühere Verhalten mit ein, plus einem Zuwachs an Neuerwerbungen. Selbst wenn die jährlichen Zunahmen untereinander keine Beziehung haben, würde die Konstanz des Verhaltensniveaus ansteigen. Denn die früheren Erwerbungen stellen einfach mit steigendem Alter einen zunehmenden Anteil an dem Gesamtverhalten dar. So müßten Vorhersagen eines IQ von 10 auf 16 Jahre genauer sein als von 3 auf 9 Jahre. Denn die Werte in dem Alter von 10 Jahren haben einen größeren Anteil an dem, was mit 16 Jahren vorhanden ist, während die Werte mit 3 Jahren einen kleineren Anteil an dem haben, was mit 9 Jahren vorhanden ist.

ANDERSON (3) bezog sich mit seiner „Überlappungshypothese" auf diese Beziehung zwischen aufeinanderfolgenden Werten. Er schreibt: „Da das heranwachsende Individuum nicht verliert, was es schon hat, beruht die Konstanz des IQ weitgehend auf einer Teil-Ganzes- oder einer Überlappungsrelation" (3, S. 394). Zur Unterstützung dieser Hypothese berechnete ANDERSON Korrelationen zwischen den Eingangs- und Ausgangswerten, die er durch Kartenmischen und Zufallszahlen erhielt. Diese Korrelationen hingen einzig vom Ausmaß der Überschneidung aufeinanderfolgender Maße ab und stimmten weitgehend mit den Korrelationen von Intelligenztestwerten aus drei veröffentlichten Längsschnittstudien überein. Tatsächlich tendierten die Testwerte zu etwas *geringeren Korrelationen.* Das führte ANDERSON auf Faktoren wie Meßfehler und Änderung des Testinhaltes mit dem Alter zurück.

Aktuarische Vorhersage versus Regelmäßigkeit der Entwicklung

Wir können nun zu der zweiten Frage zurückkommen, die wir zu Beginn dieses Abschnittes gestellt haben. Steht die „IQ-Konstanz", wie sie sich in der recht hohen Vorhersagegüte von Werten aus der Schulzeit zeigt, für eine Regelmäßigkeit in der intellektuellen Entwicklung? ANDERSONs Überlappungshypothese besagte, daß dieses nicht sein müsse. Selbst ohne jede Regelmäßigkeit in den jährlichen Zuwachsraten würde das Überschneiden der Werte recht genaue Vorhersagen ermöglichen. Empirische Bestätigung dieser Erklärung findet man in einer Analyse von ROFF (74). Unter Verwendung früher veröffentlichter Daten korrelierte ROFF die Intelligenztestwerte von Kindern in einer Altersstufe mit ihren Leistungsgewinnen nach einem oder mehreren Jahren. Diese Korrelationen lagen alle nahe bei Null. Aus diesen Befunden folgerte der Autor: „Die sogenannte ‚Konstanz des IQ' ist primär darauf zurückzuführen, daß jedes Kind Fähigkeiten und Wissen behält, durch die seine Werte in früheren Jahren bestimmt wurden. Sie beruht keineswegs auf einer Korrelation zwischen früheren Werten und späteren Gewinnen oder Zuwächsen" (74, S. 385).

Das heranwachsende Individuum zeigt also eine steigende Konstanz seines Fähigkeitsniveaus nicht weil die „Wachstumsrate" konstant wäre, sondern weil seine vorliegende Ausstattung einen immer größeren Teil seiner künftigen Ausstattung ausmacht, wenn es älter wird. Gleiches bedeutet die Aussage, daß wir in einem Alter von 15 Jahren eine bessere Vorhersage zukünftigen Verhaltens machen können als in einem Alter von 2 Jahren, weil wir von einem 15jährigen mehr wissen. Der relative Wandel im Verhalten von 15 bis 16 Jahren ist geringer als von 2 bis 3 Jahren und natürlich viel geringer als von 2 bis 16 Jahren.

Intellektuelle Funktionen in Reife und Alter

Das Studium der Reife und des Alters ist ein junger aber lebendiger Zweig der zeitgenössischen Psychologie. Das Interesse an den Merkmalen und Problemen älterer Menschen hat viele Formen angenommen. Zahlreiche Forschungsprojekte an großen Gruppen von Erwachsenen haben sich mit Altersveränderungen in der allgemeinen Intelligenz, in speziellen Leistungen, emotionalen Reaktionen und Einstellungen befaßt. Man hat sich besonders bemüht, repräsentative Stichproben verschiedener Altersstufen zu untersuchen – im Gegensatz zu den recht atypischen Stichproben, die man in frühen Studien über ältere Menschen benutzt hat. Längsschnittansätze werden zunehmend bei der Forschung an Erwachsenen verfolgt. Weitere Beachtung findet auch die berufliche und persönliche Beratung älterer Menschen, die Ruhestandsprobleme und die klinische Behandlung mangelnder Anpassungen an diese Altersstufen. Die Bedeutung dieses allgemeinen Gebietes psychologischer Forschung zeigt sich in der rapide zunehmenden Literatur über Erwachsenenverhalten; in der Veröffentlichung spezieller Intelligenztests für Erwachsene, z.B. des Wechsler-Bellevue und des neueren Wechsler Intelligenztests für Erwachsene (WAIS); und durch die Einrichtung einer Abteilung für Reife und Alter in der American Psychological Association.
Der Psychologe steht nicht allein in seinem Interesse an älteren Menschen. Die *Gerontologie* deckt das Studium der älteren Reife aus vielen Aspekten her ab und ist heute ein etablierter und blühender Wissenschaftszweig. Die praktische Beschäftigung mit den Problemen fortgeschrittenen Alters hat sich durch die relativ große Zahl heute lebender älterer Menschen verstärkt. So lange medizinischer Fortschritt und Verbesserungen der Lebensbedingungen das Leben verlängern, steigt der Anteil älterer Menschen an der Bevölkerung ständig.

Die vollständige Alterskurve der Intelligenz

Eine der ersten Fragen über die Erwachsenenintelligenz richtet sich auf die „Grenze geistigen Wachstums“. In welchem Alter erreicht ein Individuum seine Höchstleistungen in den Funktionen, die mit Intelligenztests gemessen werden? Was ist das geistige Alter eines durchschnittlichen Erwachsenen?

Man begann mit einem geschätzten geistigen Alter von 14 Jahren, das auf den Daten des 1. Weltkrieges beruhte. Diese Grenze hat man in späteren Untersuchungen immer weiter nach oben geschoben. In der Revision des Stanford-Binet von 1937 entspricht das durchschnittliche geistige Alter der Erwachsenen 15 Jahren. In dem neueren Wechsler Belleve – oder dem WAIS – erreicht die Standardisierungsstichprobe ihren höchsten Wert Anfang der 20. Querschnittstudien mit umfangreichen Skalen von JONES und CONRAD (43) und MILES und MILES (61) zeigten ebenfalls Steigerungen in den Mittelwerten bis kurz vor oder nach dem 20. Lebensjahr.
Auch Langzeitstudien haben kontinuierliche Zunahmen in Intelligenztestwerten bis zum Alter von 20 Jahren oder darüber belegt (10, 11, 12, 32, 93). In der Berkeley Studie z. B. steigen die Werte bis zum Alter von 25 Jahren (der letzten untersuchten Altersstufe in dieser Erhebung) und es gibt Anzeichen dafür, daß der Höhepunkt noch nicht erreicht worden ist (10, 11). Es seien auch die Retestuntersuchungen an Highschool- und Collegestudenten mit Parallelformen der ACE Psychological Examination erwähnt, die alle signifikante Retestgewinne aufwiesen (6, 40, 55, 81,98). Ohne Kgn, die nicht vom College stammen, läßt sich jedoch nicht das Ausmaß bestimmen, in dem solche Gewinne dem Collegeunterricht und anderen allgemeineren Bedingungen zuzuschreiben sind. Aus rein deskriptiver Sicht jedoch bleibt die Tatsache bestehen, daß diese Pbn im Alter von ungefähr 16 Jahren bis Ende 20 konsistent Gewinne in ihrer Intelligenztestleistung aufwiesen. Es finden sich auch Belege dafür, daß Individuen mit längerer Ausbildung bis in ein höheres Alter hinein und in größerem Ausmaß ihre Intelligenztestleistung verbessern (69, 101). Schließlich lassen die neuesten Nachuntersuchungen vermuten, daß sich – zumindest bei bestimmten Gruppen – die Intelligenztestwerte das ganze Leben hindurch noch verbessern können (12, 14, 69).
Differenzen zwischen den Ergebnissen früherer und späterer Studien spiegeln zweifellos kulturelle Veränderungen und auch Verbesserungen der Testinstrumente wider. Früher konstruierte man Intelligenztests primär für Kinder. Ihren Inhalt paßte man erst später dem Testen von Erwachsenen an. Heute gibt es mehr Tests, die die Interessen von Erwachsenen ansprechen und eine ausreichende Decke für Verbesserungen bieten. Doch selbst wenn man alte Tests in neueren Studien wieder vorgibt, beobachtet man signifikante Mittelwerterhöhungen (z. B. 69). Wahrscheinlich sind Bildungs- und andere kulturelle Faktoren für diese Gewinne verantwortlich.
An die Frage nach dem Stillstand der intellektuellen Entwicklung ist eng die Frage nach dem *Beginn des Abbaues* geknüpft. Als man mehr Daten gesammelt hatte, gingen die Fragen tatsächlich ineinander über und es ist nun klar, daß man sie gemeinsam bedenken muß. In Abhängigkeit vom getesteten Pbn-Typ und den spezifischen gemessenen intellektuellen Funktionen können Alterskurven das gesamte Leben hindurch einen kontinuierlichen Anstieg auf-

weisen, dem Anstieg kann ein Gleichbleiben ohne Absinken folgen oder es folgt ein allmählicher oder steiler Abstieg.

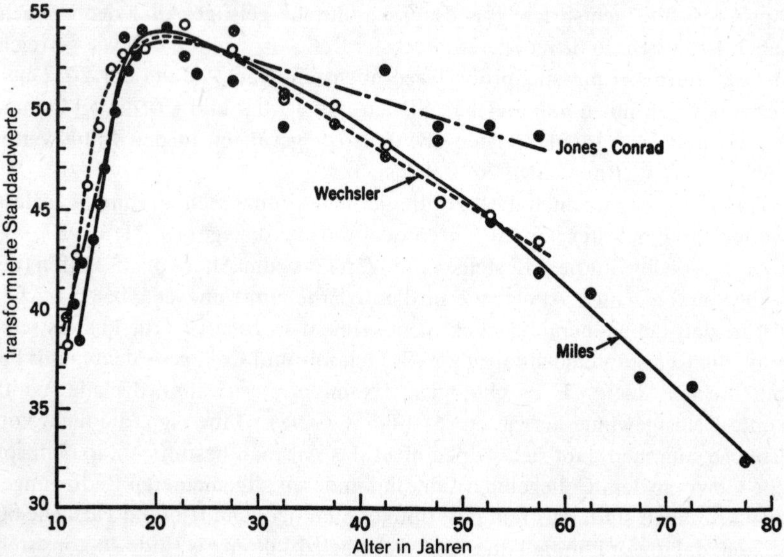

Abb. 50: Mittelwerte in Intelligenztests in Abhängigkeit vom Alter: Ein Vergleich der Ergebnisse aus drei Querschnittsuntersuchungen (aus JONES und KAPLAN, 47, S. 72)

Daten aus drei umfangreichen Querschnittstudien sind in Abbildung 50 abgetragen. In einer der ersten systematischen Erhebungen der Intelligenz älterer Menschen legten JONES und CONRAD (43) 1191 Pbn im Alter von 10 bis 60 Jahren, die fast die gesamte Bevölkerung dieses Alters aus 19 ländlichen Dörfern in Neu-England darstellten, den Army Alpha vor. Als Teil der Stanforder Altersstudie wandten MILES & MILES (61) eine verkürzte und stark zeitlich begrenzte Version der Otis Self-Administering Tests of Mental Ability an 823 Pbn im Alter von 7 bis 94 Jahren an. Um grob vergleichbare Stichproben der verschiedenen Altersstufen zu erhalten, holte man sich die erwachsenen Pbn weitgehend aus Heimen und sozialen Gruppen[4]. Bei der Standardisierung des Wechsler Bellevue sammelte WECHSLER (103) Daten von 670 Kindern und 1081 Erwachsenen, die bis zu 69 Jahre alt waren. Alle

4 Um die Querschnittstrends zu überprüfen, testete man 190 Erwachsene im Alter von 25 bis 89 Jahren nach 2 Jahren noch einmal. Über den gesamten Altersbereich fand man nahezu dasselbe Absinken in dem 2jährigen Intervall, das man aufgrund der Querschnittsdaten erwartet hatte (60).

Pbn dieser Stichprobe lebten im Staat New York. Die Erwachsenen hatte man so ausgewählt, daß die Berufsverteilung jeder Altersstufe ungefähr der entsprechenden Verteilung aus der nationalen Volkszählung ähnelte.
Die drei Alterskurven aus Abbildung 50 wurden in Standardwerten abgetragen, um die Daten der drei Studien vergleichbar zu machen. Alle zeigen eine Spitze Anfang 20, der ein Absinken folgt. Die Abstiegsrate ist in der Studie von JONES und CONRAD weniger steil als in den beiden anderen. Solch eine Diskrepanz kann teilweise auf Stichprobenmängeln beruhen und teilweise auf Unterschieden in den verwendeten Tests.
In allen drei Studien waren individuelle Unterschiede in jeder Altersstufe beträchtlich. Die Variabilität wurde mit zunehmendem Alter größer. Obwohl die mittleren Werte mit dem Alter sinken, sind diese Differenzen klein, vergleicht man sie mit der Streubreite der Werte für jede einzelne Altersstufe. Sogar weit auseinanderliegende Altersstufen weisen nämlich starkes *Überlappen* der Werte auf. Die klügsten Personen der ältesten Gruppe leisteten immer noch deutlich Besseres als die dümmsten in den jüngeren Gruppen.
Daß Alter allein nur ein schlechter Hinweis auf das Fähigkeitsniveau ist, zeigt Abbildung 51. Sie basiert auf einer Analyse von Daten aus der Stanforder Altersstudie (61).

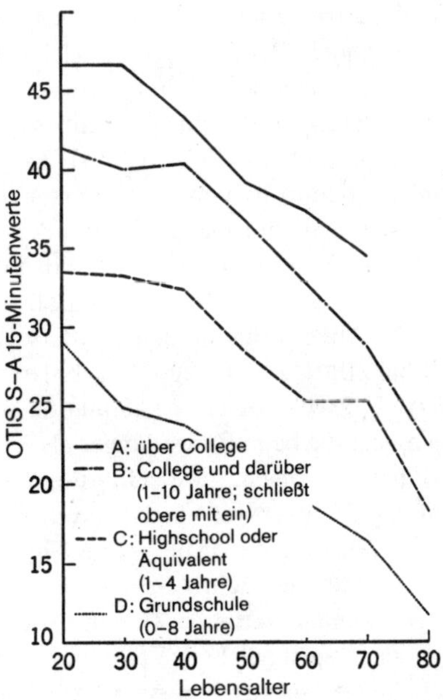

Abb. 51: Altersveränderungen in den Intelligenztestwerten in Abhängigkeit vom Bildungsniveau (aus MILES u. MILES, 61, S. 70)

Man hat die erwachsenen Pbn nach dem erreichten Ausbildungsmaß in 4 Gruppen eingeteilt, von der Grundschule bis zu Graduierten. Obwohl alle 4 Gruppen mit dem Alter ein Absinken der Mittelwerte zeigen, schneiden oder treffen sich die 4 Kurven nicht. Die besser ausgebildeten Gruppen behalten ihre Überlegenheit in jedem Alter bei. Selbst 70jährige, die mehr als College-Ausbildung hinter sich haben, liegen im Durchschnitt über den 20jährigen mit Grundschul- oder Highschool-Ausbildung.

Da die drei Alterskurven aus Abbildung 50 aus Querschnittsdaten stammen, können sie durch kulturelle Veränderungen beeinflußt worden sein, wie wir sie im ersten Abschnitt dieses Kapitels beschrieben haben. Aufgrund des verbesserten Bildungsniveaus der Bevölkerung hatten z.B. die 60jährigen insgesamt in jeder dieser Erhebungen zweifellos weniger Ausbildung erhalten als die 20jährigen, mit denen sie verglichen wurden. So erhebt sich der Verdacht, zumindest ein Teil des beobachteten Absinkens der mittleren Testleistungen könnte nicht das Resultat höheren Alters, sondern geringerer Ausbildung sein (2). Diese Hypothese unterstützt ein Vergleich der Standardisierungsdaten des WAIS mit denen des älteren Wechsler Bellevue (103, 104). Beide Stichproben zeigen ein Absinken der Werte im Erwachsenenalter, das dem Absinken des Ausbildungsniveaus in den aufeinanderfolgenden Altersstufen sehr nahekommt. Aber in der in neuerer Zeit getesteten WAIS-Stichprobe hält der Anstieg länger an und der Abstieg setzt in höherem Alter ein als in der Wechsler Bellevue Stichprobe. Dieser Befund liegt auf gleicher Linie mit den Bildungsunterschieden zwischen den beiden Standardisierungs-Stichproben und reflektiert Bildungsveränderungen der dazwischenliegenden 15 Jahre. Relevante Ergebnisse stammen auch von MINER (63). Er legte einer sorgfältig stratifizierten nationalen Stichprobe von 1500 Personen einen Wortschatztest vor. Obwohl die gesamte Stichprobe ein leichtes Absinken der Mittelwerte in der Altersstufe 35 – 44 Jahre zeigte, verschwanden die Altersabnahmen, wenn man die Pbn nach ihrer Ausbildungsdauer parallelisierte.

Längsschnittstudien über Altersveränderungen im Erwachsenenalter werden erst allmählich verfügbar. BENTZ (14) legte Ergebnisse von 208 Geschäftsführern vor, die die ACE Psychological Examination 6 bis 10 Jahre zuvor abgelegt hatten. Diejenigen, die beim Retest jünger als 35 Jahre waren, machten signifikante Gewinne; diejenigen, die 40 Jahre oder älter waren, zeigten geringe Verluste. 1950 legte OWENS (69) den Army Alpha 127 Männern vor, die den identischen Test 30 Jahre zuvor bei ihrem Eintritt in das Iowa State College abgelegt hatten. Statt irgendein Absinken im Retest zu zeigen, wies die Gruppe einen signifikanten mittleren Gewinn auf, der die Hälfte der Standardabweichung der ursprünglichen Verteilung betrug. Weiterhin erbrachte keiner der acht Untertests aus dem Army Alpha ein signifikantes Absinken und 5 zeigten einen signifikanten Anstieg der Mittelwerte.

Kontinuierlichen Anstieg die ganze Erwachsenenzeit hindurch fanden auch

BAYLEY und ODEN (12) in einer Nachuntersuchung an Pbn der Stanford Studie über hochbegabte Kinder. In einer Stichprobe mit über 1000 Fällen hochbegabter Pbn und ihrer Eheleute verglich man zwei im Intervall von 12 Jahren vorgelegte verschiedene Formen des Concept Mastery Tests miteinander. Bei dem ersten Test reichten die Altersstufen von 20 bis 50 Jahren. Alle Gruppen dieser Stichprobe zeigten, unabhängig von ihrem Eingangsalter, einen signifikanten Anstieg in den Werten.

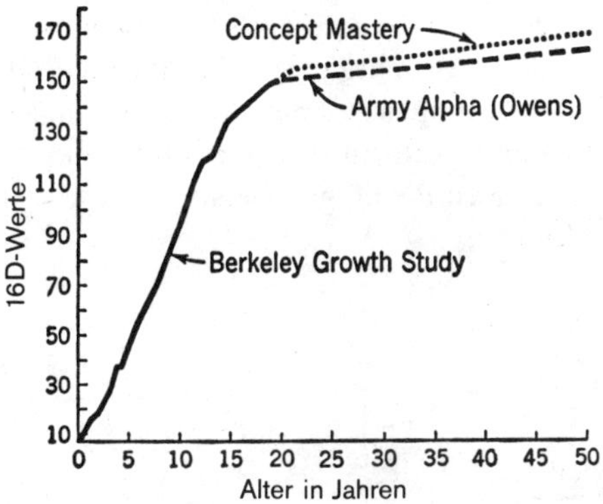

Abb. 52: Zusammengesetzte Alterskurve der Intelligenz von der Geburt bis zu 50 Jahren (aus BAYLEY, 10, S. 816)

Durch Kombination der Daten aus dieser Analyse mit den Army Alpha Daten der OWENS-Studie und mit den Daten aus der Berkeley Studie bis zum Alter von 21 Jahren hat BAYLEY eine zusammengesetzte Alterskurve der Intelligenz erstellt. Diese Kurve (s. Abbildung 52) zeigt einen kontinuierlichen Anstieg ohne einen Abfall an. Die größeren Gewinne der hochbegabten Gruppe aus Stanford kann auf dem höheren Fähigkeitsniveau der Pbn beruhen oder auf der höheren Decke dieses Tests. Selbst in der OWENS-Studie waren die Pbn natürlich eine selegierte Stichprobe, denn alle hatten das College besucht. Was eine Längsschnittstudie mit einer echten Zufallsstichprobe über diesen Altersbereich ergäbe, kann aus den verfügbaren Daten nicht geschlossen werden.

Funktionale Spezifität von Altersänderungen

Mit zunehmender Einsicht, daß „Intelligenz“ aus vielen, relativ unabhängigen Fähigkeiten zusammengesetzt ist, haben sich Psychologen mehr der Analyse von Altersveränderungen in spezifischeren Funktionen zugewendet. Dieser Trend manifestiert sich z.B. in der Untersuchung von Altersunterschieden in einzelnen Untertests aus Intelligenztests. Analysen der Mittelwerte verschiedener Altersgruppen in den Wechsler Bellevue-Untertests z.B. haben übereinstimmend Unterschiede zwischen den Untertests ergeben (20, 31). Entsprechende Daten aus den Standardisierungsstichproben des WAIS sind in Abbildung 53 wiedergegeben. Die Alterskurven zeigen die mittleren Skalenwerte aufeinanderfolgender Altersgruppen in den 6 verbalen und 5 Handlungstests des WAIS. Ergebnisse über Personen, die älter als 60 Jahre waren, erhielt man aus einer speziellen „Altenstichprobe". Obwohl man verschiedene Verfahren bei der Stichprobenwahl der „Altenstichprobe" und der „nationalen Gruppe" (mit jüngeren Jahrgängen) verfolgte, läßt die Kontinuität der Alterskurven für beide Gruppen vermuten, daß sie annähernd vergleichbar sind. Alle Werte sind entsprechend dem Mittelwert und der Standardabweichung der 20 bis 34jährigen Bezugsgruppe ausgedrückt – diese Werte stehen zur Rechten jeder Kurve.

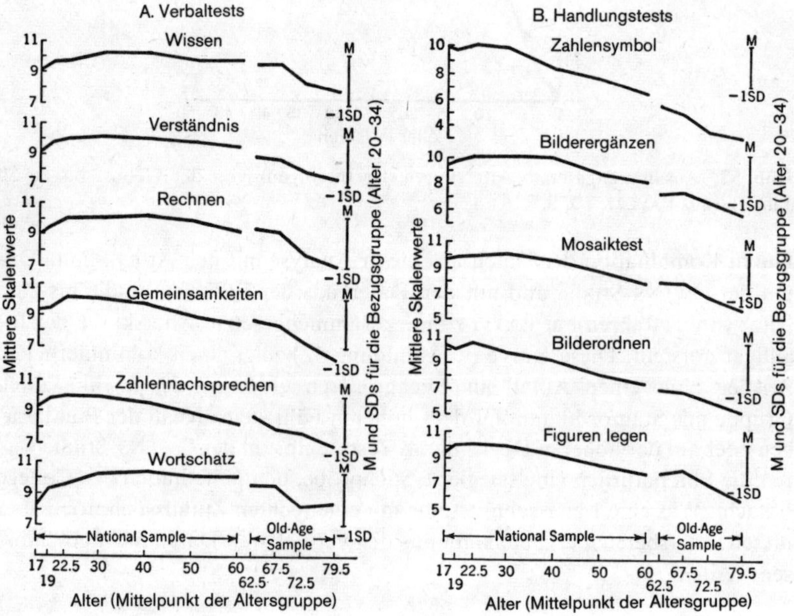

Abb. 53: Altersunterschiede in Verbal- und Handlungstests der Intelligenzskala für Erwachsene von WECHSLER (aus DOPPELT u. WALLACE, 23, S. 322)

Deutlich erreichen im allgemeinen die Handlungstests früher ihren Höhepunkt und sinken steiler mit dem Alter ab als die verbalen Tests. Bei den letztgenannten zeigt der Wortschatz den geringsten Verlust. Wissen, Verständnis und Rechnen ergeben ebenfalls relativ geringen Altersabbau. Von den Handlungstests wies der Zahlen-Symboltest den deutlichsten Altersabbau auf. Dieser Test basiert besonders auf Geschwindigkeit und visueller Wahrnehmung. Diese Befunde mit den WAIS- (und Wechsler-Bellevue-) Untertests stimmen mit den Ergebnissen vieler anderer Studien überein, die viele verschiedene Tests herangezogen haben. Ein Ergebnis, in dem die meisten Testbefunde von Erwachsenen übereinstimmen, ist die relative Stabilität von *Wortschatz*leistungen (5, 36, 43, 76, 78, 99, 105). Aus diesem Grund ist es eine vielgeübte Praxis geworden, den Wortschatz zu prüfen, um einen groben Index für das frühere intellektuelle Niveau eines Individuums zu erhalten, an dem Störungen in anderen Funktionen bewertet werden können (s. 1, Kap. 13). Viele Wortschatztests sind in „multiple choice"-Form abgefaßt, wobei der Pb nur Synonyme zu erkennen braucht. Wortschatztests in Einzelintelligenztests wie dem Stanford-Binet oder den Wechsler-Skalen verlangen von den Pbn eine Definition jedes Wortes. Aber jeder Hinweis auf Vertrautheit mit der richtigen Wortbedeutung wird gewöhnlich als richtig bewertet. So könnte sich möglicherweise in einem schwierigeren Test für Wortwissen Altersabbau zeigen. Anscheinend weisen zumindest bei Psychotikern, die üblichen Wortschatzwerte oft keine Störung auf, während eine qualitative Analyse der von den Pbn gelieferten Definitionen signifikante Einbrüche belegen (18, 27).

In eindeutigen Speed-Tests sind ältere Personen generell im Nachteil. Das belegt schon etwas die Stanforder Altersstudie (60). Als man 433 Pbn, die vorher die Speedform gemacht hatten, eine andere Form des Otis-Tests ohne Zeitbegrenzung vorlegte, war der mittlere Altersabbau bis zum Alter von 60 Jahren in dem nicht begrenzten Test niedriger. Zwischen 60 und 80 Jahren fielen jedoch die Werte selbst unter den zeitlich unbegrenzten Bedingungen steil ab. Eine etwas andere Vorgehensweise hat LORGE (56) verfolgt. Er stellte drei parallele Pbn-Gruppen im Alter von 20 bis 25 Jahren, 27 1/2 bis 37 1/2 Jahren und 40 bis über 70 Jahren nach ihren Werten im CAVD zusammen. Dieser Test ist ein reiner Powertest ohne Zeitbegrenzung. Als man dieselben Pbn mit dem Army Alpha und dem Otis S-A testete, sanken die Mittelwerte frotschreitend von der jüngsten bis zu der ältesten Gruppe. In dieser Studie könnte jedoch der Regressionseffekt (s. Kap. 7) für einige der in den Speedtests erhaltenen Gruppendifferenzen verantwortlich sein. Von besonderem Interesse ist eine Studie von GURWITZ (35), der den Wechsler-Bellevue und Revisionen des Army Alpha und Army Beta verwendet hat. GURWITZ führt aus, allgemein seien die Handlungstests aus dem Wechsler zeitlich begrenzt, während die verbalen Tests es nicht seien. Solch ein Unterschied könne zum Teil für den größen Altersabbau in den Handlungstests verantwortlich sein. Der Alpha ähnelt dem Verbalteil des Wechsler, ist jedoch zeitbegrenzt, während der Beta, als zeitlich begrenzter Test, dem Handlungsteil des Wechsler ähnelt. Vergleiche in diesen drei Tests stellte man zwischen großen repräsentativen Stichproben aus 20 – 24jährigen und 45 – 49jährigen an. Der prozentuale Abbau war wie folgt: Wechsler Verbal 11 %, Wechsler Handlung 28 %, Beta 23 %, Alpha 22 %. Nach diesen Ergebnissen scheint die Geschwindigkeit für die Festlegung der Abbaurate wichtiger als andere Merkmale der drei Tests zu sein.

Daß *Handlungs- und nonverbale Tests* einen größeren Altersabbau ergeben als verbale Tests hat man wiederholt nachgewiesen (29, 30, 68, 73, 76, 105). Doch die Geschwindigkeit kann nicht vollständig für den Abbau verantwortlich sein, da man signifikanten Altersabbau auch bei solchen speedfreien Tests fand wie den RAVEN Progressive Matrices (30, 31, 73). Während der Standardisierung legte man diesen Test großen Stichproben britischer Kinder und Erwachsener vor, deren Alter bis zu 65 Jahren reichte. Der Test besteht aus einer Serie abstrakter geometrischer Formen, denen jeweils ein Teil fehlt. Der Pb muß das fehlende Teil aus zwei Reihen vorgegebener Alternativen auswählen. Die leichtesten Items verlangen hauptsächlich genaue visuelle Wahrnehmung; die schwierigeren beinhalten Analogien und andere logische Beziehungen. Im Ergebnis erreichen die mittleren Werte in den Progressive Matrices ihre Spitze im Alter von 14 Jahren und beginnen im Alter von 24 Jahren zu sinken. In einem Wortschatztest jedoch, den man denselben Pbn vorlegte, stiegen die Werte bis zum Alter von 30 Jahren an und blieben bis zu einem Alter von 60 Jahren annähernd konstant. Ähnliche Resultate sind über eine Stichprobe von 600 Personen berichtet worden, die man in Belgien testete (68).

Den größten Altersabbau findet man u. a. bei Aufgaben, die visuelle Wahrnehmung verlangen (62, 80, 106). Dieser Abbau ist z. T. mit dem allgemeinen altersbedingten Verlust in der Schärfe aller Sinne assoziiert.

Selbst wenn visuelle Defekte durch Brillen korrigiert werden, erledigen ältere Menschen dennoch Wahrnehmungsaufgaben schlechter als jüngere (62). Man hat vermutet, ein Teil dieses Mangels konzentriere sich auf den Prozeß der Organisation und Integration neuer Daten in das relevante Material früherer Erfahrungen (106, S. 146).

Bei motorischen Fähigkeiten ist der Abbau weniger stark als allgemein angenommen. In der Stanforder Altersstudie fand man in mehreren motorischen Tests jeweils nur geringe Verluste bis zum Alter von 70 Jahren (62). Eine außergewöhnlich gründliche Untersuchung von Altersveränderungen in motorischen Leistungen haben WELFORD und seine Mitarbeiter in Cambridge durchgeführt (106). Die meisten Daten erhob man unter Laboratoriumsbedingungen, obwohl auch Voruntersuchungen in der Industrie beschrieben werden. Ein besonderes Merkmal dieser Forschung war die Analyse unterschiedlicher Aspekte der motorischen Leistung der Pbn, um die ganze Beschaffenheit der Altersveränderung aufzudecken. Die Ergebnisse belegten, daß die Hauptstörungen eher auf dem Wahrnehmungs- als auf dem motorischen Sektor der Aktivitäten auftraten.

Weiterhin tendierten ältere Personen zu einer Änderung in ihren Arbeitsmethoden und kompensierten damit ihre Mängel. Die Rigidität oder Flexibilität der Aufgabe bestimmt den Grad, in dem solche kompensatorischen Vorgehensänderungen effektiv von den Pbn eingesetzt werden können. Daraus folgerten WELFORD et al.: Wenn die Aufgabe eine Vielzahl von Zugängen erlaubt und das Verfahren weitgehend der Kontrolle des Pb unterliegt, treten wahrscheinlich kompensatorische Änderungen in der Leistung auf. Solche Aufgaben können keinen Abbau oder sogar aufgrund einer Überkompensation eine Verbesserung mit dem Alter zeigen. Jedoch: „Wo die Leistung im Ablauf oder der Zeit für die einzelnen Reaktionen eng begrenzt ist, wird eine Kompensation nahezu unmöglich sein“ (106, S. 123).

Bemerkenswert ist, daß auch der Altersabbau in der *physischen Stärke* nicht so stark ist, wie man gewöhnlich glaubt. Daten über Industriearbeiter (28) zeigen einen Höhepunkt Mitte der 20, dem nur sehr allmählich ein Abstieg über die nächsten 40 Jahre folgt. Im Alter von 60 Jahren liegt der Mittelwert fast 16,5 % unter dem Mittelwert von 20jährigen. Es scheint demnach, als seien ältere Arbeiter besser geeignet, mit mittelschweren Aufgaben fertig zu werden als mit relativ leichten Aufgaben, die hohe Geschwindigkeit und Wahrnehmungsschärfe erfordern.

Können ältere Menschen genausogut lernen wie jüngere? Die Bemerkung: „Du kannst einem alten Hund keine neuen Tricks beibringen“, ist im landläufigen Denken weit verbreitet. Erwachsene beklagen oft ihre Unfähigkeit, eine neue Sprache oder eine neue motorische Leistung ebenso schnell zu erlernen wie in ihren jüngeren Tagen. Näheres Hinsehen beweist jedoch, daß die *Lernbedingungen* in den verschiedenen Altersstufen nicht annähernd vergleichbar sind. Verfügbare Lernzeit, Störungen und die Lernmotivation sind oft bei einem Kind und einem Erwachsenen sehr verschieden. Erwachsene gehen oft an das Elernen neuer Fähigkeiten nur gelegentlich und halbherzig heran, während Lernen für das Kind oder den Jugendlichen zu den wichtigsten Pflichten zählt – andere Aktivitäten stehen nicht im *Lehrplan*.

Lernen ältere und jüngere Personen unter vergleichbaren Bedingungen in einer experimentellen Situation, sind die Differenzen in ihren Leistungen relativ gering. In zahlreichen frühen Untersuchungen mit verschiedenen Aufgaben gelangte E. L. THORNDIKE (94) zu der Auffassung, es gäbe in der „reinen Modifizierbarkeit“ ein durchschnittliches Nachlassen von weniger als 1 % im Jahr zwischen dem Alter von 22 und 42 Jahren. Das Nachlassen manifestierte sich hauptsächlich in den eher sinnlosen Tests für Übungslernen, z.B. blindlings Linien einer gegebenen Länge zu ziehen, einen Code zu lernen, oder Zahlen gepaart mit sinnlosen Silben zu behalten. In den meisten anderen Aufgaben konnten ältere Personen einen Abfall ihrer Lernfähigkeit durch größeres Interesse, längerdauernde Anstrengung und einen größeren Fundus

an relevanter Erfahrung kompensieren. Bei Stenografie, Schreibmaschinenschreiben, Esperantolernen oder in Universitätskursen z.B. glich der Fortschritt älterer Menschen und überstieg manchmal sogar den der jüngeren.
Wenn neues Lernen vorher Gelerntem widerspricht, ist für ältere Erwachsene ein Nachteil zu erwarten. Das kann einfach das Ergebnis der *Interferenz* oder des „negativen Transfers" sein, der nicht unbedingt mit dem Alter selbst einhergeht. Experimente belegen, daß bei Aufgaben, die durch frühere Erfahrungen gestört werden, stärkerer Altersabbau zu finden ist als bei Aufgaben, die von den Erfahrungen unterstützt werden. Als Teil der Stanforder Altersstudie legte RUCH (75) drei Gruppen mit je 40 Pbn im Alter von 12 – 17, 34 – 59 bzw. 60 – 82 Jahren Lerntests vor. Die älteren Pbn waren beim Lernen jeder Materialart den jüngeren Pbn unterlegen, obwohl sie *weniger* schlechter bei sinnvollem Material waren. Ältere Pbn waren z.B. am wenigsten beim Paarassoziationslernen benachteiligt, wenn die Teile sinnvoll miteinander verbunden waren, z.B. Nest-Ei, weich-Sessel. Ihre Leistung war schlechter beim Lernen „sinnlosen" Materials, z.B. A × M = B oder N × M = C, und am schlechtesten beim Wiedergeben von Material, das mit früherem Lernen in Konflikt steht, z.B. 3 × 4 = 2 oder 3 × 1 = 1.
Diese Altersunterschiede beim Erlernen unterschiedlicher Aufgaben lassen sich durch Interferenz mit vorher gestifteten Assoziationen erklären. Oder sie könnten auf Altersunterschieden in Interessen und Motivationen beruhen. Generell geben sich ältere Personen wahrscheinlich weniger in Aufgaben aus, die ihnen nach der Erfahrung als unsinnig oder sinnlos erscheinen. Eine andere Erklärung liegt in der vorher zitierten Hypothese von WELFORD, die die Wahrnehmungsorganisation neuer Daten betrifft. Bei der Diskussion eigener Lernexperimente schreiben WELFORD et al. (106, S. 121 – 122):
„Tatsächlich scheint manchmal die Schwierigkeit, eine vorher vorhandene Organisation zu modifizieren, die schlechtere Leistung älterer Personen zu verursachen. Im Lernexperiment z.B. liegt in vielen Fällen die Hauptschwierigkeit eindeutig nicht so sehr im Lernen der geforderten Sequenz als im Umlernen einer Sequenz mit etlichen Fehlern. Mit den sehr schwierigen Daten aus dem Logik-Denk-Experiment konfrontiert, zeigten die älteren Pbn eine viel größere Tendenz, Antworten aus vergangener Erfahrung zu produzieren als die Daten selbst in der von der Instruktion geforderten Art neu zu organisieren."
Was das Gedächtnis betrifft, so fand man generell einen Altersabbau, obwohl das Ausmaß des Defizites wieder mit der Art der Aufgabe variiert. GILBERT (33) legte 174 Personen im Alter von 60 – 69 Jahren und der gleichen Zahl 20 – 29jähriger, die man hinsichtlich ihrer Werte im Stanford-Binet-Wortschatzwert parallelisiert hatte, 11 Gedächtnistests vor. Alle Gedächtnistests erbrachten signifikante mittlere Differenzen zum Vorteil der jüngeren Gruppe. Die Unterschiede waren jedoch am geringsten beim Zahlennachsprechen

und am größten beim Merken von Paaren nicht aufeinander bezogener Wörter. Man fand auch, daß die „klügeren" älteren Personen einen geringeren Gedächtnisverlust hatten als die „dümmeren" (bestimmt nach den Wortschatzwerten).

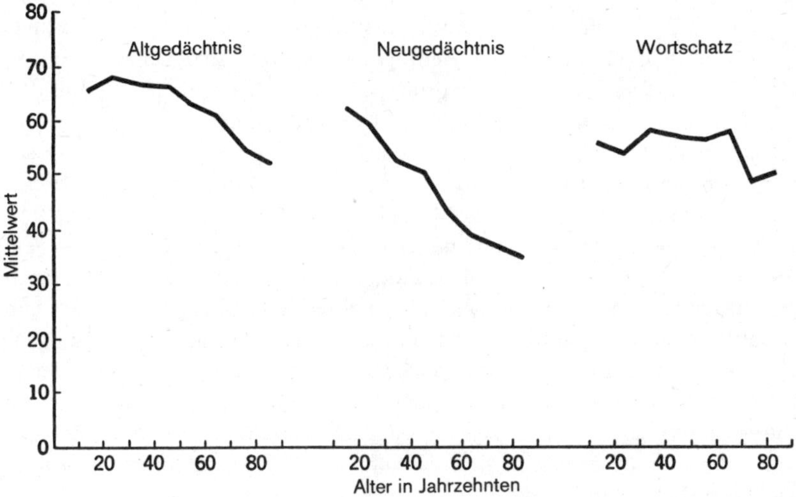

Abb. 54: Altersveränderungen im Gedächtnis (übernommen aus SHAKOW, DOLKART u. GOLDMAN, 77, S. 48)

In einem anderen Experiment testeten SHAKOW et al. (77) 115 Pbn im Alter von 15 bis 19 Jahren. Man erhob drei Maße: den Wortschatz, die Fähigkeit, sich an vergangene Ereignisse zu erinnern (Altersgedächtnis) und die Fähigkeit, kürzlich gelerntes Material zu erinnern, wie Figuren, Sätze und Ideen, die während des Tests vorgegeben wurden (Neugedächtnis). Wie Abbildung 54 zeigt, sinkt Alt- und Neugedächtnis mit dem Alter, obwohl der Abstieg für das zweite weit steiler ist als für das erste. Die Wortschatzwerte bleiben bis zum Alter von 70 Jahren nahezu konstant, sinken dann aber stark ab.

Alter und kreative Leistung

Einen anderen Zugang zur Erforschung der Fähigkeiten Erwachsener findet man in Analysen kreativer Produktionen, z. B. auf dem Gebiet der Wissenschaft, Literatur, Musik und Malerei. Es läßt sich natürlich leicht nachweisen, daß Individuen fast jeden Alters bedeutsame Beiträge auf diesen Gebieten beigesteuert haben. Dennoch scheinen sich hervorragende kreative Leistungen in bestimmten Lebensjahrzehnten zu häufen. Die Fotografien bedeutender Wissenschaftler in Lehrbüchern zeigen sie meist als Personen fortgeschrittenen Alters. Solche Fotografien sind jedoch wahrscheinlich aufgenommen worden, nachdem die Wissenschaftler alt und berühmt geworden sind (s. 53, S. 12). Ein Blick auf einen arbeitenden Wissenschaftler – Schriftsteller, Musiker oder Maler – zeigt uns wahrscheinlich einen jüngeren Mann als wir gedacht haben.

LEHMAN (53) hat eine Unmenge veröffentlichter Daten über das Alter analysiert, in dem herausragende Beiträge auf den verschiedenen Gebieten menschlichen Strebens geleistet worden sind. Seine Ergebnisse belegen, daß der Höhepunkt kreativen Schaffens recht übereinstimmend in das dritte Lebensjahrzehnt fällt. Ein Beispiel aus der Chemie soll als Illustration seines Vorgehens und seiner Befunde dienen. Aus einer veröffentlichten Quelle entnahm LEHMAN die Namen von 244 bekannten Chemikern (von denen keiner mehr lebte) zusammen mit den Daten über ihre Hauptveröffentlichungen. Die Daten analysierte er dann daraufhin, welche Gesamtzahl von Beiträgen der ganzen Gruppe jeweils in einem Fünfjahres-Intervall des Alters lag. Um die abnehmende Anzahl von Personen mit zunehmendem Alter auszugleichen, berechnete LEHMANN die jährlichen Beiträge für diese Mitglieder in jeder Altersstufe aus einer Gruppe noch lebender Chemiker. Diese jährlichen Durchschnittswerte, als Prozentsatz des Durchschnitts des produktivsten Altersintervalls ausgedrückt, sind in Abbildung 55 (durchgezogende Linie) wiedergegeben.

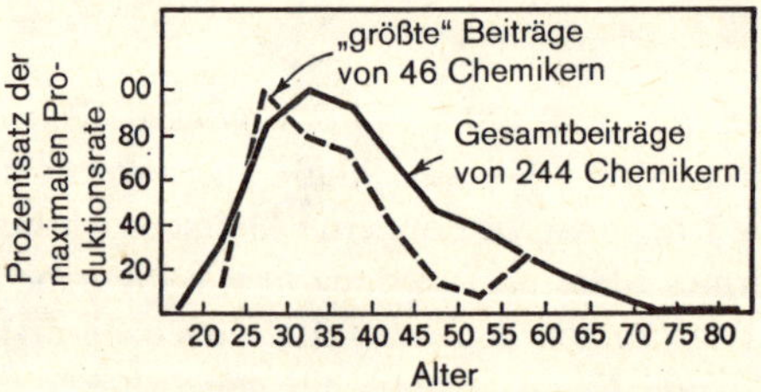

Abb. 55: Alter und kreative Produktionsrate in der Chemie (aus LEHMAN, 53, S. 7)

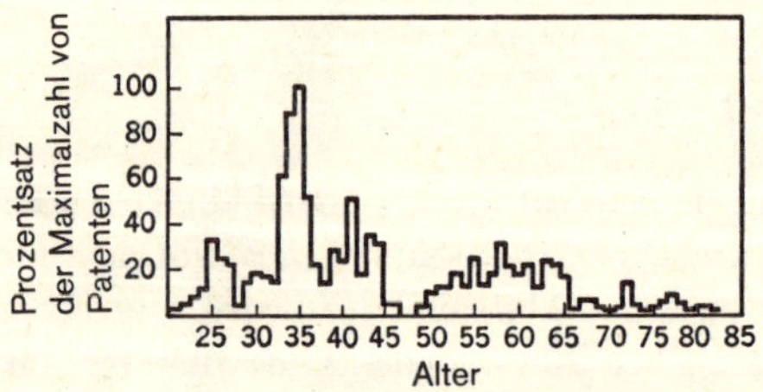

Abb. 56: Lebensalter und die Anzahl der in den USA patentierten Erfindungen von THOMAS A. EDISON, basierend auf einer Gesamtsumme von 1086 Patenten (aus LEHMAN, 53, S. 11)

Deutlich steigt die Produktionsrate steil bis zu einem Maximum im Intervall von 30 bis 34 Jahren an. Dann sinkt sie allmählich und stetig. Ähnliche Kurven erhielt man für verschiedene Wissenschaften und für viele Arten kreativer Arbeit in Literatur, Malerei und Musik. Interessante Stützen derartiger Alterskurven erbrachten die Längsschnittdaten eines besonders profilierten Wissenschaftlers. In Abbildung 56 ist das Alter für jedes der 1086 patentierten Erfindungen von Thomas A. EDISON wiedergegeben. Die Spitze liegt wieder Mitte der 30.
Berücksichtigt man nur das Erscheinen der höchsten Qualität so scheint die Spitze auf allen kreativen Gebieten früher erreicht zu werden. Bei den Chemikern ist dies durch die unterbrochene Linie in Abbildung 55 gekennzeichnet. Eine andere bemerkenswerte Beobachtung bezieht sich auf Veränderungen zwischen den Generationen. Im allgemeinen haben die kreativen Menschen in letzter Zeit ihre Höchstleistungen in jüngerem Alter erbracht als das in vergangener Zeit geschah. Abbildung 57 belegt diesen Befund für Physiker. Das spezifische Tätigkeitsgebiet scheint geringen Einfluß auf das Alter maximaler Produktivität zu haben. In der Literatur z.B. erreichen Dichter ihren Höhepunkt in den 20ern, Romanschriftsteller Anfang der 40. Insgesamt erscheint jedoch das Alter um 30 bis 39 Jahre als das „goldene Jahrzehnt" kreativer Leistung.

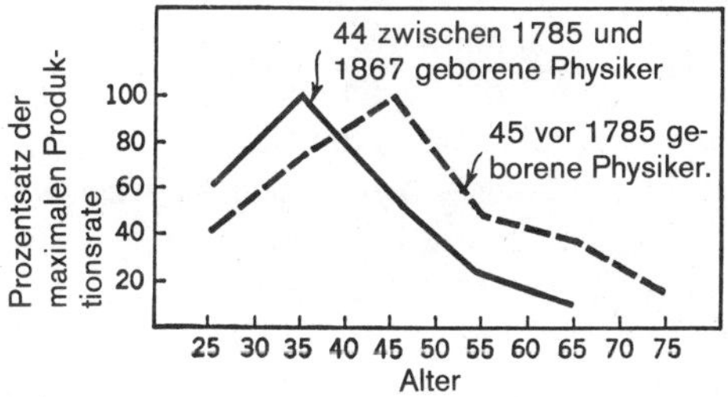

Abb. 57: Alter und kreative Produktionsrate von Physikern in früheren und späteren Zeiten (aus LEHMAN, 53, S. 289)

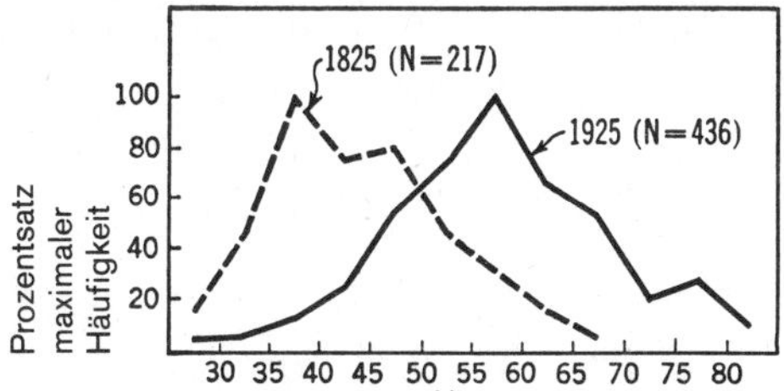

Abb. 58: Altersverteilung der Mitglieder des Repräsentantenhauses der USA 1825 und 1925 (aus LEHMAN, 53, S. 270)

Im Gegensatz dazu bilden Führungspersonen in der Regierung und im Militär eine ältere Gruppe. Die meisten Personen sind zwischen 50 und 70 Jahre alt. Weiterhin scheint das mittlere Alter dieser Gruppen in aufeinanderfolgenden Generationen eher anzusteigen als zu sinken. Diesen Befund illustriert Abb. 58. Hier finden sich die Altersverteilungen im Repräsentantenhaus der USA in den Jahren 1825 bzw. 1925. Man sollte bedenken, daß soziale Anerkennung, die Voraussetzung für Führungspositionen, eher erlangt wird, nachdem ein relativ fortgeschrittenes Alter erreicht ist. Der kreative Mensch jedoch kann seinen Beitrag leisten, bevor oder ohne daß er Anerkennung durch die Gesellschaft erlangt.

Man kann viel über die Gründe für die Abnahme kreativer Leistung Ende der 30 spekulieren. LEHMAN schreibt: „Als Resultat negativen Transfers sind die Alten im allgemeinen weniger flexibel als die Jungen. Diese Inflexibilität kann eine Behinderung kreativer Arbeit sein, wenn sie auch von der Bildung abhängig ist“ (53, S. 329). Er führt auch mögliche Effekte vieler anderer Faktoren auf. Altersbedingte Abnahme der physischen Spannkraft, der sensorischen Sensibilität und der allgemeinen Gesundheit vermindert zweifellos in vielen Fällen die Produktivität. Ebenso können sich Interessen und die Motivation aus vielfältigen Gründen mit dem Alter wandeln. Finanzielle Sorgen, häusliche Verantwortlichkeit und ähnliche äußerliche Umstände können in verschiedenen Altersstufen unterschiedlichen Einfluß nehmen. Ruhm, zunehmende öffentliche Aktivitäten und andere Geschehnisse im Berufsleben können ebenso auf die Art der Produktivität einwirken. Und dann wird auch in dem sich schnell ausdehnenden Gebiet die individuelle wissenschaftliche Leistung am Beitrag einer ständig zunehmenden Kollegenzahl gemessen. Die Chancen für herausragende Leistung reduzieren sich somit für ein Individuum, wenn es älter wird. Aufgrund dieser und anderer unkontrollierter Faktoren in den Daten können LEHMANs Ergebnisse offensichtlich nicht als eindeutige Belege für den Altersabbau in der kreativen Fähigkeit selbst angesehen werden[5].

5 Eine ausführliche Diskussion der Faktoren, die solche Daten verfälschen, findet sich in der Kritik an LEHMANS Buch von W. DENNIS (J. Geront. 1956, 11, 331–333).

Alter und Persönlichkeit

Kindheit bis zur Reife

Beschreibungen der Veränderungen in emotionalen, motivationalen und Einstellungseigenschaften, die im heranwachsenden Individuum von der Kindheit bis zum Erwachsenenalter vorkommen, stellen den Hauptteil der Lehrbücher über die Entwicklungspsychologie dar. Sozialpsychologen haben ebenfalls das Erscheinen und die Entwicklung von Einstellungen, Sozialstereotypien, Selbstbildern und verschiedene Aspekte interpersonaler Beziehungen beim Kind untersucht (s. z. B. 50; 52, Kapitel 9 und 10; 72). Eine Zusammenfassung eines Großteils der Forschungen über die Persönlichkeitsentwicklung in der Kindheit findet man bei JERSILD (42). Einen gründlichen Überblick über die gesamte Lebensspanne haben PRESSEY und KUHLEN (71) zusammengestellt. Für den Entwicklungsaspekt von besonderem Interesse ist die Monographie von SHUTTLEWORTH (83), in der eine Vielzahl graphischer Darstellungen über die physische und psychische Entwicklung zusammengetragen worden ist. Obwohl sich diese Monographie speziell mit dem Jugendalter beschäftigt, reichen viele Daten hinunter bis in die Kindheit und hinauf bis in die Erwachsenenjahre.
Eine Betrachtung der Graphen in der genannten Monographie illustriert vielfältig den Datentyp, den man in diesen Entwicklungsstudien erhoben hat. Verschiedene Maße für die Suggestibilität z. B. zeigen übereinstimmend einen Höhepunkt im Alter von 7 und 8 Jahren. Danach nimmt die Suggestibilität stark und kontinuierlich ab. Untersuchungen über Sammlungen von Kindern zeigen die größte Zahl von Sammlungen im allgemeinen im Alter von 10 Jahren, obwohl die Spitzen für verschiedene Arten von Sammlungen in verschiedenen Altersstufen liegen. Fingernägelkauen erreicht sein Maximum in der Pubertät und nimmt dann ab. Charakteristische Veränderungen in den Interessen während der Kindheit hat man durch die Analyse bevorzugter Bücher und Magazine untersucht, durch die Analyse von Personen, die in Aufsätzen beschrieben werden, durch Analyse von Kinobesuchen, Berufsinteressen und anderem. Es liegen auch normative Entwicklungsdaten für die verschiedenen Aspekte sozialer Reife, der Selbständigkeit und Verantwortung vor. Besonders sei auch auf die große Datenmenge über Spiel- und andere Freizeitaktivitäten hingewiesen, die LEHMAN und WITTY (54) gesammelt haben. Diese Daten hat man in Bezug auf Alter, Geschlecht, sozioökonomischen Status und andere Faktoren untersucht.
Die typischen Persönlichkeitsänderungen in der Kindheit und Jugendzeit – und während des ganzen Lebens hindurch – hat man häufig in *Entwicklungsstufen* beschrieben. Wahrscheinlich ist das bekannteste literarische Beispiel für diesen Ansatz die „Sieben Alter des Menschen“ von Shakespeare. Aber

auch Psychologen haben sich immer wieder auf dieses Gebiet begeben und ihre eigene Zusammenstellung der Stufen vorgeschlagen, um die Persönlichkeitsentwicklung zusammenzufassen. Als eine lebendige Darstellung charakteristischer Unterschiede zwischen den Altersstufen haben solche Beschreibungen ihren Wert. Bei der Anwendung dieser Schemata sollte man jedoch einige Vorsicht walten lassen. Erstens, sei daran erinnert, daß die Übergänge zwischen den Stufen allmählich und nicht plötzlich erfolgen. Zweitens, kann jedes Stufensystem nur grobe Gruppentrends wiedergeben, da sich die Individuen in ihrer Persönlichkeitsentwicklung stark voneinander unterscheiden. Eine dritte wichtige Einschränkung des Konzeptes von Entwicklungsstufen basiert auf der Bedeutung kultureller Faktoren. Die Art, das Auftreten und die Dauer bestimmter Stufen können von einer Kultur zur anderen stark variieren oder von einer Untergruppe aus einer einzelnen Kultur zur nächsten. Beispiele für solche kulturellen Unterschiede werden im 18. Kapitel genannt werden. Hierher gehört auch, daß Entwicklungsstufen nicht unbedingt auf Reifungs- oder andere strukturelle Veränderungen schließen lassen. Sie können auf den kulturell bedingten Gemeinsamkeiten in den Reaktionsgeschichten der Individuen beruhen.

Die Erwachsenenjahre

Das wachsende Interesse der Psychologen an dem Zeitraum von der Reife bis in das hohe Greisenalter spiegelt sich in der zunehmenden Zahl von Studien über Persönlichkeitsveränderungen im Erwachsenenalter wider. Eine der ausführlichsten Untersuchungen dieser Art stammt von STRONG. Sie stellt eine Analyse der Altersveränderungen in Interessen dar. Der frühere Teil des Projektes (88), ein Teil der Stanforder Altersstudien, basiert auf einer Querschnittanalyse von 2 340 Männern im Alter von 20 bis 60 Jahren mit dem Strong Vocational Interest Blank, der acht Hauptberufsfelder abdeckt. Später verwandte STRONG (89) besser vergleichbare Altersstichproben und vervollständigte seine Querschnittsdaten durch Längsschnittuntersuchungen an denselben Individuen. In der späteren Untersuchung analysierte er die Altersveränderungen getrennt für den Zeitraum von 15 bis 25 Jahren und für den Zeitraum von 25 bis 55 Jahren.

Im allgemeinen sprechen STRONGs Daten dafür, daß die Ähnlichkeiten in den Interessen der Altersgruppen weit größer sind als die Unterschiede. Männer aus unterschiedlichen Berufen zeigen eine weit größere Variabilität in ihren Interessensmustern als man sie zwischen den verschiedenen Altersstufen fand. Die größten altersbedingten Veränderungen treten im Alter zwischen 15 und 25 Jahren auf. Eine dieser Veränderungen bestand in einer Zunahme von Zustimmungen – wahrscheinlich das Resultat erweiterter Erfahrungen. Die größten Veränderungen im Alter von 25 bis in das Alter von 55 Jahren betrafen eine Abnahme der Vorliebe für physisch anstrengende und mühevolle Aktivitäten sowie für Beschäftigungen, die Schreiben erfordern. Signifikant nahm auch die Zustimmung für Aktivitäten ab, die Veränderungen oder Beeinträchtigungen liebgewordener Gewohnheiten bedeuten. Interessant, daß die Zustimmung für Veränderung von 15 bis 25 Jahren zunimmt und dann mit 55 Jahren absinkt. So scheint in dieser Hinsicht das Alter Mitte der 20 das am wenigsten „konservative" Alter zu sein.

In der oben zitierten Erhebung von LEHMAN und WITTY (54) erwiesen sich die Freizeitbeschäftigungen von Erwachsenen mit zunehmendem Alter als traditioneller und weniger individualistisch. Die nebenberuflichen Interessen älterer Menschen stimmen meist mit kulturellen Mustern überein.

Ein Vergleich der Antworten von Collegestudenten im Minnesota Multiphasic Personality Inventory (MMPI) mit denen von Geschäftsleuten und anderen Berufstätigen im Alter zwischen 45 bis 55 Jahren erbrachte in vielen Items signifikante Unterschiede (17). Die Antworten der Älteren sprachen für verminderte physische Kondition, verringertes Interesse an anstrengenden und aufregenden Aktivitäten und größere Spannung in der Arbeit und der emotionalen Verfassung, aber für bessere soziale Beziehungen zur Familie und anderen Verwandten. In einem Suggestionsexperiment erwiesen sich ältere Personen als weniger empfindlich für den Einfluß der Gruppen- oder Expertenmeinung als jüngere Personen (59). Wieder ließe sich ein derartiger Befund als Beleg für den größeren „Konservativismus" oder die relative „Inflexibilität" älterer Personen interpretieren. Speziell kann es bedeuten: Je länger einer eine Meinung hat, desto weniger ist er einer Änderung zugeneigt.

Die ausführliche Erhebung von KINSEY und seinen Mitarbeitern über das sexuelle Verhalten von Männern (48) und Frauen (49) hat eine Unmenge von Daten über Altersunterschiede erbracht. Obwohl sie bis heute die größte und am sorgfältigsten kontrollierte Faktensammlung über dieses Thema darstellen, sind die Ergebnisse der KINSEY-Untersuchungen hauptsächlich in zwei Punkten kritisiert worden. Erstens, sind die Stichproben wahrscheinlich atypisch, da die meisten Pbn freiwillig an der Studie teilnahmen. Zweitens, da die Daten durch Interviewtechniken erhoben worden sind, sind sie Erinnerungsfehlern und absichtlichen Übertreibungen oder anderen Verfälschungen durch die Pbn ausgesetzt. Wahrscheinlich beeinträchtigen diese Einschränkungen nicht alle Ergebnisse in gleichem Umfang. Relative Befunde wie z.B. die Alterstrends innerhalb der untersuchten Stichproben gehören wahrscheinlich zu den zuverlässigeren Fakten in diesen Studien.

Eine der Folgerungen, die man aus den KINSEY-Daten ziehen kann, besteht darin, daß Gefühle, Einstellungen und andere psychische Merkmale nicht so eng an physische Faktoren gebunden sind, wie man früher annahm. Diese Beobachtung stammt aus Daten über Altersveränderungen, besonders bei älteren Personen. So muß das Ende reproduktiver Kapazitäten nicht unbedingt mit plötzlichen psychischen Veränderungen oder dem Verlust sexueller Interessen assoziiert sein. Andere Forschungen über die Persönlichkeit im Alter (s. 51) weisen auf große individuelle Unterschiede in den Reaktionen auf den „Lebensumschwung" hin und lassen die Wichtigkeit psychischer Faktoren bei der Bestimmung der emotionalen Verfassung in dieser Zeit deutlich werden. Hier erkennt man immer deutlicher, daß die individuellen Reaktionen auf alle Aspekte des Altersprozesses weitgehend durch psychische Faktoren modifiziert werden können. In einem Überblick über die Persönlichkeitsstudien an älteren Menschen schlußfolgert KUHLEN (51), daß „die Erhaltung aktiver Interessen und ausreichende Arbeit erstrangige Bedeutung" für das Erlangen guter Eingliederung haben. In einer späteren Arbeit fordert WATSON (102), man müßte verstärkt das Selbstbild älterer Personen und dessen Wirkung auf Persönlichkeitsveränderungen untersuchen. Etliche Studien über die Selbstbilder älterer Personen und über Altersstereotypien haben LORGE und Mitarbeiter durchgeführt (s. 57).

Die meisten Daten über Persönlichkeitsänderungen bei Erwachsenen hat man aus Querschnittuntersuchungen abgeleitet. Besonders interessant ist eine Längsschnittstudie der erwachsenen Persönlichkeit von KELLY (47). Das Projekt begann in den Jahren 1935 bis 1938 mit dem Testen von 300 verlobten Paaren in Neuengland. Das mittlere Alter der Männer betrug zu der Zeit 26,7 und das der Frauen 24,7 Jahre. Fast 90 % der Pbn waren zwischen 21 und 30 Jahren alt. Fast 20 Jahre später testete man 86 % der ursprünglichen Pbn wieder mit denselben Einstellungs-, Interessen- und anderen Persönlichkeitstests und Schätzskalen, die man bei der ersten Untersuchung auch verwandt hatte.

Die Analysen der Gruppentrends über die 20 Jahre hinweg zeigten nur wenige signifikante Differenzen in den Mittelwerten, und selbst diese stellten nur geringe Veränderungen dar. In der Allport-Vernon-Study of Values sanken die theoretischen Werte der Männer, die ästhetischen Werte bei beiden Geschlechtern nahmen ab und die religiösen Werte zu. Die letztgenannte Veränderung war die größte und wurde bestätigt durch ein Ansteigen der zustimmenden Haltung der Kirche gegenüber, die durch die REMMERS Generalized Attitude Scales gemessen wurde[6]. Unter den anderen signifikanten Unterschieden waren bei beiden Geschlechtern etwas mehr positive Haltungen der Kindererziehung gegenüber und etwas weniger positive Einstellungen dem Haushalt gegenüber. Die Männer zeigten eine signifikante Zunahme in der Vorliebe für Gartenarbeit sowie signifikant höhere Werte in der Berufsskala für den Farmer aus der Strong Vocational Interest Blank. Offensicht-

6 Ähnliche Ergebnisse erhielt NELSON (66) in einer Studie, in der Collegestudenten nach einem Intervall von 14 Jahren noch einmal getestet wurden.

lich gewann in dieser Stichprobe die Dreckarbeit mit zunehmendem Alter an Popularität!

Der Strong Test wies auch auf einen signifikanten Wandel zu männlichen Interessen bei beiden Geschlechtern hin. Als mögliche Hypothese zur Erklärung dieses Befundes vermutet KELLY die zunehmende Mechanisierung unserer Kultur, die sich in der wachsenden Zahl und Vielfalt mechanischer Apparate im Hause zeigt. Im Bernreuter-Test bestand die einzige signifikante Veränderung in einem Anstieg im Wert für das Selbstvertrauen bei den Frauen. Schließlich schätzten sich beide Geschlechter nach 20 Jahren als weniger forsch ein, sorgfältiger gekleidet, mit enger gefaßten Interessen und schlechter gelaunt. Diese Veränderungen in den Selbsteinschätzungen können eine Kombination aus wirklichen Persönlichkeitsunterschieden und Veränderungen in der Einsicht, Selbstkenntnis und Urteilsnormen widerspiegeln.

In seiner Bewertung all dieser Unterschiede stellt KELLY fest, daß „jeder signifikante Unterschied von theoretischem Interesse ist, aber ohne adäquate Altersnormen für beide Zeitpunkte ebenso mit dem zunehmendem Alter wie mit kulturellem Wandel erklärt werden kann" (47, S. 671). Auf dieses methodische Problem sind wir bereits im ersten Abschnitt dieses Kapitels eingegangen.

Daten zur allgemeinen Frage nach kulturellem Wandel und Altersunterschieden kann man in einer Studie von PRESSEY und JONES (70) finden. 1953 legte man Gruppen von Collegestudenten und Erwachsenen im Alter von 20 bis 60 Jahren zwei Teile des Pressey X-O Test vor. In einem von ihnen sollten die Pbn alle Dinge ausstreichen, die sie in einer Liste von 125 Items für falsch hielten. Die meisten bezogen sich auf „fragwürdige" Aktivitäten wie Rauchen, Trinken, Flirten, Spucken, Kichern u. ä. Im anderen sollten die Pbn jedes Item anstreichen, über das sie sich jemals geärgert oder geängstigt hatten. Denselben Test hatte man vergleichbaren Gruppen von Collegestudenten 1923, 1933 und 1943 vorgelegt. Die Tests von 1923 wurden auch Schulkindern in bestimmten Klassen der Grundschule und Highschool vorgelegt. Die Daten erlauben so Querschnittsvergleiche in jedem der vier Jahre, sowie bestimmte Längsschnittvergleiche der Populationen über die vier Jahrzehnte hinweg.

Einige Ergebnisse sind in Abbildung 59 wiedergegeben. Teil A zeigt die mittlere Itemanzahl, die von männlichen Pbn in jeder Schulklasse, Collegeklasse und jedem Altersjahrzehnt (bei Erwachsenen) als „falsch" durchgestrichen worden ist. Entsprechende Daten für weibliche Pbn sind in Teil B zu sehen. Getrennte Graphen für die Ergebnisse von 1923, 1943 und 1953[7] sind eingezeichnet. In diesen Daten werden einige Trends deutlich. Zunächst tendiert

---

7 Obwohl nicht in den von PRESSEY und JONES veröffentlichten Kurven enthalten, liegen die Daten von 1933 zwischen denen von 1923 und 1943.

die Anzahl als falsch angesehener Items von der 11. zur 12. Klasse leicht nach unten und sinkt dann sehr viel stärker in der Gruppe der College-Anfänger. Weiterhin treten geringere Abnahmen in den vier Jahren des College auf, ausgenommen die College-Studenten von 1951, deren Werte gleichmäßig niedrig sind. Die Erwachsenengruppe jedoch hielt mehr Items für falsch als die in demselben Jahr getesteten Studenten. Weiterhin steigen diese Werte mit dem Alter an, besonders bei den Männern.

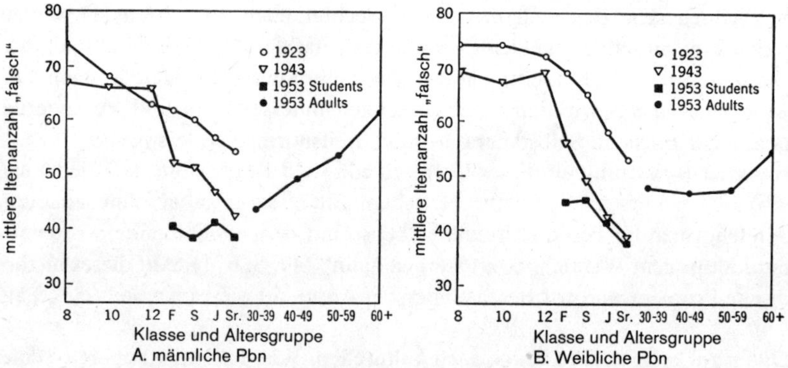

Abb. 59: Antworten auf den PRESSEY-X-O-Test als Funktion des Alters, der Ausbildung und kultureller Veränderungen (übernommen aus PRESSEY u. JONES, 70, S. 487)

Sehr interessant ist ein Querschnittsvergleich zwischen den Erwachsenen von 1953 und den Studenten, die im College waren, als diese Erwachsenengruppe ungefähr 20 Jahre alt war. Aus Abbildung 59 sieht man z.B., daß die 50jährigen etwa dieselbe Itemanzahl als falsch angestrichen haben, wie es die Collegeabgänger 30 Jahre zuvor taten. Alle anderen entsprechenden Vergleiche ergeben ähnliche Resultate. Es scheint demnach so, als ob ältere Personen die Einstellungen beibehalten, die sie sich in ihrer Jugend gebildet haben. Statt mit dem Alter immer konservativer zu werden, behalten sie nur ihre frühere Position bei. Tatsächlich läßt sich einige Bewegung in Richtung auf kulturellen Wandel annehmen, denn die Erwachsenenwerte kommen nahezu denen der College-Studenten ihrer eigenen Generation gleich. Im Vergleich mit jungen Menschen von vergleichbarem Bildungsniveau hatten diese Erwachsenen weniger Dinge als falsch angesehen.

Die bisher betrachteten Ergebnisse handelten von Gruppentrends in Relation zum Alter und von absoluten Veränderungen im Ausmaß oder im Niveau. Was geschieht mit dem Individuum im Verlauf derartiger Veränderungen? Behält es dieselbe relative Position in der Gruppe bei? Es sei daran erinnert, daß wir eine ähnliche Frage in Verbindung mit Training (Kapitel 7) und mit intellektuellen Veränderungen (s. früheren Abschnitt in diesem Kapitel) gestellt haben. Um solche Fragen zu beantworten, müssen wir uns Längsschnittstudien an denselben Individuen zuwenden.

Einige kurze Längsschnittstudien an Vorschulkindern und einige an Schulkindern lassen vermuten, daß im allgemeinen die Stabilität von Persönlichkeitsmerkmalen während der Kindheit niedrig ist, wenn sie auch überzufällig hoch ist (s. 42; 64, Kapitel 16). Einige Entwicklungspsychologen sprechen von einem „Kern der Persönlichkeit", der fortbesteht und sogar im Säuglingsalter entdeckt werden kann. Gleichzeitig zeigen die Daten, daß das Stabilitätsmaß deutlich mit dem Merkmal und dem Individuum variiert. Sicherlich ist allgemein anerkannt, daß sichtbare Veränderungen in der heimischen Umwelt, den Familienbeziehungen, dem „psychischen Klima" des Zuhauses und anderen Umgebungsbedingungen die spätere kindliche Persönlichkeitsentwicklung beeinflussen. Außerdem können Anleitungen und Therapie meßbare Verbesserungen in Persönlichkeitsmerkmalen bewirken.

Von einer ungewöhnlichen Längsschnittstudie berichtet SMITH (84). Er erhob Bekanntenbeurteilungen über fünf Geschwister aus einer einzigen Familie, nachdem man 50 Jahre zuvor die ersten Daten aufgenommen hatte. Persönlichkeitsmerkmale in der Kindheit schätzte man auf der Basis detaillierter Berichte ein, die die Kindesmutter über einen Zeitraum von 8 Jahren verfaßt hatte. Aufgrund der Analyse der Kindheits- und Erwachsenenbeurteilungen schloß der Autor, die Persönlichkeitsmerkmale zeigten über 50 Jahre hinweg überwiegend Konsistenz. Die 5 Geschwister behielten ihren ursprünglichen Rangplatz in den meisten Merkmalen bei. Abgesehen von den Einschränkungen durch die Fallanzahl und den möglichen Einfluß subjektiver Faktoren auf diese Ergebnisse, muß erwähnt werden, daß die Schätzungen in der Kindheit auf kumulativen Verhaltensberichten über einen Zeitraum von 6 Jahren pro Kind basierten. Wahrscheinlich können unter diesen Bedingungen zuverlässigere Vorhersagen der erwachsenen Persönlichkeit gemacht werden als von einzelnen Tests oder aus kurzen Beobachtungsperioden. Vorliegende Längsschnittergebnisse über Erwachsene belegen relativ hohe Stabilität der Interessen, Einstellungen und anderer Persönlichkeitsmerkmale über Zeiträume von 10 bis 20 Jahren hinweg (47, 65, 66, 89, 90). STRONGs Analysen der Berufsinteressen z.B. ergaben durchschnittliche Korrelationen von 0,70 und 0,80 für Intervalle von bis zu 22 Jahren (90). KELLYs vorher beschriebene

Nachuntersuchung nach 20 Jahren (47) zeigte, daß Berufsinteressen und Werthaltungen (gemessen mit dem ALLPORT-VERNON) die stabilsten Merkmale sind. Die Korrelationen liegen zwischen 0,30 und 0,60. Selbsteinschätzungen und andere Maße für emotionale Merkmale erbrachten die nächst höheren Korrelationen. Einstellungen erwisen sich unter den untersuchten Merkmalen als die instabilsten.
KELLY fand auch, daß die Veränderungen bei den einzelnen Variablen recht spezifisch waren. Anders ausgedrückt: Ein Individuum kann in einem Merkmal recht stabil und in einem anderen sehr instabil sein. Analysen von Daten über Ehepaare belegten keine zunehmenden Ähnlichkeiten zwischen ihnen. Insgesamt standen die Veränderungen in den Werten nicht in signifikanter Beziehung zum Anfangswert des Ehepartners der Pbn. Ehepaarkorrelationen tendieren dazu, anfänglich positiv und signifikant zu sein und sich beim Retest nicht zu ändern. Demnach scheint jede beobachtete Ehepaarähnlichkeit in diesen Persönlichkeitsmerkmalen das Resultat übereinstimmender Wahl und nicht gegenseitiger Beeinflussung zu sein.

Zusammenfassung

Veränderungen in intellektuellen und Persönlichkeitsmerkmalen, die das ganze Leben hindurch auftreten, hat man mit *Querschnitt-* und *Längsschnittmethoden* untersucht. In Querschnittstudien können die Gruppen wegen selektiver Faktoren und kumulativen, kulturellen Wandels nicht vergleichbar sein. Zunehmend nutzt man den Längsschnittansatz, wie eine Reihe großer laufender Projekte über Erwachsene und Kinder belegen. Bestimmte experimentelle Designs, die Querschnitt- und Längsschnittverfahren kombinieren, bieten praktische und theoretische Vorteile.
Angewandt auf psychologische Daten werden *Wachstumskurven* richtiger als Altersfortschrittskurven bezeichnet. Denn sie spiegeln den kombinierten Einfluß physischen Wachstums mit dem Lernen wider. Die am sorgfältigsten konstruierte Alterskurve für Intelligenztestwerte zeigt einen leichten Anstieg in der frühen Kindheit, gefolgt von steilerem Anstieg und allmählichem Ausschwingen, wenn die Reife erreicht ist. Alterskurven werden durch etliche technische Bedingungen beeinflußt, z.B. Gleichheit von Skalenintervallen, Schwierigkeitsniveau eines Tests (einschließlich der Testdecke und des Testbodens) und unterschiedliche Zusammensetzung der Intelligenztests mit dem Alter. Da auch der Verlauf von Alterskurven mit der gemessenen Funktion und dem Individuum variieren kann, können zusammengesetzte Durchschnittskurven irreführend sein.

Die traditionelle Frage nach der *IQ-Konstanz* bezieht sich auf die Konsistenz individueller relativer Positionen über einen langen Zeitraum hinweg. Der Vorhersagewert von Intelligenztestwerten hängt von dem Intervall zwischen den Tests und dem Alter ab, in dem der erste Test angewendet worden ist. Die Werte steigen in ihrer Stabilität von der Kindheit bis zur Reife. Tests im Vorschul- und Kleinkindalter sind zur Vorhersage späterer Leistung nahezu wertlos. Selbst bei Kindern im Schulalter können in individuellen Fällen große Veränderungen eintreten. Ein wichtiger Faktor für die mit dem Alter zunehmende Stabilität von Testwerten ist die kumulative Natur der Verhaltensentwicklung und das daraus folgende „Überlappen" der Werte. Es scheint, daß die *IQ-Konstanz* auf diesem Überlappen basiert und nicht auf Gesetzmäßigkeiten der Verhaltensentwicklung. Denn die Gewinne sind mit den vorangegangenen Werten nicht korreliert.

Studien der intellektuellen Funktionen in der Reife und dem Alter wollten die Grenzen intellektuellen Wachstums und die Abbaugeschwindigkeit feststellen. Heute ist klar, daß sich die Intelligenzleistung zumindest bis in das Alter von 20 Jahren verbessert. Bei besser leistenden Individuen, besonders bei solchen mit Collegebildung oder relativ intellektueller Beschäftigung, kann sich diese Verbesserung über die gesamte Lebenszeit erstrecken. Querschnittstudien an weniger selegierten Stichproben zeigen, daß die Werte Ende der 20 oder Anfang 30 zu sinken beginnen. Wegen kultureller Veränderungen im Bildungsangebot können einige Abnahmen in den Testwerten Bildungsunterschiede und nicht Altersveränderungen widerspiegeln.

Das Ausmaß beobachteten Altersabbaus variiert auch mit der Art der getesteten Funktionen. Der Wortschatz verändert sich kaum oder gar nicht. Tests, in denen Geschwindigkeit, visuelle Wahrnehmung und abstrakte räumliche Beziehungen eine Rolle spielen, zeigen tendenziell den steilsten Altersabbau. Die Abnahme motorischer Leistungen ist gering, besonders wenn der Pb kompensatorische Veränderungen in seiner Methode einführen kann. Ältere Personen können fast so gut wie jüngere lernen, sie sind jedoch ernsthaft benachteiligt, wenn die Aufgabe alten Gewohnheiten widerspricht. Ähnlich unterliegt das Gedächtnis für neu gelerntes Material stärkeren altersbedingten Verschlechterungen als das Gedächtnis für altes Material.

Kreative Leistungen in der Malerei, der Musik, der Literatur, der Wissenschaft und in Erfindungen können nahezu in jedem Alter auftreten. Die größte Häufung findet sich jedoch mit ungefähr 30 Jahren. Der Höhepunkt für Qualität ist eher als der Höhepunkt für Quantität der Produktion erreicht. Es gibt auch Belege dafür, daß sich die Altersspitze für kreative Leistung über die Generationen hinweg nach unten verlagert hat. Der Höhepunkt für Regierungs- und militärische Führungspositionen liegt jedoch zwischen 50 und 70 Jahren und hat sich mit der Zeit nach oben verschoben. Aufgrund vieler anderer beteiligter Faktoren müssen die beobachteten Altersunterschiede in

herausragenden Leistungen nicht unbedingt entsprechende Veränderungen der kreativen Fähigkeit oder anderer psychischer Merkmale signalisieren.
Die Forschung über *Alter und Persönlichkeit* hat wertvolle Daten über charakteristische Veränderungen in emotionalen, motivationalen und Einstellungseigenschaften von der Kindheit bis zum Erwachsenenalter erbracht. Im Zuge der Entwicklung der Gerontologie hat man immer mehr Daten über Persönlichkeitsveränderungen im hohen Alter zusammengetragen. Abgesehen von dem schwindenden Interesse an anstrengenden oder ungewohnten Aktivitäten, sind die Interessensveränderungen nach der Reife gering. Der „Konservatismus" älterer Personen kann eher kulturellen Wandel zwischen den Generationen als Altersunterschiede innerhalb des Individuums widerspiegeln.
Was die Stabilität der individuellen Persönlichkeit anbelangt, sind Vorhersagen künftiger Entwicklung aufgrund von Beobachtungen in der Vorschule oder der Schule gefährlich. Zumindest einige Kinder werden große Veränderungen in ihren emotionalen, motivationalen oder sozialen Reaktionen zeigen. Die verfügbaren Informationen sprechen selbst dafür, daß die meisten Persönlichkeitsmerkmale recht stabil sind, wenn die Individuen älter als 20 Jahre alt geworden sind.

Literaturverzeichnis

1. Anastasi, Anne. *Psychological testing.* N.Y.: Macmillan, 1954.
2. Anastasi, Anne. Age changes in adult test performance. *Psychol. Rep.*, 1956, 2, 509.
3. Anderson, J. E. The prediction of terminal intelligence from infant and preschool tests. *39th Yearb., Nat. Soc. Stud. Educ.*, 1940, Part I, 385–403.
4. Anderson, L. D. The predictive value of infancy tests in relation to intelligence at five years. *Child Develpm.*, 1939, 10, 203–212.
5. Babcock, Harriet. An experiment in the measurement of mental deterioration. *Arch. Psychol.*, 1930, No. 117.
6. Barnes, M. W. Gains in the ACE Psychological Examination during the freshman-sophomore years. *Sch. and Soc.*, 1943, 57, 250–252.
7. Bayley, Nancy. A study of the crying of infants during mental and physical tests. *J. genet. Psychol.*, 1932, 40, 306–329.
8. Bayley, Nancy. Mental growth during the first three years: a developmental study of sixty-one children by repeated tests. *Genet. Psychol. Monogr.*, 1933, 14, 1–92.
9. Bayley, Nancy. Consistency and variability in the growth of intelligence from birth to eighteen years. *J. genet. Psychol.*, 1949, 75, 165–196.
10. Bayley, Nancy. On the growth of intelligence. *Amer. Psychologist*, 1955, 10, 805–818.

11. Bayley, Nancy. Data on the growth of intelligence between 16 and 21 years as measured by the Wechsler-Bellevue Scale. *J. genet. Psychol.*, 1957, 90, 3–15.
12. Bayley, Nancy, and Oden, Melita H. The maintenance of intellectual ability in gifted adults. *J. Geront.*, 1955, 10, 91–107.
13. Bell, R. Q. Convergence: an accelerated longitudinal approach. *Child Developm.*, 1953, 24, 145–152.
14. Bentz, V. J. A test-retest experiment on the relationship between age and mental ability. *Amer. Psychologist*, 1953; 8, 319–320.
15. Bradway, K. P. IQ constancy on the Revised Stanford-Binet from the preschool to the junior high school level. *J. genet. Psychol.*, 1944, 65, 197–217.
16. Bradway, K. P. An experimental study of factors associated with Stanford-Binet IQ changes from the preschool to the junior high school. *J. genet. Psychol.*, 1945, 66, 107–128.
17. Brozek, J. Personality changes with age: an item analysis of the Minnesota Multiphasic Personality Inventory. *J. Geront.*, 1955, 10, 194–206.
18. Chodorkoff, B., and Mussen, P. Qualitative aspects of the vocabulary responses of normals and schizophrenics. *J. consult. Psychol.*, 1952, 16, 43–48.
19. Cornell, Ethel L., and Armstrong, C. M. Forms of mental growth patterns revealed by reanalysis of the Harvard growth data. *Child Develpm.*, 1955, 26, 169–204.
20. Corsini, R. J., and Fassett, Katherine K. Intelligence and aging. *J. genet Psychol.*, 1953, 83, 249–264.
21. Dearborn, W. F., and Rothney, J. *Predicting the child's development.* Cambridge, Mass.: Sci-Art Pub., 1941.
22. Deming, Jean. Application of the Gompertz curve to the observed pattern of growth in length of 48 individual boys and girls during the adolescent cycle of growth. *Hum. Biol.*, 1957, 29, 83–122.
23. Doppelt, J. E., and Wallace, W. L. Standardization of the Wechsler Adult Intelligence Scale for older persons. *J. abnorm. soc. Psychol.*, 1955, 51, 312–330.
24. Embree, R. B. A study of the graduates of University High School from 1921 to 1945, with special reference to their subsequent academic careers. Unpublished doctoral dissertation, Univer. Minn., 1947.
25. Falkner, F. Measurement of somatic growth and development in children. *Courrier* (Centre International de l'Enfance, Paris), 1954, 4, 169–181.
26. Falkner, F. International studies on growth and development. *Children*, 1955, 2, 227–229
27. Feifel, H. Qualitative differences in the vocabulary responses of normals and abnormals. *Gene Psychol. Monogr.*, 1949, 39, 151–204.
28. Fisher, M. B., and Birren, J. E. Age and strength. *J. appl. Psychol.*, 1947, 31, 490–497.
29. Foulds, G. A. Variations in the intellectual activities of adults. *Amer. J. Psychol.*, 1949, 62, 238–246.
30. Foulds, G. A., and Raven, J. C. Normal changes in the mental abilities of adults as age advances. *J. ment. Sci.*, 1948, 94, 133–142.
31. Fox, Charlotte, and Birren, J. E. The differential decline of subtest scores of the Wechsler-Bellevue Intelligence scale in 60–69-year-old individuals. *J. genet. Psychol.*, 1950, 77, 313–317.

32. Freeman, F. N., and Flory, C. D. Growth in intellectual ability as measured by repeated tests. *Monogr. Soc. Res. Child Develpm.*, 1937, 2, No. 2.
33. Gilbert, Jean G. Memory loss in senescence. *J. abnorm. soc. Psychol.*, 1941, 36, 73–86.
34. Goodenough, Florence L., and Maurer, Katherine M. *The mental growth of children from two to fourteen years.* Minneapolis: Univer. Minn. Press, 1942.
35. Gurvitz, M. S. Speed as a factor in the decline of performance with age. *Amer. Psychologist,* 1952, 7, 298–299.
36. Heston, J. C., and Connell, C. F. A note on the relation between age and performance of adult subjects on four familiar psychometric tests. *J. appl. Psychol.*, 1941, 25, 415–419.
37. Hofstaetter, P. R. The changing composition of "intelligence": a study of T technique. *J. genet. Psychol.*, 1954, 85, 159–164.
38. Honzik, Marjorie P. The constancy of mental test performance during the preschool period. *J. genet. Psychol.*, 1938, 52, 285–302.
39. Honzik, Marjorie P., Macfarlane, Jean W., and Allen, Lucile. The stability of mental test performance between two and eighteen years. *J. exp. Educ.*, 1948, 17, 309–324.
40. Hunter, E. C. Changes in scores of college students on the American Council Psychological Examination at yearly intervals during the college course. *J. educ. Res.*, 1942, 36, 284–291.
41. Husén, T. The influence of schooling upon IQ. *Theoria,* 1951, 17, 61–88.
42. Jersild, A. T. Emotional development. In L. Carmichael (Ed.), *Manual of child psychology.* N.Y.: Wiley, 1954, Pp. 833–917.
43. Jones, H. E., and Conrad, H. S. The growth and decline of intelligence: a study of a homogeneous group between the ages of ten and sixty. *Genet. Psychol. Monogr.*, 1933, 13, 223–298.
44. Jones, H. E., and Conrad, H. S. Mental development in adolescence. *43rd Yearb., Nat. Soc. Stud. Educ.*, 1944, Part I, 146–163.
45. Jones, H. E., and Kaplan, O. J. Psychological aspects of mental disorders in later life. In O. J. Kaplan (Ed.), *Mental disorders in later life.* Stanford Univer., Calif.: Stanford Univer. Press, 1945. Ch. 4.
46. Jones, H. E., and Seashore, R. H. The development of fine motor and mechanical abilities. *43rd Yearb., Nat. Soc. Stud. Educ.*, 1944, Part I, 123–145.
47. Kelly, E. L. Consistency of the adult personality. *Amer. Psychologist,* 1955, 10, 659–681.
48. Kinsey, A. C., *et al. Sexual behavior in the human male.* Philadelphia: Saunders, 1948.
49. Kinsey, A. C., *et al. Sexual behavior in the human female.* Philadelphia: Saunders, 1953.
50. Koch, Helen L. The social distance between certain racial, nationality, and skin-pigmentation groups in selected populations of American school children. *J. genet. Psychol.*, 1946, 68, 63–95.
51. Kuhlen, R. G. Age differences in personality during adult years. *Psychol. Bull.*, 1945, 42, 333–358.
52. Kuhlen, R. G., and Thompson, G. G. *Psychological studies of human development.* N.Y.: Appleton-Century-Crofts, 1952.

53. Lehman, H. C. *Age and achievement.* Princeton, N.J.: Princeton Univer. Press, 1953.
54. Lehman, H. C., and Witty, P. A. *The psychology of play activities.* N.Y.: Barnes, 1927.
55. Livesay, T. M. Does test intelligence increase at the college level? *J. educ. Psychol.*, 1939, 30, 63–68.
56. Lorge, I. The influence of the test upon the nature of mental decline as a function of age. *J. educ. Psychol.*, 1936, 27, 100–110.
57. Lorge, I. Gerontology (later maturity). *Ann. Rev. Psychol.*, 1956, 7, 349–364.
58. Macfarlane, Jean W., Allen, Lucile, and Honzik, Marjorie P. A developmental study of the behavior problems of normal children between twenty-one months and fourteen years. *Univer. Calif. Publ. Child Develpm.*, 1954, 2, 1–122.
59. Marple, C. H. The comparative susceptibility of three age levels to suggestion of group versus expert opinion. *J. soc. Psychol.*, 1933, 4, 176–186.
60. Miles, Catharine C. Influence of speed and age on intelligence scores of adults. *J. gen. Psychol.*, 1934, 10, 208–210.
61. Miles, Catharine C., and Miles, W. R. The correlation of intelligence scores and chronological age from early to late maturity. *Amer. J. Psychol.*, 1932, 44, 44–78.
62. Miles, W. R. Psychological aspects of aging. In E. V. Cowdry (Ed.), *Problems of ageing.* Baltimore: Williams & Wilkins, 1942. Pp. 756–784.
63. Miner, J. B. *Intelligence in the United States: a survey—with conclusions for manpower utilization in education and employment.* N.Y.: Springer, 1956.
64. Munn, N. L. *The evolution and growth of human behavior.* Boston: Houghton Mifflin, 1955.
65. Nelson, E. N. P. Persistence of attitudes of college students fourteen years later. *Psychol. Monogr.*, 1954, 68, No. 2.
66. Nelson, E. N. P. Patterns of religious attitude shifts from college to fourteen years later. *Psychol. Monogr.*, 1956, 70, No. 17.
67. Nelson, V. L., and Richards, T. W. Studies in mental development: I. Performance on Gesell items at six months and its predictive value for performance at two and three years. *J. genet. Psychol.*, 1938, 52, 303–325.
68. Nyssen, R., and Delys, L. Contribution à l'étude du problème du déclin intellectuel en fonction de l'âge. *Arch. Psychol.*, 1952, 33, 295–310.
69. Owens, W. A., Jr. Age and mental abilities: a longitudinal study. *Genet. Psychol. Monogr.*, 1953, 48, 3–54.
70. Pressey, S. L., and Jones, A. W. 1923–1953 and 20–60 age changes in moral codes, anxieties, and interests, as shown by the "X-O Tests." *J. Psychol.*, 1955, 39, 485–502.
71. Pressey, S. L., and Kuhlen, R. G. *Psychological development through the life span.* N.Y.: Harper, 1957.
72. Radke-Yarrow, Marian, Trager, Helen G., and Davis, Hadassah. Social perceptions and attitudes of children. *Genet. Psychol. Monogr.*, 1949, 40, 327–447.

73. Raven, J. C. The comparative assessment of intellectual ability. *Brit. J. Psychol.*, 1948, 39, 12–19.
74. Roff, M. A statistical study of intelligence test performance. *J. Psychol.*, 1941, 11, 371–386.
75. Ruch, F. M. The differentiative effects of age upon human learning. *J. gen. Psychol.*, 1934, 11, 261–286.
76. Schaie, K. W., Rosenthal, F., and Perlman, R. M. Differential mental deterioration of factorially "pure" functions in later maturity. *J. Geront.*, 1953, 8, 191–196.
77. Shakow, D., Dolkart, M. B., and Goldman, R. The memory function in psychoses of the aged. *Dis. nerv. Syst.*, 1941, 2, 43–48.
78. Shakow, D., and Goldman, R. The effect of age on the Stanford-Binet vocabulary score of adults. *J. educ. Psychol.*, 1938, 31, 241–256.
79. Shock, N. W. Growth curves. In S. S. Stevens (Ed.), *Handbook of experimental psychology*. N.Y.: Wiley, 1951. Pp. 330–346.
80. Shock, N. W. Aging and psychological adjustment. *Rev. educ. Res.*, 1952, 22, 439–458.
81. Shuey, Audrey M. Improvement in scores on the American Council Psychological Examination from freshman to senior year. *J. educ. Psychol.*, 1948, 39, 417–426.
82. Shuttleworth, F. K. Sexual maturation and the physical growth of girls age six to nineteen. *Monogr. Soc. Res. Child Developm.*, 1937, 2, No. 5.
83. Shuttleworth, F. K. The adolescent period: a graphic atlas. *Monogr. Soc. Res. Child Develpm.*, 1949, 14, No. 1.
84. Smith, Madorah E. A comparison of certain personality traits as rated in the same individuals in childhood and fifty years later. *Child Develpm.*, 1952, 23, 159–180.
85. Sontag, L. W. Differences in modifiability of fetal behavior and physiology. *Psychosomat. Med.*, 1944, 6, 151–154.
86. Sontag, L. W. *The Fels Research Institute for the Study of Human Development.* Yellow Springs, Ohio: Antioch College, 1946.
87. Sontag, L. W. A research institute on child growth and development reports progress. *Child*, 1951, 16, 54–56.
88. Strong, E. K., Jr. *Changes of interest with age.* Stanford Univer., Calif.: Stanford Univer. Press, 1931.
89. Strong, E. K., Jr. *Vocational interests of men and women.* Stanford Univer., Calif.: Stanford Univer. Press, 1943.
90. Strong, E. K., Jr. Permanence of interest scores over 22 years. *J. appl. Psychol.*, 1951, 35, 89–91.
91. Terman, L. M., and Oden, Melita H. *The gifted child grows up.* Stanford Univer., Calif.: Stanford Univer. Press, 1947.
92. Terman, L. M., and Oden, Melita H. *Genetic studies of genius.* Vol. V. Stanford Univer., Calif.: Stanford Univer. Press, 1958.
93. Thorndike, E. L. On the improvement in intelligence scores from thirteen to nineteen. *J. educ. Psychol.*, 1926, 17, 73–76.
94. Thorndike, E. L., *et al. Adult learning.* N.Y.: Macmillian, 1928.
95. Thorndike, R. L. The effect of interval between test and retest on the constancy of the IQ. *J. educ. Psychol.*, 1933, 24, 543–549.

96. Thorndike, R. L. "Constancy" of the IQ. *Psychol. Bull.*, 1940, 37, 167–186.
97. Thorndike, R. L. The prediction of intelligence at college entrance from earlier test. *J. educ. Psychol.*, 1947, 38, 129–148.
98. Thorndike, R. L. Growth of intelligence during adolescence. *J. genet. Psychol.*, 1948, 72, 11–15.
99. Thorndike, R. L., and Gallup, G. H. Verbal intelligence of the American adult. *J. gen. Psychol.*, 1944, 30, 75–85.
100. Thurstone, L. L., and Ackerson, L. The mental growth curve for the Binet tests. *J. educ. Psychol.*, 1929, 20, 569–583.
101. Vernon, P. E. Changes in abilities from 14–20 years. *Advanc. Sci.*, 1948, 5, 138.
102. Watson, R. I. The personality of the aged. A review. *J. Geront.*, 1954, 9, 309–315.
103. Wechsler, D. *The measurement of adult intelligence.* (3rd Ed.) Baltimore: Williams & Wilkins, 1944.
104. Wechsler, D. *Manual for the Wechsler Adult Intelligence Scale.* N.Y.: Psychol. Corp., 1955.
105. Weisenberg, T., Roe, Anne, and McBride, Katharine E. *Adult intelligence.* N.Y.: Commonwealth Fund, 1936.
106. Welford, A. T. *et al. Skill and age; an experimental approach.* London: Oxford Univer. Press, 1951.
107. Wittenborn, J. R., *et al.* A study of adoptive children: II. The predictive validity of the Yale Developmental Examination of Infant Behavior. *Psychol. Monogr.*, 1956, 70, No. 2, 59–92.

Kapitel 9
Familienähnlichkeit

Im allgemeinen hält man Familienähnlichkeiten in Fähigkeits- und Persönlichkeitsmerkmalen für direkte Manifestationen der Vererbung. Vom Kind sagt man, es habe die Geschäftstüchtigkeit des Vaters, das musikalische Talent seiner Tante, es „schlage" dem Großvater „nach" in seiner Hartnäckigkeit und habe vielleicht seinen feinen Sinn für Humor von einer irischen Großmutter väterlicherseits geerbt! Der erfolgreiche Sohn einer berühmten Familie schreibt seine Erfolge der Tatsache zu, daß er aus einer guten Familie stammt. Die Energie und der Eifer eines Redners wird mit seiner Abkunft von einer Pioniersfamilie erklärt. Die Begabung eines Jungen für mechanische Arbeit wird nur als natürlich betrachtet, wenn man weiß, daß er von einer „langen Reihe" von Bootsbauern und Erfindern abstammt. Etliche recht amüsante Auszüge aus Biographien berühmter Personen, die die allgemeine Tendenz zur Suche nach ererbten Quellen für individuelle Talente und Defekte belegen, hat TOZZER (117) zusammengetragen. Hier ein Beispiel:
„Der bekannte Ägyptologe Flinders Petrie schrieb bescheiden sich selbst nur wenig zu und leitete seine gesamte archäologische Begabung von der besonders ausgewählten Verbindung ererbten Protoplasmas seiner Mutter und seines Vaters ab, ganz zu schweigen von seinen beiden Groß- und einem Urgroßvater. ‚Wenn ich zurückblicke', so schreibt er, ‚so sehe ich jetzt, wieviel ich meinen Vorfahren verdanke; teils stammt es von dem Umgang meines Großvaters Petrie mit Menschen und Material und seiner Liebe zu Zeichnungen; von den Geschäften und Bankiersleistungen meines Urgroßvaters Mitton; von drei Generationen Flinderscher Chirurgen in ihrer Liebe zum Zusammenflicken von Körpern; von der Liebe meiner Mutter für Geschichte und ihrer Kenntnisse über Mineralien" (117, S. 235).
Daß derartige Ähnlichkeiten selbst nicht den Einfluß der Vererbung beweisen, wird deutlich bei der Betrachtung der familiären Umwelt. Einige relevante Punkte hatten wir im vierten Kapitel vorweggenommen. Auf zahlreichen Wegen können Umweltfaktoren zu Ähnlichkeiten zwischen Geschwistern führen, zu Gemeinsamkeiten zwischen Eltern und Kindern und – in geringerem Maße – zwischen entfernteren Verwandten. Erstens, haben Mitglieder derselben Familie meist mehr übereinstimmende Umweltmerkmale, z.B. das allgemeine ökonomische Niveau, das geographische und kulturelle Milieu

u. a. Bei Geschwistern erstrecken sich solche gemeinsamen Elemente sogar auf zahlreiche Ausgestaltungen der pränatalen Umwelt. Zweitens, sorgt die Familieninteraktion für Gelegenheiten zur gegenseitigen Beeinflussung. Nahe Verwandte stellen so einen Teil der gegenseitigen Umwelt dar. Ein dritter bedeutsamer psychischer Faktor liegt in der sozialen Erwartung. Das Kind wird oft an spezielle Talente und Mängel seines Vorfahren erinnert. Jede zufällige Manifestation ähnlichen Verhaltens von seiner Seite kann durch solche Bemerkungen besonderes Gewicht erhalten. Auch die Tatsache, daß andere von ihm erwarten, es habe seines Vaters Verwaltungsfähigkeit und die mütterliche Zeichenfertigkeit geerbt, wird tendenziell sein Selbstbild beeinflussen.

Es sei hinzugefügt, daß die Familienumwelt auch für bestimmte *Unterschiede* in psychischen Merkmalen verantwortlich sein kann. Obwohl in mancherlei zugrundeliegenden Aspekten ähnlich, sind doch die Umwelten, in denen zwei Brüder gemeinsam aufwachsen, sicherlich psychologisch nicht identisch. Zum einen enthält die Umwelt des einen einen älteren Bruder, die des anderen einen jüngeren Bruder – selbst kein kleiner Unterschied! Zum anderen können sich auch die Haltungen der Eltern den beiden Geschwistern gegenüber aufgrund vielfältiger dazwischenliegender Erfahrungen und anderer Ereignisse unterscheiden. Ebenso wird auch jedes gemeinsam erlebte Geschehen in einem Haus seinen Einfluß auf die beiden Brüder in verschiedenen Entwicklungsstadien ausüben. Diese und viele andere Umweltfaktoren können erklären, warum zwei Geschwister charakteristische Verhaltensunterschiede an den Tag legen. Ebenso können andere Aspekte der Familienumwelt uns das Verständnis ihrer Ähnlichkeiten erleichtern.

Wegen der unvermeidlichen Vermischung von Erb- und Umweltfaktoren in Familienbeziehungen kann allein die Aufdeckung von Familienähnlichkeiten keine Kausalbeziehung erhellen. Daher sind viele Daten über dieses Gebiet nur deskriptiv: Sie geben den familiären Ähnlichkeitsgrad unter vorliegenden Lebensumständen an. In einigen Untersuchungen hat man experimentelle Designs verfolgt, die zumindest eine Teilisolierung beteiligter Faktoren gestatten. In den folgenden Abschnitten werden wir beide Datentypen untersuchen.

Untersuchungen an Familienstammbäumen

Berühmte Familien

Die Veröffentlichung von GALTONs „Erbliches Genie“ (33) 1869 leitete zahlreiche statistische Erhebungen über die Familien berühmter Männer ein. Ihre Ergebnisse werden wir im 13. Kapitel ausführlich diskutieren, wenn wir die überdurchschnittlichen Abweichungen behandeln. Eine Betrachtung GAL-

TONs eigener Studie mag das Vorgehen und die typischen Befunde illustrieren. Daten wurden an 997 Männern aus 300 Familien erhoben; darunter waren Richter, Staatsmänner, militärische Führer, Theologen und andere religiöse Anführer, Wissenschaftler, Poeten und andere Literaten, Musiker und Maler. Um das Rückverfolgen der Familiengeschichten und die Ortsbestimmung der Nachkommen und anderer Verwandten zu erleichtern, beschränkte sich die Studie auf Engländer oder in England sehr bekannte Männer. Die Information holte man sich aus biographischen Aufzeichnungen oder durch direktes Befragen von Verwandten oder Bekannten der Männer selbst. GALTON beschrieb den für seine Studie notwendigen Bekanntheitsgrad wie folgt: „Wenn ich von einem berühmten Mann spreche, meine ich einen, der eine Position erreicht hat, wie sie nur 250 Personen von einer Million oder eine von 4000 erreichen" (33, S. 9). Die Häufigkeit derartiger Männer in der Gesamtpopulation beträgt also 1/4 Prozent.

GALTONs Befunde belegen eindeutig, daß die Anzahl berühmter Verwandter in der Gruppe berühmter Männer überzufällig hoch ist. Innerhalb jeder Familie wurde der berühmteste Mann als Bezugspunkt oder Indexfall gewählt und alle Verwandtschaften wurden in Bezug zu ihm ausgedrückt. Dem Namen jedes Falles fügte GALTON eine Liste seiner berühmten Verwandten bei und die Art ihrer Verwandtschaft mit diesem Indexfall. Aus diesen Daten berechnete er die Anzahl berühmter Verwandter auf 100 Familien, wie es in Tabelle 9 zu sehen ist. Man sieht, daß es für jeweils 100 Familien berühmter Indexfälle 31 berühmte Väter, 41 berühmte Brüder und 48 berühmte Söhne gibt. Bei den entfernteren Verwandten sind die Häufigkeiten kleiner, aber immer noch überzufällig hoch. Diese Daten belegen sicherlich, daß sich Berühmtheit tendenziell durch Familien hindurchzieht. Es ist jedoch eine andere Sache daraus zu schließen, wie GALTON es tat, daß Genie vererbt werde.

Tabelle 9: Anzahl berühmter Verwandter von Indexfällen auf 100 Familien (aus GALTON, 33, S. 308)

Verwandtschaftsgrad*	Anzahl auf 100 Familien	Verwandtschaftsgrad*	Anzahl auf 100 Familien
Vater	31	Urgroßvater	3
Bruder	41	Großvater	5
Sohn	48	Cousin	13
Großvater	17	Großneffe	10
Onkel	18	Urenkel	3
Neffe	22	Alle weiter entfernt	
Enkel	14	Verwandten	31

* In diesen zusammengefaßten Tabellen sind keine weiblichen Verwandten berücksichtigt, obwohl die Namen und Leistungen dieser Verwandten in einzelnen Familiengeschichten angegeben werden.

Die Familiengeschichtsmethode haben Psychologen, Soziologen und Genetiker auch angewendet, um die Ursachen für intellektuelle Defekte, Kriminalität, Wahnsinn und ähnliche Bedingungen zu analysieren (22, 25, 26, 27, 41). Man hat bestimmte Familien entdeckt, in denen es über mehrere Generationen hinweg überwältigend viele sozial unangepaßte Personen gibt. Zur Verfolgung der Geschichte dieser Familien hat man dieselbe allgemeine Technik angewendet wie bei den Studien berühmter Gruppen. Man besuchte und beobachtete lebende Verwandte oder Nachkommen, interviewte die Bewohner der Nachbarschaft und überprüfte – wenn irgend möglich – Heirats-, Geburtsurkunden und ähnliche offizielle Angaben. Man fand diese Familien gewöhnlich in ländlichen Distrikten. Sie bewohnten oft dieselben einfachen Hütten, die ihre Vorfahren viele Generationen zuvor gebaut hatten. Sie trieben häufig Inzucht, waren recht fruchtbar und konstituierten manchmal ihr eigenes Gemeinschaftswesen. Die berühmtesten Beispiele für derartige Familien sind die Jukes und Kallikas, Pseudonyme, die ihnen ihre Untersucher gegeben haben.

Die Jukes erregten 1894 erste öffentliche Aufmerksamkeit bei einer Gefängnisuntersuchung im Staate New York. Damals fand man 6 Mitglieder derselben Familie im Gefängnis eines einzigen Bezirkes. Dieser Befund leitete eine gründliche Suche nach anderen Verwandten ein und führte allmählich zu einer ausgedehnten Familiengeschichte, die sich über 7 Generationen erstreckte und 540 blutsverwandte Personen und 169 durch Heirat oder Beischlaf Verwandte einschloß (25). In einer späteren Nachuntersuchung hat man die Familie bis 1915 verfolgen können (26). Die ursprünglichen Jukes waren 7 Schwestern, deren legitime und illegitime Nachkommen über 5 Generationen verfolgt wurden

Zwei der Schwestern heirateten zwei Söhne von „Max“, einem Nachkommen holländischer Siedler, der als Hinterwäldler lebte und beschrieben wird als „Jäger und Fischer, starker Trinker, fröhlich und gesellig, steter Arbeit abgeneigt“ (25, S. 14). Dieser Mann wurde zwischen 1720 und 1740 im Staate New York geboren. Die Genealogie der Jukes beginnt gewöhnlich mit Max, obwohl man die Nachkommen der 5 Schwestern verfolgt und in Ahnentafeln aufgetragen hat.

Die von GODDARD (41) beschriebene Kallikak-Familie besteht aus zwei Zweigen. In dem einen befinden sich normale oder überdurchschnittliche Personen, der andere setzt sich weitgehend aus Behinderten zusammen. Ihre Geschichte hat man bis zur amerikanischen Revolution zurückverfolgt. „Martin Kallikak“ war der 21jährige Sohn einer guten Familie. Er schloß sich einer der vielen militärischen Verbände an, die man damals organisierte. Er hatte sexuelle Beziehungen zu einem geistig behinderten Mädchen, das er in einer

Kneipe traf. Der illegitime Sohn dieser Verbindung, „Martin Kallikak junior" war der Vorfahre des defekten Teils der Familie. Mit 23 Jahren heiratete Martin sen. eine intellektuell überdurchschnittliche Frau seines eigenen sozialen Standes und gründete damit eine normale Familie. Viele Mitglieder daraus haben Auszeichnungen erlangt.

In der Bewertung der Befunde aus der Kallikak-Familie betonte GODDARD ständig die Bedeutung der Vererbung. Er legte besonderes Gewicht auf die Tatsache, daß die beiden Gruppen Zweige derselben Familie seien und somit Bedingungen schafften, „als handele es sich um ein natürliches Experiment mit einem normalen Zweig, der mit seiner defekten Seite verglichen werden kann". Er argumentierte: „Aus diesem Vergleich ergibt sich unvermeidlich der Schluß, alle diese Degenerationen seien das Resultat des gestörten Geistes und schlechten Blutes, das man in die normale Familie mit gutem Blut gebracht hat" (41, S. 68 – 69). Es ist recht eigenartig, daß die gemeinsame Nachkommenschaft der beiden Zweige von Martin Kallikak eine Vererbungserklärung für die Unterschiede zwischen ihnen stützen soll. Die Umwelten der beiden Gruppen sind durch den gemeinsamen Vorfahren keineswegs einander angeglichen worden. In Wirklichkeit sind die Mitglieder der beiden Zweige eindeutig unter sehr unterschiedlichen Bedingungen herangewachsen.

Seitdem sie zum erstenmal erschien, ist die Kallikak-Studie vielfältig kritisiert worden, zum einen wegen unpassender und grober Daten und zum anderen wegen ihrer genetischen und psychologischen Interpretationen (s. 93). Dennoch wird sie von Zeit zu Zeit erwähnt als ein „Beweis" für die Vererbung von Minderbegabung und anderen psychischen Defekten. Alle diese Studien zeigen natürlich, daß sich verschiedene Arten psychischer oder sozialer Fehlentwicklungen genauso wie Berühmtheit tendenziell durch Familien hindurchziehen. Wieviel von der Familienähnlichkeit Resultat der gemeinsamen Umwelt und wieviel Resultat der Vererbung ist, kann mit derartigen Daten nicht entschieden werden.

Genetische Analyse von Familienstammbäumen

Unter bestimmten Bedingungen liefert die Untersuchung von Familienstammbäumen Daten über die Wirkung von Vererbungsfaktoren. So wie sie die Genetiker verwenden, besteht diese Methode aus zwei Hauptteilen: der *Stammbaumanalyse und der Genfrequenzanalyse.* Der erste Schritt erfordert von wenigstens zwei Generationen sehr vieler Familien Daten über das Vorhandensein oder Fehlen des untersuchten Merkmals. Aus der Überprüfung dieser Stammbäume werden Hypothesen über die wahrscheinliche Erbgrundlage des Merkmals abgeleitet. Wenn man diese Hypothesen an anderen

Stammbäumen überprüft, müssen einige verworfen werden, während eine vielleicht mit allen beobachteten Stammbäumen übereinstimmt und vorläufig angenommen wird. Das Testen dieser vorläufigen Hypothese an repräsentativen Stichproben der Gesamtpopulation stellt den zweiten Schritt, die Genfrequenzanalyse, dar.
In Tieruntersuchungen würde man in diesem Stadium selektive Zucht und Kreuzungen vornehmen, um die ausgewählte Hypothese direkt zu überprüfen. Da das in Humanstudien nicht durchführbar ist, vergleicht man hier die Häufigkeit verschiedener Phänotypen in der Gesamtpopulation mit der aufgrund der ausgewählten Hypothese erwarteten Häufigkeit. „Phänotypen" nennt man die beobachtbaren unterschiedlichen Wege, auf denen sich das fragliche Merkmal in verschiedenen Individuen manifestiert. Bei einem Merkmal z. B., das durch ein einzelnes Paar dominant – rezessiver Faktoren bestimmt ist, kann ein Individuum von seinen Eltern zwei dominante, einen dominanten mit einem rezessiven oder zwei rezessive Faktoren erhalten. Diejenigen, die eine dominant-rezessive Kombination erhalten, manifestieren jedoch das dominante Merkmal. Folglich findet man für dieses Merkmal nur zwei Phänotypen im Gegensatz zu den drei entsprechenden verschiedenen „Genotypen". Sind die Häufigkeiten dominanter und rezessiver Gene für dieses Merkmal in der Grundgesamtheit identisch, so erscheinen die beiden Phänotypen in dem bekannten MENDELschen Verhältnis 3:1. Gewöhnlich jedoch sind die beiden Gene nicht gleich häufig und das einfache 3:1-Verhältnis gilt nicht. Dennoch wird man unter diesen Umständen *bestimmte konstante Beziehungen* zwischen den Häufigkeiten verschiedener Phänotypen finden. Diese Beziehungen werden bei den Genfrequenzanalysen herangezogen. Die Beziehungen lassen sich für die verschiedenen Arten von Vererbungsmechanismen ableiten, z. B. für dominant-rezessive oder geschlechtsgebundene Merkmale oder für Merkmale, die von mehr als einem Genpaar abhängen.

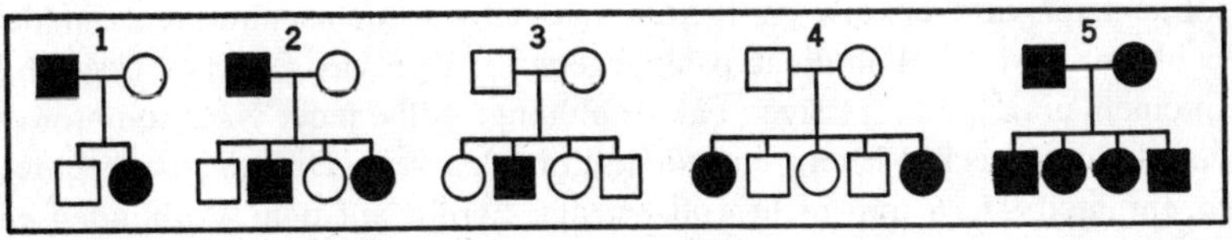

Abb. 60: Ausgewählte Stammbäume für Geschmacksausfälle beim Menschen. Quadrate bedeuten Männer, Kreise Frauen. Weiß bedeutet Schmecker, Schwarz Nichtschmecker (aus SNYDER, 103, S. 482)

Die Verwendung von Stammbaumanalysen illustriert gut die Untersuchung des Geschmacksausfalles beim Menschen. Rein zufällig hat man entdeckt, daß einige Personen keine Geschmacksempfindungen bei Kristallen eines bestimmten chemischen Stoffes, des Phenyl-Thiocarbamid (PTC) haben. Die meisten Menschen schmecken diese Kristalle als sehr bitter. Man vermutete bald, dieser Unterschied könnte eine genetische Basis haben. Untersuchungen über die mögliche erbliche Übermittlung setzten ein. Die darauffolgende Forschung bestätigte nicht nur diese Hypothese, sondern zeigte auch, daß sich ein derartiger Geschmacksausfall auf etliche, eng verwandte chemische Verbindungen erstreckt (s. 2, 18, 20, 103).

In Abbildung 60 sind fünf Familienstammbäume für Geschmacksausfall wiedergegeben, die aus mehreren Tausend untersuchter Fälle ausgewählt worden sind (20, 103). Der erste Stammbaum läßt mehrere Arten erblicher Determination zu. Doch verschiedene Hypothesen können nacheinander durch die jeweils zusätzlich betrachtete Familie ausgeschaltet werden. Familie Nr. 3 z.B. zeigt eindeutig, daß dieser Geschmacksausfall nicht einem dominanten Faktor zugeschrieben werden kann, da er auch bei einem Kind erschien, dessen Eltern beide frei davon waren. Die Annahme, ein einzelnes rezessives Gen sei verantwortlich, wird durch Familie Nr. 5 aufgestellt, wo beide Eltern den Ausfall aufweisen. In dieser Familie sind erwartungsgemäß alle Nachkommen defizient. Andere Hypothesen über mögliche geschlechtsgebundene oder geschlechtsbeeinflußte Faktoren können durch eine Inspektion der anderen beiden Stammbäume ausgeschaltet werden.

Der vorläufigen Hypothese eines einzigen Paares dominant-rezessiver Gene folgend führte man eine Genfrequenzanalyse an einer Zufallsstichprobe von 800 Familien durch. In diesen Familien waren einige mit normal schmeckenden Eltern, andere mit Mängeln bei beiden Elternteilen und wieder andere, bei denen ein Elternteil defizient und der andere normalschmeckend war. Der Anteil von Schmeckern und Nichtschmeckern an den Nachkommen aus jedem der drei Familientypen, sowie der Anteil von Schmeckern und Nichtschmeckern an der Gesamtpopulation stellen die Basisdaten für die Genfrequenzanalyse dar. Gilt die gewählte Hypothese, müssen bestimmte Beziehungen zwischen den verschiedenen Anteilen bestehen. In Tabelle 10 sind die beobachteten und erwarteten Prozentanteile von Nichtschmeckern an den Nachkommen jeden Familientyps angegeben[1]. Wenn der Geschmacksausfall von einem einzelnen rezessiven Faktor abhängt, sollte jeder Nachkomme von zwei Nichtschmecker-Eltern ein Nichtschmecker sein. Daß der beobachtete Prozentanteil 97,76 und nicht 100 beträgt, beruht auf dem Vorhandensein von 5 Schmeckern in dieser Kategorie und muß nicht als Beweis gegen die Hypothese angesehen werden. Die Untersucher (20) nehmen mehrere mögliche Gründe für diese Ausnahme an: die subjektive Natur der Geschmackswahrnehmung kann zu falschen Beurteilungen geführt haben; die Elternschaft kann falsch bestimmt worden sein, da eine unerwartete Adoption oder

1 Zur Erläuterung der Berechnung der erwarteten Prozentanteile s. 20, 102.

Illegitimität vorliegt; Mutationen oder unbekannte Erb- oder Umweltfaktoren können die Wirkung des rezessiven Gens beeinflußt haben.

Tabelle 10: Genfrequenzanalyse des Geschmacksausfalles für P.T.C (aus COTTERMAN u. SNYDER, 20, S. 514)

Art der Familie	Anzahl der Familien	Gesamtanzahl der Nachkommen	Prozentsatz von nichtschmeckenden Nachkommen beobachtet	erwartet	Differenz
Beide Eltern Nichtschmecker	86	223	97,76	100,00	2,24
Einer Schmecker, der andere Nichtschmecker	289	761	36,53	35,32	1,21 ± 1,76*
Beide Eltern Schmecker	425	1159	12,28	12,47	0,19 ± 1,02*

* Standardfehler der Differenz

In den anderen beiden Familientypen unterscheiden sich, wie man sieht, erwartete und beobachtete Prozentanteile nicht signifikant voneinander. Die Unterschiede sind nicht größer als man aufgrund zufälliger Fluktuationen erwarten würde. Deshalb folgerte man daraus, daß die Daten die Hypothese verifizierten, Geschmacksausfall werde durch ein einzelnes rezessives Gen weitergegeben.

Wenn die Stammbäume oder die beobachteten Häufigkeiten nicht mit *irgendeiner* Einfaktor-Hypothese übereinstimmen, kann man andere Hypothesen über zwei oder mehrere Faktorenpaare aufstellen. Z.B. wird man bei zwei Paaren dominant-rezessiver Faktoren vier Phänotypen finden. Noch mehr Phänptypen ergeben sich, wenn einem oder mehreren Faktorenpaaren die Dominanz fehlt. Unter diesen Bedingungen werden die Häufigkeitsverteilungen komplizierter, können aber weiterhin vorhergesagt und damit auch überprüft werden. Ist die Zahl der beteiligten Vererbungsfaktoren jedoch sehr groß, findet man nahezu unendlich viele quantitative Abstufungen und keine getrennten Phänotypen. In solchen Fällen nähert sich die Häufigkeitsverteilung der Normalverteilung.

Abgesehen von dem Nachweis der Vererbungsbasis für bestimmte seltene Formen geistiger Behinderung (s. Kap. 12) und einiger anderer pathologischer Bedingungen, wird diese Form der Stammbaumanalyse in der Psychologie wenig verwendet. Man hat versucht, diese Methode bei der Untersuchung der Schizophrenie, der manisch-depressiven Psychose und anderer schwerer Persönlichkeitsstörungen zu verwenden. Analysen von Familiengeschichten und Untersuchungen des Auftretens dieser Bedingungen in relativ isolierten Populationen haben zu bestimmten Hypothesen über vererbte Prädispositionsfaktoren geführt (7, 60). Es gibt jedoch noch keine allgemeine Zustimmung zu diesen Hypothesen und keine eindeutigen Belege, um sie zu stützen.

Eine Schwierigkeit, auf die man bei der Anwendung der Stammbaumanalyse auf psychische Merkmale stößt, ist die Vielzahl der Vererbungsfaktoren, die bei den meisten Verhaltensmerkmalen beteiligt sind. Entsprechen die beobachteten Häufigkeiten der Normalverteilung, so kann man daraus lediglich ableiten, daß sehr viele Faktoren wirksam sind. Außerdem könnte dieselbe Häufigkeitsverteilung aus dem gemeinsamen Effekt unzähliger Umwelteinflüsse herrühren, denen das heranwachsende Individuum ausgesetzt ist. Solche Ergebnisse erlauben natürlich nicht dieselbe eindeutige Interpretation, die man geben kann, wenn es sich um einfachere genetische Beziehungen handelt.

Ein weiterer Störfaktor in solchen Analysen ist die unzweifelbare Wirkung *übereinstimmender Partnerwahlen* in menschlichen Ehen. Genfrequenzanalysen basieren auf der Annahme von Zufallspaarungen in bezug auf das untersuchte Merkmal. Diese Annahme ist wahrscheinlich gerechtfertigt bei Merkmalen wie dem oben beschriebenen Geschmacksausfall. Denn die meisten Individuen sind sich dieses Mangels nicht einmal bei sich selbst ober bei ihren Partnern bewußt. Außerdem scheint dieser Ausfall nicht mit anderen Merkmalen korreliert zu sein, die bei übereinstimmender Partnerwahl eine Rolle spielen können, wie z. B. allgemeine Erscheinung, Gestalt, intellektuelles Niveau oder sozioökonomischer Hintergrund. Dennoch gehen die meisten Verhaltenscharakteristika – und viele physische Merkmale – direkt in die korrespondierende Partnerwahl ein oder wirken indirekt durch ihre Verbindung mit dem sozioökonomischen Niveau, der geographischen Verteilung u. ä. Individuen tendieren dazu, innerhalb ihrer eigenen Gruppe zu heiraten, ökonomisch, national, geographisch und intellektuell. Diese Praxis führt in den meisten Merkmalen zu signifikanten Korrelationen zwischen Eheleuten.

Eine dritte immer vorhandene Schwierigkeit bei der genetischen Analyse menschlicher Verhaltensdaten betrifft den Einfluß der Umweltfaktoren. Die Prüfung genetischer Hypothesen erfordert entweder einen konstanten Umwelteinfluß oder zufällige Umweltvariation. Tatsächlich jedoch sind die Umweltunterschiede zwischen Individuen nicht zufällig, sondern sie pflegen mit Vererbungsunterschieden einherzugehen. So hat das Kind physisch oder geistig behinderter Eltern wahrscheinlich eher einen niedrigeren sozioökonomischen Status, schlechtere physische Pflege und niedrigere Ausbildung als das Kind intellektuell und physisch überdurchschnittlicher Eltern.

Eine weitere Schwierigkeit liegt in der Wahrscheinlichkeit ungenauer und falscher Diagnose, besonders wenn man Informationen über Individuen einholt, die schon viele Jahre tot sind. Die Daten über die Vorfahren geistig Behinderter z. B. basieren oft auf den Berichten ungeübter Personen oder auf unvollständigen Aufzeichnungen. Mit einer anderen Schwierigkeit in umgekehrter Richtung muß man rechnen, wenn man Informationen über Merkmale sammelt, *die sich erst spät im Leben manifestieren.* Bestimmte Psychosen z.B. treten gewöhnlich bei älteren Personen auf. Informationen über diese Bedingungen kann man deshalb nicht erhalten, wenn die Pbn noch jung sind. Einige Individuen sterben auch, bevor sie das Alter erreichen, in dem sich solche Bedingungen entwickelt haben könnten.

Korrelationsstudien

Eltern-Kind-Ähnlichkeit

PEARSON (78, 79) wandte als einer der ersten Korrelationsanalysen auf die Ähnlichkeiten zwischen Eltern und Kindern an. Indem er eine Forschungsrichtung fortsetzte, die auf GALTON (35) zurückgeht, erhob er Maße an Eltern und ihren Kindern in physischen Merkmalen wie z.B. Statur, Armweite und Unterarmlänge. Die Korrelationen zwischen Eltern und Kindern betrugen in diesen Merkmalen im Durchschnitt 0,52. Die Ähnlichkeit dieser Korrelation mit denen, die man bei den Körpercharakteristika vieler Tiere gefunden hat, ließ PEARSON und andere vermuten, dieser Wert zeige den Beitrag der Vererbungsfaktoren an der Entwicklung physischer Merkmale an. Familienähnlichkeit in derartigen Merkmalen ist wahrscheinlich größtenteils der Vererbung zuzuschreiben, obwohl man den Einfluß ähnlicher Umwelten, besonders im pränatalen Stadium, nicht übersehen darf.
In neuerer Zeit hat man die Werte von Eltern und Kindern in *Intelligenztests* miteinander korreliert. In der ausführlichsten Studie legten CONRAD und JONES (19) 269 Familien, d.h.: 977 Personen im Alter von 3 bis 60 Jahren, Intelligenztests vor. Alle Pbn waren Einheimische, sprachen zu Hause nur Englisch und lebten in ländlichen Gebieten von Neu-England. Die sozioökonomischen Unterschiede innerhalb dieser Stichprobe waren gering. Die jüngeren Pbn testete man mit dem Stanford-Binet, die älteren mit dem Army Alpha. Für dic gesamte Stichprobe betrug die Korrelation zwischen Eltern und Kindern in diesen Tests 0,49. Man fand keine signifikanten Unterschiede zwischen den Korrelationen Mutter-Kind und Vater-Kind. Auch unterschied sich die Korrelation der Töchter oder Söhne mit ihrem gleichgeschlechtlichen Elternteil nicht von der Korrelation mit dem gegengeschlechtlichen Elternteil. Man könnte behaupten, die Kinder müßten mehr ihrer Mutter als ihrem Vater ähneln, wenn die Umwelt für diese Familienähnlichkeiten von Bedeutung wäre. Sicherlich hat die Mutter im allgemeinen engeren Kontakt mit den Kindern als der Vater, doch das intellektuelle Niveau des Vaters bestimmt wahrscheinlich stärker als das der Mutter das sozioökonomische Niveau der Familie.

CONRAD und JONES wiesen statistisch nach, daß die erhobene Korrelation von 0,49 mit einer Vererbungsinterpretation der Eltern-Kind-Ähnlichkeit übereinstimmt, wenn man die systematische Partnerwahl mitberücksichtigt. Sie erkannten jedoch, daß die Ergebnisse ebenso mit einer reinen Umwelterklärung übereinstimmten oder mit der gemeinsamen Wirkung von Erb- und Umweltfaktoren. Verallgemeinert man die in dieser Studie gefundenen spezifischen Korrelationen, muß man bedenken, daß die Korrelationen zwischen Eltern und Kindern testabhängig variieren können. Nonverbale Funktionen z.B. ergeben meist geringere Korrelationen als verbale (121). Familienkorrelationen hängen auch von dem Homogenitätsgrad des heimischen Hintergrundes innerhalb der Gruppe ab. CONRAD und JONES wiesen auf die relative Homogenität ihrer Stichprobe hin und betonten, der deutliche Einfluß einer gemeinsamen Umwelt innerhalb jeder Familie werde minimalisiert, wenn die Unterschiede von einem Haus zum anderen gering seien. So müßten die Korrelationen zwischen Eltern und Kindern sehr viel höher sein, wenn man heterogenere Heimumwelten in die Stichprobe einbeziehen würde.

Die Korrelation in den Intelligenztestwerten von fast 0,50 zwischen Eltern und Kind fand man erst, wenn das Kind fünf Jahre alt war (87). In jüngeren Altersstufen ist die Korrelation deutlich niedriger und liegt im Säuglingsalter bei Null. Wie wir schon ausgeführt haben, fehlt ebenso eine korrelative Beziehung zwischen dem Wert eines Individuums als Säugling und seiner späteren Leistung. Für die zwei Befunde gibt es wahrscheinlich eine ähnliche Erklärung. Der Schwerpunkt einer derartigen Erklärung liegt zweifellos auf dem Unterschied in den getesteten Verhaltensfunktionen zwischen Vorschul- und älteren Kindern oder Erwachsenen.

Auch die Eltern-Kind-Korrelationen in *Persönlichkeitstests* sind meist positiv und signifikant, jedoch niedriger als Korrelationen in Intelligenztests (21, 88). Die Korrelationen variieren weitgehend mit dem jeweils betrachteten Persönlichkeitsaspekt. Insgesamt ist die Ähnlichkeit zwischen Eltern und Kind in emotionalen Merkmalen niedriger, z.B. in der Introversion, Dominanz oder im Neurotizismus. Sie sind höher in Interessen, Meinungen und Einstellungen. So ist die durchschnittliche Eltern-Kind-Korrelation in den meisten Einstellungsskalen ebenso hoch wie in Intelligenztests. Bei den relativ niedrigen Korrelationen in Tests für emotionale Merkmale sollte man die möglichen Effekte der Elternpersönlichkeit auf die Entwicklung der kindlichen Persönlichkeit bedenken. Wahrscheinlich begünstigt z.B. extreme Dominanz bei einem Elternteil den gegensätzlichen Reaktionstyp beim Kind. Die Effekte der Interaktion sind wahrscheinlich davon abhängig, in welchem Ausmaß sich ein Persönlichkeitsmerkmal manifestiert und welche anderen Umstände vorliegen. Bemerkenswert ist, daß Töchter tendenziell beiden Eltern in Einstellungen und Meinungen stärker ähneln als Söhne (30, 88). Solch ein Befund läßt vermuten, daß das häusliche Klima Mädchen in unserer Kultur stärker beeinflussen kann als Jungen.

Geschwisterähnlichkeit

Die Untersuchung von Geschwistern, besonders wenn beide die Schule besuchen, bereitet nicht dieselben praktischen Schwierigkeiten wie das Testen von Eltern. Folglich gibt es mehr Studien über Geschwisterähnlichkeit. Es liegen mehr als ein Dutzend Veröffentlichungen über recht große Stichproben vor. Was Intelligenztests anbelangt, so enthielt die oben zitierte Studie von CONRAD und JONES (19) Daten über 644 Einzelgeschwister in 225 Familien. Die Korrelation war identisch mit der, die man zwischen Eltern und Kindern gefunden hatte, also 0,49. Daß die Geschwisterkorrelation in den meisten Intelligenztests bei 0,50 liegt, ist wiederholt bestätigt worden. Die Korrelation zwischen 384 Geschwisterpaaren, die man 1937 bei der Standardisierung des Stanford-Binet (73) getestet hat, betrug 0,53. Dieselbe Geschwisterkorrelation erhielt man, als man 1 163 Kinder in England mit einer Gruppenskala testete (86). Die letztgenannte Gruppe war besonders frei von Stichprobenfehlern. Denn sie umfaßte alle Geschwister aus einem Projekt, in dem jedes Kind, das innerhalb eines bestimmten Zeitraumes in Bath geboren worden war, getestet wurde.
Unter verschiedenen Bedingungen können Geschwisterkorrelationen in Intelligenztestwerten auf 0,30 sinken und fast 0,70 erreichen (43). Wie bei den Korrelationen zwischen Eltern und Kind ergeben überwiegend verbale Tests höhere Korrelationen (121). Heterogenität der Stichproben ist zweifellos ein Faktor, der zu diesen Unterschieden führt. Bei Collegestudenten z. B., einer relativ homogenen Gruppe, liegt die Geschwisterkorrelation in Intelligenztestwerten näher bei 0,40 als bei 0,50 (113, 114). Gleichzeitig könnte, wenn man Geschwister in einer einzelnen Schule testete, der Einfluß der gemeinsamen Schulumwelt und bestimmte Selektionsfaktoren die Geschwisterkorrelation erhöhen. Denn wenn ein Geschwister eine Highschool besucht und das andere nicht, würde solch ein Paar automatisch von dieser Studie ausgeschlossen. Aber genau das sind die Paare, die wahrscheinlich die größten Unterschiede in der Testleistung zeigen. Ihre Auslassung würde deshalb die Korrelation zwischen Geschwisterwerten erhöhen. In einer Highschool-Stichprobe z. B. betrug die Geschwisterkorrelation in einem Intelligenztest 0,60 (115). In diesem Fall war wahrscheinlich die Selektion der Geschwisterpaare und die gemeinsame Schulumwelt einflußreicher als die Verminderung der Heterogenität.
In der Standardisierungsstichprobe für den Stanford-Binet zeigten die Geschwisterkorrelationen keine konsistente Tendenz von 2 bis 18 Jahren zu

steigen oder zu fallen (73). Natürlich gilt: Je älter die Pbn, desto länger werden Umweltfaktoren auf sie eingewirkt haben. Ob solche Faktoren aber einen nivellierenden oder differenzierenden Einfluß auf die Geschwisterentwicklung in jeder Familie ausüben, hängt offensichtlich davon ab, ob die Umwelten der Geschwister mit dem Alter ähnlich geblieben oder unterschiedlich geworden sind. Besucht z.B. ein Geschwister im Alter von 10 Jahren ein Internat, während der andere zu Hause bleibt, könnte man kaum erwarten, daß die Umwelt sie mit dem Alter einander ähnlicher macht, nur weil sie Mitglieder derselben Familie sind.

Das Ausmaß des Altersunterschiedes zwischen Geschwistern scheint auch wenig oder gar keinen Einfluß auf die Geschwisterkorrelationen in Intelligenztestwerten zu haben (73, 85). Für eine Interpretation derartiger Befunde, benötigte man sehr viel mehr Informationen über die soziale Interaktion der Geschwister untereinander und mit ihren Eltern. Einen ersten Versuch, solche sozialen Faktoren zu untersuchen, besonders so weit sie die Intelligenztestleistung älterer und jüngerer Geschwister beeinflussen, hat man in einer intensiven Nachuntersuchung an 39 Geschwisterpaaren gemacht. Diese Untersuchung war ein Teil der Fels Growth Study (54). Alle Geschwisterpaare bestanden aus einem erstgeborenen und einem zweitgeborenen Kind. Die Kinder, im Alter von 30 Monaten bis 12 Jahren, wurden in regelmäßigen Abständen mit verschiedenen Formen des Stanford-Binet getestet. Mit diesen Daten konnte man die Leistungen des erst- und zweitgeborenen Geschwisters jeder Familie in Tests vergleichen, die in demselben Lebensalter durchgeführt worden waren. Die beiden Geschwister verglich man also in denselben Testitems. Man fand signifikante Unterschiede in der Häufigkeit, mit der der Erst- und der Zweitgeborene bestimmte Items löste. Allgemein übertraf der Erstgeborene sein Geschwister in relativ abstrakten, verbalen Items, während der Zweitgeborene in mehr Items besser war, besonders in Items mit realistischen, konkreten Aufgaben. Die Art der intellektuellen Stimulation des Erstgeborenen, der wahrscheinlich mehr mit Erwachsenen zusammenkommt, hat man als eine mögliche Erklärung für diese Unterschiede angenommen.

Vergleiche der Testkorrelationen zwischen gleich- und gegengeschlechtlichen Geschwistern erbrachten keine konsistenten Unterschiede (19). Man könnte wegen der größeren Ähnlichkeit in der Erfahrung eine engere Übereinstimmung zwischen gleichgeschlechtlichen Geschwistern erwarten. Die Interaktion und der gegenseitige Einfluß der Kinder in einer Familie könnte jedoch den Ähnlichkeiten in den Umwelten gleichgeschlechtlicher Geschwister entgegenwirken. Bedenkt man mögliche Geschwisterrivalitäten und ähnliche motivationale Faktoren, so ist klar, daß sich keine einfache Beziehung zwischen der Entwicklung gleich- und gegengeschlechtlicher Geschwister vorhersagen läßt.

Wie es für die Eltern-Kind-Korrelationen galt, sind die Geschwisterkorrelationen in *Persönlichkeitstests* im allgemeinen niedriger als die in Intelligenztests. Verwendet man Beurteilungen wie in der Pionierstudie von PEARSON (78), werden die Geschwisterkorrelationen wegen der Urteilertendenz, Familienmitglieder als ähnlich einzuschätzen, zu hoch ausfallen.

Testwerte erbrachten Korrelationen um 0,15 für die emotionale Anpassung, Introversion, Dominanz und ähnliche Merkmale (21, 81, 88). In Einstellungsskalen sind die Geschwisterkorrelationen höher, sie liegen meist zwischen 0,30 und 0,40 (21, 88). In ihrer großen Studie über Charaktermerkmale von Schulkindern verglichen MAY und HARTSHORNE (68) die Werte von Geschwisterpaaren miteinander. Die Geschwisterkorrelationen in Ehrlichkeitstests reichten von 0,21 bis 0,44; für Ausdauer und Hemmung lagen die Korrelationen zwischen 0,14 und 0,46; für Zusammenarbeit und Arbeitsleistung zwischen 0,05 und 0,40 (s. 21, 68, 88).

Welche Folgerungen lassen sich aus den Geschwisterstudien für das Problem von Erbe und Umwelt ziehen? Man hat behauptet, die Intelligenztestkorrelationen zwischen Geschwistern in der Grundgesamtheit von fast 0,50 lägen nahe bei dem Wert, den man aufgrund des gemeinsamen Geschwistererbes erwarten würde (86). Doch bleibt die Tatsache, daß sich die erhaltene Korrelation ebensogut mit anderen Interpretationen in Einklang bringen läßt. Deshalb kann keine Hypothese allein aufgrund einer solchen Korrelation angenommen werden. Man hat auch versucht Geschwisterkorrelationen in psychischen und strukturellen Merkmalen miteinander zu vergleichen, um die relativen Anteile von Erbe und Umwelt zu entwirren (78, 115). Man hat z.B. so argumentiert: Die Geschwisterkorrelationen für Länge und Intelligenz seien sehr ähnlich und die Länge könne nur wenig durch die Umwelt beeinflußt werden. Folglich müsse auch die Intelligenz in gleichem Umfang von der Umwelt unabhängig sein. Dieses Argument beginnt mit der Annahme, psychische und physische Merkmale würden in gleichem Umfang durch Vererbung beeinflußt. Jeder Umwelteinfluß auf psychische Merkmale würde dann diesen gemeinsamen Erbeinfluß überlagern und er müßte demnach die Korrelation für psychische Merkmale erhöhen. Solch ein Argument ist offensichtlich fragwürdig.

In diesem Zusammenhang kann man auch die Implikationen aus Geschwisterkorrelationen in Tierstudien betrachten. In einer Untersuchung über das Labyrinthlernen weißer Ratten (13) z.B. fand man in den Fehlerwerten[2] eine Geschwisterkorrelation von 0,31. Da alle Ratten unter recht einheitlichen Bedingungen lebten, kann diese Geschwisterkorrelation eindeutig nicht auf

---

2 Da einige als unabhängig klassifizierte Würfe vielleicht in Wirklichkeit Halbgeschwister waren, vermuteten die Autoren, ihre Gruppe sei atypisch homogen gewesen und folglich die erhaltene Korrelation zu niedrig. Deshalb sollte wahrscheinlich eine solche Geschwisterkorrelation etwas höher als 0,31 sein.

Umweltunterschiede zwischen den „Rattenfamilien“ zurückgeführt werden, sondern steht für den Einfluß ererbter struktureller Faktoren auf das Labyrinthlernen. Daß solche Faktoren auf das Labyrinthlernen einwirken, war eindeutig in den diskutierten Zuchtexperimenten (s. Kap. 4) belegt. Gestattet nun diese klar umweltunabhängige Geschwisterkorrelation in Rattenexperimenten die Vermutung, die Geschwisterkorrelationen bei Menschen seien ebenfalls grundsätzlich durch Erbfaktoren bestimmt? Keineswegs. Es gibt keine Grundlage für die Annahme, dieselben oder ähnliche strukturelle Faktoren, die in einer motorischen Lernsituation bei weißen Ratten beteiligt sind, wirkten sich auch auf das menschliche Verhalten bei Intelligenztests aus. Wir können nicht von einer Situation auf die andere schließen – genausowenig, wie wir in unserer Diskussion über Reifung und Lernen (Kap. 4) von Studien über sensomotorisches Lernen bei Säuglingen auf das Logiklernen von Collegestudenten schließen konnten.

Eine interessante Illustration der Tatsache, daß ähnliche Korrelationen unterschiedliche Ursachen haben können, gibt eine Untersuchung an Grundschulkindern aus den Klassen 5 bis 11 in Louisiana (96). Jedem von 203 Geschwisterpaaren wurde sein Geschwister und ein nicht verwandtes Kind desselben Alters von ähnlichem sozioökonomischen Status aus derselben Schule gegenübergestellt. Die Intelligenztestwerte dieser nicht verwandten Kinderpaare korrelierten zu 0,35 miteinander. Das ist nur wenig niedriger als die Korrelation zwischen den Geschwistern, die man in dieser Studie fand. Hätte man den heimischen Hintergrund der nicht verwandten Kinder genauer und nach mehr Merkmalen ausbalanciert, wäre die Korrelation zwischen ihren Intelligenztestwerten womöglich noch höher ausgefallen.

Folglich geben Studien an Geschwistern ebenso wie Eltern-Kind-Korrelationen in komplexen intellektuellen und emotionalen Merkmalen keine Hinweise auf den Ursprung der Familienähnlichkeiten. Die Ergebnisse sprechen für die Komplexität der Faktoren, die innerhalb des normalen Familienmilieus wirken. Abgesehen von der oberflächlich einheitlichen Umwelt können einige Interaktionen zwischen den Individuen einer Familiengruppe zu ähnlicher psychischer Entwicklung führen, während andere fortschreitend divergente Verhaltenstrends einleiten können.

Ehepaarkorrelationen

Wir haben schon auf die passende Partnerwahl oder die Tendenz von Individuen hingewiesen, sich Ehepartner mit bestimmten Ähnlichkeiten (oder Unterschieden) zu wählen. Ehemann- Ehefrau-Korrelationen liegen für physische Merkmale über 0,25 (s. 51, 94). Intelligenztests ergeben wieder Korrelationen um 0,50, wie man sie auch zwischen Geschwistern und Eltern und Kindern gefunden hat. Doch die Korrelationen in Tests für spezielle Fähigkeiten sind oft niedriger (51, 94, 121). Bei Persönlichkeitsmerkmalen variieren die Korrelationen erwartungsgemäß stark. Bei mehr emotionalen Merkmalen, z.B. emotionaler Stabilität und sozialer Dominanz, sind die Korrelationen relativ niedrig, manchmal negativ und betragen im Durchschnitt 0,15 (21, 88, 94). In Einstellungs- und Werteinstellungstests reichen die Korrelationen von 0,20 bis 0,70, mit einem Durchschnitt von ungefähr 0,59 (21, 88, 94). Ehepaar-Korrelationen können z.T. auf den gemeinsamen Erfahrungen und der gegenseitigen Beeinflussung nach der Eheschließung beruhen. Man kann jedoch bezweifeln, ob solche Faktoren zu einem großen Teil für die beobachteten Korrelationen verantwortlich sind, denn viele Pbn sind in diesen Studien noch nicht lange verheiratet. Daten zu dieser Frage liegen ebenfalls in der bereits zitierten Längsschnittstudie von KELLY (62) an 300 verlobten Paaren vor. Zur Erinnerung: Tests für Einstellungen, Interessen, Werte und emotionale Eigenschaften wurden angewendet und es wurden zahlreiche Merkmale vor der Hochzeit und 20 Jahre später durch Beurteiler eingeschätzt. Die ersten Korrelationen waren meist positiv und reichten von − 0,02 bis + 0,58. Die Retestkorrelationen 20 Jahre nach der Eheschließung waren erstaunlich ähnlich. Man fand kaum statistisch signifikante Änderungen und die ließen eine leichte Tendenz erkennen, daß Ehepaare mit der Zeit einander unähnlicher werden. Als Kommentar zu diesen Befunden schreibt KELLY: „... während wir uns leicht zahlreiche Kräfte vorstellen können, die die Übereinstimmung zwischen den Eheleuten ansteigen lassen, dürfen wir nicht den offensichtlich gleichen Kräfteeinsatz übersehen, der mit dem Beibehalten der vielschichtigen Rollendifferenzierung einhergeht, die man in unserer Kultur von Ehemännern und -frauen erwartet" (62, S. 680). Die vorliegenden Daten sprechen also dafür, daß „gleiche zur Heirat mit gleichen tendieren", und unterstützen nicht den Altersglauben, daß „Gegensätze sich anziehen".

Zwillingsähnlichkeit in psychischen Merkmalen

Mit der Pionierstudie von GALTON (s. 34) 1875 beginnend, hat die Zwillingsforschung bei der Untersuchung von Erbe und Umweltbeiträgen zur psychischen Entwicklung eine herausragende Stellung eingenommen. Heute laufen umfangreiche Zwillingsforschungsprogramme in vielen Ländern. Die Entdeckung verbesserter Techniken zur Unterscheidung von EZ (Monozygoter) und ZZ (Heterozygoter) ermöglichte eine genauere Analyse der Befunde (s. Kap. 3). Die zuverlässigsten, heute verwendeten Kriterien zur Diagnose der Zygotie sind Fingerabdrücke und Blutgruppen. Da man eine beträchtliche

Blutgruppenzahl identifiziert hat, stellt der Zwillingsvergleich unter diesem Aspekt einen besonders effektiven Index für die Zygotie dar.

Psychologische Testleistung

Korrelationen zwischen *Intelligenztestwerten* von EZ liegen allgemein bei 0,90 und sind fast so hoch wie die Reliabilitätskoeffizienten der Tests. Anders ausgedrückt: Die Ähnlichkeit zwischen gemeinsam aufgewachsenen EZ ist fast so hoch wie die zwischen Test- und Retestwerten derselben Individuen. Intelligenztestkorrelationen zwischen ZZ liegen zwischen denen für EZ und Geschwister. Diese Korrelationen variieren stärker von einer Studie zur nächsten als irgendeine andere Art von Familienkorrelationen. Das liegt wahrscheinlich an Ungenauigkeiten bei der Identifikation und Klassifikation von ZZ. Die meisten Korrelationen liegen jedoch zwischen 0,60 und 0,70 (44, 49, 77, 123).

Was die Vererbung anbelangt, ist es wichtig, daß sich ZZ nicht ähnlicher sind als gewöhnliche Geschwister. Deshalb muß die Differenz zwischen der üblichen Geschwisterkorrelation von 0,50 und der Korrelation zwischen ZZ von 0,60 oder 0,70 die größere Umweltuniformität widerspiegeln, der ZZ ausgesetzt sind. Zu derselben Zeit geboren, haben ZZ eine gemeinsame pränatale Umwelt. Da sie gleichaltrig sind, machen sie in ihrer Kindheit auch stärker übereinstimmende Erfahrungen als gewöhnliche Geschwister. Die Differenzen zwischen den Korrelationen von EZ und ZZ jedoch können sowohl auf Vererbungsfaktoren basieren als auch auf der noch größeren Ähnlichkeit zwischen den Umwelten von EZ. Letztere werden wir ausführlich im kommenden Abschnitt über die Umwelt von Zwillingen untersuchen. Vorliegende Daten über spezielle Fähigkeiten sprechen dafür, daß sich auch in diesen Merkmalen EZ sehr viel mehr ähneln als ZZ. Bei beiden Zwillingstypen ist die Übereinstimmung in den speziellen Fähigkeiten jedoch sehr viel geringer als in Tests der allgemeinen Intelligenz. In einer Testserie für motorische Fähigkeiten, die man 46 ZZ und 47 EZ vorgelegt hatte, betrugen die Korrelationen im Durchschnitt 0,43 für die ZZ und 0,79 für EZ (70). Im Minnesota Spatial Relations Test, einer Serie von Steckbrettern, die vorrangig Raumwahrnehmung mißt, fand man eine Korrelation von 0,28 für ZZ-Paare und eine Korrelation von 0,69 für EZ-Paare (10).

In *Persönlichkeitstests* liegen Zwillingskorrelationen tendenziell niedriger als in Leistungstests. EZ jedoch weisen immer noch größere Ähnlichkeit auf als ZZ. Der Grad der Zwillingsähnlichkeit in Persönlichkeitseigenschaften variiert auch mit dem jeweils untersuchten spezifischen Persönlichkeitsaspekt. Alle diese Befunde liegen auf einer Linie mit den in früheren Abschnitten berichteten Ergebnissen über Eltern- und Geschwisterkorrelationen in Persönlichkeitstests.

In der Neurotizismusskala des Bernreuther Personality Inventory erhielt man bei EZ Korrelationen von 0,63 und bei ZZ von 0,32 (15). Ein anderer Test für dasselbe allgemeine Gebiet, die Woodworth-Mathews Personal Data Sheet erbrachte für EZ eine Korrelation von 0,54 und für ZZ von 0,36 (46). In anderen Tests für Persönlichkeitsmerkmale wie Dominanz oder Selbstgenügsamkeit lagen die Korrelationen niedriger (15). Das Strong Vocational Interest Blank erbrachte für EZ Korrelationen von 0,50 und für ZZ von 0,28 (15).

CATTELL et al (16) analysierten die Daten im CATTELL Junior Personality Quiz, die sie an EZ, ZZ, Geschwistern und nicht verwandten, zusammen aufgewachsenen Kindern und an Kindern der allgemeinen Population erhoben hatten. Sie folgerten daraus, Vererbung sei bei einigen Merkmalen die Hauptvarianzquelle, die Umwelt bei anderen. Einigermaßen ähnliche Befunde erhielten CATTELL und seine Mitarbeiter (17) in einer zweiten Studie, in der sie objektive Persönlichkeitsmaße verwandten. Wegen der niedrigen Reliabilität der Testwerte in beiden Studien jedoch und wegen bestimmter zweifelhafter Annäherungsverfahren in den statistischen Analysen muß man die Ergebnisse als weitgehend vorläufig betrachten. Außerdem werden sie nicht durch ein anderes Projekt gestützt, das den Junior Personality Quiz an EZ und ZZ benutzte (118, 119). In einer britischen Untersuchung berichten EYSENCK und seine Mitarbeiter (28) Korrelationen von 0,851 bzw. 0,217 zwischen 25 EZ-Paaren und 25 gleichgeschlechtlichen ZZ-Paaren in einem Neurotizismuswert, der aus verschiedenen Tests abgeleitet wurde.

Zwillingsübereinstimmungen in etlichen *Ausdrucksreaktionen* haben GEDDA und seine Mitarbeiter in dem kürzlich eingerichteten Gregor Mendel Institut für medizinische Genetik und Zwillingsstudien in Rom untersucht. Beim Zuhören von Tonbandaufnahmen der eigenen und der Stimme des Zwillingspartners z.B. konnten 76 % der EZ nicht die Stimme des Partners herausfinden, während das nur 2 % der gleichgeschlechtlichen ZZ mißlang (39). In einer anderen Studie (38) fotografierte man Gesichtsausdruck und Haltungsreaktionen von EZ und ZZ, während sie lustigen und angsterregenden Filmen zuschauten. Man fand einen größeren Unterschied im Konkordanzgrad zwischen EZ und ZZ in den Ausdrucks- als in den Haltungsreaktionen und in den lustigen als in den ängstlichen Reaktionen.

Von besonderem Interesse sind zwei neuere Zwillingsprojekte, die eine sehr umfangreiche und vielfältige Testbatterie verwandten und sehr genaue Techniken der Zygotiediagnose benutzten. Eine Studie wurde am Institut für Humanbiologie der Universität von Michigan durchgeführt (118, 119). Insgesamt unterzog man 45 EZ-Paare und 37 gleichgeschlechtliche ZZ-Paare im High Schoolalter fast 3 volle Tage lang verschiedenen Tests. Dazu gehörten

verbale, numerische, räumliche, Gedächtnis-, Denk-, Wahrnehmungs-, motorische und musikalische Leistungstests, sowie Interessensmessungen und zahlreiche Tests zur Erfassung emotionaler und sozialer Eigenschaften. In vielen Tests war die Varianz (SD^2) der Intrapaardifferenzen bei den ZZ signifikant größer als bei den EZ. In keinem Test war die Varianz der EZ signifikant größer als die der ZZ. Auch hier hat man also nachgewiesen, daß sich EZ in den meisten psychischen Merkmalen ähnlicher sind als ZZ.
Eine große Batterie ebenso vielfältiger Tests haben THURSTONE und Mitarbeiter (116) für eine Zwillingsstudie herangezogen, die sie im psychometrischen Labor der Universität von Chicago begannen und an der Universität von Nord Carolina fortsetzten. Pbn waren 48 EZ-Paare und 55 gleichgeschlechtliche ZZ-Paare, die Schulen in Chicago besuchten. Das mittlere Alter der Gruppe lag ungefähr bei 14 Jahren. Eine Analyse der intrapaarigen Differenzen in allen 53 Testwerten zeigte, daß sowohl bei EZ als auch bei ZZ die kleinen Unterschiede vorherrschten. Die häufigsten (oder Modal-) Differenzen waren in den meisten Tests für beide Zwillingstypen fast gleich groß. Der Hauptunterschied zwischen den beiden Zwillingstypen lag am oberen Ende der Verteilung der Intrapaardifferenzen. Große Differenzen kamen häufiger in der ZZ-Gruppe vor. Dieser Befund ist schematisch in Abbildung 61 dargestellt.

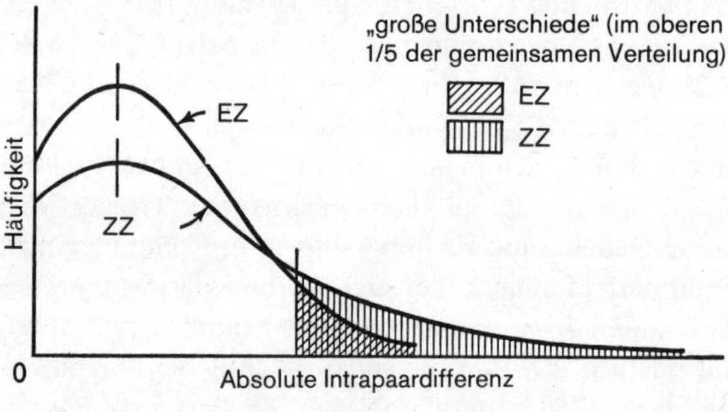

Abb. 61: Schematische Darstellung der absoluten Intrapaardifferenzen zwischen EZ und ZZ (aus THURSTONE, THURSTONE u. STRANDSKOV, 116)

Für die statistische Analyse bezeichneten die Autoren als „große Unterschiede" alle jene, die im oberen Fünftel der gemeinsamen Verteilung beider Gruppen lagen. Der Anteil solch großer Differenzen war bei den ZZ in 23 von den 53 Maßen signifikant größer als bei den EZ (13 auf dem 1 %-Niveau und 10 auf dem 5 %-Niveau). Es ist bemerkenswert, daß u. a. verbale und räumliche Tests am eindeutigsten zwischen EZ und ZZ differenzierten. Dieser Befund wurde in einer anderen Studie mit einigen gleichen Tests (5) bestätigt.

Besonders interessant ist jedoch die Beobachtung, daß die meisten ZZ-Paare in ihrer Testleistung nicht von den EZ-Paaren zu unterscheiden waren. Der Unterschied zwischen den beiden Typen ist hauptsächlich auf die extrem abweichenden ZZ-Paare zurückzuführen. Eine genauere Untersuchung dieser abweichenden Paare könnte vielleicht die Gründe für die großen intrapaarigen Differenzen aufklären. Sind sich diese Zwillinge äußerlich unähnlicher als die anderen ZZ der Gruppe? Könnten Faktoren in ihrer Umwelt für ihre divergente Entwicklung in spezifische Richtungen verantwortlich sein?

Auftreten von psychischen Störungen bei Zwillingen

In der Erforschung der Ursachen verschiedener psychischer Störungen hat man häufig mit Zwillingen gearbeitet. In diesen Studien geht man gewöhnlich so vor, daß man zunächst individuelle Fälle von EZ oder ZZ identifiziert, die eine bestimmte Störung aufweisen. Dann untersucht man das Auftreten derselben Störung bei den Zwillingspartnern und anderen Verwandten. In jeder Familie nennt man das Individuum den *Indexfall*, das den Ausgangspunkt für die Untersuchung bildet und auf das man die Verwandtschaftsgrade bezieht. Andere Begriffe zur Bezeichnung eines solchen Individuums sind „Propositus“ und „Proband“. Wenn beide Teile eines miteinander verwandten Personenpaares (Zwillinge, Geschwister usw.) die gleiche untersuchte Störung zeigen, bezeichnet man sie als *konkordant*. Findet man die Störung nur bei einem Teil, nennt man das Paar *diskordant*. Ausführliche Untersuchungen dieser Art haben KALLMANN und seine Mitarbeiter am New York State Psychiatric Institute durchgeführt (55, 57, 60). Die Studie über Schizophrenie arbeitete mit der größten Fallzahl und erbrachte die am besten gesicherten Ergebnisse. Man begann mit 953 Zwillingsindexfällen (268 EZ und 685 ZZ), die alle in Kliniken des Staates New York lebten und als schizophren diagnostiziert worden waren. Die Untersucher bestimmten dann, welche Verwandte, wenn überhaupt, ähnlich diagnostiziert worden waren.
Die wichtigsten Ergebnisse sind in Tabelle 11 zusammengefaßt. Man sieht, daß 86,2 %[3] der EZ, aber nur 14,5 % der ZZ konkordant waren. Weiterhin sind die Konkordanzraten für ZZ und Geschwister nahezu identisch. Dieser Befund ist besonders bemerkenswert, da ja das Ausmaß ererbter Ähnlichkeit für ZZ und Geschwister dasselbe ist. Halbgeschwister haben eine Konkordanzrate von 7,1 % und nicht miteinander verwandte Stiefgeschwister zeigen eine Konkordanzrate, die kaum größer ist als die erwartete Schizophrenie-

3 Die Prozentwerte in Tabelle 11 wurden nach dem Alter korrigiert, um die Tatsache zu berücksichtigen, daß die Erwartungsrate für Schizophrenie mit dem Alter variiert (s. 57).

häufigkeit in der Gesamtbevölkerung. Die Konkordanzrate für Eltern der Indexfälle betrug 9,3%. Durch eine etwas andere Datenanalyse fand KALLMANN, daß die Schizophrenieerwartung für Kinder eines schizophrenen Elternteils 16,4 % beträgt; für Kinder von zwei schizophrenen Eltern 68,1 %.

Tabelle 11: Konkordanzraten für Schizophrenie bei 953 Indexfällen im Staat New York (Daten aus KALLMANN, 57, S. 114)

Verwandtschaftsgrad	Konkordanzrate
EZ	86,2
ZZ	14,5
Geschwister	14,2
Halbgeschwister	7,1
Stiefgeschwister	1,8
Eltern	9,3
erwarteter Wert in der Gesamtpopulation: 0,7 bis 0,9	

SLATER (101) in England und andere europäische und amerikanische Untersucher (51, 101) haben die weitaus höhere Konkordanzrate der Schizophrenie bei EZ als bei ZZ bestätigt. Bei SLATER betrug die Konkordanzrate 76,3 % bei 41 EZ-Paaren und 14,4 % bei 115 ZZ-Paaren. Ausgehend von seinen eigenen und den Ergebnissen anderer Autoren stellt KALLMANN (57) die Hypothese auf, ein einzelnes rezessives Gen sei verantwortlich. Es produziere möglicherweise eine Stoffwechselstörung, die das Individuum für Schizophrenie prädestiniere. Ob sich nun tatsächlich eine Schizophrenie entwickele oder nicht, hänge von anderen mitbeteiligten Faktoren genetischen oder exogenen Ursprungs ab.

Daß bestimmte Umweltfaktoren die Entwicklung der Schizophrenie beeinflussen können, legt eine Studie von MARK (67) an Müttern von Schizophrenen nahe. 100 Mütter erwachsener männlicher Schizophrener verglich man mit einer Kg von Müttern normaler Männer mit Hilfe einer Einstellungsskala über Kindererziehungspraktiken. Eine Prüfung der Items ergab signifikante Unterschiede zwischen den beiden Gruppen: Die Mütter von Schizophrenen haben die Tendenz, in ihrer Kontrolle des Kindes strenger zu sein und sowohl Haltungen extremer Unterordnung als auch kühler Ablehnung zu zeigen.

KALLMANN und seine Mitarbeiter wandten die „Zwillingsmethode" bei der Untersuchung anderer psychischer Störungen an: manisch-depressive, Involutions- und senile Psychosen (57, 58), Kinderschizophrenie (61), geistige Behinderung (1), Homosexualität (56) und Selbstmord (56). Hier waren jedoch die Zahlen für die Indexfälle sehr viel kleiner als in der Hauptuntersuchung an erwachsenen Schizophrenen. Mit Ausnahme der Selbstmorde wiesen alle genannten Kategorien für die EZ eine weit höhere Konkordanzrate auf als für die ZZ. Dabei nahmen die Erwartungsraten für weiter entfernte Verwandtschaftsgrade ab. Wegen der kleinen Stichproben können jedoch diese Befunde nur als sehr vorläufig gelten. Was die Spezifität der verschiedenen Psychosen anbelangt, so berichtet KALLMANN interessanterweise von keinem Zwillingspaar, von dem der eine schizophren und der andere manisch-depressiv war. Auch weisen seine Daten keinen einzigen manisch-depressiven Indexfall mit schizophrenen Eltern oder Geschwistern auf.

Die Daten über Schizophrenie belegen sehr klar die Wirkung von Vererbungsfaktoren, zumindest, daß sie für eine Prädisposition sorgen. Der exakte Mechanismus, durch den solche Erbfaktoren wirken, muß jedoch noch abgesichert werden. Was bestimmte andere psychische Störungen anbelangt, gibt es vorläufige Belege für den Erbeinfluß. Wie KALLMANN (s. 55) wiederholt betont, bedeutet die Tatsache einer ererbten Disposition keineswegs ihre Unheilbarkeit. Im Gegenteil sollte man sich weiterhin um Techniken der Vorbeugung und Therapie bemühen, indem man noch mehr Wissen über kausale Faktoren aus Erbe und Umwelt zusammenträgt. Schließlich muß man unbedingt berücksichtigen, daß Befunde über die Ätiologie pathologischer Bedingungen keine Implikationen für die Verursachung individueller Unterschiede im normalen Variationsbereich haben müssen.

Die Umwelt von Zwillingen

Es gibt einige spezielle Bedingungen in der Umwelt von Zwillingen, die sich vielfältig auf ihre Entwicklung auswirken können. Eine Betrachtung dieser Bedingungen sollte die Interpretation der zahlreichen beobachteten Zwillingsähnlichkeiten und -unterschiede in psychischen Merkmalen zu klären helfen.

EZ versus ZZ

Alle Untersucher stimmen darin überein, daß sich EZ in Leistungen und den meisten untersuchten Verhaltensmerkmalen ähnlicher sind als ZZ. EZ haben identisches Erbgut, ZZ nicht. Kann man daraus schließen, die größere Ähnlichkeit der erstgenannten beruhe auf Vererbung? Das ist nicht so einfach. Die größere Erbähnlichkeit von EZ geht einher mit größerer Umweltähnlichkeit. Ausgehend von ausgedehnten Feldstudien an Zwillingen wandte sich CARTER (15) gegen die Annahme, die Umwelteinflüsse für EZ seien nahezu identisch mit denen für ZZ. Er schreibt:

„Solch eine Annahme scheint für jeden unhaltbar, der in seiner eigenen sozialen Umgebung viel mit Zwillingen in Kontakt gekommen ist. Denn es ist recht klar, daß sich die Umwelten von EZ durchschnittlich mehr ähneln als diejenigen von ZZ. EZ mögen sich offensichtlich gegenseitig lieber; sie haben offensichtlich häufiger dieselben Freunde; sie verbringen offensichtlich mehr Zeit miteinander; und sie werden offensichtlich von ihren Freunden, Eltern, Lehrern und Bekannten so behandelt, als seien sie sich ähnlicher als es ZZ sind“ (15, S. 246).

Viele andere Untersucher unterstützen eine derartige Folgerung (8, 45, 52, 53, 122, 127, 129). Es ist klar, daß ZZ häufiger einander unähnlich sind im Körperbau, allgemeiner Gesundheit, Augen- und Haarfarbe, Muskelstärke und vielen anderen physischen Merkmalen (108). Ein Zwilling kann dreckig, der andere adrett aussehen; der eine kränklich und der andere gesund und stark. Die Effekte dieser physischen Differenzen auf das Verhältnis der Zwillinge zu ihrer Umwelt können sehr weit reichen (45, 125). Jeder Zwilling wird, abhängig von seinen physischen Merkmalen, automatisch verschiedene Aspekte derselben Umwelt „selegieren“. Reale Beobachtung hat wiederholt gezeigt, daß ZZ weniger gemeinsame Erfahrungen haben als EZ. In einem Fragebogen z.B. (122), den 70 EZ-Paare, 69 gleichgeschlechtliche ZZ-Paare und 55 gegengeschlechtliche ZZ-Paare beantworteten, gaben 43 % der EZ an, noch nie länger als einen Tag getrennt gewesen zu sein. Von den ZZ gaben nur 26 % an, das treffe auf sie zu. EZ teilen sich oft zu Hause dasselbe Zimmer, haben denselben Freund und werden von ihren Familien und Bekannten häufiger ähnlich behandelt (53). Tatsächlich ist es nicht ungewöhnlich, daß, besonders in der Kindheit, ein Zwilling mit dem anderen verwechselt wird. All das gibt eine interessante Illustration für den direkten Einfluß, den physische Ähnlichkeiten auf Verhalten ausüben können. Diese Ähnlichkeiten, weitgehend durch Erbfaktoren bestimmt, können wiederum die Umwelt eines Individuums so verändern, daß sie auf seine Verhaltensentwicklung einwirken.

Hier sei ein Wort über die Vergleiche zwischen gleichgeschlechtlichen und gegengeschlechtlichen ZZ sowie zwischen ZZ und Geschwistern angefügt. Die größere Ähnlichkeit zwischen gleichgeschlechtlichen als zwischen gegengeschlechtlichen Zwillingen, die man allgemein in der Testleistung findet, kann sowohl auf Erb- als auch auf Umweltfaktoren beruhen. Bei der Vererbung kann das Vorhandensein geschlechtsgebundener oder geschlechtsabhängiger und geschlechtsbegrenzter Faktoren zahlreiche Erbunterschiede zwischen gegengeschlechtlichen Kindern derselben Eltern einführen, die man bei gleichgeschlechtlichen Kindern nicht findet (s. Kapitel 3). Was die Umwelt anbelangt, ist klar, daß die Umwelt eines Jungen der eines Mädchen unähnlicher ist, als das für zwei Jungen oder zwei Mädchen gilt. So führen gefundene Unterschiede bei gleich- oder gegengeschlechtlichen ZZ nicht einfach zu eindeutigen Interpretationen. Jeder Unterschied im Ähnlichkeitsgrad zwischen ZZ als einer Gruppe und Geschwistern als einer anderen Gruppe kann jedoch logisch den größeren Umweltübereinstimmungen der Zwillinge zugeschrieben werden. Aufgrund der Vererbung sollten sich ZZ nicht ähnlicher sein als gewöhnliche Geschwister. Aber ihre Umwelten sind der Tendenz nach einander ähnlicher, wie wir weiter oben ausgeführt haben.

Pränatale und natale Faktoren

Entwickeln sich zusammen aufgewachsene EZ deutlich verschieden, so legt das die mögliche Beteiligung von pränatalen Faktoren oder Geburtsverletzungen nahe (83). Daß pränatale Bedingungen zu Schädigungen des einen Zwillings führen können, während sich der andere normal entwickelt, stimmt recht gut mit dem überein, was wir über die Embryologie von Zwillingen wissen. Im pränatalen Leben sind die Zwillinge Rivalen in Bezug auf die verfügbare Nahrungsmenge. Manchmal unterliegt ein Zwilling völlig und überlebt nicht, während sich der andere auf seine Kosten entwickelt. Ist die Ungleichheit geringer, werden beide geboren, aber der eine kann schwächer sein als der andere.

Ein Beispiel für die Wirkung pränataler und nataler Faktoren beim Hervorrufen von Unterschieden zwischen EZ ist das Auftreten geistiger Behinderung. In einer Erhebung verschiedener Institutionen für geistig Behinderte fanden ROSANOFF et al. (89) 126 Personen, von denen ein EZ-Partner bekannt war. In den meisten Fällen war der andere Zwilling auch geistig behindert oder zeigte eine andere Behinderung wie Epilepsie, Paralyse oder Verhaltensstörungen. Bei 11 Paaren jedoch fand man bei dem anderen Zwilling keinen Defekt. Da die anomale Bedingung bei dem defekten Zwilling jeweils schon früh im Leben auftauchte, spricht das sehr für das Vorliegen von Geburtsverletzungen oder für die Wirkung pränataler Faktoren.

Einige Untersucher halten geburtsbedingte Hirnschäden für eine relativ häufige, unentdeckte Ursache geistiger Behinderungen. Eine Verletzung, die zunächst zu gering war, um Aufmerksamkeit auf sich zu ziehen, kann später ausreichen, um die normale intellektuelle Entwicklung zu stören. Diesen Standpunkt hat ROSANOFF (89) vertreten, der schätzte, Geburtsverletzungen kämen in den Geburtsberichten geistig Behinderter achtmal so häufig vor wie in der Gesamtbevölkerung. Da Zwillinge insgesamt zur Frühgeburt neigen – wenn sie relativ klein und schwach sind – sind sie besonders Geburtsverletzungen ausgesetzt. Die häufigeren Geburtstraumata bei Zwillingen als bei einzel geborenen Kindern bestätigten ALLEN und KALLMANN (1) in einer jüngeren Untersuchung geistig behinderter Indexfälle.

Die pränatalen und natalen Risiken in der Entwicklung von Zwillingen hat man auch zur Erklärung der Tatsache aufgeführt, daß Zwillinge insgesamt auch Einzelgeborenen intellektuell unterlegen sind. Solche Retardation hat man wiederholt in großen Gruppen unterschiedlichen Alters gesichert, die in einigen Ländern untersucht wurden. In einer Untersuchung an fast 120 000 amerikanischen Highschoolschülern mit dem Henmon Nelson Test of Mental Ability fanden sich auch 412 Zwillingspaare (14). Der Mittelwert dieser Zwillinge lag fast am 40. Percentil der gesamten Stichprobe. In einer schwedischen Studie untersuchte man 907 männliche Zwillingspaare bei ihrem Eintritt in den Militärdienst. Ihr mittlerer Intelligenztestwert lag 1/4 Standardabweichung unter dem Mittelwert von Einzelgeborenen derselben Population. Eine Analyse der Werteverteilungen belegte, daß der Unterschied weitgehend auf den größeren Anteil von Zwillingen mit niedrigen IQn zurückzuführen ist. Die früher zitierten schottischen Erhebungen, in denen eine fast vollständige Stichprobe 11jähriger Kinder getestet wurde, zeigte wiederum ein signifikantes mittleres Defizit in den Werten von 974 Zwillingen dieser Stichprobe (95). Ähnliche Resultate erhielt man in einer Erhebung an 95 237 französischen Schulkindern im Alter von 6 bis 12 Jahren mit einem speziell konstruierten Bilderintelligenztest für Gruppen (111). Diese Stichprobe, die zur Repräsentation aller französischen Regionen sorgfältig ausgesucht worden war, enthielt 750 Zwillinge. Es sei hinzugefügt, daß in den schottischen und französischen Stichproben die Unterlegenheit der Zwillinge in den Testwerten bestehen blieb, nachdem man Familiengröße und sozioökonomischen Status ausbalanciert hatte.

Weitere Unterstützung der intellektuellen Überlegenheit Einzelgeborener erbringen die Resultate intensiver Nachuntersuchungen an Drillingen und Vierlingen – ebenso die detaillierten Beobachtungen der weit bekannten Fünflinge von Dionne (3, 4, 15, 37). Man kann annehmen: Je größer die Zahl um das Überleben kämpfender Individuen in der uterinen Umwelt, desto schwerer werden die Beeinträchtigungen sein, denen jedes von ihnen ausgesetzt ist. Die beobachteten Fakten über die intellektuelle Entwicklung von Mehrlingsgeburten scheinen eine derartige Hypothese zu stützen. Auch die Tatsache, daß Mehrlinge oft zu früh geboren werden, kann teilweise für ihre Retardation verantwortlich sein, da sie sich tatsächlich in einem früheren Entwicklungsstadium befinden als ihr Alter anzeigt. Es ist jedoch zweifelhaft, ob dieser Faktor einen signifikanten Effekt auf die intellektuelle Entwicklung in der späten Kindheit hat; sein Einfluß beschränkt sich wahrscheinlich weitgehend auf die frühe sensorische und motorische Entwicklung.

Die beobachtete Zwillingsretardation ist generell am deutlichsten beim *Spracherwerb*. Dieser sprachliche Mangel wirkt sich wiederum bedeutsam auf

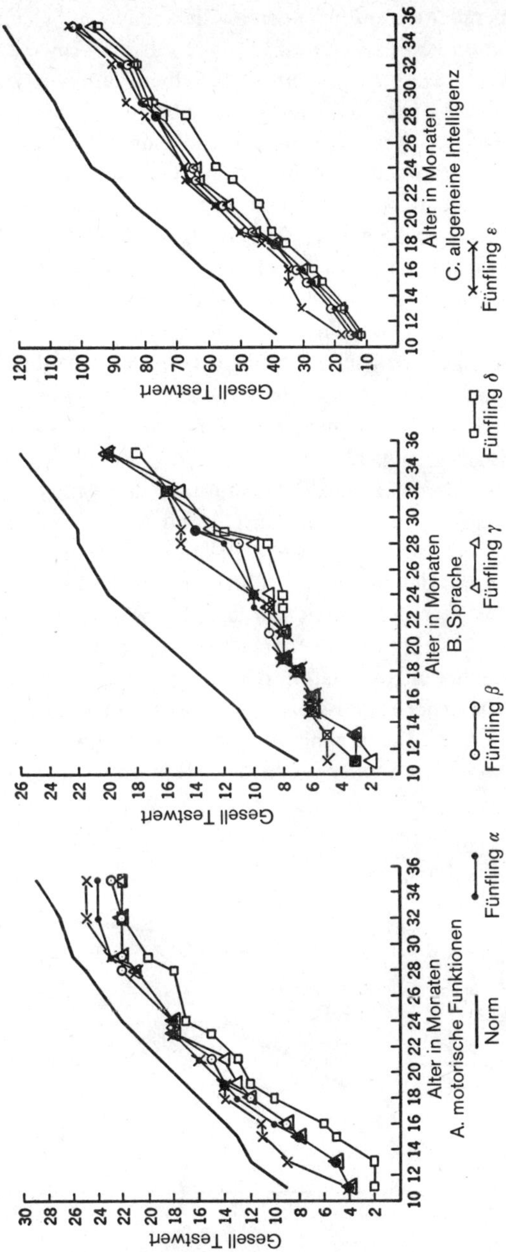

Abb. 62: Entwicklung der Dionne-Fünflinge in motorischen Funktionen, der Sprache und der allgemeinen Intelligenz (Daten aus BLATZ et al., 4, Grafen 1, 2, 3)

andere Formen der darauffolgenden intellektuellen Entwicklung aus. Die verbale Retardation kann zumindest teilweise aus der Anwesenheit von 2 (oder mehr) Kindern identischen Alters in derselben Familie resultieren. Man beobachtet oft, daß Zwillinge eine relativ selbstgenügsame Einheit bilden und folglich weniger das Bedürfnis nach Kontakt und Kommunikation mit anderen Kindern und Erwachsenen haben. Doch gerade diese Kontakte sorgen für mächtige Anreize und Gelegenheit zum Sprechenlernen (s. 69, 127). Es scheint recht klar, daß Zwillinge wegen der physiologischen Bedingungen der Zwillingsentwicklung physisch retardiert und behindert sein können. Aber daß dieselben Bedingungen eine ausreichende Erklärung für ihre intellektuelle Retardation bieten, ist nicht eindeutig abgesichert.

Wir wollen einige spezifische Daten über die Sprachentwicklung von Zwillingen betrachten. Abbildung 62 gibt die Entwicklung der Dionner Fünflinge in den motorischen Funktionen (1), beim Spracherwerb (2) und in der allgemeinen Intelligenz (3) wieder.

Offensichtlich tritt die größte Retardation in der Sprache und die geringste in den motorischen Funktionen auf. Die Indizes „für die allgemeine geistige Entwicklung“ nehmen eine mittlere Position ein, vielleicht wegen ihrer zusammengesetzten Beschaffenheit. Obwohl die Fünflinge zwei Monate vor dem normalen Termin geboren wurden und obwohl die Möglichkeit fetaler Schädigungen besteht, würden derartige Bedingungen wahrscheinlich nicht zu einer deutlicheren Retardation der Sprache als der motorischen Entwicklung führen. In seiner Diskussion über die sprachliche Retardation der Fünflinge weist BLATZ (3) auf zahlreiche mögliche Umweltfaktoren hin. Da die meisten Wünsche von immer wachsamen Helfern vorweggenommen wurden,

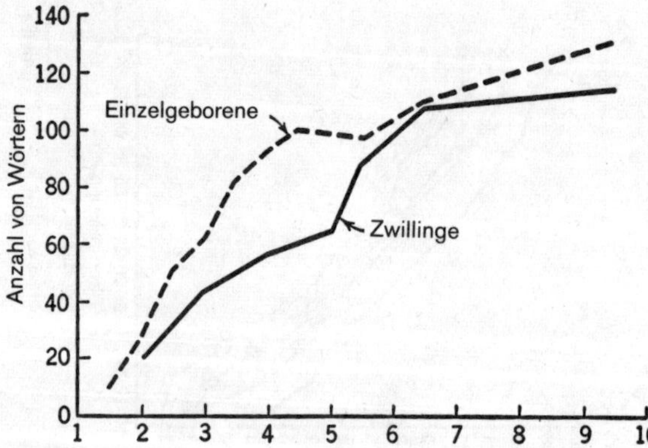

Abb. 63: Die sprachliche Entwicklung von Einzelgeborenen und Zwillingen (aus DAVIS, 23, S. 136)

hatten die Kinder nur ein geringes Bedürfnis, mit Erwachsenen zu kommunizieren. Sie hatten sich untereinander wenig zu sagen, da sie die meisten Erfahrungen teilten. Im Alter von 3 Jahren entwickelten sie außerdem zahlreiche gegenseitig verständliche Gesten und Anrufe, um sich ihre Gefühle untereinander mitzuteilen.

Gruppenerhebungen an Drillingen (48) und Zwillingen (23, 24, 127) haben ähnliche Ergebnisse erbracht. Oft entwickeln Zwillinge durch Gesten und Töne spezielle Kommunikationssysteme aus ihren gemeinsamen Erfahrungen. Das Bedürfnis zum Erwerb der Erwachsenensprache wird dadurch vermindert. Spezielle Indizes für die Sprachentwicklung, z. B. Antwortlänge oder Anzahl verschiedener Wörter, die in einem standardisierten Beobachtungszeitraum gebraucht werden, zeigen bei diesen Kindern konsistent eine größere Retardation als im Gesamt-IQ. Das Ausmaß der sprachlichen Retardation illustriert Abbildung 63.

In einer Zusammenfassung der Daten verschiedener Untersucher zeigt diese Grafik die durchschnittliche Anzahl verschiedener Wörter, die Zwillinge und Einzelgeborene im Alter von 1 1/2 bis 9 1/2 Jahren während des Untersuchungszeitraumes verwenden.

Daß der gegenseitige Kontakt der Zwillinge der wichtigste Faktor für die sprachliche Retardation sein kann, legen weiterhin Befunde nahe, nach denen *Einzelkinder* in jeder Phase sprachlicher Leistung eindeutig Kindern mit Geschwistern überlegen sind (23). Tatsächlich ähneln Einzelgeborene mit Geschwistern stärker in vielen Phasen ihrer sprachlichen Entwicklung Zwillingen als Einzelkindern. In Abbildung 64 findet man die Anzahl verschiedener Wörter, die Zwillinge, Einzelgeborene mit Geschwistern und Einzelkinder im Alter von 5 1/2, 6 1/2 und 9 1/2 Jahren während eines Beobachtungszeit-

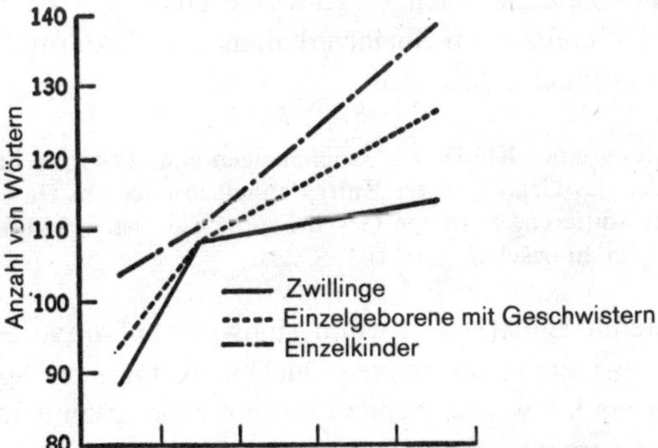

Abb. 64: Vergleich der Sprachentwicklung von Zwillingen, Einzelgeborenen mit Geschwistern und Einzelkindern (aus DAVIS, 23, S. 112)

raumes benutzten. Man sieht, daß die Einzelgeborenen mit Geschwistern in den zwei ersten Altersstufen etwas näher bei den Zwillingen als bei den Einzelkindern liegen. In der dritten Altersstufe liegen sie ungefähr dazwischen. Eine andere relevante Beobachtung betrifft die *Länge des Altersintervalls zwischen Geschwistern.* In der vorher zitierten französischen Erhebung an Schulkindern analysierten TABAH und SUTTER (111) die Beziehung zwischen Testwerten und Altersabstand zwischen Geschwistern in 1244 Zweikinder-Familien. Die Geschwisterpaare teilte man in solche mit „langen" und mit „kurzen" Geschwisterintervallen ein. Ein kurzes Intervall definierte man so, daß es im oder unter dem mittleren Intervall von fast zwei Jahren lag, das man für die Gesamtstichprobe gefunden hatte. Intervalle, die das Maß übertrafen, wurden als lang klassifiziert. Im Intelligenztest erhielten die Kinder mit langen Intervallen signifikant höhere Mittelwerte. Ihre Überlegenheit ging durch alle Berufsklassen, in die man die Stichprobe aufgeteilt hatte. Außerdem näherten sich die Werte dieser Kinder denen von Einzelkindern. Bei den Kindern mit kurzen Intervallen zum Geschwister ähnelten die Werte denen von Zwillingen. Derartige Befunde lassen vermuten: Je mehr sich die Geschwisterbeziehung der von Zwillingen annähert, desto größer ist die intellektuelle Retardation. Je näher das Alter zweier Geschwister beieinanderliegt, desto größer wird die Wahrscheinlichkeit sein, daß sich die Kinder auf die gegenseitige Gemeinschaft verlassen und weniger nach intellektuell anregenderen Kontakten außerhalb suchen. Direktere Daten über die soziale Interaktion von Geschwistern erhärten diese Hypothese weiterhin. In einer sorgfältig geplanten Studie von KOCH (63) wurden 384 fünf- und sechsjährige amerikanische Kinder aus Zweikinderfamilien von ihren Lehrern nach 16 Sozialmerkmalen beurteilt, d.h. nach ihrem Verhalten den Klassenkameraden gegenüber. Ein Vergleich parallelisierter Untergruppen, die sich in der Länge des Intervalles zum nächsten Geschwister unterscheiden, ergab zahlreiche signifikante Differenzen im Sozialverhalten. Als Erklärung für einige dieser Differenzen vermutet KOCH, daß

> „die Hinwendung eines Kindes zu Gleichaltrigen zum Teil eine Funktion seines Engagements oder des Grades seiner Zufriedenheit mit seinem Geschwister sein kann. Wenn die Altersdifferenz zwischen Geschwistern klein ist,... tendieren sie dazu, sich mehr miteinander zu beschäftigen" (63, S. 23).

Der retardierende Effekt der „Zwillingsumwelt" auf die sprachliche Entwicklung scheint also aus verschiedenen Quellen zu stammen. Sprachliche Retardation wiederum hat weitreichende Folgen für die gesamte intellektuelle Entwicklung. Die Sprache ist nicht nur als Kommunikationsmittel für den Großteil menschlichen Lernens notwendig, sondern die sprachlichen Symbole selbst spielen eine wichtige Rolle beim Problemlösen und den abstrakteren und komplexeren menschlichen Intelligenzfunktionen.

Soziale Interaktion

Die sozialen Reaktionen von Zwillingen untereinander sind selbst ein vielversprechendes Forschungsfeld. Viele Beobachter haben auf die *Spezifizierung von Rollen* hingewiesen, die Zwillinge oft in schweigendem gegenseitigen Einverständnis auszuarbeiten scheinen (77, 125, 128). Solch eine Arbeitsteilung – besonders bei EZ beobachtet – macht die Beziehungen harmonischer und spart Anstrengung. So kann der eine Zwilling der Sprecher für das Paar im Umgang mit anderen Personen sein, indem er mehr Interesse an Menschen zeigt und aktiver auf sie reagiert. Oft ist ein Zwilling das dominierende Mitglied des Paares, das häufiger die Führung übernimmt und für beide Entscheidungen fällt (24, 125, 128). Eine derartige Rollendifferenzierung kann sich anfangs aus winzigen Unterschieden in Größe oder Stärke ergeben, die vielleicht pränatal geschaffen worden sind. Daneben kann das Bemühen der Eltern, jedes Unterscheidungsmerkmal zwischen den Zwillingen zu entdecken und zu betonen, eine weitere Differenzierungsursache sein. Manchmal können kleinste Zufallsereignisse die Differenz initiieren, die dann von den Zwillingen freiwillig akzeptiert und als Selbstverständlichkeit entwickelt wird.

Solch eine Rollenverteilung könnte – über Jahre fortgesetzt und vertieft – für die Unterschiede in den Interessen, Einstellungen, emotionalen Reaktionen und Fähigkeiten verantwortlich sein, die man manchmal bei gemeinsam aufgewachsenen Zwillingen gefunden hat. So erbrachten Tests an 10 ZZ- und 2 EZ-Paaren aus einer Collegepopulation *weniger* Übereinstimmung zwischen Zwillingen als zwischen Geschwistern in Merkmalen wie Selbstgenügsamkeit, Intro-, Extraversion, soziale Anpassung und Maskulinität-Feminität (82). Man fand in derselben Studie Hinweise dafür, daß Zwillingspaare – häufiger als Geschwister – dazu tendieren, gegenseitige Trends in Dominanz und Submission zu entwickeln.
Solche Befunde werden durch detailliertere Fallstudien an einzelnen Zwillingen (s. z. B. 74) gestützt und auf sehr interessante Weise durch Beobachtungen an größeren Mehrlingsgeburten-Gruppen bestätigt. Die Dionner-Fünflinge z. B. zeigten trotz ihres Aufwachsens unter nahezu einheitlichen und kontrollierten Bedingungen wie jede Kindergruppe eindeutige Persönlichkeits- und Fähigkeitsunterschiede (3, 4). Doch der eindeutige Nachweis ihrer Homozygotie schließt eine Erklärung dieser Unterschiede durch Vererbung aus. Als Kommentar zu diesen Befunden schreibt BLATZ:

„In der Umwelt, die offensichtlich für alle dieselbe ist, müssen trotzdem geringe, aber wichtige Unterschiede in den Einflüssen vorhanden sein, denen diese Kinder ausgesetzt sind – Unterschiede, von denen die soziale Interaktion der Fünf untereinander am wichtigsten ist, jedoch am schwierigsten zu identifizieren und zu messen" (3, S. 174).

Eine andere lebendige Demonstration umweltbedingter Unterschiede zwischen EZ geben die in Amerika untersuchten monozygoten weiblichen Vierlinge (37). Im Stanford-Binet erreichte ein Vierling einen IQ von 110, ein anderer von 101, während die beiden anderen mittlere Positionen einnahmen. Diese Beziehung setzte sich konsistent in anderen Intelligenz- oder Schulleistungstests fort. Im Stanford Achievement Test z. B. erhielt der „kluge" Vierling einen Gesamtwert von 124 und der „dumme" 96. Jeder Untertest aus diesem Test zeigte dieselbe Beziehung. Physische und Persönlichkeitsunterschiede zwischen den Vierlingen gingen eng mit diesen intellektuellen Differenzen einher. Der dümmste Vierling war auch der kleinste und hatte in der Kindheit die ungünstigste Krankengeschichte. Die Untersucher vermuten, mögliche Differenzen im fetalen Blute stellten die Grundlage für die physischen und psychischen Unähnlichkeiten dar. Leicht könnten die ersten, pränatal bestimmten physischen Unterschiede zur nachfolgenden sozialen Rollendifferenzierung zwischen den vier Schwestern führen, die wiederum ihre nachfolgende emotionale und intellektuelle Entwicklung beeinflußt. Die Persönlichkeitsunterschiede sollen besonders auffallend gewesen sein. Die Kinder wurden von ihren Eltern charakterisiert als „der Boss", „der Clown", „der Künstler" und „das Baby". Dazu berichten die Untersucher, ein fremder Beobachter könnte rasch, selbst nach kurzer Beobachtung, das Kind, zu dem jeweils die Beschreibung paßt, identifizieren.

Getrennt aufgewachsene Zwillinge

Von besonderem Interesse sind die Fallstudien an EZ, die früh getrennt wurden und getrennt aufgewachsen sind – entweder weil die Eltern gestorben waren oder aus anderen Gründen. Man hat über 25 solcher Paare gefunden und sorgfältig untersucht. Die umfangreichste Fallsammlung wurde in einer Untersuchung an der Universität von Chicago vorgenommen. Die Forscher waren NEWMAN, FREEMAN und HOLZINGER, ein Genetiker, ein Psychologe und ein Statistiker. Die Hauptstudie (77) umfaßt 19 EZ-Paare, die zumeist seit ihrem ersten Lebensjahr getrennt gelebt hatten. Das wirkliche Alter bei der Trennung reichte in den Einzelfällen von 2 Wochen bis zu 6 Jahren. Alle Zwillinge lebten bis zu ihrer Untersuchung getrennt, obwohl sie in ein, zwei Fällen miteinander korrespondiert oder sich gelegentlich besucht hatten. Das Alter zur Testzeit reichte von 11 bis 59 Jahren.
Jeder Fall wurde intensiv mit physischen und psychischen Messungen, Schultests und persönlichen Interviews untersucht. Man erhob Daten über das Pflegeheim, die Pflegeeltern, die Bildungs- und Berufsgeschichte der Zwillinge, Gesundheits- und Krankenberichte und andere relevante Faktoren im Erfah-

rungshintergrund der Pbn. Eine Fallstudie, die die Wirkungen zweier recht unähnlicher Häuser auf ein EZ-Paar demonstriert, ist unten zusammengefaßt:

Fall 4. Mabel und Mary, 29jährige Zwillinge, sind im Alter von 5 Monaten getrennt und bei Verwandten groß geworden. Mabel führte das Leben einer aktiven Bäuerin auf einer gut gehenden Farm. Mary führte ein meist seßhaftes Leben in einer kleinen Stadt, tagsüber arbeitete sie im Geschäft und abends gab sie Musikunterricht. Mabel besuchte nur eine ländliche Grundschule, während Mary eine vollständige High-school-Ausbildung an einer hervorragenden städtischen Schule hinter sich gebracht hat. Zur Untersuchungszeit bemerkte man zwischen den Zwillingen einen riesigen Unterschied in intellektuellen, emotionalen und physischen Merkmalen. Äußerlich beschrieb man Mabel als robust, muskulös und vollkommen gesund. Mary dagegen war untergewichtig, schwächlich und in schlechter Allgemeinverfassung. Mabel wog 138 1/2 lbs, Mary nur 110 3/4 lbs. Intellektuell fand man genauso einen großen Unterschied, diesmal zum Vorteil von Mary, deren Stanford-Binet-IQ 106 betrug und der ihrer Schwester 89. Noch größere Differenzen erhielt man in einigen anderen Tests. In Persönlichkeitsmerkmalen zeigten die Zwillinge konsistente Differenzen, die man sowohl durch Tests als auch durch direkte Beobachtungen bestimmt hatte. Der ländliche Zwilling war schwerfällig und stabiler in emotionalen Reaktionen, er gab weniger neurotische Antworten, machte sich um weniger Dinge Sorgen und reagierte weniger emotional auf Reize als seine Schwester aus der Stadt. Wahrscheinlich sind sowohl die oben erwähnten physischen Unterschiede als auch die Gegensätzlichkeit ihrer psychischen Umwelten für diese Persönlichkeitsunterschiede zwischen den Zwillingen verantwortlich (77, S. 187 – 195).

Um Vergleichsdaten zu erhalten, testeten NEWMAN, FREEMAN und HOLZINGER 50 gemeinsam aufgewachsene EZ-Paare und 50 gemeinsam aufgewachsene ZZ-Paare. Die Mittelwertdifferenzen und die Korrelationen aus allen drei Gruppen für Länge, Gewicht und IQ sind in Tabelle 12 wiedergegeben. Man sieht: Die durchschnittliche IQ-Differenz zwischen getrennten EZ beträgt 8,2. Das ist kaum weniger als die mittlere Differenz zwischen ZZ, aber etwas mehr als die zwischen nicht getrennten EZ. Genau dieselbe Beziehung drückt sich in den Korrelationskoeffizienten aus: Die getrennten EZ liegen mit der Enge der Beziehung zwischen nicht getrennten EZ und den ZZ.
Einige Autoren versuchten, aus einem Vergleich des Ähnlichkeitsgrades in *physischen* und *intellektuellen* Merkmalen zwischen diesen drei Gruppen Schlüsse auf Erbe und Umwelt zu ziehen. In Tabelle 12 sind die Resultate für Länge, Gewicht und IQ nicht außergewöhnlich unterschiedlich. Sicherlich sind die Längen- und Gewichtskorrelationen für die beiden EZ-Gruppen höher und einander ähnlicher als die entsprechenden Intelligenztestkorrelationen. Aber man muß berücksichtigen, daß Längen- und Gewichtsmaße reliabler sind als Intelligenzmaße. Zufallsfehler der Messung in Intelligenztests führen zu stärkeren Wertefluktuationen, selbst bei Retests an denselben Individuen. Solche Zufallsfluktuationen erniedrigen die Korrelationen der IQn und lassen alle Unterschiede zwischen derartigen Korrelationen weniger sig-

Tabelle 12: Ein Vergleich getrennt aufgewachsener EZ mit gemeinsam aufgewachsenen EZ und ZZ (übernommen aus NEWMAN, FREEMAN u. HOLZINGER, 125, S. 19)

	Mittlere Differenz zwischen Zwillingen		
Maß	ZZ (50 Paare)	EZ zusammen (50 Paare)	EZ getrennt (19 Paare)
Größe in cm	4,4	1,7	1,8
Gewicht in lb	10,0	4,1	9,9
Binet IQ	9,9	5,9	8,2

	Korrelationen* zwischen Zwillingen		
Maß	ZZ (50 Paare)	EZ zusammen (50 Paare)	EZ getrennt (19 Paare)
Größe in cm	0,64	0,93	0,97
Gewicht in lb	0,63	0,92	0,89
Binet IQ	0,63	0,88	0,77

* Man hat bestimmte notwendige statistische Korrekturen für das Alter und Unregelmäßigkeiten in der IQ-Streubreite auf die ursprünglichen Korrelationen angewendet, die NEWMAN, FREEMAN u. HOLZINGER angegeben haben (77). Weitere Details über diese Korrekturen findet man in 46, 71 und 125.

nifikant werden. Wir können also nicht mit Sicherheit aus den Daten in der Tabelle schlußfolgern, der Trennungseffekt sei um irgendeinen Betrag auf den IQ stärker als auf Länge und Gewicht. Gleichzeitig ist zu bedenken, daß uns derartige Vergleiche zwischen familiären Ahnlichkeiten in physischen und psychischen Merkmalen in Wirklichkeit wenig über das Erbe-Umwelt-Problem sagen, auch wenn sie als solche ganz interessant sind. Ähnliche Korrelationen *können* auf unterschiedlichen Faktoren beruhen und ihre Ähnlichkeit kann deshalb kein Hinweis auf dieselben wirksamen Einflüsse sein.

Ein etwas groberer Ansatz stellt eine Analyse des *Ausmaßes von Umweltdifferenzen* zwischen getrennt aufgewachsenen Zwillingen dar. Allein die Trennung von Zwillingen muß selbst nicht zu Differenzen führen. Es ist tatsächlich denkbar, daß ein bestimmtes, getrennt aufgewachsenes Zwillingspaar einander ähnlicher ist als es bei gemeinsamem Aufwachsen geworden wäre. Sind ihre jeweiligen Umwelten einander sehr ähnlich – wenn auch geographisch auseinanderliegend – müßten EZ mit deutlicher Einheitlichkeit reagieren. Ihre durch gemeinsames Erbe bedingte physische Ähnlichkeit würde in diesem Fall ähnliche Reaktionen auf ähnliche Stimulation bedingen. Zusammen aufgewachsen jedoch, könnten dieselben zwei Zwillinge verschiedene

Entwicklungsverläufe nehmen, da es zur Ausarbeitung von „Rollen“ kommt, wie wir es weiter oben besprochen haben. Eine Umwelt wird psychisch bestimmt und nicht geographisch.

Tabelle 13: Individuelle Daten über getrennt aufgewachsene Zwillinge (übernommen aus WOODWORTH, 125, S. 23 mit zusätzlichen Daten von NEWMAN, FREEMAN u. HOLZINGER, 77)

				Umweltdifferenzen				
Fall-Nr.	Geschlecht	Alter bei der Trennung	Alter beim Testen	1. In Jahren des Schulbesuches	2. In geschätzten Erziehungsvorteilen+	3. In geschätzten Sozialvorteilen+	4. In geschätzten physischen Vorteilen+	Zwillingsdifferenz im IQ
11	W	18 Mo.	35	14	37	25	22	24
2	W	18 Mo.	27	10	32	14	9	12
18	M	1 J.	27	4	28	31	11	19
4	W	5 Mo.	29	4	22	15	23	17
12	W	18 Mo.	29	5	19	13	36	7
1	W	18 Mo.	19	1	15	27	19	12
17	M	2 J.	14	0	15	15	15	10
8	W	3 Mo.	15	1	14	32	13	15
3	M	2 Mo.	23	1	12	15	12	−2
14	W	6 Mo.	39	0	12	15	9	−1
5	W	14 Mo.	38	1	11	26	23	4
13	M	1 Mo.	19	0	11	13	9	1
10	W	1 J.	12	1	10	15	16	5
15	M	1 J.	26	2	9	7	8	1
7	M	1 Mo.	13	0	9	27	9	−1
19	W	6 J.	41	0	9	14	22	−9
16	W	2 J.	11	0	8	12	14	2
6	W	3 J.	59	0	7	10	22	8
9	M	1 Mo.	19	0	7	14	10	6
20*	W	1 Mo.	19	0	2	?	?	−3

* Die ersten 19 Fälle stammen von NEWMAN, FREEMAN u. HOLZINGER (77); Fall 20 wurde später von GARDNER und NEWMAN hinzugefügt (36).

\+ Eingeschätzt wurde auf einer Skala mit 50 Punkten; je höher die Schätzung, desto größer ist die geschätzte Umweltdifferenz zwischen den Zwillingen.

Tabelle 13 enthält individuelle Daten über jedes Paar getrennt aufgewachsener EZ. Die ursprünglich 19 Fälle der Chicago-Studie sind durch einen 20. Fall vervollständigt worden, über den GARDNER und NEWMAN (36) berichteten. Die IQ-Unterschiede in der letzten Spalte geben den Anstieg zugunsten des jeweiligen Zwillings an, der die bessere Ausbildung genossen hat. Eine Prüfung dieser IQ-Differenzen legt insgesamt nahe, daß es sich nicht um zufällige Differenzen aufgrund von Zufallsfaktoren handelt, sondern daß sie recht konsistent den besser geschulten Zwilling begünstigen. Beschränken wir unsere Vergleiche auf die 5 Paare mit den größten Bildungsunterschieden (die ersten 5 Fälle von Tabelle 13), so beträgt die mittlere IQ-Differenz zugunsten des besser erzogenen Zwillings 16 Punkte. In den übrigen Fällen sind die Bildungsunterschiede nur gering oder nicht vorhanden. So weit die Bildung den IQ beeinflussen kann, müßten diese verbleibenden Zwillinge erwartungsgemäß nur wenig differieren. Und tatsächlich sind die Differenzen klein[4]. Bildet man den Durchschnitt aus den Fällen mit ähnlichen Bildungsmöglichkeiten, bei denen man nur kleine oder keine Differenzen erwartet, und aus den Fällen mit eindeutigen Bildungsunterschieden, dann werden die möglichen Effekte dieses Umweltfaktors verdeckt und unterschätzt. Eine gemeinsame Darstellung all dieser Fälle, in denen spezifische Bedingungen so stark variieren, würde nur die Resultate verwirren.

Aufgrund des Fallmaterials schätzten 5 Beurteiler die Umwelten der getrennt aufgewachsenen Zwillinge in der Chicago-Studie nach dem Grad des Unterschiedes in den Bildungs-, sozialen, physischen oder Gesundheitsbedingungen ein. Auch diese Schätzungen sind in Tabelle 13 wiedergegeben. Sie weisen interessante Übereinstimmungen mit den beobachteten Unterschieden in den intellektuellen, emotionalen und physischen Merkmalen der Zwillinge auf. So fand man eine Korrelation von 0,79 zwischen den Diskrepanzen der eingeschätzten Bildungsmöglichkeiten und den Diskrepanzen im IQ von Zwillingen. Unterschiede der Zwillinge im Körpergewicht korrelierten zu 0,60 mit den Unterschieden in den physischen Umwelten. Beide Korrelationen sind auf dem 1%-Niveau signifikant. Korreliert man IQ-Unterschiede mit den Differenzen in den sozialen und physischen Merkmalen, sind die Korrelationen erwartungsgemäß niedriger und betragen 0,51 bzw. 0,30. Die erste Korrelation ist signifikant auf dem 5%-Niveau, die zweite ist nicht signifikant.

Man muß erwähnen, daß die Unterschiede zwischen den Häusern, in denen die Zwillingspaare jeweils lebten, selten sehr groß waren. Hätte man ein Experiment geplant, um zu prüfen, wie stark die Umwelt z.B. auf den IQ wirken kann, hätte man die Zwillinge sicherlich in möglichst unterschiedliche Heime gebracht. Aber bei dem realen Unterbringungsverfahren gilt normalerweise die umgekehrte Tendenz. Die Unterbringung von Kindern bei Adoptiveltern ist selektiv; man bemüht sich, die Kinder in möglichst ähnlichen Familien unterzubringen. Bei einigen Zwillingspaaren wurden die Kinder von Verwandten aufgenommen. Das führt sicherlich zu größerer Ähnlichkeit in sozioökonomischen, bildungsmäßigen und anderen Merkmalen zwischen den beiden Heimen als das zwischen zufällig ausgesuchten Familien der Fall wäre.

---

4 Zwei Fälle, 1 und 8, weisen in ihren Lebensgeschichten Hinweise auf mögliche pränatale Schädigungen auf, die die Zwillinge einander unähnlich machen. Läßt man diese zwei Fälle aus, zeigen die übrigen Fälle eine insignifikante IQ-Differenz von weniger als 2 IQ-Punkten.

Andere Autoren haben weitere Paare getrennt aufgewachsener EZ untersucht (12, 76, 92, 107, 126). Sie bestätigen die wichtigsten Befunde der Chicago-Studie. Wann immer die wirksamen Umwelten in irgendeinem wichtigen Aspekt differierten, schlugen sich diese Differenzen in der Entwicklung der beiden Zwillinge nieder. Man fand z.B. bei einem britischen Zwillingspaar, das von 3 Monaten bis zum Alter von 16 Jahren getrennt aufgewachsen war (126) eine interessante Divergenz in speziellen Fähigkeiten. Obwohl beide gleich lang ausgebildet worden waren, hatte der eine Zwilling im Stanford-Binet einen IQ von 125 und der andere von 106. Der Zwilling mit dem niedrigeren IQ übertraf jedoch den anderen konsistent in Leistungstests und mechanischen Fähigkeitstests; diese Differenzen betrugen bis zu zwei Jahren des geistigen Alters bzw. 30 Percentilpunkte bei beiden Testarten. Außerdem war der Zwilling mit dem höheren IQ (und schlechteren mechanischen und Leistungstestwerten) dem anderen an Größe, Gewicht und allgemeiner Gesundheit unterlegen. Diese Ergebnisse sprechen für den möglichen Effekt pränataler und postnataler Umweltfaktoren auf die äußere Gestalt und Gesundheit, was wiederum auf die divergente Entwicklung von Interessen und Fähigkeiten Einfluß nehmen kann.

Pflegekinder

Die Entwicklung von Pflegekindern ist aus praktischen und theoretischen Gründen von großem Interesse. Gibt es irgendeine Grundlage für den Aberglauben, daß bei adoptierten Kindern „das Schlechte herausbricht?“ Insgesamt scheint die Antwort: „Nein“ zu sein. Doch sind die beteiligten Faktoren zu zahlreich und zu komplex, um eine kategorische Verneinung zu erlauben. Nachuntersuchungen an 900 adoptierten Kindern ergaben, daß sich die Mehrheit als Erwachsene befriedigend beruflich und sozial eingefügt hatte (112, 125). Weniger als ein Viertel wurde in ihrer Anpassung als unbefriedigend beurteilt, da ein Bildungsrückstand vorlag, Hilflosigkeit und Abhängigkeit oder Vergehen und Verbrechen. Der Anteil ist größer als in der allgemeinen Bevölkerung, aber kleiner als man erwarten würde, wenn die Kinder in der ungünstigen Umwelt, aus der sie oft stammten, geblieben wären. Innerhalb der adoptierten Gruppe fand sich eine Beziehung zwischen der Pflegegüte und dem Training im Adoptivheim und der Anzahl gut sozial angepaßter Erwachsener. In Heimen, die hier als „ausgezeichnet“ beurteilt wurden, fielen 87 % der Pflegekinder in die befriedigende Erwachsenenkategorie; in Heimen, die als „schlecht“ eingeschätzt wurden, wurden nur 66 % derartig klassifiziert.

In Intelligenztests liegen die Pflegekinder als Gruppe leicht unter „eigenen Kindern", die in vergleichbaren Häusern aufgewachsen sind (11, 125), aber über dem Durchschnitt der Gesamtbevölkerung. Zumindest zwei Faktoren können für die zuletztgenannte Differenz zugunsten der Pflegekinder verantwortlich sein. Erstens tendieren Adoptionsstellen und Pflegeeltern dazu, sich die vielversprechendsten Kinder auszusuchen, während die schlechter qualifizierten meist in Waisenhäusern oder Pflegeheimen bleiben. Zweitens tritt dieselbe Selektionsart in Bezug auf die Pflegestellen ein; die weniger wünschenswerten Häuser am unteren Ende der Verteilung werden zu Adoptionszwecken nicht gewählt. Adoptivkinder als Gruppe leben also in Häusern, die über dem allgemeinen Durchschnitt liegen. Wahrscheinlich haben Adoptiveltern insgesamt ein relativ starkes Interesse an Kindern, sonst würden sie sich nicht darum bemühen, eines zu adoptieren.
Warum sind Adoptivkinder in ihrer Intelligenztestleistung wie als Erwachsene weniger erfolgreich als andere Kinder, die unter denselben häuslichen Verhältnissen aufgewachsen sind? Einige Psychologen verlegen die Erklärung auf unbekannte „Erbeinflüsse". Vermutlich sind damit *genetisch bedingte strukturelle Grenzen* für die Verhaltensentwicklung gemeint. Solche Grenzen können in Einzelfällen eine bedeutsame Rolle spielen, doch hat man nur wenig oder gar keine Information darüber, wie sie beschaffen sind. Ein Teil der Erklärung kann jedoch in pränatalen und natalen Umweltfaktoren liegen. Bedingungen wie Ernährung und medizinische Versorgung der Mütter während Schwangerschaft und Geburt sind wahrscheinlich im allgemeinen bei den Adoptivkindern schlechter. Daß diese Bedingungen die strukturelle Entwicklung – und indirekt die spätere Verhaltensentwicklung – des Kindes beeinflussen können, hat man zunehmend erkannt (104, 110).
Lebte das Kind vor der Adoption bei seiner eigenen Familie oder einige Jahre in einem Heim, so muß man auch den möglichen Einfluß dieser *frühen häuslichen Umwelt* mitberücksichtigen. Als weiterer Faktor muß man die *Art der Familienbeziehung in Adoptivhäusern* betrachten. Die Haltung von Adoptiveltern einem Kind gegenüber kann sich auf grundsätzliche Weise von der seiner leiblichen Eltern unterscheiden. Wenn das Kind von seiner Adoption weiß, kann es seinen Adoptiveltern gegenüber anders als den eigenen Eltern gegenüber reagieren. Soziale Erwartung kann zusätzlich die Situation verkomplizieren. Eltern erwarten gewöhnlich, daß ihnen ihre Kinder in der intellektuellen und emotionalen Entwicklung ähneln. Diese Erwartung kann sich in ihrem Verhalten zum Kind manifestieren und in den Einstellungen anderer Verwandter und Bekannter. Während sich das Kind entwickelt, machen die Beobachter es wiederholt auf Familienähnlichkeiten aufmerksam, ob sie nun real oder eingebildet sind. Es wird oft an Merkmale von Vorfahren erinnert, von denen man sein Erbgut ableitet. Soziale Einflüsse dieser Art sind bei Adoptivkindern nicht oder nur minimal vorhanden. Es läßt sich schwer

abschätzen, welche verdeckten motivationalen Unterschiede aufgrund derartiger Unterschiede der sozialen Erwartung entstehen können und welche Wirkung wiederum die motivationalen Faktoren auf den späteren intellektuellen Entwicklungsverlauf des Kindes ausüben könnte.

Für Psychologen stellen Adoptivkinder einen weiteren Zugang zu möglichen Bestimmungen von Erb- und Umweltanteilen an der psychischen Entwicklung dar. Etliche Untersuchungen hat man speziell zu diesem Problem angestellt. Die größten Projekte führten BURKS in Stanford (11), LEAHY in Minnesota (65), FREEMAN und Mitarbeiter in Chicago (32) und SKODAK und SKEELS in Iowa (98, 100) durch. Eine neuere Studie, die auf die Persönlichkeitsentwicklung gerichtet ist, stammt von WITTENBORN (124). Die Untersuchungen von BURKS und LEAHY waren sich bezüglich der Vorgehensweise und der Hauptergebnisse sehr ähnlich. Von den beiden ist die Studie von LEAHY jünger und besser kontrolliert. LEAHY (65) legte 194 Adoptivkindern und 194 Kontrollkindern, die bei ihren leiblichen Eltern lebten, den Stanford-Binet vor. Die Kinder der Gruppen hatte man einzeln hinsichtlich des Geschlechts, des Alters, des väterlichen Berufes und der Schulausbildung von Vater und Mutter[5] parallelisiert. Alle Adoptivkinder waren im Alter von 6 Monaten oder jünger adoptiert worden und waren am Untersuchungstermin zwischen 5 und 14 Jahren alt. Die Adoptiv- und Kontrolleltern wurden mit dem Otis Self-Administering Test untersucht.

Unten sind die Korrelationen zwischen dem Stanford-Binet-IQ der Kinder und den Otis-Werten der Eltern für die Adoptionsgruppe und die Kg angegeben. Ebenfalls sind die Korrelationen zwischen dem IQ der Kinder und einem zusammengesetzten Kulturindex für das Zuhause aufgeführt.

Korrelation zwischen dem IQ der Kinder und:	Adoptionsgruppe	Kg
Otiswert des Vaters	0,19	0,51
Otiswert der Mutter	0,24	0,51
Kulturindex für das Zuhause	0,26	0,51

Die Korrelation in der Kg, die man der Vererbung plus der Umwelt zuschreiben muß, sind konsistent höher als die in der Adoptionsgruppe, die nur der Umwelt zuzuschreiben sind. LEAHY schloß daraus, die Vererbung sei bei der Bestimmung individueller Unterschiede in der Intelligenz wichtiger als die Umwelt. Diese Folgerung ähnelt der, zu der BURKS aufgrund desselben Analyseverfahrens gelangte.

Bei der Interpretation der von BURKS und LEAHY berichteten Korrelationen müssen etliche Faktoren berücksichtigt werden. Erstens, sind – wie schon er-

5 Die letzten drei Kategorien gelten für die leiblichen Eltern der Kg und die Adoptiveltern in der Experimentalgruppe.

wähnt – die innerfamiliären Beziehungen von Adoptiv- und leiblichen Elternhäusern nicht genau vergleichbar. Das Wissen des Kindes um seine Adoption kann sich auf seine Haltung den Adoptiveltern und -geschwistern gegenüber, auf sein Selbstvertrauen und seine Fähigkeiten auswirken. In BURKS Gruppe wußten 35 % der Kinder um ihre Adoption, in der LEAHY-Gruppe 50 %. Die Eltern wissen natürlich immer um die Adoption und ihre Reaktionen dem Kind gegenüber können durch derartiges Wissen auf unzählichen Wegen beeinflußt werden. Von einiger Bedeutung ist hier der Befund, daß sich zwei zusammen aufgewachsene Adoptivkinder im IQ ähnlicher sind als ein zusammen aufgewachsenes adoptiertes und ein leibliches Kind. Sicherlich sind die erhaltenen Differenzen in den Korrelationen gering und die für derartige Vergleiche zur Verfügung stehende Pbn-Gruppe für abschließende Resultate zu klein. Doch die Konsistenz dieses Befundes in verschiedenen Studien ist bemerkenswert (11, 32, 65, 99).

Als zweites muß man die Bedeutung nataler und pränataler Faktoren, die wir vorher besprochen haben, beachten. Obwohl derartige Faktoren der Natur nach zur Umwelt gehören, lassen sie die Ähnlichkeit zwischen Kindern und ihren Eltern im Gegensatz zu ihrer Ähnlichkeit mit Adoptiveltern ansteigen. Intellektuell, sozial oder ökonomisch unterdurchschnittliche Mütter kümmern sich wahrscheinlich aus Ignoranz, Verantwortungslosigkeit oder Armut schlechter um pränatale Vorsorge. Es muß scheinen, als hätten pränatale Umweltfaktoren nichts mit der Ähnlichkeit zu den eigenen Vätern zu tun. Genauere Betrachtung wird jedoch ergeben, daß auch das väterliche Bildungs-, Berufs- und ökonomische Niveau zum Teil die Qualität medizinischer, ernährungsmäßiger und anderer Faktoren bestimmt, die auf die Mutter einwirken.

Der letzte Punkt berührt Homogenitätseffekte auf Korrelationskoeffizienten. Es gibt zahlreiche Anzeichen dafür, daß die kulturellen Schichten der Adoptions- und Kontrollhäuser nicht wirklich vergleichbar waren trotz der Sorgfalt, mit der die Adoptionsgruppe und Kg bei LEAHY nach elterlicher Erziehung und Beschäftigung parallelisiert worden sind (120). Die Adoptionshäuser waren insgesamt den Kontrollhäusern überlegen und *einheitlicher*. Solche Einheitlichkeit führt offensichtlich dazu, den Anteil der Hausumwelt an individuellen Unterschieden im IQ herabzumindern. Wenn die heimische Umwelt eine bedeutsame Rolle für die intellektuelle Entwicklung spielte, müßten wir erwarten, daß sich die Adoptivkinder im IQ ähnlicher sind als die Kg. Das war tatsächlich der Fall: Die IQn der Adoptionsgruppe hatten einen SD von 12,5, während die IQn der Kg einen SD von 15,4 hatten. Die größere Homogenität der Adoptivgruppe im sozioökonomischen Niveau und IQ läßt uns niedrigere Korrelationen mit beiden Variablen in der Adoptionsgruppe als in der Kg erwarten.

Die Untersuchung von FREEMAN et al. (32) benutzte vielfältigere Ansätze, ist aber in bestimmten wichtigen Punkten schlechter kontrolliert als die von BURKS und LEAHY. Eine ihre Hauptschwächen liegt in der Tatsache, daß das Adoptionsalter sehr viel höher war, es betrug durchschnittlich für die Gesamtstichprobe von 401 Fällen 4 Jahre. Die Kinder wurden wieder mit dem Stanford-Binet und die Adoptiveltern mit dem Otis-Test getestet, wenn auch für untergeordnete Zwecke zusätzliche Tests herangezogen wurden.

Verschiedene Analyseverfahren wurden an Untergruppen der gesamten Stichprobe durchgeführt. Eine Gruppe von 74 Kindern hatte man vor der Adoption getestet und testete sie noch einmal nach einem durchschnittlichen Intervall von 4 Jahren. Der mittlere IQ war von 91,2 auf 93,7 gestiegen, eine auf dem 5 %-Niveau signifikante Differenz. Innerhalb dieser Gruppe gewannen die Kinder aus besseren Adoptionshäusern (bestimmt aus detaillierten Daten über die Adoptiveltern und das kulturelle Niveau der Adoptivfamilie) durchschnittlich 5 IQ-Punkte, während die aus schlechteren Häusern keine Veränderung über den Zeitraum hinweg zeigten. Ähnlich verbesserten sich jünger adoptierte Kinder stärker als älter adoptierte. Möglicherweise resultieren einige der IQ-Gewinne aus der Tatsache, daß die Kinder beim ersten Test unter emotionalem Stress standen. Nach einigen Jahren Aufenthalt bei den Adoptiveltern dürften sie vermutlich besser in der Lage sein, das ihnen Bestmögliche im Test zu leisten.

Die IQn von Geschwisterpaaren, die zwischen 3 und 13 Jahre lang in unterschiedlichen Adoptivhäusern gelebt haben, korrelieren nur zu 0,25 miteinander. Im Gegensatz dazu stehen die sonst üblichen Korrelationen von 0,50 zwischen gemeinsam aufgewachsenen Geschwistern. Die Korrelation zwischen gemeinsam aufgewachsenen, nicht verwandten Adoptivkindern betrug 0,37 (N = 72) und die zwischen Pflegekindern und den leiblichen Kindern der Adoptiveltern war 0,34 (N = 40). In der gesamten Stichprobe von 401 Fällen fand man eine Korrelation von 0,48 zwischen dem IQ der Kinder und der kulturellen Einschätzung für die Adoptivfamilie. Diese Korrelation stieg auf 0,52, als man nur die vor ihrem 2. Lebensjahr adoptierten Kinder berücksichtigte. Der IQ der Kinder korrelierte zu 0,37 mit dem Otiswert des Adoptivvaters (N = 180) und zu 0,28 mit dem der Adoptivmutter (N = 225).

Bei der Interpretation der meisten Korrelationen taucht als Hauptproblem die *selektive Unterbringung* von Adoptivkindern auf. Gewöhnlich bemühen sich Adoptionsvermittlungen darum, „das Kind der Familie anzupassen" aufgrund jeder verfügbaren Information über das Kind selbst oder seinen Hintergrund. FREEMAN und seine Mitarbeiter streifen nur kurz die Möglichkeiten selektiver Unterbringung, neigen jedoch zur Minimalisierung ihres Effektes. Aber wahrscheinlich sind in gewissem Umfang selektive Faktoren wirksam und erhöhen so die Korrelationen zwischen dem IQ der Kinder und Merkmalen der Adoptiveltern, -geschwister und der häuslichen Umgebung.

SKODAK und SKEELS führten eine Längsschnittstudie an Adoptivkindern durch (98, 100). Von der ursprünglichen Stichprobe mit 306 zur Adoption freigestellten Kinder unter 6 Monaten wurden 100 bis zum Alter von 13 Jahren weiter untersucht und periodisch mit dem Stanford-Binet getestet. Die mittleren IQn der 100 Kinder in jedem Retest waren wie folgt:

mittleres Alter	2	4	7	13
mittlerer IQ	117	112	115	117

SKODAK und SKEELS gingen in ihrer wichtigsten Aussage von der Tatsache aus, daß diese IQn eindeutig höher waren als man von dem familiären Hintergrund der Adoptivkinder hätte annehmen können. Die vorliegenden Daten über den Bildungs-, Berufs- und sozioökonomischen Status der leiblichen Eltern belegten, daß sie als Gruppe unter dem Durchschnitt lagen. Die IQn, die man zu Beginn der Studie an 80 leiblichen Müttern, repräsentativ für die Gesamtstichprobe, erhoben hatte, lagen im Durchschnitt nur bei 93 (s. 72, 98). Obwohl man sich über das Ausmaß der Unterdurchschnittlichkeit der leiblichen Eltern nicht einig werden konnte, scheint doch recht klar zu sein, daß ihr allgemeines intellektuelles Niveau unter dem schließlich von ihren Kindern erreichten lag.

Obwohl keine Daten über die Intelligenztestleistung der Adoptiveltern oder deren kulturellen Status verfügbar waren, fanden SKODAK und SKEELS unbedeutende Korrelationen zwischen dem Bildungs- und Beschäftigungsniveau der Adoptiveltern und dem IQ der Adoptivkinder. Wahrscheinlich war die tatsächliche Variation der heimischen Umwelten, die mit diesen Merkmalen der Adoptiveltern assoziiert sind, in dieser Gruppe zu gering, um zu signifikanten Korrelationen zu führen. Andererseits stieg die Korrelation zwischen dem IQ der Kinder und dem IQ der leiblichen Mütter ($N = 63$) konsistent von 0,00 im ersten Test auf 0,44 ($p < 0{,}01$) im letzten Retest. Die letzte Korrelation kann für die Ähnlichkeit zwischen Eltern und Kind stehen, die erbbedingt ist oder von pränatalen Bedingungen und anderen Umwelteinflüssen herrührt. Die Vererbungsinterpretation gewinnt durch Befunde von HONZIK (47) Gewicht. Danach waren die Korrelationen zwischen den IQn der Adoptivkinder und der Intelligenz der leiblichen Eltern in jeder Altersstufe in der Studie von SKODAK und SKEELS fast so hoch wie jene, die man in der California Guidance Studie an bei den leiblichen Eltern aufgewachsenen Kindern fand. SKODAK und SKEELS meinen jedoch, ein Teil der Ähnlichkeit zwischen den Adoptivkindern und den leiblichen Eltern könne aus der selektiven Unterbringung resultieren. Sie geben Hinweise, die vermuten lassen, daß Kinder relativ kluger Mütter in Häusern untergebracht werden, die in vielen für die Kindesentwicklung relevanten Merkmalen qualitativ besser sind. Demgegenüber würden Kinder unintelligenterer Mütter in Häusern untergebracht, die hinsichtlich dieser Aspekte mangelhaft seien (100, S. 112 – 114). Es ist die strittige Auffassung der Autoren, solch wichtige qualitative Unterschiede in der Natur der Adoptivelternhäuser und der Erziehungspraktiken der Adoptiveltern hätten sich auf die selektive Unterbringung auswirken können, auch wenn sich das nicht in den groben Indizes für das Beschäftigungsniveau oder die Schuldauer der Adoptiveltern zeige. Vor einer eindeutigen Erklärung muß offensichtlich diese Korrelation zwischen Adoptivkind und leiblichen Eltern in anderen Gruppen überprüft werden, in denen detailliertere Informationen über die Adoptivfamilien verfügbar sind.

WITTENBORN (124) sammelte in einer Untersuchung Daten über die Beziehung zwischen der Adoptivumwelt und der Persönlichkeitsentwicklung von Adoptivkindern. Pbn waren 195 Adoptivkinder, die meist jünger als 2 Jahre alt waren, als sie in ihre Adoptivheime gekommen waren. Man teilte sie in eine jüngere Gruppe mit 114 Kindern im Alter von 5 oder 6 Jahren, die zur Untersuchungszeit noch nicht die erste Schulklasse besuchten, und in eine ältere Gruppe mit 81 Kindern, die die erste Klasse hinter sich hatten und meist 8 oder 9 Jahre alt waren. Kinder der ersten Klasse wurden ausgeschlossen, da man annahm, direkt nach dem Schuleintritt könnten sie eine Periode großen Aufruhrs erleben. Daten erhob man mit Intelligenz- und Leistungstests, physischen Prüfungen, einem Hausbesuch und intensiven Interviews mit den Kindern und den Adoptivmüttern. Die Datenanalyse bezog sich hauptsächlich auf die Beziehungen zwischen verschiedenen Details der Erziehungspraktiken und dem emotionalen und sozialen Verhalten der Kinder. Man fand eine Reihe signifikanter Korrelationen. Der Autor schloß daraus, daß „unharmonische, nicht zusammenpassende und ablehnende Adoptiveltern Kinder hervorbringen können, die aggressiv und ängstlich sind“ (124, S. 111).

Heimkinder

Eng verbunden mit den Analysen von Adoptivfamilienbeziehungen ist die Untersuchung von in Heimen aufgewachsenen Kindern. Abgesehen von der offenbaren Uniformität ihrer Heimumwelt zeigen solche Kinder allgemein fast genauso starke individuelle Unterschiede wie Kinder, die bei ihren Eltern aufgewachsen sind. In einer Untersuchung in England fand man Korrelationen um 0,20 und 0,30 zwischen den Intelligenztestwerten von Waisenkindern und dem beruflichen Status ihrer leiblichen Väter (64). Diese Kinder wurden von der Verwaltung bis zum Alter von 6 Jahren in Pensionen gegeben, von 6 bis 16 Jahren lebten sie im Waisenhaus und besuchten dieselbe Schule. Da das Waisenhauspersonal die Berufe der Väter kannte, fragt man sich, in welchem Ausmaß selektive Unterbringung und selektive Behandlung im Heim die berichteten Korrelationen künstlich erhöht haben mögen. Man fand auch, daß bei Kindern, die unter 3 Jahren in ein Waisenhaus gekommen waren, die Korrelationen zwischen den Intelligenztestwerten und dem elterlichen Berufsniveau niedriger waren als bei Kindern, die über 3 Jahre bei ihren Eltern geblieben waren. In einer anderen britischen Studie (50) an Waisenkindern im Alter von 9 bis 16 Jahren beobachtete man eine ähnliche Beziehung zwischen der Intelligenz der Kinder und dem Berufsniveau der Eltern. Aber die intellektuelle Differenzierung zwischen Berufsschichten und das Ausmaß individueller Unterschiede innerhalb jeder Schicht nehmen mit zunehmender Aufenthaltsdauer im Heim ab.

Gut gesichert ist, daß Waisenhauskinder insgesamt niedrigere IQn haben als diejenigen, die bei ihren leiblichen Eltern, in Pflegestellen oder bei Adoptiveltern groß werden (29, 40, 42, 66, 97, 125). Für sich allein erlaubt dieser Befund zumindest zwei Erklärungen. Erstens: *Selektive Faktoren* können allmählich die klügeren Kinder aus einer Waisenhausgruppe aussondern, da solche Kinder am wahrscheinlichsten zur Adoption ausgewählt werden. Zweitens: Die *Heimumwelten* können generell relativ anregungslos für das sich entwickelnde Kind sein. Waisenhäuser unterscheiden sich natürlich untereinander sehr stark darin, für welche Umweltart sie sorgen. Probleme der Überfüllung, das Personal, die Räume, die Ausstattung und andere Umstände führen natürlich zu Unterschieden im Ausmaß und der Art der Anregung, die jedes Kind erhält. Das Verhältnis von erwachsenem Personal zu Kindern variiert von ungefähr 1:2 bis ungefähr 1:25 (s. 125). Bis zu einem gewissen Grad spiegeln sich diese unterschiedlichen Heimumwelten in den IQn der Kinder wider. Einige der offensichtlich inkonsistenten Befunde, die Untersucher in verschiedenen Waisenhäusern fanden, sind wahrscheinlich teilweise solchen Heimunterschieden zuzuschreiben.

In einer Untersuchung an Kindern im Alter von 6 bis 12 Wochen verglich GILLILAND (40) die Testleistung von über 300 Heimsäuglingen mit denen einer gleichen Anzahl zu Hause lebender Kinder. Die IQn der Heimkinder im Northwestern Infant Intelligence Test lagen durchschnittlich signifikant niedriger als die der Säuglinge in Privathäusern. Von den 40 Testitems erbrachten 18 signifikante Unterschiede zugunsten der „Privatsäuglinge". Diese Items bezogen sich auf Verhalten, das durch die Art und das Ausmaß der kindlichen Kontakte mit der sozialen und physischen Umwelt beeinflußt wird. Items, die sich primär mit Reifungsveränderungen beschäftigten, zeigten keine signifikante Differenz zwischen Heim- und anderen Kindern.

GOLDFARB (42) verglich eine Kindergruppe, die seit dem Säuglingsalter bei Adoptiveltern gelebt hatte mit einer entsprechenden Gruppe, die in ihren ersten drei Lebensjahren in einem Heim und dann bei Adoptivfamilien lebten. Als man sie im Durchschnittsalter von 12 Jahren untersuchte, hatte die kontinuierlich in Familien aufgezogene Gruppe einen mittleren Wechsler-IQ von 95,4, während die zu Beginn in Heimen lebende Gruppe einen mittleren IQ

von 72,4 aufwies. Diese Differenz ist auf dem 1 %-Niveau signifikant. Ebenso signifikante Differenzen zugunsten der Familiengruppe fand man in einer Reihe von anderen Leistungstests, in Tests für Schulleistung, emotionale und soziale Merkmale.
Es zeigte sich auch, daß die Retardation von Heimkindern in der sprachlichen Entwicklung besonders schwer ist (s. 69). Selbst bevor sie sprechen lernen, geben Kinder in einer Familienumwelt mehr Laute – und in einer fortgeschritteneren Art – von sich als Heimkinder (9, 31). Im Vorschulalter übertreffen in eigenen Familien aufgewachsene Kinder Waisenhauskinder im Umfang des Sprachschatzes und der Vielfalt von Dingen, über die sie sprechen (75). Ausmaß und Art des Erwachsenenumganges und die Anzahl und Vielfalt anderer Umweltreize sind sicherlich u. a. die wichtigsten Voraussetzungen für den Spracherwerb. Und Sprache wiederum stellt das wichtigste Werkzeug für die gesamte intellektuelle Entwicklung des Kindes dar.
Daten über die Persönlichkeitsentwicklung von Heimkindern belegen eine Retardation in sozialer Reife, der Anteilnahme an anderen Personen sowie eine schlechtere emotionale Anpassung (6, 42, 90, 91). Besonders RIBBLE (84) und SPITZ (105, 106) haben über schwere psychotische Störungen bei Kindern berichtet, die ohne angemessenen Kontakt mit Erwachsenen groß geworden sind. SPITZ beschrieb ein Syndrom, „Hospitalismus“ genannt, das charakterisiert ist durch Depression und Zurückgezogenheit, extreme Retardation in der Verhaltensentwicklung und gesteigerte Krankheitsanfälligkeit. Nach SPITZ tritt diese Form häufiger bei Säuglingen auf, die von ihren Müttern getrennt wurden und den weiteren Teil des ersten Lebensjahres unter relativ reizarmen Heimbedingungen lebten. Sie kann gemildert werden, wenn der Kontakt mit der Mutter oder einer anderen erwachsenen Person mit derselben Funktion wiederhergestellt wird (90, 105). Man hat die Daten von SPITZ wegen der geringen Pbn-Zahlen, ungenügender Bedingungskontrolle und anderer methodischer Schwierigkeiten kritisicrt (80). Spezielle Aussagen bedürfen weiterer Forschung. In einer neueren Studie an litauischen Waisenkindern z.B. scheint die Retardation in Kleinkindertests primär auf dem Mangel an spezifischen Lernmöglichkeiten zu beruhen[6]. Dennoch stimmen die allgemeinen Befunde von SPITZ mit denen aus anderen Untersuchungen darin überein, daß vermutlich eine enge und emotional warme Beziehung mit einem oder mehreren Erwachsenen für die psychische Entwicklung des Kindes einen bedeutenden Faktor darstellt (s. 109).

6 siehe: DENNIS, W. & NAJARAN, P. Infant development under environmental handicap. Psychol. Monogr. 1957, 71, Nr. 7.

Zusammenfassung

Wegen der gemeinsamen Familienumwelt, des gegenseitigen Einflusses der Familienmitglieder und der ständigen Wirkung sozialer Erwartung können Familienähnlichkeiten in psychischen Merkmalen selbst nicht den Anteil der Vererbung aufdecken. Stammbaumanalysen weisen darauf hin, daß sich herausragende Leistung und geistige Behinderung durch bestimmte Familien hindurchziehen. Doch sie liefern nur wenig oder keine Information über den relativen Beitrag von Erb- und Umweltfaktoren zur intellektuellen Entwicklung. Familiendaten über psychische Merkmale gestatten selten die streng kontrollierte Anwendung von Techniken der Stammbaumanalyse oder Genfrequenzanalyse.

Korrelationen zwischen den Intelligenztestwerten von Eltern und denen von Kindern, wie die zwischen Geschwistern liegen meist bei 0,50. In Persönlichkeitsmerkmalen sind die Korrelationen etwas niedriger, besonders bei Merkmalen wie Introversion und Dominanz. Korrelationen zwischen Eheleuten folgen ähnlichen Mustern. Vorliegende Ergebnisse sprechen dafür, daß derartige Ehepaarkorrelationen weitgehend aus der passenden Partnerwahl resultieren und nicht aus den gemeinsamen Erfahrungen und der gegenseitigen Beeinflussung der Eheleute nach der Hochzeit. EZ-Korrelationen in Intelligenztests liegen meist bei 0,90, während ZZ-Korrelationen zwischen 0,60 und 0,70 betragen. Bei speziellen Fähigkeiten und in Persönlichkeitsmerkmalen sind die Korrelationen gewöhnlich niedriger, zeigen aber wieder eine engere Übereinstimmung zwischen EZ als zwischen ZZ. Es scheint so, als sei in vielen psychischen Merkmalen die modale Intrapaardifferenz bei ZZ nicht größer als bei EZ, doch die Häufigkeit großer Unterschiede bei ZZ höher. In Bezug auf bestimmte pathologische Bedingungen wie z.B. Schizophrenie, legen die Prozentwerte für Konkordanz bei EZ, ZZ und Geschwistern das Wirken eines ererbten Prädispositionsfaktors nahe.

Bei der Interpretation der meisten psychologischen Forschungsarbeiten über Zwillinge muß man die größere Umweltähnlichkeit für EZ als für ZZ berücksichtigen. Andererseits können pränatale und postnatale Faktoren zu Paarunähnlichkeiten sowohl bei EZ als auch bei ZZ führen. Zwillinge sind häufiger Geburtstraumata ausgesetzt als Einzelgeborene. Diese Tatsache kann für das stärkere Vorherrschen bestimmter Formen geistiger Behinderung bei Zwillingen verantwortlich sein. Die intellektuelle Retardation ist am stärksten auf dem sprachlichen Sektor. Sie scheint an die relative Selbstgenügsamkeit von Zwillingen als einer sozialen Einheit und den daraus folgenden verminderten Kontakt mit Erwachsenen gebunden zu sein. Studien über die Intervallänge zwischen einzel geborenen Geschwistern stützen diese Interpretation. Untersuchungen der sozialen Interaktion von Zwillingen belegen eine Rollenspezialisierung, die wiederum die spätere intrapaarige Differenz in der

psychischen Entwicklung beeinflussen kann. Seit ihrer Säuglingszeit getrennt aufgewachsene EZ weisen Differenzen in ihrer Intelligenztestleistung auf, die im allgemeinen den Differenzen in ihren Umwelten entsprechen.
Forschungen an Adoptivkindern belegen, daß diese Kinder sich insgesamt besser entwickeln, als man von ihrem Familienhintergrund annehmen würde. Einige Ergebnisse legen nahe, daß sich Kinder von überdurchschnittlichen Adoptiveltern mehr verbessern als Kinder in weniger günstigen Adoptivfamilien. Die Daten lassen sich jedoch schwierig interpretieren. Das liegt an der selektiven Unterbringung, dem eingeschränkten Variationsbereich der Umwelten in Adoptivfamilien, der Schwierigkeit, die für die kindliche Entwicklung besonders relevanten Aspekte der heimischen Umwelt zu messen, der unzureichenden Information über die leiblichen Eltern von Adoptivkindern und anderen methodischen Begrenzungen. Heimkinder sind meist jenen Kindern intellektuell und emotional unterlegen, die in Familien groß geworden sind. Die sprachliche und soziale Entwicklung ist am stärksten gestört. Ein Hauptgrund für diese Differenzen läßt sich im Ausmaß und der Art von Kontakten finden, die in typischen Heim- und Familienumwelten verfügbar sind.

Literaturverzeichnis

1. Allen, G., and Kallmann, F. J. Frequency and types of mental retardation in twins. *Amer. J. hum. Genet.*, 1955, 7, 15–20.
2. Barnicot, N. A., Harris, H., and Kalmus, H. Taste thresholds of further eighteen compounds and their correlation with P.T.C. thresholds. *Ann. Eugen.*, 1951, 16, 119–128.
3. Blatz, W. E. *The five sisters.* N.Y.: Morrow, 1938.
4. Blatz, W. E., *et al.* Collected studies on the Dionne quintuplets. *Univer. Toronto Stud. Child Develpm.*, 1937.
5. Blewett, D. B. An experimental study of the inheritance of intelligence. *J. ment. Sci.*, 1954, 100, 922–933.
6. Bodman, F., MacKinlay, Margaret, and Sykes, Kathleen. The social adaptation of institution children. *Lancet*, 1950, 258, 173–176.
7. Böök, J. A. A genetic and neuropsychiatric investigation of a North-Swedish population, with special regard to schizophrenia and mental deficiency. *Acta genet. statist. Med.*, 1953, 4, 1–100.
8. Bracken, H. v. Mutual intimacy in twins: types of social structure in pairs of identical and fraternal twins. *Char. and Person.*, 1934, 2, 293–309.
9. Brodbeck, A. J., and Irwin, O. C. The speech behavior of infants without families. *Child Develpm.*, 1946, 17, 145–156.
10. Brody, D. Twin resemblances in mechanical ability, with reference to the effects of practice on performance. *Child Develpm.*, 1937, 8, 207–216.

11. Burks, Barbara S. The relative influence of nature and nurture upon mental development; a comparative study of foster parent-foster child resemblance and true parent-true child resemblance. *27th Yearb., Nat. Soc. Stud. Educ.*, 1928, Part I, 219–316.
12. Burks, Barbara S. A study of identical twins reared apart under differing types of family relationships. In Q. McNemar and Maud A. Merrill (Eds.), *Studies in personality.* N.Y.: McGraw-Hill, 1942. Ch. 3.
13. Burlingame, Mildred, and Stone, C. P. Family resemblance in maze-learning ability in white rats. *27th Yearb., Nat. Soc. Stud. Educ.*, 1928, Part I, 89–99.
14. Byrns, Ruth, and Healy, J. The intelligence of twins. *J. genet. Psychol.*, 1936, 49, 474–478.
15. Carter, H. D. Ten years of research on twins: contributions to the nature-nurture problem. *39th Yearb., Nat. Soc. Stud. Educ.*, 1940, Part I, 235–255.
16. Cattell, R. B., Blewett, D. B., and Beloff, J. R. The inheritance of personality. *Amer. J. hum. Genet.*, 1955, 7, 122–146.
17. Cattell, R. B., Stice, G. F., and Kristy, N. F. A first approximation to nature-nurture ratios for eleven primary personality factors in objective tests. *J. abnorm. soc. Psychol.*, 1957, 54, 143–159.
18. Cohen, J., and Ogdon, D. P. Taste blindness to phenyl-thio-carbamide and related compounds. *Psychol. Bull.*, 1949, 46, 490–498.
19. Conrad, H. S., and Jones, H. E. A second study of familial resemblance in intelligence: environmental and genetic implications of parent-child and sibling correlations in the total sample. *39th Yearb., Nat. Soc. Stud. Educ.*, 1940, Part II, 97–141.
20. Cotterman, C. W., and Snyder, L. H. Tests of simple Mendelian inheritance in randomly collected data of one and two generations. *J. Amer. stat. Assoc.*, 1939, 34, 511–523.
21. Crook, M. N. Intra-family relationships in personality test performance. *Psychol. Rec.*, 1937, 1, 479–502.
22. Danielson, F. H., and Davenport, C. B. *The Hill Folk.* Cold Spring Harbor, N.Y.: Eugenics Record Office (Memoir No. 1), 1912.
23. Davis, Edith A. The development of linguistic skill in twins, singletons with siblings, and only children from age five to ten years. *Univer. Minn., Inst. Child Welf., Monogr.*, 1937, No. 14.
24. Day, Ella J. The development of language in twins. *Child Develpm.*, 1932, 3, 179–199, 298–316.
25. Dugdale, R. L. *The Jukes: a study in crime, pauperism, disease, and heredity.* N.Y.: Putnam, 1877.
26. Estabrook, A. H. *The Jukes in 1915.* Washington: Carnegie Institution, 1916.
27. Estabrook, A. H., and Davenport, C. B. *The Nam family.* Cold Spring Harbor, N.Y.: Eugenics Record Office (Memoir No. 2), 1912.
28. Eysenck, H. J., and Prell, D. B. The inheritance of neuroticism: an experimental study. *J. ment. Sci.*, 1951, 97, 441–465.
29. Fischer, Liselotte K. Hospitalism in six-month-old infants. *Amer. J. Orthopsychiat.*, 1952, 22, 522–533.
30. Fisher, Sarah C. *Relationships in attitudes, opinions, and values among family members.* Berkeley, Calif.: Univer. California Press, 1948.

31. Fisichelli, Regina M. An experimental study of the prelinguistic speech development of institutionalized infants. Unpublished doctoral dissertation, Fordham Univer., 1950.
32. Freeman, F. N., Holzinger, K. J., and Mitchell, B. C. The influence of environment on the intelligence, school achievement, and conduct of foster children. *27th Yearb., Nat. Soc. Stud. Educ.*, 1928, Part I, 103–217.
33. Galton, F. *Hereditary genius: an inquiry into its laws and consequences.* London: Macmillan, 1869.
34. Galton, F. *Inquiries into human faculty and its development.* London: Macmillan, 1883.
35. Galton, F. *Natural inheritance.* London: Macmillan, 1889.
36. Gardner, I. C., and Newman, H. H. Mental and physical tests of identical twins reared apart. *J. Hered.*, 1940, 31, 119–126.
37. Gardner, I. C., and Newman, H. H. Studies of quadruplets. VI. The only living one-egg quadruplets. *J. Hered.*, 1943, 34, 259–263.
38. Gedda, L., and Neroni, Lydia. Reazioni posturali e mimiche di 56 coppie di gemelli alla proiezione di film umoristici ed anziogeni. *Acta genet. med. gemellolog.*, 1955, 4, 15–31.
39. Gedda, L., Bianchi, A., and Bianchi-Neroni, Lydia. Voce dei gemelli: I. Prova di identificazione intrageminale della voce in 104 coppie. *Acta genet. med. gemellolog.*, 1955, 4, 121–130.
40. Gilliland, A. R. Environmental influences on infant intelligence test scores, *Harv. educ. Rev.*, 1949, 19, 142–146.
41. Goddard, H. H. *The Kallikak family: a study in the heredity of feeblemindedness.* N.Y.: Macmillan, 1912.
42. Goldfarb, W. Emotional and intellectual consequences of psychologic deprivation in infancy: a revaluation. In P. H. Hoch and J. Zubin (Eds.), *Psychopathology of childhood.* N.Y.: Grune & Stratton, 1955. Pp. 105–119.
43. Hildreth, Gertrude H. The resemblance of siblings in intelligence and achievement. *Teach. Coll. Contr. Educ.*, 1925, No. 186.
44. Hirsch, N. D. M. *Twins: heredity and environment.* Cambridge: Harvard Univer. Press, 1930.
45. Holmes, S. J. Nature versus nurture in the development of the mind. *Sci. Mon.*, 1930, 31, 245–252.
46. Holzinger, K. J. Reply to special review of "Twins." *Psychol. Bull.*, 1938, 35, 436–444.
47. Honzik, Marjorie P. Developmental studies of parent-child resemblance in intelligence. *Child Develpm.*, 1957, 28, 215–228.
48. Howard, Ruth W. The language development of a group of triplets. *J. genet. Psychol.*, 1934, 69, 181–188.
49. Husén, T. Über die Begabung von Zwillingen. *Psychol. Beitr.*, 1953, 1, 137–145.
50. Jones, D. C., and Carr-Saunders, A. M. The relation between intelligence and social status among orphan children. *Brit. J. Psychol.*, 1926–27, 17, 343–364.
51. Jones, H. E. Homogamy in intellectual abilities. *Amer. J. Sociol.*, 1929–30, 35, 369–382.

52. Jones, H. E. Perceived differences among twins. *Eugen. Quart.*, 1955, 2, 98–102.
53. Jones, H. E., and Wilson, P. T. Reputation differences in like-sex twins. *J. exp. Educ.*, 1932–33, 1, 86–91.
54. Kalhorn, J. Mental test performance of siblings. *Amer. Psychologist*, 1948, 3, 265.
55. Kallmann, F. J. The genetics of psychoses: an analysis of 1232 twin index families. *Amer. J. hum. Genet.*, 1950, 2, 385–390.
56. Kallmann, F. J. Twin and sibship study of overt male homosexuality. *Amer. J. hum. Genet.*, 1952, 4, 136–146.
57. Kallmann, F. J. *Heredity in health and mental disorder: principles of psychiatric genetics in the light of comparative twin studies.* N.Y.: Norton, 1953.
58. Kallmann, F. J. Genetic principles in manic-depressive psychosis. In P. H. Hoch and J. Zubin (Eds.), *Depression.* N.Y.: Grune & Stratton, 1954. Pp. 1–24.
59. Kallmann, F. J., *et al.* Suicide in twins and only children. *Amer. J. hum. Genet.*, 1949, 1, 113–126.
60. Kallmann, F. J., and Baroff, G. S. Abnormalities of behavior. *Ann. Rev. Psychol.*, 1955, 6, 297–326.
61. Kallmann, F. J., and Roth, B. Genetic aspects of preadolescent schizophrenia. *Amer. J. Psychiat.*, 1956, 112, 599–606.
62. Kelly, E. L. Consistency of the adult personality. *Amer. Psychologist*, 1955, 10, 659–681.
63. Koch, Helen L. Attitudes of young children toward their peers as related to certain characteristics of their siblings. *Psychol. Monogr.*, 1956, 70, No. 19, 1–41.
64. Lawrence, E. M. An investigation into the relation between intelligence and inheritance. *Brit. J. Psychol., Monogr. Suppl.*, 1931, 5, No. 16.
65. Leahy, Alice M. Nature-nurture and intelligence. *Genet. Psychol. Monogr.*, 1935, 17, 236–308.
66. Levy, R. J. Effects of institutional versus boarding home care on a group of infants. *J. Pers.*, 1947, 15, 233–241.
67. Mark, J. C. The attitudes of the mothers of male schizophrenics toward child behavior. *J. abnorm. soc. Psychol.*, 1953, 48, 185–189.
68. May, M. A., and Hartshorne, H. Sibling resemblance in deception. *27th Yearb., Nat. Soc. Stud. Educ.*, 1928, Part II, 161–177.
69. McCarthy, Dorothea. Language development in children. In L. Carmichael (Ed.), *Manual of child psychology* (2nd Ed.). N.Y.: Wiley, 1954. Pp. 492–630.
70. McNemar, Q. Twin resemblances in motor skills, and the effect of practice thereon. *J. genet. Psychol.*, 1933, 42, 70–99.
71. McNemar, Q. Special review: Newman, Freeman and Holzinger's Twins: a study of heredity and environment. *Psychol. Bull.*, 1938, 35, 237–249.
72. McNemar, Q. A critical examination of the University of Iowa studies of environmental influences upon the IQ. *Psychol. Bull.*, 1940, 37, 63–92.
73. McNemar, Q. *The revision of the Stanford-Binet Scale: an analysis of the standardization data.* Boston: Houghton Mifflin, 1942.

74. Misbach, L., and Stromberg, R. N. Non-separation as a source of dissimilarities between monozygotic twins: a case report. *J. genet. Psychol.*, 1941, 59, 249–257.
75. Moore, J. K. Speech content of selected groups of orphanage and non-orphanage preschool children. *J. exp. Educ.*, 1947, 16, 122–133.
76. Muller, H. J. Mental traits and heredity. *J. Hered.*, 1925, 16, 433–448.
77. Newman, H. H., Freeman, F. N., and Holzinger, K. J. *Twins: a study of heredity and environment.* Chicago: Univer. Chicago Press, 1937.
78. Pearson, K. On the laws of inheritance in man: II. On the inheritance of the mental and moral characters in man, and its comparison with the inheritance of physical characters. *Biometrika*, 1904, 3, 131–190.
79. Pearson, K., and Lee, A. On the laws of inheritance in man: I. Inheritance of physical characters. *Biometrika*, 1903, 2, 357–462.
80. Pinneau, S. R. The infantile disorders of hospitalism and anaclitic depression. *Psychol. Bull.*, 1955, 52, 429–452.
81. Pintner, R., Forlano, G., and Freedman, H. Sibling resemblances on personality traits. *Sch. and Soc.*, 1939, 49, 190–192.
82. Portenier, Lillian G. Twinning as a factor influencing personality. *J. educ. Psychol.*, 1939, 30, 542–547.
83. Price, B. Primary biases in twin studies; a review of prenatal and natal difference-producing factors in monozygotic pairs. *Amer. J. hum. Genet.*, 1950, 2, 293–352.
84. Ribble, Margaret A. Infantile experience in relation to personality development. In J. McV. Hunt (Ed.), *Personality and the behavior disorders.* N.Y.: Ronald, 1944. Ch. 20.
85. Richardson, S. K. The correlation of intelligence quotients of siblings of the same chronological age levels. *J. juv. Res.*, 1936, 20, 186–198.
86. Roberts, J. A. Fraser. Studies on a child population. V. The resemblance in intelligence between sibs. *Ann. Eugen.*, 1940, 10, 293–312.
87. Roff, M. A statistical study of the development of intelligence test performance. *J. Psychol.*, 1941, 11, 371–386.
88. Roff, M. Intra-family resemblances in personality characteristics. *J. Psychol.*, 1950, 30, 199–227.
89. Rosanoff, A. J., Handy, L. M., and Plesset, I. R. The etiology of mental deficiency with special reference to its occurrence in twins. *Psychol. Monogr.*, 1937, 48, No. 4.
90. Roudinesco, –, and Appel, G. Les répercussions de la stabulation hospitalière sur le développement psycho-moteur des jeunes enfants. *Sem. Hôp.* (Paris), 1950, 26, 2271–2273.
91. Ryan, Sr. Mary I. A comparative study of some personality traits of children living in an orphanage and of children living in a family environment. Unpublished doctoral dissertation, Fordham Univer., 1941.
92. Saudek, R. A British pair of identical twins reared apart. *Char. and Pers.*, 1934, 3, 17–39.
93. Scheinfeld, A. The Kallikaks after thirty years. *J. Hered.*, 1944, 35, 259–264.
94. Schiller, Belle. A quantitative analysis of marriage selection in a small group. *J. soc. Psychol.*, 1932, 3, 297–319.

95. Scottish Council for Research in Education. *Social implications of the 1947 Scottish mental survey.* London: Univer. London Press, 1953.
96. Sims, V. M. The influence of blood relationship and common environment on measured intelligence. *J. educ. Psychol.*, 1931, 22, 56–65.
97. Skeels, H. M., and Dye, H. B. A study of the effect of differential stimulation on mentally retarded children. *Proc. Amer. Assoc. ment. Def.*, 1939, 44, 114–136.
98. Skodak, Marie. Children in foster homes: a study of mental development. *Univer. Iowa Stud. Child Welf.*, 1939, 16, No. 1.
99. Skodak, Marie. Mental growth of adopted children in the same family. *J. genet. Psychol.*, 1950, 77, 3–9.
100. Skodak, Marie, and Skeels, H. M. A final follow-up study of one hundred adopted children. *J. genet. Psychol.*, 1949, 75, 85–125.
101. Slater, E. *Psychotic and neurotic illnesses in twins.* London: H.M. Stationery Office, 1953. (Med. Res. Coun., Spec. Rep. Ser. No. 278)
102. Snyder, L. H. A table to determine the proportion of recessives to be expected in various matings involving a unit character. *Genetics,* 1934, 19, 1–17.
103. Snyder, L. H. *The principles of heredity.* (4th Ed.) Boston: Heath, 1951.
104. Sontag, L. W. Differences in modifiability of fetal behavior and physiology. *Psychosom. Med.*, 1944, 6, 151–154.
105. Spitz, R. A. Hospitalism. An inquiry into the genesis of psychiatric conditions in early childhood. *Psychoanal. Stud. Child,* 1945, 1, 53–74, 113–117.
106. Spitz, R. A. Anaclitic depression. *Psychoanal. Stud. Child*, 1946, 2, 313–342.
107. Stephens, F. E., and Thompson, R. B. The case of Millan and George, identical twins reared apart. *J. Hered.*, 1943, 34, 109–114.
108. Stocks, P. A biometric investigation of twins and their brothers and sisters. *Ann. Eugen.*, 1930, 4, 49–108.
109. Stone, L. J. A critique of studies of infant isolation. *Child Develpm.*, 1954, 25, 9–20.
110. Stuart, H. C. Findings on examination of newborn infants and infants during neonatal period which appear to have a relationship to the diets of their mothers during pregnancy. *Feder. Proc.*, 1945, 4, 271–281.
111. Tabah, L., and Sutter, J. Le niveau intellectuel des enfants d'une même famille. *Ann. hum. Genet.*, 1954, 19, Pt. 2, 120–150.
112. Theis, S. V. *How foster children turn out.* N.Y.: State Charities Aid Assoc., 1924.
113. Thorndike, E. L. The causation of fraternal resemblance. *J. genet. Psychol.*, 1944, 64, 249–264.
114. Thorndike, E. L. The resemblance of siblings in intelligence-test scores. *J. genet. Psychol.*, 1944, 64, 265–267.
115. Thorndike, E. L., and staff. The resemblance of siblings in intelligence. *27th Yearb., Nat. Soc. Stud. Educ.*, 1928, Pt. I, 41–53.
116. Thurstone, Thelma G., Thurstone, L. L., and Strandskov, H. H. A psychological study of twins. 1. Distributions of absolute twin differences for identical and fraternal twins. *Psychometr. Lab., Univer. N. Carolina,* No. 4, 1953.
117. Tozzer, A. M. Biography and biology. In C. Kluckhohn and H. A. Murray

(Eds.), *Personality in nature, society, and culture.* N.Y.: Knopf, 1953. Ch. 13.

118. Vandenberg, S. G. The hereditary abilities study of the University of Michigan. *Eugen. Quart.*, 1956, 3, 94–99.
119. Vandenberg, S. G. The hereditary abilities study: hereditary components in a psychological test battery. *Amer. J. hum. Genet.*, 1962, 14, 220–237.
120. Wallis, W. D. Observations on Dr. Alice M. Leahy's "Nature-nurture and intelligence." *J. genet. Psychol.*, 1936, 49, 315–324.
121. Willoughby, R. R. Family similarities in mental test abilities. *Genet. Psychol. Monogr.*, 1927, 2, 239–277.
122. Wilson, P. T. A study of twins with special reference to heredity as a factor determining differences in environment. *Hum. Biol.*, 1934, 6, 324–354.
123. Wingfield, A. N. *Twins and orphans: the inheritance of intelligence.* London: Dent, 1928.
124. Wittenborn, J. R., *et al.* A study of adoptive children. *Psychol. Monogr.*, 1956, 70, Nos. 1, 2, and 3.
125. Woodworth, R. S. Heredity and environment: a critical survey of recently published material on twins and foster children. *Soc. Sci. Res. Coun. Bull.*, 1941, No. 47.
126. Yates, N., and Brash, H. An investigation of the physical and mental characteristics of a pair of like twins reared apart from infancy. *Ann. Eugen.*, 1941, 11, 89–101.
127. Zazzo, R. Situation gémellaire et développement mental. *J. Psychol. norm. pathol.*, 1952, 45, 208–227.
128. Zazzo, R. Les différences psychologiques des jumeaux identiques et les problèmes de l'individuation. *Bull. Psychol., Groupe Etud. Psychol., Univer. Paris*, 1952, 6 (sp. no.), 111–115.
129. Zazzo, R. Sur le postulat de la comparabilité dans la méthode des jumeaux. *Acta genet. med. gemellolog.*, 1955, 4, 180–191.